Ação Civil Pública Trabalhista Contra o Trabalho Escravo no Brasil

1ª edição — 2008
2ª edição — 2015
3ª edição — 2021

LUCIANA APARECIDA LOTTO

Advogada. Mestra em Direitos Difusos e Coletivos (Unimes/Santos).
Pós-graduada em Direito do Trabalho e Processo do Trabalho (EPDS/São Paulo).
Formada em Administração de Empresas (Unilus/Santos).

AÇÃO CIVIL PÚBLICA TRABALHISTA CONTRA O TRABALHO ESCRAVO NO BRASIL

3ª Edição

LTr®

LTr Editora Ltda.

Rua Jaguaribe, 571
CEP 01224-003
São Paulo, SP — Brasil
Fone: (11) 2167-1101
www.ltr.com.br
Julho, 2021

Projeto Gráfico e Editoração Eletrônica: Peter Fritz Strotbek - The Best Page
Projeto de Capa: Danilo Rebello
Impressão: Meta Brasil

Versão impressa: LTr 6325.2 — ISBN 978-65-5883-058-0
Versão digital: LTr 9790.0 — ISBN 978-65-5883-069-6

Dados Internacionais de Catalogação na Publicação (CIP)
(Câmara Brasileira do Livro, SP, Brasil)

Lotto, Luciana Aparecida
Ação civil pública trabalhista contra o trabalho escravo no Brasil / Luciana Aparecida Lotto. — 3. ed. — São Paulo : LTr, 2021.

Bibliografia.
ISBN 978-65-5883-058-0

1. Ação civil pública — Brasil 2. Direito trabalhista 3. Trabalho escravo — Brasil I. Título.

21-68898 CDU-34:331(81)

Índice para catálogo sistemático:

1. Brasil : Trabalho escravo : Direito do trabalho 34:331(81)

Aline Graziele Benitez - Bibliotecária - CRB-1/3129

Dedicatórias

Aos trabalhadores brasileiros que estão sofrendo com esta chaga social, a escravidão, os quais devemos alertar, na esperança de que esse mal, um dia, chegue ao fim.

Aos auditores fiscais do trabalho, procuradores do trabalho e juízes.

Às organizações não governamentais que combatem o tráfico de pessoas e o trabalho escravo.

Aos meus pais Mário e Benê, irmã e cunhado.

E a todos os amigos que sempre me prestigiam e me dão forças!!!

Agradecimentos

*Agradeço ao professor doutor Ricardo Verta Luduvice,
a orientação prestada em toda a elaboração da dissertação
de mestrado, resultando neste livro.*

*Agradeço aos examinadores da banca do mestrado,
doutor Pedro Paulo Manus
e doutor Domingos Sávio Zainaghi
e ao escritório da OIT em Brasília.*

*Agradeço à doutora Ivani Contini Bramante,
à doutora Adriana Calvo,
à doutora Andrea da Rocha Carvalho Gondim
à doutora Paula Bueno Ravena,
e à doutora Vera Winter pela colaboração.*

*Agradeço aos doutores e mestres Luís Antônio Camargo de Melo,
Luis Fabre, Tiago Muniz Cavalcante, Helio Gustavo Alves,
Leone Pereira e Xerxes Gusmão pelos ensinamentos,
dedicação e incetivos para a atualização da presente obra.*

*Agradeço ao Procurador do Trabalho, doutor Philippe Gomes Jardim,
e ao oficial da Procuradoria da Capital de São Paulo,
doutor Áureo as informações prestadas e materiais fornecidos.*

*Agradeço à Shirley o incentivo para seguir e finalizar o curso,
e ao Duda* (in memoriam), *com carinho, ambos da secretaria do Mestrado.*

*À tradução me presenteada do Protocolo 2014 para a
Convenção do Trabalho Escravo de 1930, da minha irmã, Andréa.*

*Aos indianos, ativistas no combate ao trabalho escravo infantil,
Kailash Satyarthi e sua esposa Sumedha Kaislash.*

À LTr Editora, *por sempre me apoiar nos estudos e publicação desta obra.*

Sumário

Apresentação à 3ª Edição

O trabalho escravo foi formalmente abolido, no Brasil, há 133 anos, pelo advento da Lei Áurea.

Todavia, o problema da redução de trabalhadores à condição análoga à de escravo remanesce absolutamente atual.

Nesse sentido, somente no ano de 2020, foram resgatados desta inconcebível condição quase mil trabalhadores, segundo dados do Observatório da Erradicação do Trabalho Escravo e do Tráfico de Pessoas, divulgados em 11 de maio de 2021[(1)].

Resta evidente, assim, a pertinência de uma obra que trate deste delicado tema, do trabalho escravo no Brasil.

No presente caso, a obra escrita pela combativa e dedicada advogada e pesquisadora Luciana Aparecida Lotto preenche todos os requisitos para se tornar uma publicação de destaque: incisiva, profunda e baseada em análise crítica do tema proposto.

Prova disso é que ora se apresenta a sua 3ª edição, tamanho o sucesso das edições anteriores, todas esgotadas.

Por um lado, este sucesso se explica pelos méritos já presentes naquelas edições, especialmente a abordagem lógica e ampla do trabalho escravo no Brasil: iniciando-se pelo exame da escravidão no Brasil; passando, em seguida, ao regime jurídico de proteção ao trabalho e às formas de combate à escravidão; após, tratando dos instrumentos de atuação do Ministério Público na Justiça do Trabalho, sobretudo a ação civil publica; finalizando pelo estudo de dados estatísticos sobre o trabalho escravo e da eficácia da ação civil publica no seu combate.

Por outro lado, esta 3ª edição contém méritos adicionais, que indicam o incremento qualitativo significativo da obra: a análise do tema atualíssimo da escravidão digital e do teletrabalho escravo (item 1.7); a atualização do quadro geral das normas protetivas de combate ao trabalho em condições análogas à de escravo (item 2.11) e dos dados estatísticos (item 6.3); o exame de casos concretos novos, como as ações civis públicas contra bancos (item 4.11) ou a participação do MPT na produção de provas no caso Fazenda Verde *vs* Brasil (item 5.4); o estudo da prescrição específica (item 4.12); a inclusão dos Enunciados da CONAETE do MPT (item 5.2); a abordagem da Agenda 2030 da ONU,

---

(1) Observatório desenvolvido pelo Ministério Público do Trabalho e pela Organização Internacional do Trabalho. Dados obtidos de reportagem da Carta Capital, do dia 13 de maio de 2021. Disponível em: <https://www.cartacapital.com.br/sociedade/quase-mil-pessoas-sao-resgatadas-de-trabalho-escravo-no-brasil-em-2020/>.

meta 8, acerca do trabalho decente (item 7.3); o incremento de anexos, com inserção de quatro inéditos (VIII a XI), contendo normas (Resolução do CNMP e Portarias) e jurisprudência (Recurso Especial no STJ) relevantes.

Desnecessário se alongar, portanto, quanto à qualidade e à contribuição que a presente obra, examinando a ação civil pública trabalhista contra o trabalho escravo no Brasil, dará para o debate de ideias e para o combate a esta chaga social que representa o trabalho escravo no nosso país, cuja resiliência somente se compreende pelos elevados lucros que os escravocratas dele auferem, justificando uma luta cada vez mais encarniçada, mas que, ao final, seguramente será vitoriosa.

Xerxes Gusmão

Mestre e Doutor em Direito do Trabalho e Previdenciário, pela Université de Paris 1 – Panthéon-Sorbonne. Professor dos programas de pós-graduação da Unisanta/SP e da Faesa/ES. Autor de livros e artigos científicos. Juiz do Trabalho Substituto do TRT da 17ª Região (ES).
E-mail: xerxesgusmao@gmail.com
Instagram: @xerxesgusmao
Youtube: Xerxes Gusmão

Apresentação à 2ª Edição

Esta obra decorre da profícua e aprofundada pesquisa da brilhante advogada Doutora Luciana Aparecida Lotto e que lhe rendeu o título de Mestre em Direito pela UNIMES.

Trata-se de estudo acerca da ação civil pública trabalhista contra o trabalho escravo no Brasil. Embora a escravatura tenha sido abolida em nosso País, há quase 127 anos, infelizmente ainda continua a ser prática comum que macula nosso povo e história.

Segundo dados da ONG Walk Free, há aproximadamente 35,8 milhões de pessoas no mundo que vivem em condição de escravidão, sendo que em índice de escravidão global, divulgada em 2013, o Brasil figurava como o 94º país no *ranking* dos países com maior registro de trabalho escravo, em número correspondente a aproximadamente 155.300 escravos segundo informação extraída do *site* Repórter Brasil(1).

Como membro da Comissão de Erradicação e Combate ao Trabalho Escravo, tenho contato com o tema diuturnamente e, por isso, posso afirmar de forma peremptória que a obra lançada pela Doutora Luciana Aparecida Lotto vem a contribuir não apenas para o enriquecimento do estudo do direito processual coletivo brasileiro, mas também, e de forma pungente, à tutela efetiva do trabalho escravo.

Segundo lição clássica de Mauro Cappelletti e Bryant Garth, "*... a concepção tradicional do processo civil não deixava espaço para a proteção dos direitos difusos. O processo era visto apenas como um assunto entre duas partes, que se destinava à solução de uma controvérsia entre essas mesmas partes a respeito de seus próprios interesses individuais. Direitos que pertencessem a um grupo, ao público em geral ou a um segmento do público não se enquadravam bem nesse esquema. As regras determinantes da legitimidade, as normas de procedimento e a atuação dos juízes não eram destinadas a facilitar as demandas por interesses difusos intentadas por particulares*"(2).

A ação coletiva constitui mecanismo eficaz de tutela a direitos transindividuais, seja pela legitimidade ativa concorrente e disjuntiva, seja pelas prerrogativas processuais decorrentes de tal tutela processual.

Nesse sentido, ensina Mauro Cappelletti, de forma lapidar, que:

> "O consumidor isolado, sozinho, não age; se o faz, é um herói; no entanto, se é legitimado a agir não meramente para si, mas pelo grupo inteiro do qual é membro, tal herói será subtraído ao ridículo destino de Dom Quixote, em

(1) Disponível em: <http://reporterbrasil.org.br/2014/11/organizacao-internacional-lanca-estudo-sobre-escravidao-no-mundo/>. Acesso em: 9 fev. 2015.

(2) *Acesso à Justiça*. Porto Alegre: Sergio Antonio Fabris, 1998. p. 19.

vã e patética luta contra o moinho de vento. Os heróis de hoje não são mais, pois sim, os cavaleiros errantes da Idade Média, prontos a lutar sozinhos contra o prepotente em favor do fraco e inocente; mas são, mais ainda, os Ralph Nader, são os Martin Luther King, são aqueles, isto sim, que sabem organizar seus planos de luta em grupo em defesa dos interesses difusos, coletivos metaindividuais, tornando a submeter as tradicionais estruturas individualísticas de tutela — entre as quais aquelas judiciais — às necessidades novas, típicas da moderna sociedade de massa."(3)

A autora, ainda, teça estudos aprofundados acerca do inquérito civil e do termo de ajuste de conduta, consistentes em mecanismos fundamentais para a elucidação dos fatos objeto de investigação e para a rápida solução do conflito, de forma a extirpar do seio de nossa sociedade a abjeta prática da escravidão e devolver a pessoa retirada do ambiente de trabalho forçado ao meio social, com condições para que possa seguir sua vida de forma digna.

Ressalte-se que a proteção das pessoas que são obrigadas a prestar serviços em condições de escravidão não se encerra na libertação e punição dos agentes que o fizeram, mas deve ser mais efetiva a tutela que permita o reingresso dos libertos à sociedade, para que possam livremente laborar, com preservação de sua liberdade física e psíquica.

O Brasil tem se empenhado para combater a escravidão, tendo inclusive sido aprovada a Emenda Constitucional n. 81/2014 pela qual determina-se a expropriação de terras de fazendeiros que explorem a mão de obra escrava. No entanto, ainda há muito o que fazer para que possamos atingir o primado nas condições sociais e de trabalho, como determinado pelo art. 3º da Constituição Federal.

Ivani Contini Bramante
Desembargadora do TRT2. Mestre e
Doutora pela PUC/SP. Especialista em
Relações Coletivas de Trabalho pela OIT.

(3) Formações sociais e interesses coletivos diante da justiça civil. *Revista de Processo*, n. 5, ano II, jan./mar. 1977, p. 136-137.

Apresentação à 1ª Edição

A Princesa Isabel declarou extinta a escravidão no Brasil com a assinatura da Lei Áurea em 13 de maio de 1888, mas o que se mostra atualmente, parece que ainda não acabou.

Paradoxalmente, após 120 anos de liberdade oficial de trabalho, ainda podemos encontrar pessoas sendo forçadas a trabalhar. Portanto a situação cruel e desumana advinda da escravidão permanece como no passado.

No combate a esta *coisificação* do trabalho humano, é de grande importância o papel do Ministério Público do Trabalho, que por meio da utilização da ação civil pública pode defender os direitos metaindividuais da sociedade. Além disso, é importante destacar a atuação do Grupo Móvel do Grupo Executivo de Repressão ao Trabalho Escravo (GERTRAF), que tem lutado arduamente para resgatar a cidadania de todos os trabalhadores.

O trabalho escravo contemporâneo é o trabalho exigido pela força, contra a vontade do trabalhador, mas quem exerce na atualidade essa força? Nas palavras da autora *Luciana Aparecida Lotto*, o "interesse econômico é o principal responsável pela escravidão contemporânea". Não há como discordar da brilhante afirmação da autora de que "enquanto o sistema de produção continuar voltado para a obtenção de lucro desenfreada, de forma torpe e miserável, haverá a utilização do trabalho escravo contemporâneo, como instrumento para alcançar esse fim".

Independentemente da atual denominação adotada ("trabalho escravo contemporâneo", "escravidão por dívida", "trabalho forçado", "trabalho obrigatório", "redução à condição análoga à de escravo"), não há dúvidas de que se trata de exploração do trabalho humano no Brasil. A utilização do trabalho forçado é atentatória à dignidade humana do trabalhador, direito fundamental de todos e princípio basilar do Estado Democrático de Direito. O trabalho análogo à condição de escravo não só afronta a Constituição Federal brasileira como também é uma grave transgressão aos direitos humanos consagrados na Declaração dos Direitos Humanos em 1948 pela ONU.

Com grande esforço e dedicação, estudando este assunto tão importante para a sociedade brasileira, *Luciana Aparecida Lotto*, minha ex-aluna do Curso Robortella, obteve o título de mestra em Direito pela UNIMES, e, agora, com minha apresentação, ela transforma sua dissertação de mestrado nesta grande obra que certamente preencherá um grande vazio na literatura acadêmica trabalhista sobre um tema tão social e humanista.

Adriana Calvo
Mestra em Direito das Relações Sociais pela PUC/SP.
Professora acadêmica de diversos cursos de pós-graduação.
Advogada trabalhista e palestrante empresarial.
Membro e pesquisadora do Instituto Cesarino Júnior.

Prefácio à 1ª Edição

A advogada *Luciana Aparecida Lotto* foi minha aluna na graduação pela Faculdade de Direito na Universidade Metropolitana de Santos (UNIMES) e, posteriormente, minha orientanda nos trabalhos que culminaram com a atribuição do título de mestra em Direito pela mesma universidade.

Agora esta dedicada profissional apresenta a oportuna obra *Ação Civil Pública Trabalhista contra o Trabalho Escravo no Brasil*, em que aborda de forma corajosa uma temática bastante atual e, infelizmente, com enorme ocorrência no Brasil.

Acredito que este livro é de muita utilidade, iniciando com percuciente análise do âmbito de incidência da escravidão em nosso país de vasta área territorial, sempre com enormes desigualdades. Em seguida, ocupa-se a dedicada autora com o tormentoso assunto do regime jurídico de proteção ao trabalho e formas de combate à escravidão contemporânea para, na sequência, cuidar da tutela dos interesses metaindividuais na Justiça do Trabalho e da ação civil pública trabalhista (ACPT), tudo de maneira dinâmica (como requer a vida atual) e precisa (sendo tal precisão ao meu sentir grande virtude da obra). Tudo não fosse suficiente, o livro torna-se ainda mais valioso quando a autora (irrequieta como sempre demonstrou nos bancos acadêmicos) mostra os frutos de um relevante trabalho de pesquisa com dados estatísticos sobre o trabalho escravo no Brasil, segundo informes por ela colhidos perante diversas entidades (inclusive a Organização Internacional do Trabalho — OIT) e formulados por meio de gráficos elucidativos. Em seguida, caminha então a obra para uma interessante análise sobre a eficácia da ação supramencionada na erradicação desta verdadeira chaga social que é o trabalho escravo em nosso país. E, por derradeiro, não se furta a autora a posicionar-se criticamente a respeito da matéria, realizando importante conclusão na qual aborda com destemor e nitidez que ainda aqui continua a presença da cultura escravocrata que afronta a consciência e as normas jurídicas (imperativas autorizantes) de um país que permanece com alto nível de desigualdade econômica, cultural e social.

Tenho mesmo a crença de que o leitor usufruirá da oportuna obra pelo inegável valor da pesquisa nela contida, colhida com todo entusiasmo pela autora. Entusiasmo aliás idêntico àquele demonstrado perante a banca examinadora de mestrado da UNIMES, onde tive a alegria de presidir, tudo de maneira a revelar efetivamente a clara vocação da advogada para a atividade acadêmica.

Encerro parabenizando *Luciana Aparecida Lotto* pela valiosa contribuição na seara das letras jurídicas e citando aquele que no mundo das artes e dos espetáculos sempre contribuiu para uma melhoria nas relações humanas, Charles Chaplin, o inesquecível Carlitos:

"Bom mesmo é ir à luta com determinação,
abraçar a vida e viver com paixão.
Perder com classe e vencer com ousadia.
Porque o mundo pertence a quem se atreve
E a vida é muito para ser insignificante."

Professor doutor Ricardo Verta Luduvice
Juiz Titular da 4ª Vara do Trabalho de Cubatão.
Professor de graduação e pós-graduação da UNIMES/Santos.

Introdução

Esta obra tem por escopo avaliar a eficácia da Ação Civil Pública Trabalhista contra o Trabalho Escravo no Brasil, sob o prisma do estudo do surgimento da escravidão em nossa sociedade, desde os primórdios da colonização portuguesa até os dias atuais — suas causas, características e modalidades contemporâneas.

Iremos elucidar o trabalho infantil escravo, decorrente do trabalho de seus pais, e a servidão por dívida, conhecida por *truck system*, de maior incidência em nosso território nacional, mais precisamente na região Norte do país, até meados do ano de 2012, sendo também presentes na região sudoeste a partir de 2013, na área da construção civil e em oficinas de costura.

Há a preocupação em citar todos os envolvidos nessa chaga social, dentre eles os indígenas, os negros, os imigrantes europeus, crianças, mulheres, desempregados, imigrantes indocumentados dentre outros.

Salientaremos os instrumentos de erradicação do trabalho escravo, nas esferas administrativa e judicial, tais como: a norma constitucional; declaração dos direitos humanos (ONU); Pactos Internacionais (Direitos Civis e Políticos, e outro, Direitos Econômicos, Sociais e Culturais), Protocolo de Palermo, Convenções da Organização Internacional do Trabalho (OIT); artigos na Consolidação das Leis do Trabalho (CLT) e normas regulamentadoras do Ministério do Trabalho (NRs); leis que alteraram artigo do Código Penal; Emenda Constitucional n. 81/2014, aprovada em 5.6.2014, derivada da Proposta de Emenda Constitucional (PEC n. 438/01 — Câmara dos Deputados e PEC n. 57-A — Senado Federal), Planos do MDA/ INCRA e Governo Federal; portarias do Ministério do Trabalho (atual Secretaria de Trabalho – Ministério da Economia); Termo de Compromisso firmado entre Ministério Público do Trabalho (MPT), Ministério Público Federal e Secretaria da Polícia Federal; Instrução Normativa do MPT; Lei n. 10.608/02 sobre seguro-desemprego concedido aos trabalhadores resgatados da condição análoga à de escravo.

Na vertente do tema, dar-se-á o conceito de direito metaindividual no âmbito trabalhista, analisando a natureza difusa do trabalho escravo, uma vez que sua proibição é um direito de toda a sociedade.

Será necessário demonstrar a importância do Inquérito Civil e do Termo de Ajuste de Conduta firmados entre escravistas e Ministério Público do Trabalho, evitando o ingresso da Ação Civil Pública Trabalhista.

No tocante à Lei de Ação Civil Pública (Lei n. 7.347/85), com as suas devidas alterações (Lei n. 12.966/2014), moldando-se à Justiça do Trabalho, perquirimos a sua origem, conceito, natureza jurídica, competência material, funcional e territorial, finalidade e objeto, legitimidade do Ministério Público do Trabalho, rito processual, liminar, tutela provisória, efeitos da sentença e pedidos pertinentes à sua propositura, analisada em capítulo especial.

Mais adiante, destaque à atuação do Ministério Público do Trabalho, no combate ao trabalho análogo à escravidão, e para a contribuição do Grupo Especial de Fiscalização Móvel, parceiros nesta missão.

Serão descritos, por fim, os pareceres de juristas, procuradores do trabalho e demais interessados na questão vertente e as regiões de maior índice de incidência, segundo informações da Organização Internacional do Trabalho (OIT), dando-se por concluída a obra por meio da análise da eficácia da aplicação da LACP, na esfera trabalhista, no combate ao trabalho escravo contemporâneo.

CAPÍTULO 1

Escravidão no Brasil — Âmbito de Incidência

1.1. Escravidão indígena

Com a descoberta do Brasil por Pedro Álvares Cabral, em abril de 1500, quando este desembarcou em Porto Seguro, havia no litoral brasileiro (norte a sul) a ocupação de tribos do grupo Tupi-Guarani, denominadas: *Potiguar* (ocupavam os arredores da atual cidade de São Luís, no Maranhão, até as margens do rio Parnaíba, e das margens do rio Acaraú, no Ceará, até a atual cidade de João Pessoa, na Paraíba — inimigos dos portugueses — eram cerca de 90 mil); *Tremembé* (viviam no sul do Maranhão ao norte do Ceará, não eram do grupo tupi — inimigos, mas aliados dos portugueses —, eram cerca de 20 mil); *Tabajara* (entre a foz do rio Paraíba e a ilha de Itamaracá — aliados dos portugueses —, eram aproximadamente 40 mil); *Kaeté* (ilha de Itamaracá até as margens do rio São Francisco — foram os deglutidores do bispo Sardinha — sendo que, em 1562, o governador Mem de Sá determinou que fossem escravizados; eram cerca de 75 mil); *Tupinambá* (ocupavam a margem direita do rio São Francisco até o Recôncavo Baiano, eram os mais conhecidos, — foram os que constituíram o povo Tupi — eram cerca de 100 mil); *Aimoré* (chamado, de Botocudos, viviam no sul da Bahia e ao norte do Espírito Santo — grupo não tupi — eram 30 mil); *Tupiniquim* (viviam no sul da Bahia e em São Paulo, entre Santos e Bertioga, eram 85 mil — foram os indígenas com os quais a expedição de Cabral teve o primeiro contato); *Temiminó* (ocupavam a ilha do Governador, na baía de Guanabara, e o sul do Espírito Santo; eram 8 mil, na ilha, e 10 mil, no Espírito Santo); *Goiatacá* (viviam na foz do rio Paraíba do Sul, eram cerca de 12 mil — não pertenciam ao grupo tupi — eram os nativos mais cruéis e selvagens do Brasil); *Tamoio* (eram 70 mil, aliados dos franceses na baía de Guanabara); e *Carijó* (seu território ia de Cananeia/SP até a Lagoa dos Patos/RS — foram receptivos à catequese, mas isso não impediu que fossem escravizados pelos colonos de São Vicente; eram cerca de 100 mil)[(1)].

Os portugueses se interessaram pela exploração dos produtos tropicais, mais precisamente do pau-brasil, iniciando-se a fase de escambo com os índios, ou seja, eram-lhe oferecidas quinquilharias trazidas da Europa, como espelhos, colares brilhantes etc., em troca da *força de trabalho indígena*.

A partir do momento em que os produtos oferecidos aos índios não mais lhes atraíam, resultando no desinteresse total de servir aos portugueses, iniciou-se a fase da escravidão do índio, regulamentada pela Coroa Portuguesa, mediante inúmeras restrições.

(1) BUENO, Eduardo. *Brasil:* uma história — a incrível saga de um país, p. 19.

Havia várias formas de escravizar os índios, dentre elas, a legítima defesa contra tribos antropofágicas, em que os índios capturavam pessoas e as matavam para servir de banquetes a sua tribo; outra, de forma voluntária — resultado da desestruturação de suas tribos —, obrigando o índio a se vender ou a entregar sua família em troca de abrigo e comida. A Coroa Portuguesa permitia, também, a escravizar os filhos de negros com índios nos engenhos de açúcar.

A expedição de Martim Afonso, em 1530, com a missão de explorar o fabuloso rio da Prata, trouxe a lei ao amplo território brasileiro, uma vez que o país vivia de acordo com a lei natural. Fundou a cidade de São Vicente (janeiro de 1532) e ainda ganhou da Coroa a capitania hereditária de São Vicente, que compreendia 45 léguas de costa, desde Bertioga até a ilha do Mel (Paraná). Introduziu o plantio da cana-de-açúcar, sendo o primeiro proprietário de engenho do país.[2]

A exploração da cana-de-açúcar, no país, resultou na devastação das matas, na escravidão indígena em larga escala, na implantação da monocultura e nas consequências desastrosas na terra e na movimentação do tráfico negreiro, alimentando o latifúndio a lucro fácil, a ganância desenfreada e a formação da desigualdade social, vícios que o Brasil incorporou.

Com a chegada de Tomé de Souza, com o título de governador-geral do Brasil, foi-lhe atribuída uma missão detalhada em 41 artigos do Regimento Real, assinado em 17 de dezembro de 1548, determinando melhorar as condições das capitanias e da costa brasileira, redistribuir terras, centralizar o poder, construir fortalezas, atacar e punir os indígenas hostis. Desembarcou na Bahia, trazendo os primeiros jesuítas, dentre eles o conhecido Padre Manoel da Nóbrega, iniciando a construção de uma vila, embrião de Salvador[3].

Com a chegada dos jesuítas na colônia, em 1549, iniciou-se a fase de catequização dos índios, em que os padres, por intermédio da palavra, tentaram transformar os índios em pessoas cristãs, acabar com a antropofagia, com o nomadismo e com a poligamia das tribos, ensinando aos índios o trabalho metódico, o latim, levando-os a horários rígidos e à monogamia, ou seja, manter relações com apenas uma parceira.

A concentração dos índios em "missões" ou aldeamentos no decorrer da ação jesuítica resultou em tragédia, ou seja, facilitou a ação dos escravagistas. Os próprios jesuítas possuíam escravo indígena; eles acreditavam na doutrina aristotélica da escravidão natural dos povos "inferiores", apesar de pregarem o contrário.

Os jesuítas exigiam que os índios, em troca do catequismo, cultivassem as terras por meio de trabalho metódico e organizado; já os colonos exigiam dos índios de forma escravista, ou seja, de maneira agressiva e brutal, por intermédio de comandos e penalidades.

No governo de Mem de Sá, os jesuítas uniram 34 mil índios (em onze aldeias próximas de Salvador), possibilitando ao governador a captura e a escravização de 15 mil

---

(2) BUENO, Eduardo. *Brasil:* uma história — a incrível saga de um país, p. 41-47.

(3) *Ibidem*, p. 45.

índios, mediante a "guerra justa" contra os *Kaetés*, pelo motivo de terem "devorado" D. Pero Fernandes Sardinha. Em seu mandato, criou uma legislação protetora dos índios cristianizados e estimulou o início do tráfico de escravos africanos(4).

Em 1562, surgiu a epidemia da varíola, matando 15 mil índios da aldeia, enfraquecendo a ação jesuíta. Outros motivos que determinaram a saída dos jesuítas do país foram: a descoberta pelos colonos da origem do financiamento dos jesuítas, o qual provinha de impostos que aqueles pagavam à Coroa por possuírem escravos e terras e por especularem no mercado de açúcar. Esse fato levou à explosão da revolta contra os padres. Acabaram expulsos de Portugal e de suas colônias, em 1759, pelo Marquês de Pombal(5).

O Marquês de Pombal emancipou os indígenas, objetivando afastá-los dos jesuítas, criando a companhia de comércio.

Outro atentado contra os índios surgiu com a chegada dos Bandeirantes no país. Em apenas três décadas — as primeiras no século XVII —, transformam São Paulo em um dos maiores centros do escravismo indígena de todo o continente. Por mais de um século, a população de São Paulo dedicou-se à captura de indígenas, sendo o bandeirismo um negócio passado de pai para filho. Os bandeirantes adentravam sertão em busca de escravos indígenas. São Paulo seguiu sua própria lei — afastado do litoral e das capitanias bem-sucedidas de Pernambuco. Os bandeirantes sabiam que a escravização dos índios era rigorosamente ilegal.

Com o retorno dos bandeirantes do sertão a São Paulo, os índios foram repartidos entre os bandeirantes e seus financistas.

O escravismo indígena, provocado pelos bandeirantes, teve fim no dia 11 de março de 1641, às margens do M'boboré, afluente do rio Uruguai, onde os jesuítas espanhóis armaram os índios, e, após cruel batalha, somente vinte bandeirantes retornaram a São Paulo.

Os bandeirantes foram os piratas dos sertões. Pode-se avaliar o desastroso acontecimento, através de meio milhão de vidas perdidas(6).

Evidenciaram-se inúmeras maneiras pelas quais se reduzia o número de índios: a escravidão completa, ou seja, a sua exploração como ferramenta de trabalho, a extração da força de trabalho para a colônia. Havia a preocupação de tirar o máximo do trabalho do índio, não se preocupando com suas condições físicas, resultando em condições impróprias de trabalho, contribuindo para a sua dizimação.

Destacamos, por fim, como uma das principais causas do desaparecimento do trabalho escravo indígena no país, a fraca densidade demográfica da população indígena e a promulgação da lei pombalina (Lei de 6 de junho de 1755), que libertou os índios escravizados.

---

(4) BUENO, Eduardo. *Brasil:* uma história — a incrível saga de um país, p. 46.

(5) *Ibidem*, p. 48-57.

(6) *Ibidem*, p. 58-63.

Desde o descobrimento até hoje, mais de mil grupos étnicos foram exterminados; sobraram 200 tribos e pouco mais de 300 mil índios. Destaque aos dramas vividos pelas tribos brasileiras sobreviventes, como exemplo, a tribo dos *Guarani-Kayowá*, localizada no Mato Grosso do Sul e fixada em reserva não produtiva. Submetidos a trabalho semi-escravo e despojados de suas tradições, cometeram suicídio coletivo. E ainda as chacinas cometidas por fazendeiros em busca de pedras preciosas(7).

Segundo pesquisa fornecida em 2000 pela Fundação Nacional do Índio (Funai), órgão executivo do Ministério da Justiça, os povos remanescentes constituem 215 nações e falam 170 línguas diferentes, e não passam de 325.652 índios(8).

Os grupos indígenas existentes por região no Brasil (em 2006), segundo informações oficiais da Funai (*site* oficial do Ministério da Justiça), são:

• Acre (Amawáka, Arara, Ashaninka, Deni, Jaminawa, Katukina, Kaxinawá, Kulina, Manxinéri, Nawa, Nukuini, Poyanawa, Shanenawa e Yawanáwa — 9.858 índios);

• Alagoas (Cocal, Jerinpacó, Kariri-Xocó, Karapotó, Tingui-Botó, Wassú e Xucuru-Kariri — 5.993 índios);

• Amapá (Galibi, Galibi-Marworno, Karipuna, Palikur, Wayampi e Wayána-Apalai — 4.950 índios);

• Amazonas (Apurinã, Arapáso, Aripuaná, Banavá-Jafí, Baniwa, Barasána, Baré, Deni, Desana, Himarimã, Hixkaryana, Issé, Jarawara, Juma, Juriti, Kaixana, Kambeba, Kanamari, Kanamanti, Karafawyána, Karapanã, Karipuna, Katawixi, Katukina, Katwená, Kaxarari, Kaxinawá, Kayuisana, Kobema, Kokama, Korubo, Kulina, Maku, Marimam, Marubo, Matis, Mawaiâna, Mawé, Mayá, Mayoruna, Miranha, Miriti, Munduruku, Mura, Parintintin, Paumari, Pirahã, Pira-tapúya, Sateré-Mawé, Suriána, Tariána, Tenharin, Tora, Tukano, Tukúna, Tuyúca, Waimiri-Atroari, Waiwái, Wanana, Warekena, Wayampi, Xeréu, Yamamadi, Yanomami e Zuruahã — 83.966 índios);

• Bahia (Arikosé, Atikum, Botocudo, Kaimbé, Kantaruré, Kariri, Kiriri, Kiriri-Barra, Pankararé, Pankararú, Pataxó, Pataxó Hã Hã Hãe, Tuxá e Xucuru-Kariri — 16.715 índios);

• Ceará (Jenipapo, Kalabassa, Kanindé, Kariri, Pitaguari, Potiguara, Tabajara, Tapeba e Tremebé — 5.365 índios);

• Espírito Santo (Guarani e Tupiniquim — 1.700 índios);

• Goiás (Ava-Canoeiro, Karaja e Tapuya — 346 índios);

• Maranhão (Awá, Guajá, Guajajara, Kanela, Krikati e Timbira — 18.371 índios);

• Mato Grosso (Apiaká, Arara, Aweti, Bakairi, Bororo, Cinta Larga, Enawené-Nawê, Hahaintsú, Ikpeng, Irantxe, Juruna, Kalapalo, Kamayurá, Karajá, Katitaulú, Nambi-kwara, Naravute, Panará, Pareci, Parintintin, Rikbaktsa, Suyá, Tapayuna, Tapirapé,

(7) BUENO, Eduardo. *Brasil:* uma história — a incrível saga de um país, p. 25.

(8) *Idem.*

Terena, Trumai, Umutina, Waurá, Xavante, Xiquintano, Yawalapiti e Xoró — 25.123 índios);

- Mato Grosso do Sul (Atikum, Guarani, Guató, Kadiwéu, Kamba, Kinikinawa, Ofaié, Terena e Xiquitano — 32.519 índios);
- Minas Gerais (Atikum, Kaxixó, Krenak, Maxakali, Pankararu, Pataxó, Tembé, Xakriabá e Xucuru-Kariri — 7.338 índios);
- Pará (Amanayé, Anambé, Apiaká, Arara, Araweté, Assurini, Atikum, Guajá, Guarani, Himarimã, Juruna, Karafawyána, Karajá, Katwena, Kaxuyana, Kayabi, Kayapó, Kreen-Akarôre, Kuruáya, Mawayâna, Munduruku, Parakanã, Suruí, Tembé, Timbira, Tiriyó, Turiwara, Wai-Wai, Waiãpi, Wayana-Apalai, Xeréu, Xipaya e Zo'e — 20.185 índios);
- Paraíba (Potiguara — 7.575 índios);
- Paraná (Guarani, Kaingang e Xeta — 10.375 índios);
- Pernambuco (Atikum, Fulni-ô, Kambiwá, Kapinawá, Pankararu, Truká e Xucuru — 23.256 índios);
- Rio de Janeiro (Guarani — 330 índios);
- Rio Grande do Sul (Guarani, Guarani Mbya e Kaingang — 13.448 índios);
- Rondônia (Aikaná, Ajuru, Amondawa, Arara, Arikapu, Ariken, Aruá, Cinta Larga, Gavião, Jabuti, Kanoê, Karipuna, Karitiana, Kaxarari, Koiaiá, Kujubim, Makuráp, Mekén, Mutum, Nambikwara, Pakaanova, Paumelenho, Sakirabiap, Suruí, Tupari, Uru Eu Wau Wau, Urubu e Urupá — 6.134 índios);
- Roraima (Ingaricó, Macuxi, Patamona, Taurepang, Waimiri-Atriari, Wapixana, Waiwaí, Yanomani e Ye'kuana — 30.715 índios);
- Santa Catarina (Guarani, Guarani Mbya, Guarani Nhandeva, Kaingang e Xokleng — 5.651 índios);
- São Paulo (Guarani, Guarani Mbya, Guarani Nhandeva, Kaingang, Krenak, Pankararu e Terena — 2.716 índios);
- Sergipe (Xocó — 310 índios);
- Tocantins (Apinaye, Ava-Canoeiro, Guarani, Javae, Karajá, Kraho, Tapirapé e Xerente — 7.193 índios).[9]

Diante das informações acima elucidadas, é nítido o baixo índice de população indígena existente no litoral brasileiro, resultado da devastação e exploração do trabalho indígena por parte da colônia portuguesa nos primórdios da descoberta do Brasil.

(9) Funai, *site* oficial do Ministério da Justiça, 17.3.2006.

Na atualidade, ainda existe a exploração do trabalho escravo indígena, como revela o Conselho Indigenista Missionário (CIMI), que libertou 22 indígenas, da etnia Xakriabá, encontrados em três fazendas localizadas em Cabeceiras de Goiás, a 100 quilômetros de Brasília[10].

Em 2014, em pomares de maçã na Serra Gaúcha, em Santa Catarina, no Sul do país, denúncia esta oficializada ao MPT pela Coordenadoria Regional da Funai (índios da etnia guarani, todos adultos). São submetidos a condições degradantes de trabalho, além de que lhe são descontados vários itens, restando-lhes somente uma quantia ínfima para o seu sustento e de suas famílias. Segundo o promotor de justiça Diego Roberto Barbiero, titular do Fórum de Urubici, após ouvir o depoimento de um deles, restou clara a prática de exploração de mão de obra indígena nos pomares. Verificou-se a presença de índios das tribos kaiowá, terene, kadiwéu e guató, além da guarani; todos de origem da cidade de Dourados (MS). Acredita-se que cerca de 15 mil índios estão presentes nesta cidade, que aproveitam a demanda de trabalhadores rurais para locais distantes, na grande maioria desempregados, alcoólatras e sem qualquer qualificação profissional e/ou traquejo ao trabalho assalariado, sendo “presas fáceis aos atravessadores de mão de obra barata”.[11]

Podemos elencar outros casos mais recentes:

a) Quatro indígenas, da etnia Kaingang, eram mantidos em uma fazenda, no interior de Caxias do Sul, para a colheita de caqui, em condições precárias de moradia e alimentação, sem remuneração nem registro em CTPS, em maio de 2017.[12]

b) Uma trabalhadora doméstica indígena foi resgatada no interior do Estado de São Paulo, na cidade de São José dos Campos, em setembro de 2019, por policiais federais e membros do MPT. Trazida do município de São Gabriel da Cachoeira, Estado do Amazonas, para trabalhar em casa de família e poder ajudar no sustento de seus familiares, que dependem da pesca e do plantio de mandioca para sobreviverem. Ela trabalhava de domingo a domingo, sem direito a folga semanal, nem a um salário digno, apenas o valor de R$ 500,00, valor abaixo do salário mínimo do Estado de São Paulo. O MPT firmou uma TAC com os empregadores domésticos para regularizar a documentação (registro em CTPS), pagamento das verbas laborais e foram presos em flagrante por crime do art. 149 do Código Penal.[13]

c) Nove trabalhadores indígenas, da etnia Terena, foram resgatados em uma fazenda, município de Aquidauana, MS, em condições análogas às de escravo.[14]

---

(10) *Xatriambá* são resgatados de trabalho escravo, Comissão Indigenista Missionário, Informe n. 400, em 4.3.2000.

(11) Disponível em: <http://ndonline.com.br/florianopolis/noticias/160383-ministerio-publico-funai-e-policia-federal--investigam- trabalho-escravo-em-pomares-de-maca.htm> Acesso em: 7 jun. 2014.

(12) Disponível em: <https://www.sul21.com.br/ultimas-noticias/geral/2017/05/ministerio-trabalho-flagra-quatro--indigenas-em-situacao-de-trabalho-escravo-em-caxias-sul/>. Acesso em: 13 ago. 2020.

(13) Disponível em: <https://www.ovale.com.br/_conteudo/nossa_regiao/2019/09/86843-trabalhadora-domestica--indigena-e-resgatada-de-trabalho-escravo-em-sao-jose.html>. Acesso em: 13 ago. 2020.

(14) Disponível em: <https://blogdosakamoto.blogosfera.uol.com.br/2019/09/15/dez-indigenas-sao-retirados-da--escravidao-em-mato-grosso-do-sul-e-sao-paulo/>. Acesso em: 13 ago. 2020.

d) Um grupo de 24 trabalhadores indígenas, incluindo adolescentes e crianças, da etnia Guarani Kaiowá, em julho de 2020, foram resgatados pelo MPT de trabalho com condições análogas à escravidão, em uma fazenda de Itaquiraí, Estado do Mato Grosso do Sul, para a colheita de mandioca. No local, o alojamento era precário, ambiente inadequado para o preparo de alimentos, sem registro em CTPS, sem EPIs, condições precárias de higiene.(15)

No tocante à figura escravocrata, na esfera indígena, encontramos a própria FUNAI como uma fundação infratora, sendo condenada em sentença na Justiça do Trabalho de Boa Vista, em Roraima, por submeter servidores federais a trabalho análogo à escravidão. Foi estipulada uma multa de 500 mil reais por dano moral coletivo e para solucionar os problemas apresentados pelo MPT no local. Conforme a decisão retro, os servidores que atuavam em áreas indígenas de Roraima eram deslocados de barcos e/ou aviões com produtos químicos inflamáveis; além de serem alojados sem nenhum item básico como cozinha, refeitório, dormitório e água potável. Eles bebiam água de brejo, dividida com animais. Também não tinham elementos básicos de proteção, tais como: coletes salva-vidas e coletes a prova de flechas, por trabalharem diretamente com as comunidades indígenas mais primitivas. O Juiz da 1ª Vara do Trabalho de Boa Vista, Joaquim Oliveira de Lima, condenou a União e a FUNAI a fornecerem água potável e equipamentos de segurança, além do dever de adequar os alojamentos, sob pena de multa diária de 5 mil reais.(16)

Vale destacar o pensamento da Juíza do Trabalho Eliana Pedroso, titular da 4ª Vara de Santo André, São Paulo (2ª Região), no tema em questão, no tocante às origens do povo brasileiro: *"a mão de obra indígena foi um fator de contribuição decisivo no desenvolvimento econômico da colônia e o escravismo praticado levou a um efetivo genocídio do indígena de proporções incomparáveis"*.(17)

1.2. Escravidão negra

O escravismo de pessoas africanas foi introduzido no Brasil com o intuito de viabilizar a produção de cana-de-açúcar, ou seja, objetivando preencher o papel de força de trabalho compulsória numa estrutura que estava se organizando em função da grande lavoura; produzir para o mercado e não para o sustento dos produtores era um trabalho coletivo a partir de um comando unificado.

A época exata em que chegaram ao país oscila entre o ano de 1531 até 1548. Segundo o Visconde de Porto Seguro, "escravos africanos vieram para o Brasil desde a sua primitiva colonização", com a efetiva implantação das capitanias hereditárias instituídas por D. João III.(18)

---

(15) Disponível em: <https://www.midiamax.com.br/cotidiano/2020/adolescentes-e-criancas-indigenas-sao-resgatadas--de-trabalho-escravo-em-itaquirai>. Acesso em: 13 ago. 2020.

(16) Disponível em: <http://www.questaoindigena.org/2013/08/funai-recorrera-de-condenacao-por.html>. Acesso em: 7 jun. 2014.

(17) *Trabalho Escravo Contemporâneo:* o desafio de superar a negação, p. 50.

(18) ESTRADA, Osório Duque. *A abolição*, p. 27.

A mais antiga referência à importação de africanos para o Brasil acha-se em documento escrito, datado em 3 de março de 1533, em São Vicente, no qual Pedro de Goiás solicita ao rei "dezessete peças de escravos, forros (livres) de todos os direitos e frete que soem (costumam) pagar".[19]

Os escravos africanos eram trazidos da região compreendida entre Senegal e Moçambique, a qual, por sua vez, era dividida em três zonas de extração de escravos. A primeira era localizada na Costa do Ouro ou Gana, que compreende desde Senegal até Serra Leoa, de onde foram subtraídos 53.140 escravos entre 1798 e 1807. A segunda região era conhecida como a Costa do Escravo, compreendida entre os rios Volta e Níger. Por último, a terceira região compreendia Congo, Angola e Moçambique.[20]

Os escravos, após serem caçados na África, eram amarrados pelo pescoço com cabo de madeira e um pedaço de couro seco e transportados por caravanas até alcançar a costa litorânea. Eram agrupados em 80 pessoas e empurrados e arrastados nas canoas dos Krumes (20 remos) para atravessar os perigosos recifes até os navios. Eram colocados no porão do navio negreiro[21], em um espaço de 1 metro de comprimento, 49 centímetros de largura e 65 centímetros de altura.

A mortalidade era alta na travessia do oceano, uma vez que a ocupação dos porões sempre era maior do que a permitida. Em vez de 451 escravos, havia travessia com 700 escravos, possibilitando 25% de mortes no caminho. A travessia durava aproximadamente de quarenta a cinquenta dias, de Luanda a Recife. Acredita-se que mais de 1,5 milhão de escravos entraram no país — muitos de forma ilegal.

Ao chegarem em terras brasileiras, os negros eram colocados em grandes barracões para poderem melhorar suas condições físicas, ganhar peso e melhorar a aparência; e serem expostos em praça pública (nus, marcados com ferro no peito) para serem avaliados e comprados por um senhor de engenho ou algum proprietário de cafezais, como se fossem cães ou mulas — uma mercadoria. Podiam ser comprados, vendidos ou alugados, como também podiam ser oferecidos como fiança e trocados por bens móveis e imóveis.

Em 1868, ficaram proibidos os leilões de escravos em praças públicas.

Os negreiros forçavam os engenhos a trocar escravos africanos por açúcar, sob pena de não adquirirem mais o produto, resultando no endividamento dos senhores de engenho.

A região do nordeste brasileiro foi a maior fornecedora de escravos negros, uma vez que concentrava o maior índice de trabalhadores escravos na exploração de cana-de-açúcar, sendo direcionados para as minas e para o plantio de café, em 1820 — interior da região do sudeste — particularmente, no Vale do Paraíba e no oeste paulista.

---

(19) BUENO, Eduardo. *Brasil:* uma história, p. 115.

(20) PEREGALLI, Enrique. *Escravidão no Brasil*, p. 33-34.

(21) *Conceito de Navio Negreiro:* O mesmo que tumbeiro. Nome que recebeu e embarcação destinada a transportar negros da África para serem vendidos como escravos no Brasil. Na travessia, era enorme a mortalidade, de tal modo que não se pode fazer um cálculo exato do seu montante. MOURA, Clóvis. *Dicionário da escravidão negra no Brasil*, p. 287.

A propriedade escravista era a principal característica da agricultura brasileira, no período colonial e durante o século XIX. Transformou o país na maior nação escravista do Novo Mundo, sendo aquela a que mais dependia de escravos.

Em 1827, foi firmado entre Brasil e Inglaterra o fim do tráfico negreiro, encerrando o deslocamento de escravos negros por meio de navios negreiros no Atlântico. Esse fato provocou o aumento do tráfico ilegal.

Engenho de Açúcar — Johann Moritz Rugendas

Após a aquisição do escravo negro pelo senhor, este era encaminhado às grandes fazendas, passando a habitar senzalas(22), para o trabalho nas lavouras de cana-de-açúcar, nos engenhos (unidade econômica mais importante da agroindústria escravista, especialmente no

(22) *Conceito de Senzala:* Habitação dos escravos do eito de um modo geral. Era um conjunto habitacional, afastado sempre da casa-grande, de construção rústica, sem nenhum conforto, construída de taipa, coberta de palha ou de outro material equivalente. Quase sempre não tinha janelas ou outro sistema de ventilação. O assoalho era de chão batido e não possuía qualquer recurso sanitário. Num espaço de vinte metros, em média, moravam inúmeras famílias de escravos, e homens, mulheres e crianças sem nenhum vínculo de parentesco. Não havia sistema de iluminação de espécie alguma. Para evitar fugas, o feitor ou outro preposto da fazenda trancava as portas por fora, com cadeados e corrente. Os escravos permaneciam nesses cubículos até de manhã, quando eram libertados para darem início ao trabalho. Por isso, ali era enorme a promiscuidade, muitas vezes incentivada pelos senhores, a fim de aumentar as crias, fato que suscitava um clima de conflito latente entre os próprios cativos por questões sexuais. A escravaria das senzalas tinha tratamento diferente e muito mais brutal do que os cativos da casa-grande, os quais eram escolhidos pelos senhores e senhoras para os serviços domésticos ou para uso sexual. MOURA, Clóvis. *Dicionário da escravidão negra no Brasil*, p. 375.

Nordeste, no ciclo da cana-de-açúcar)[23], na agricultura cafeeira, na atividade aurífera e em atividades domésticas.

Nas fazendas de café, a jornada de trabalho era de quinze a dezoito horas diárias; iniciava-se na madrugada. O almoço era servido às dez horas da manhã, devendo ser efetuado rapidamente, evitando desperdício de tempo. À tarde, era servido um café com rapadura, e, às quatro horas era servido o jantar, depois eles retornavam ao trabalho até escurecer.

Os escravos cuidavam, nas fazendas, do preparo da farinha de mandioca e do fubá, debulhavam e moíam o milho, pilavam, torravam e selecionavam o café, cortavam lenha, dentre outras tarefas.

Havia penalidades impostas aos escravos; em caso de fuga, eram marcados com ferro em brasa — um F no rosto ou no ombro do escravo. Em caso de segunda tentativa, era cortada uma orelha, e na próxima tentativa, era chicoteado até a morte. Dentre outras faltas graves, era punido com: castração, a quebra dos dentes a martelo, a amputação dos seios, dentre outras punições. O castigo era aplicado por outro escravo, sempre vigiado pelo feitor[24]. A manutenção do sistema escravista mediante a aplicação de castigos durou quase trezentos anos. Existiam leis para impor limites ao castigo; mas eram desrespeitadas pelos senhores e escravos.

Com as fugas, iniciou-se o processo da luta dos escravos contra o sistema escravagista, contrariando o mito empregado por Gilberto Freire em sua obra *Casa-Grande & Senzala*, na qual preconiza o bom senhor.

No decorrer das fugas, foram surgindo os Quilombos[25], que se espalharam do Amazonas ao Rio Grande do Sul. Destaque para o mais famoso quilombo, a República dos Palmares[26], com o líder Zumbi. Era possível encontrar, nos quilombos, índios e brancos desajustados. No Rio de Janeiro e em Salvador, os quilombos eram numerosos e populosos.

Os escravos participavam de batalhas em troca de sua liberdade, como o caso da Guerra do Paraguai[27], em que também participaram indígenas de diversas nações, mestiços, "voluntários" convocados à força, mulheres, crianças e velhos. O resultado não foi benéfico, uma vez que a promessa de liberdade não foi cumprida.

---

(23) MOURA, Clóvis. *Dicionário da escravidão negra no Brasil*, p. 145.

(24) *Conceito de Feitor:* na hierarquia rural, indivíduo que dirigia as fazendas, fiscalizavam os serviços e, sobretudo, mantendo a disciplina da escravaria. No início, era quase sempre português, mas com o tempo a profissão passou a ser exercida especialmente por mulatos. Tinha autorização do senhor de aplicar castigos nos faltosos, no que exagerava quase sempre, chegando muitos deles a requintes de selvageria. MOURA, Clóvis. *Dicionário da escravidão negra no Brasil*, p.159.

(25) *Conceito de Quilombo:* palavra de origem banto que, durante a escravidão no Brasil, significou ajuntamento de escravos fugitivos. MOURA, Clóvis. *Dicionário da escravidão negra no Brasil*, p. 335.

(26) *Quilombo dos Palmares:* era composto por 12 quilombos, cerca de 200 Km, nos Estados de Pernambuco e Alagoas. BUENO, Eduardo. *Brasil:* uma história, p. 122.

(27) Guerra do Paraguai: prolongou-se de 1864 a março de 1870, deixou mais de 150 mil mortos. BUENO, Eduardo. *Brasil:* uma história, p. 205.

1.2.1. Normas da abolição da escravidão negra e respectivos acontecimentos históricos e econômicos

Podemos elucidar inúmeras normas que contribuíram para a extinção da escravidão no Brasil, dentre elas, em ordem cronológica abaixo:

- 13 de maio de 1827: ratificado o tratado que determinou a extinção do tráfico negreiro, firmado entre Brasil e Inglaterra (Câmara de Lordes), sendo considerado pirataria.

- 4 de setembro de 1850: Lei n. 584. O Ministro da Justiça Eusébio de Queirós assinou a lei que proibiu definitivamente o tráfico de escravos para o Brasil;

- 28 de setembro de 1855: Decreto n. 3.270. Chamada de Lei dos Sexagenários ou Lei Saraiva-Cotegipe, instituída por iniciativa de Joaquim Nabuco, com o apoio de José Antonio Saraiva. A respectiva lei libertava os escravos que tivessem 60 anos de idade, mas eles tinham que prestar durante três anos serviços aos seus senhores, a título de indenização pela alforria. Apenas poderiam ficar isentos dessa obrigação mediante o pagamento de 100$000 ao senhor ou se atingissem 65 anos de idade.

- 28 de setembro de 1871: Lei n. 2.040 — a Lei do Ventre Livre —, a qual determinou que os filhos de escravas deixassem de ser escravos quando atingissem a maioridade. Também previa a opção de o Estado pagar ao senhor uma indenização no valor de 600.000 réis aos que completassem 8 anos de idade e colocá-los numa instituição de caridade para trabalhar em seu favor.(28)

- 13 de maio de 1888: Lei n. 3.353 — Lei Áurea —, assinada pela Princesa Isabel. *In verbis:*

> *"Art. 1º É declarada extinta a escravidão no Brasil.*
>
> *Art. 2º Revogam-se as disposições em contrário."* (g. n.)

(28) SENTO-SÉ, Jairo Lins de Albuquerque. *Trabalho escravo no Brasil na atualidade*, p. 39-40.

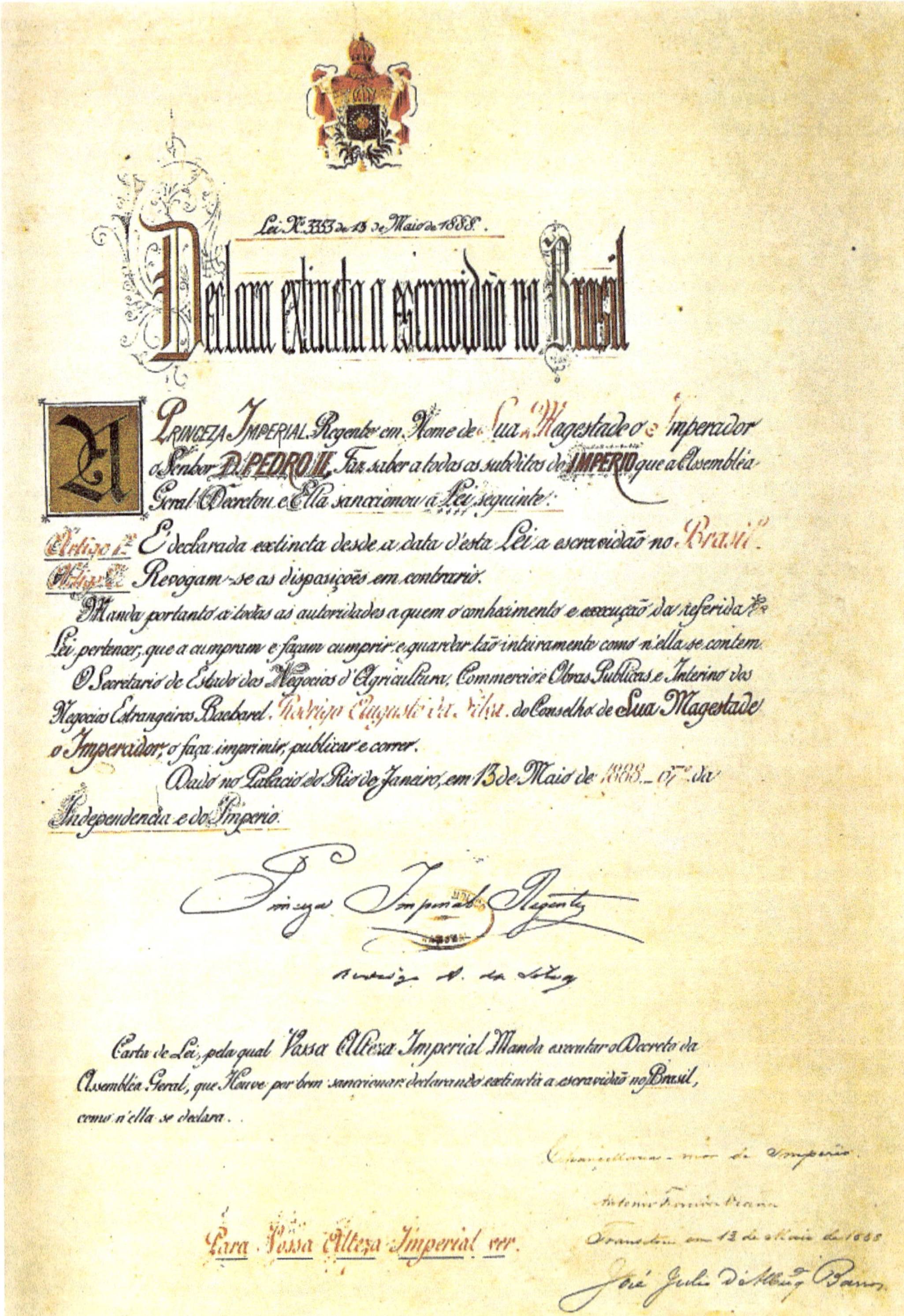

Lei Nº 3353 de 13 de Maio de 1888.

Declara extincta a escravidão no Brasil

A Princeza Imperial Regente em Nome de Sua Magestade o Imperador o Senhor D. PEDRO II, Faz saber a todos os subditos do IMPERIO que a Assembléa Geral Decretou e Ella sanccionou a Lei seguinte:

Artigo 1º: É declarada extincta desde a data d'esta Lei a escravidão no Brasil.

Artigo 2º: Revogam-se as disposições em contrario.

Manda portanto a todas as autoridades a quem o conhecimento e execução da referida Lei pertencer, que a cumpram e façam cumprir e guardar tão inteiramente como n'ella se contém.

O Secretario de Estado dos Negocios d'Agricultura, Commercio e Obras Publicas e Interino dos Negocios Estrangeiros Bacharel Rodrigo Augusto da Silva, do Conselho de Sua Magestade o Imperador, o faça imprimir, publicar e correr.

Dada no Palacio do Rio de Janeiro, em 13 de Maio de 1888 – 67º da Independencia e do Imperio.

Princeza Imperial Regente

Rodrigo A. da Silva

Carta de Lei, pela qual Vossa Alteza Imperial Manda executar o Decreto da Assembléa Geral, que Houve por bem sanccionar, declarando extincta a escravidão no Brasil, como n'ella se declara.

Para Vossa Alteza Imperial ver.

Chancellaria-mór do Imperio.

Antonio Ferreira Vianna

Transitou em 13 de Maio de 1888.

José Julio d'Albuquerque Barros

Fonte: Eduardo Bueno, *Brasil:* uma história, p. 219.

Por meio desta lei, foi decretada a abolição da escravatura no Brasil. A partir daí, o escravo deixou de ser propriedade de outro homem, passou a ter liberdade e readquiriu a condição de pessoa humana, surgindo assim o trabalho assalariado.

Foram inúmeros os abolicionistas, dentre eles destaque para Rui Barbosa, Joaquim Nabuco de Araújo (fundou a Sociedade Brasileira contra a Escravidão; quando estava no exílio, escreveu *O Abolicionismo*, obra que defendia a abolição imediata e sem indenização), José do Patrocínio (conhecido como "Tigre do Abolicionismo"), André Rebouças (acreditava que a abolição fora uma das causas da Proclamação da República).

Alguns estudiosos acreditam que o fim da escravidão deu-se de forma a viabilizar a quebra da monarquia, introduzindo a República como forma de governo; outros alegam que a escravidão foi resultado da pressão dos senhores cafeeiros.

1.3. Escravidão contemporânea — quem é o escravo e o escravocrata?

Em síntese, o Brasil utilizou a mão de obra escrava indígena nativa e negra africana para iniciar suas atividades econômicas, vigorando o regime escravocrata até o final do século passado, sendo formalizada a abolição da escravatura tão somente em 1888.

Com o advento da Lei Áurea, os negros readquiriram os seus direitos, não mais sendo tratados como objeto perante a legislação brasileira vigente à época. O resultado foi positivo no lado político e social, mas não no lado econômico, uma vez que a população negra não tinha outra alternativa senão continuar nas fazendas em que já trabalhava como escrava, pela falta de opção de trabalho, ausência de qualificação e por preconceito racial.

Passados três séculos e meio de escravidão, formalmente consignada em nosso ordenamento jurídico, ainda encontramos diversas formas de escravidão nos dias atuais. "Não deixamos de ser um país escravocrata. Uma escravocracia camuflada. Hodiernamente, não somente os negros estão relegados à herança da escravidão oficial, como também brancos, pobres, mulheres e crianças são submetidos a verdadeiros regimes escravocratas de trabalho nas mais diversas regiões do País; desde as mais industrializadas, como o Sul e Sudeste, às menos desenvolvidas, como Norte e Nordeste"(29).

Segundo o entendimento do Juiz do Tribunal Regional do Trabalho da 23ª Região doutor Guilherme Augusto Caputo Bastos, "são vítimas desse mal homens, mulheres, crianças, garimpeiros, prostitutas, em maior número, os irmãos nordestinos. São aqueles invisíveis, inexistentes, às vezes sem qualquer registro civil"(30). Argumenta, ainda, que existem entre 25 mil e 50 mil trabalhadores escravos no Brasil.

O perfil do trabalho escravo contemporâneo iniciou a partir da "continuação da dominação, à qual permaneceu submetido o negro e, em geral, todos aqueles rurícolas sem maiores perspectivas, aliada à grande extensão territorial do país e à fragilidade das leis que regulavam as relações laborais dos campesinos"(31).

(29) SANTOS, Ronaldo Lima dos. *Sindicatos e ações coletivas*, p. 178.

(30) *Revista LTr*, v. 70, mar. 2006.

(31) SANTOS, Ronaldo Lima dos. *Sindicatos e ações coletivas*, p. 40.

Na atualidade, a nova escravatura é exercida por latifundiários que desenvolvem uma agricultura obsoleta e arcaica e também por setores modernos da economia, tais como bancos, montadoras, multinacionais de veículos, dentre outras instituições. Podemos citar o caso do Banco Bradesco S/A, a maior instituição bancária privada do país, onde foram descobertos exemplos de trabalho escravo voltado ao desmatamento e povoamento da Amazônia. E o caso da empresa de montagem de veículos Volkswagem do Brasil, proprietária da fazenda Vale do Rio Cristalino, localizada no sul do Pará, onde utilizam trabalho escravo voltado à criação de gado com a mais alta tecnologia.(32)

Destaque às atividades das siderúrgicas(33) — produção do aço — que, mediante intermediação, fraudam a legislação vigente, comprando matéria-prima de carvoarias que utilizam o trabalho escravo infantil, sendo as próprias siderúrgicas, em certos casos, proprietárias das terras em que se executa tal serviço.

Muitas vezes alegavam, em sua defesa, tratar-se de trabalho terceirizado; mas este processo não se justificava, uma vez que a produção de carvão era essencial à sua atividade--fim; portanto, eram responsáveis por tais vítimas (trabalhadores). A jurisprudência do TST, antes da reforma trabalhista, proibia a terceirização em atividades essenciais das empresas (atividades-fim), e o entendimento, nesse caso, era de que a produção de carvão era efetivamente atividade-fim das siderúrgicas.

Com o advento da Lei n. 13.467/2017(34) e da Lei n. 13.429/2017, que alterou alguns artigos da Lei n. 6.019/74 — trabalho temporário, ampliando a terceirização para todas as atividades (meio e fim) da empresa, conforme tese de repercussão geral do STF: "É lícita a terceirização ou qualquer outra forma de divisão do trabalho entre pessoas jurídicas distintas, independentemente do objeto social das empresas envolvidas, mantida a responsabilidade subsidiária da empresa contratante"(35), houve um enfraquecimento da Súmula n. 331, inciso III, do TST colocando em dúvida as futuras condenações.

Segundo o entendimento da AMATRA — 5ª Região, a terceirização da atividade-fim é um retrocesso e amplia o trabalho escravo. É o que afirmou a juíza Andrea Presas: (...) "Propiciar uma terceirização sem limites, feita para toda e qualquer atividade, é possibilitar a ampliação do trabalho escravo no Brasil"(36).

E, entre o período de 2012 até 2016, na esfera urbana, nas empresas de construção civil e na indústria têxtil, como salientou a ilustre desembargadora do TRT da 2ª Região — Ivani Contini Bramante(37) —, alterando o índice estatístico, que até meados de 2012

(32) *Ibidem*, p. 82.

(33) As siderúrgicas consomem 80% do volume de carvão produzido.

(34) Alterou o artigo 4º-A, Lei n. 6.019/74: Art. 4º-A. Considera-se prestação de serviços a terceiros a transferência feita pela contratante da execução de **quaisquer de suas atividades, inclusive sua atividade principal**, à pessoa jurídica de direito privado prestadora de serviços que possua capacidade econômica compatível com a sua execução.

(35) STF, Pleno, RE n. 958.252/MG, relator Ministro Luiz Fux, j. 30.08.2018.

(36) Disponível em: <https://daniellixavierfreitas.jusbrasil.com.br/noticias/186233650/para-amatra-da-5-regiao-terceirizacao-de-atividade-fim-e-um-retrocesso-e-amplia-trabalho-escravo?ref=serp>. Acesso em: 13 ago. 2020.

(37) *Trabalho Escravo Contemporâneo:* Contextos e Desafios ao Enfrentamento. Seminário em 15.5.2014, Fórum Rui Barbosa, São Paulo. Disponível em: <www.trt2.jus.br>.

a maior incidência era na área rural[38]; e, também, Xavier Plasat, da Comissão Pastoral da Terra, argumenta que, com base nos dados da equipe de fiscalização do MTE, é a primeira vez que a área urbana ultrapassa a rural.[39]

Também podemos encontrar casos de trabalho análogo à escravidão na área da navegação, nos navios transatlânticos de luxo para o turismo, presentes na costa brasileira (período de alta estação, meados de novembro até abril), que contratam trabalhadores nacionais e estrangeiros, sujeitando-os à jornada exaustiva e infringindo muitas normas trabalhistas. Em destaque, trechos da matéria "Repórter Brasil", de Anali Dupré e Guilherme Zocchio, publicada em 4.4.2014: "Ostentação contrasta com condições de trabalhadores. Ao todo, 11 tripulantes foram resgatados em navio da MSC Cruzeiros, uma das principais do setor".

"(...)

> A caracterização de escravidão de tripulantes do MSC Magnifica se deu pela submissão do grupo a jornadas exaustivas sistemáticas, maus-tratos e assédio moral. Há relatos de jornadas superiores a 14 horas. 'Não temos a menor dúvida de que se trata de trabalho escravo', explica Alexandre Lyra, chefe da Divisão de Fiscalização para Erradicação do Trabalho Escravo (Detrae), do MTE. 'Além da escravidão, constatamos fraudes no cartão de ponto e na contratação dos trabalhadores. A situação é grave', resumiu.
>
> (...)
>
> 'É preciso dar uma resposta a essa situação. Não é possível que embarcações venham para águas brasileiras para praticar esse tipo de abuso com os trabalhadores', diz o procurador Rafael Garcia, do MPT da Bahia. Entre os trabalhadores resgatados há até tripulantes com nível superior e, no entendimento do MPT, a empresa está resistindo ao pagamento das rescisões por temer uma série de ações e reivindicações por parte de outros empregados que passam ou passaram por situações semelhantes. 'É preciso garantir o pagamento das verbas'.
>
> (...)
>
> A depender da situação, os contratos de trabalho são firmados com base na legislação do Brasil ou em normas internacionais, o que torna o problema complexo e favorece infrações. Se a pessoa for contratada 30 dias antes ou 30 dias após a partida do navio da costa brasileira, a lei determina que a relação de trabalho fique subordinada às regras brasileiras. Caso, porém, o contrato seja firmado no exterior ou se estenda por mais de nove meses, o Direito Internacional permite que este seja subordinado às leis do país onde o navio tem a bandeira registrada. Não é raro, por isso, que as embarcações tenham registro em países com legislação trabalhista mais frágil, como Indonésia, Tailândia e outros. O primeiro navio fiscalizado em Santos, o MSC Preziosa,

---

(38) Disponível em: <http://economia.estadao.com.br/noticias/economia-geral-construcao-libera-casos-de-trabalho-analogo-a-escravidao,185004,0.htm> Acesso em: 5 jun. 2014.

(39) Disponível em: <blogdosakamoto.blogosfera.uol.com.br/2014/02/07/resgates-por-trabalho-escravo-urbano-passam-o-rural-pela-primeira-vez/> Acesso em: 8 jun. 2014.

tinha registro no Panamá, por exemplo. A ação conjunta está relacionada à preocupação em fazer uma abordagem integral do problema, cobrindo todos os lados. 'Uma tentativa nossa de resposta é tentar atuar o mais integrado possível', explica José Guerra, coordenador-geral da Conatrae.

(...)

Entre outros abusos, as jornadas de trabalho da tripulação responsável por tarefas de hotelaria, limpeza e outros ofícios ultrapassam regularmente doze horas diárias. Para piorar, o ritmo durante as jornadas prolongadas se confunde com o cenário ilustrado por Fellini. Além disso, de acordo com levantamento da fiscalização, os períodos de serviço costumam não seguir um padrão regular. Principalmente na parte de restaurantes, o expediente começa cedo — às 6h —, continua durante todo o período da manhã e, às vezes, só é interrompido por intervalos de cerca de 15 minutos, para voltar na sequência da próxima refeição.

(...)

Muitos trabalhadores se queixam de ter de começar os serviços logo cedo, com o estômago vazio, sem ter tomado café da manhã. Isso se deve ao fato de o refeitório disponível para os funcionários ficar fechado durante a folga de alguns deles e de o horário de funcionamento coincidir com o dos restaurantes onde a tripulação trabalha para servir os passageiros. 'A gente só não passa fome porque quem trabalha com restaurante só passa fome se quiser. De vez em quando, a gente pega algo que sobra ou da cozinha', relatou uma garçonete. A identidade de todos os tripulantes ouvidos pela reportagem foi preservada.

(...)

Há relatos sobre oficiais que se valem de seu posto de superioridade para realizar atos de agressão sexual, cujas vítimas, na maioria, são mulheres. Entretanto a violência não se restringe aos tipos explícitos e também pode ocorrer de maneiras mais sutis, conforme os relatos obtidos.

(...)

Quando trabalhadores queixam-se da carga de trabalho ou de um eventual desrespeito por parte de superiores, existem algumas práticas usadas com frequência. 'Nesses casos, costumam nos colocar em um horário que é próximo do fim do expediente, mas no qual ainda chegam clientes. Assim, temos de estender o trabalho por mais horas para atendê-los', afirma um tripulante. Segundo apurou a fiscalização, esse tempo a mais não é registrado como extra, muito menos descontado de um banco de horas dos funcionários.

(...)

'É comum que isso ocorra quando nos queixamos. Em alguns casos, só pelo fato de nos verem conversando com fiscais da polícia ou do governo, mesmo em inspeções de rotina, já ficamos marcados e temos de passar por esses constrangimentos', acrescenta o trabalhador. 'Quando a gente assina a hora extra, eles não consideram. Nosso cartão de ponto é alterado', completa.

(...)

Quando necessário, a licença médica é observada aos tripulantes que necessitam ficar de repouso. No entanto, nesses casos, é obrigatório aos trabalhadores licenciados ficarem dentro de seu alojamento. Não lhes é permitido, mesmo quando a embarcação se encontra ancorada em algum porto, que desembarquem ou circulem por outras áreas do navio.

Só é possível desembarcar, nesses casos, quando a enfermidade é grave e precisa do tratamento de algum médico especialista em terra. E essa permissão só pode ser dada pelo clínico responsável pela área de saúde do navio. A permanência dos funcionários doentes no interior de seus dormitórios, inclusive, é vigiada pelos oficiais.

(...)".(40)

1.3.1. Amplitude da expressão "trabalho escravo"

Para estudarmos Escravidão Contemporânea, é importante frisar a noção básica de escravidão, ou seja, *o trabalho exigido pela força, em troca de alimento, trapos para cobrir, sem respeito à dignidade humana ou qualquer direito reconhecido à pessoa subjugada.*

Desta forma, afirma *Evanna Soares:*

> "Considerando tal essência do trabalho, ou melhor, do trabalho em condições análogas à escravidão — expressão mais apropriada aos dias atuais em que a escravidão é proibida pelos povos civilizados —, tem-se como exploração de mão de obra em tais condições todos os casos em que a dignidade humana é aviltada, notadamente quando o trabalhador é iludido com promessas de bons salários e transportado sem obediência aos requisitos legais, ou impedido de sair do local de trabalho pela vigilância armada ou preso a dívidas impagáveis contraídas perante o empregador, ou, ainda, quando explorado sem atenção aos direitos trabalhistas elementares, tais o salário mínimo, jornada de trabalho normal, pagamento de adicionais, repouso remunerado e boas condições de higiene, saúde e segurança do trabalho."(41)

Ainda, no conceito de Luís Antônio Camargo de Melo, acrescenta que trabalho escravo ou forçado "não será somente aquele para o qual o trabalhador não tenha se oferecido espontaneamente, porquanto há situações em que este é engodado por falsas promessas de ótimas condições de trabalho e salário"(42). Deduz-se que não é imprescindível, para caracterizar o trabalho escravo, que o trabalhador seja coagido a permanecer prestando serviços, não conseguindo se desligar de seu ofício.

E, no entendimento do Juiz do Tribunal Regional do Trabalho da 23ª Região, "o trabalho escravo, do qual o trabalho forçado é gênero, constitui uma grave violação dos direitos humanos e uma restrição da liberdade do trabalhador observadas na escravidão, em qualquer de suas formas, ou no trabalho em condições de escravidão"(43).

---

(40) Disponível em: <http://www.redebrasilatual.com.br/cidadania/2014/04/fiscais-flagram-trabalho-escravo-em-cruzeiro--de-luxo-2887.html> Acesso em: 24 maio 2014.

(41) *Revista do Ministério Público do Trabalho*, v. 26, p. 34.

(42) Premissas para um eficaz combate ao trabalho escravo. *Revista do Ministério Público do Trabalho*, v. 26, p. 13.

(43) BASTOS, Guilherme Augusto Caputo. *Revista LTr*, v. 70, n. 3, mar. 2006/367.

Por fim, o trabalho escravo contemporâneo ou forçado é "toda modalidade de exploração do trabalhador em que este esteja impedido, moral, psicológica e/ou fisicamente, de abandonar o serviço, no momento e pelas razões que entender apropriadas, a despeito de haver, inicialmente, ajustado livremente a prestação de serviços"(44).

1.3.2. Causas da escravidão contemporânea

O interesse econômico é o principal responsável pela escravidão contemporânea, ou seja, a pobreza, localizada em determinadas regiões do país, e o desemprego contribuem substancialmente para o ensejo deste tipo de trabalho. Acrescentando, ainda, a má distribuição de renda, aliada à concentração fundiária nas mãos de poucos.

Podemos destacar as regiões rurais, de difícil acesso, tais como no estado do Pará, os cerrados do centro do país (Mato Grosso), a região Amazônica, o Ceará, o Maranhão, e em região urbana, na capital de São Paulo, envolvendo estrangeiros e imigrantes indocumentados.

Nota-se que, em razão de circunstâncias e fatores demográficos do território brasileiro, são inúmeras as regiões com esta problemática, como iremos analisar em breve.

No entendimento de Ricardo Rezende Figueira, a escravidão contemporânea só poderá ser explicada pela conjunção de fatores, dentre eles:

• *"omissão do Estado, que não tomou medidas preventivas para impedir o aliciamento de trabalhadores em seus locais de origem e nas estradas por onde se dá o tráfico;*

• *omissão da legislação, que não definiu claramente o que compreende por 'escravo' e não previu expropriação das terras onde se realiza o crime;*

• *cumplicidade das forças policiais locais e estaduais;*

• *cumplicidade de funcionários das DRTs e da Polícia Federal (PF), que não fiscalizam os imóveis ou o fizeram de forma parcial, dificultando qualquer ação do poder judiciário;*

• *cumplicidade de outras autoridades do Estado e da União, que não viam como os fazendeiros poderiam instalar suas fazendas de outra forma;*

• *medo dos funcionários da DRT e da PF de se indisporem com empreiteiros, gerentes e proprietários;*

• *corrupção de funcionários públicos;*

• *isolamento das fazendas e certeza de que a denúncia não atravessaria a porteira;*

• *preconceito cultural: os peões eram preguiçosos, não trabalhavam senão mediante coação;*

• *silêncio da imprensa nacional;*

• *fraude nos encargos econômicos e sociais devidos ao governo e aos trabalhadores;*

(44) MELO, Luís Antonio Camargo de. *Revista do Ministério Público do Trabalho*, v. 26, p. 14.

- *escassez de mão de obra, por haver opções mais atraentes de trabalho na região, como o garimpeiro, as atividades madeireiras e as possibilidades de se tornar posseiro ou, mesmo, pequeno proprietário;*

- *desemprego e pobreza, tornando as pessoas mais vulneráveis ao aliciamento;*

- *vítimas que não fogem ou deixam de buscar socorro de autoridade, imaginando que, em função da dívida, a lei não as protegeria;*

- *essa mesma noção é compartilhada por parte da opinião pública circunvizinha, ou da do local onde se dá a concentração."*[45]

Destarte, enquanto o sistema de produção continuar voltado para a obtenção de lucro desenfreado, de forma torpe e miserável, haverá a utilização do trabalho escravo contemporâneo, como instrumento para alcançar esse fim.

1.3.3. Características e modalidades

Podemos verificar vários modos de existência do trabalho escravo, forçado ou obrigatório, atuais no Brasil, conforme ensinamento de Ronaldo Lima dos Santos abaixo:

> "a) a constrição da vontade inicial do trabalhador em se oferecer à prestação de serviços, sendo, por isso, constrangido à prestação de trabalhos forçados sem sequer emitir sentimento volitivo neste sentido (geralmente esta situação ocorre com os filhos de trabalhadores sujeitos a trabalho escravo e seus familiares);
>
> b) o aliciamento de trabalhadores em uma dada região com promessas de bom trabalho e salário em outras regiões, com a superveniente contração de dívidas de transportes, de equipamentos de trabalho, de moradia e alimentação, cujo pagamento se torna obrigatório e permanente, determinando a chamada escravidão por dívidas;
>
> c) o trabalho efetuado sob a ameaça de uma penalidade — como ameaças de morte com armas — geralmente violadora da integridade física ou psicológica do empregador; modalidade que quase sempre segue a escravidão por dívidas;
>
> d) a coação, pelos proprietários de oficinas de costuras em grandes centros urbanos — como São Paulo — de trabalhadores latinos pobres e sem perspectivas em seus países de origem — geralmente bolivianos e paraguaios — que ingressam irregularmente no Brasil. Os empregados apropriam-se coativamente de sua documentação e os ameaçam de expulsão do país, por meio de denúncias às autoridades competentes. Obstados de locomoverem-se para outras localidades, diante da sua situação irregular, os trabalhadores submetem-se às mais vis condições de trabalho e de moradia (coletiva)." A escravidão por dívidas nas relações de trabalho no Brasil contemporâneo. *Revista do Ministério Público do Trabalho*, v. 26, p. 55.

Independentemente da denominação adotada ("trabalho escravo contemporâneo", "escravidão por dívida", "trabalho forçado", "trabalho obrigatório", "redução à condição análoga à de escravo"), presente o vício de vontade, como: dolo, simulação, fraude, coação,

(45) Por que trabalho escravo?, *Estud. Av.*, jan./abr. 2000, v. 14, p. 31-50.

indução a erro. Possível ocorrer os respectivos vícios desde o início da contratação, no decorrer da relação laboral e findo o trabalho.

O vício da coação poderá ser de ordem moral, psicológica e física. No caso moral, tomemos como exemplo aquele trabalhador que é induzido a se endividar com valores fraudulentos, impossibilitando sua saída. Quando psicológica, o trabalhador é ameaçado de sofrer violência para permanecer trabalhando, por pessoas armadas, mediante o artifício de ameaças de morte e "surra", ou ainda, quando na ameaça de abandono, principalmente em locais de difícil acesso a rodovias e a quilômetros de distância de suas casas. Por último, a coação física, quando são mortos e agredidos fisicamente, mediante tapas e chutes.

Segundo os ensinamentos do ilustre Doutor José Claudio Monteiro de Brito Filho(46), os modos de execução, que indicam as principais condutas que caracterizam o trabalho em condições análogas à de escravo, elencados no art. 149 do Código Penal, são: 1. Típicos: (a) Trabalho forçado (a compulsoriedade na prestação de serviços é a característica determinante); (b) Jornada exaustiva (é o excesso de jornada que é imposto ao trabalhador, mas não necessariamente porque a jornada é mais longa, e sim, porque, independentemente do tempo de jornada, ela é capaz de exaurir o trabalhador, causando prejuízos à sua saúde, podendo até levá-lo à morte; comum nas lavouras de corte de cana-de-açúcar — zona rural, mas também no trabalho de motoristas de ônibus e nas oficinas de costura com trabalhadores imigrantes bolivianos — zona urbana); (c) Condições degradantes (desrespeito às condições mínimas de direitos laborais); e (d) Restrição de locomoção por dívida contraída (conhecida por servidão por dívida); 2. Por equiparação (§ 1º, art. 149, CP): retenção no local de trabalho (a) por cerceamento do uso de qualquer meio de transporte; (b) pela manutenção de vigilância ostensiva; ou (c) pela retenção de documentos ou objetos de uso pessoal do trabalhador.

E, para fins da fiscalização do trabalho, os modos de execução, de forma isolada ou conjuntamente, ensejam a condição análoga à de escravo ao trabalhador submetido a: 1. Trabalho forçado; 2. Jornada exaustiva; 3. Condição degradante de trabalho; 4. Restrição, por qualquer meio, de locomoção em razão de dívida contraída com empregador ou preposto, no momento da contratação ou no curso do contrato de trabalho; 5. Retenção no local de trabalho em razão de: i) cerceamento do uso de qualquer meio de transporte; ii) manutenção de vigilância ostensiva; e, iii) apoderamento de documentos ou objetos pessoais.

Podemos encontrar inúmeros conceitos sobre cada um dos modos de execução acima elencados, que ensejam o trabalhador a condição análoga à de escravo, em doutrinas, decisões judiciais, pareceres dentre outras fontes do direito, mas a que melhor pormeniza é a Instrução Normativa da Secretaria da Inspeção do Trabalho (IN SIT n. 139/2018), publicada em 24.01.2018, Edição 1, do Diário Oficial da União, *in verbis*:

"Art. 7º Para os fins previstos na presente Instrução Normativa:

I – Trabalho forçado é aquele exigido sob ameaça de sanção física ou psicológica e para o qual o trabalhador não tenha se oferecido ou no qual não deseje permanecer espontaneamente.

(46) *Trabalho Escravo:* caracterização jurídica, p. 80-112.

II – Jornada exaustiva é toda forma de trabalho, de natureza física ou mental, que, por sua extensão ou por sua intensidade, acarrete violação de direito fundamental do trabalhador, notadamente os relacionados a segurança, saúde, descanso e convívio familiar e social.

III – Condição degradante de trabalho é qualquer forma de negação da dignidade humana pela violação de direito fundamental do trabalhador, notadamente os dispostos nas normas de proteção do trabalho e de segurança, higiene e saúde no trabalho.

IV – Restrição, por qualquer meio, da locomoção do trabalhador em razão de dívida é a limitação ao direito fundamental de ir e vir ou de encerrar a prestação do trabalho, em razão de débito imputado pelo empregador ou preposto ou da indução ao endividamento com terceiros.

V – Cerceamento do uso de qualquer meio de transporte é toda forma de limitação ao uso de meio de transporte existente, particular ou público, possível de ser utilizado pelo trabalhador para deixar local de trabalho ou de alojamento.

VI – Vigilância ostensiva no local de trabalho é qualquer forma de controle ou fiscalização, direta ou indireta, por parte do empregador ou preposto, sobre a pessoa do trabalhador que o impeça de deixar local de trabalho ou alojamento.

VII – Apoderamento de documentos ou objetos pessoais é qualquer forma de posse ilícita do empregador ou preposto sobre documentos ou objetos pessoais do trabalhador."

Dentre as modalidades de execução acima elencadas, as condições degradantes de trabalho são a de maior incidência nos casos concretos, prevalecendo nas jurisprudências o entendimento de que fere a dignidade da pessoa humana essa conduta, indo contrário à NR-24 (Condições Sanitárias e de Conforto nos Locais de Trabalho), tais como: instalações sanitárias, vestiários, locais de refeições, alojamento, vestimenta de trabalho etc.(47)

Corroborando o acima exposto, os ensinamentos da procuradora do trabalho, a Dra. Eliane Nassif: "a degradância para fins de caracterização do trabalho escravo, é descrita na jurisprudência como: 1) ausência de instalações sanitárias; 2) ausência de funcionamento adequado das instalações sanitárias; 3) ausência de abrigo; 4) ausência de camas; 5) ausência de colchões; 6) ausência de densidade adequada de colchões; 7) ausência de higiene ou de possibilidades de sua promoção — falta de lixo adequado; 8) ausência de água potável; 9) ausência de alimentos; 10) ausência de cozinha ou de condições decentes para o preparo e consumo dos alimentos (panelas, fogão, sabão de limpeza, esponjas para limpeza, pratos, talheres, refeitório, mesas, cadeiras); 11) ausência de lugar abrigado adequado para alimentação; 12) presença de ratos, baratas, animais peçonhentos; 13) goteiras no alojamento, sem condições de habitabilidade; 14) falta de sistema de esgoto; 15) esgoto correndo a céu aberto perto do alojamento; 16) falta de alojamentos providos de paredes construídas em alvenaria ou madeira".

(47) NR-24 – Condições Sanitárias e de Conforto nos Locais de Trabalho. Publicação DOU. Portaria MTb n. 3.214, de 08 de junho de 1978, em 06.07.78. Alterações/Atualizações DOU. Portaria SSST n. 13, de 17 de setembro de 1993, em 21.09.93 – Portaria SEPRT n. 1.066, de 23 de setembro de 2019, em 24.09.19 (Redação dada pela Portaria SEPRT n. 1.066, de 23.09.19). Sumário: 24.1 Objetivo e campo de aplicação; 24.2 Instalações sanitárias; 24.3 Componentes sanitários; 24.4 Vestiários; 24.5 Locais para refeições; 24.6 Cozinhas; 24.7 Alojamento; 24.8 Vestimenta de trabalho; 24.9 Disposições gerais. Anexo I: Condições Sanitárias e de Conforto Aplicáveis a Trabalhadores em *"Shopping Center"*. Anexo II: Condições Sanitárias e de Conforto Aplicáveis a Trabalhadores em Trabalho Externo de Prestação de Serviços. Anexo. III: Condições Sanitárias e de Conforto Aplicáveis a Trabalhadores em Transporte Público Rodoviário Coletivo Urbano de Passageiros em Atividade Externa. Disponível em: <https://sit.trabalho.gov.br/>.

Analisando a descrição do trabalho escravo contemporâneo com o trabalho escravo da época colonial, encontram-se figuras que se assemelham, tais como o senhor de engenho pela figura do fazendeiro do latifúndio, o feitor (na hierarquia rural, indivíduo que dirigia as fazendas, fiscalizando os serviços e, sobretudo, mantendo a disciplina da escravaria. Tinha autorização do senhor de aplicar castigos nos faltosos, no que exagerava quase sempre, chegando muitos deles a requinte de selvageria)[48], o gato (pessoa que escolhe quem vai trabalhar, agencia o transporte, determina quanto irá ganhar, fiscaliza o labor, fixa todas as regras da relação jurídica estabelecida com o trabalhador rural; é um intermediário do dono da terra) ou o capataz.

1.4. Escravidão infantil na zona rural

Desde os primórdios da história brasileira, a exploração do trabalho infantil já estava presente. Estudos comprovam que 10% da frota de Cabral era formada por crianças. E no decorrer da escravidão negra africana, não foi diferente, principalmente na área rural. Com a Lei Áurea pondo fim ao trabalho escravo e, posteriormente, na fase industrial, as crianças ingressaram no mercado de trabalho na condição de aprendizes.[49]

Em 1891, durante o Império, foi publicado o Decreto-lei n. 1.313, que proibia o trabalho de crianças em máquinas a vapor e na faxina. Tão somente em 1917 foi estabelecida a proteção do labor dos menores de 14 anos em fábricas, não sendo eficaz na prática.

A regulamentação do trabalho infantil deu-se em 12 de outubro de 1927, com a publicação do Código de Menores. Com o advento da Constituição de 1934, ficou proibido o trabalho aos menores de 14 anos, salvo com autorização judicial. Nas Constituições de 1937 e de 1946, foi mantida a condição de aprendiz. Com o advento da Consolidação das Leis do Trabalho (Decreto n. 5.452, de 1º.5.1943), foi instituído o salário diferenciado à criança entre 14 e 18 anos.

Houve alteração na fixação da idade na Constituição de 1967, estabelecendo o mínimo de 12 anos para o trabalho, sendo alterado para 14 anos de idade com a Constituição de 1988. Esta última garantiu o salário igual ao do trabalhador comum. Sofrendo alteração com a Emenda Constitucional n. 20 (15.12.1988), nos arts. 7º, inc. XXXIII, e 227, § 3º, inc. I, ambos da CF/88, proibindo o trabalho para o menor de 16 anos, exceto na condição de aprendiz, a partir dos 14 anos.

Destaque para o Estatuto da Criança e do Adolescente (Lei n. 8.069/1990), legislação infraconstitucional que fixa uma série de condições especiais aos adolescentes que estão autorizados a trabalhar, dentre elas: proibição de trabalhar em local insalubre, perigoso ou penoso, em locais que prejudiquem o desenvolvimento físico, psíquico e social, e no horário noturno. E, ainda, a ratificação da Convenção n. 138[50] da Organização

(48) MOURA, *Clóvis. Dicionário da escravidão negra no Brasil*, p.159.

(49) SENTO-SÉ, Jairo Lins de Albuquerque. *Trabalho escravo no Brasil*, p. 62-74.

(50) Organização Internacional do Trabalho. Convenção n. 138, sobre a idade mínima para admissão a emprego. Art. 3º – 1. Não será inferior a dezoito anos a idade mínima para a admissão a qualquer tipo de emprego ou trabalho que, por sua natureza ou circunstâncias em que for executado, possa prejudicar a saúde, a segurança e a moral do jovem. 2. Serão definidos por lei ou regulamentos nacionais ou pela autoridade competente, após consulta com as organizações de empregadores e de trabalhadores concernentes, se as houver, as categorias de emprego ou trabalho às quais se aplica o § 1

Internacional do Trabalho (OIT), em junho de 2001, firmada pelo governo brasileiro, o então presidente da República Fernando Henrique Cardoso, em decorrência da utilização do trabalho escravo infantil em vários setores da atividade econômica, estabelecendo a idade mínima para a admissão no emprego; e a ratificação da Convenção n. 182 da Organização Internacional do Trabalho (OIT), em fevereiro de 2000, proibindo as piores formas de trabalho infantil, previstas nos arts. 3º, letras "*a*", "*b*", "*c*" e "*d*" e 4º, da referida Convenção.[51]

Há entendimento que explica a causa da escravidão infantil, em determinada circunstância, como consequência do trabalho escravo contemporâneo, proveniente da situação de escravidão por dívida imposta a seus pais. Como exemplo, quando é ofertado ao rurícola trabalho distante, devendo ele levar sua família, em troca de pagamento por produção, ou seja, quanto maior a sua produção, melhor o seu salário. Isso induz as crianças a trabalharem, junto com seus pais, no campo. Outra situação, quando o pequeno agricultor coloca seus filhos na atividade agrícola para assegurarem o sustento e a sobrevivência da família.

O resultado não é benéfico às crianças; uma vez que são afastadas das escolas, algumas tentam conciliar os estudos e o trabalho rural, mas não conseguem passar de série. Podemos dizer que é uma das causas da mortalidade infantil, haja vista que, no decorrer da execução dos trabalhos, é alto o índice de acidentes, tais como perda de membro, queimaduras, fadiga, dentre outros.

Salientamos a exposição do doutor Ricciotti Pianna Filho, médico do Trabalho, integrante do Grupo Móvel de Fiscalização, no Fórum Social Mundial de 2003, o qual citou o trabalho de crianças na colheita de pimenta no Município de Açailândia/MA — e na quebra de coco babaçu no Município de Chapadinha/MA. Dentre os casos de exploração de trabalho escravo infantil, citou, ainda, o trabalho nos canaviais, para a fabricação de álcool anidro; nas carvoarias, fabricação de carvão; nas olarias, fabricação de tijolos, respectivamente nas regiões de Pernambuco (Ipojuca), Mato Grosso do Sul (Águas Claras) e São Paulo (Paraibuna).

deste Artigo. 3. Não obstante o disposto no parágrafo 1 deste Artigo, a lei ou regulamentos nacionais ou a autoridade competente poderá, após consultar as organizações de empregadores e de trabalhadores concernentes, se as houver, autorizar emprego ou trabalho a partir da idade de dezesseis anos, desde que estejam plenamente protegidas a saúde, a segurança e a moral dos jovens envolvidos e lhes seja proporcionada instrução ou formação adequada e específica no setor da atividade pertinente.

(51) Organização Internacional do Trabalho. Convenção n.182, sobre as piores formas de trabalho infantil. Art. 3º: Para os fins desta Convenção, a expressão as piores formas de trabalho infantil compreende: (a) todas as formas de escravidão ou práticas análogas à escravidão, como venda e tráfico de crianças, sujeição por dívida, servidão, trabalho forçado ou compulsório, inclusive recrutamento forçado ou compulsório de crianças para serem utilizadas em conflitos armados; (b) utilização, demanda e oferta de criança para fins de prostituição, produção de material pornográfico ou espetáculos pornográficos; (c) utilização, demanda e oferta de criança para atividades ilícitas, particularmente para a produção e tráfico de drogas conforme definidos nos tratados internacionais pertinentes; (d) trabalhos que, por sua natureza ou pelas circunstâncias em que são executados, são susceptíveis de prejudicar a saúde, a segurança e a moral da criança. Art. 4º: 1 – Os tipos de trabalho a que se refere o Art. 3º (d) serão definidos pela legislação nacional ou pela autoridade competente, após consulta com as organizações de empregadores e de trabalhadores interessadas, levando em consideração as normas internacionais pertinentes, particularmente os §§ 3ª e 4ª da Recomendação sobre as Piores Formas de Trabalho Infantil, 1999. 2 – A autoridade competente, após consulta com as organizações de empregadores e trabalhadores interessadas, identificará onde ocorrem os tipos de trabalho assim definidos.

1.5. Escravidão por dívida (servidão por dívida, *truck system* ou sistema de barracão)

No Brasil, a escravidão por dívida teve início no período do colonato, em 1853. O trabalho sob o regime do colonato sujeitava os imigrantes de trabalhadores europeus (os colonos) à escravidão por dívida.

Como descreve a obra *Memórias de um Colono no Brasil (1850)*, do suíço Thomaz Davatz, a seguir:

> "os colonos recebiam dinheiro adiantado para a viagem de Hamburgo a Santos e deste porto à Fazenda Ibicaba, no Município de Limeira, de propriedade de Vergueiro & Cia. Esse adiantamento já era o começo de uma dívida que deveria ser reembolsada, acrescida dos juros legais.
>
> A essa primeira dívida acrescentava-se uma segunda, relativa à comissão que tinham os colonos, suas mulheres e seus filhos que pagar pelo contrato e pelo que nem sequer constava no contrato. Consta que tal comissão se destinava a pagar os agentes da empresa, na Europa.
>
> Ao desembarcarem, eram trancados em um pátio enorme. Depois de paga ou garantida a dívida dos colonos (dinheiro da passagem mais comissão), o colono era destinado a outro proprietário, caso não ficasse para trabalhar na firma Vergueiro & Cia. Aí, então, compreendia que tinha sido comprado, como se fosse uma mercadoria. E quando o colono era destinado a outro proprietário? Exatamente quando não tinha podido saldar sua dívida com Vergueiro & Cia."[52]

Fonte: Eduardo Bueno, *Brasil:* uma história, p. 267.[53]

---

(52) In: FERRARY, Irany; NASCIMENTO, Amauri Mascaro; MARTINS FILHO, Ives Gandra. *História do trabalho do direito do trabalho e da justiça do trabalho*, p. 39.

(53) *Na hospedaria:* imigrantes italianos alinhados em frente à Hospedaria dos Imigrantes, no centro de São Paulo, onde os recém-chegados ficavam aguardando os contratos e a assinatura dos contratos com seus novos empregadores. *Período:* de 1891 a 1900 cerca de 1,2 milhões de imigrantes vieram para o Brasil.

Os imigrantes desembarcavam em Santos e eram enviados para a Hospedaria dos Imigrantes, na cidade de São Paulo. O local funcionava como o mercado do Valongo (no Rio): os imigrantes eram "examinados" pelos fazendeiros, eram contratados e encaminhados aos cafezais do Oeste Paulista, e a decepção era imediata; eram alojados em terras distantes, tinham que comprar seus mantimentos na venda do dono da fazenda, a preços extorsivos, vindo a dever mais do que recebiam do pagamento, lembrando que o trabalho era assalariado. Alguns fazendeiros os chamavam de "escravos brancos", pois ainda cultivavam a mentalidade escravista.(54)

A servidão por dívida inaugura-se com as despesas de transporte, visto que os locais de trabalho são de difícil acesso, o transporte existente é irregular e inseguro e, desse modo, a liberdade de locomoção é constrangida. Em certos casos, antes mesmo do transporte, a dívida se perfaz na hospedagem, chamada de "hotéis peoneiros", onde a hospedagem é previamente paga pelos "gatos".(55)

Na atualidade, a escravidão por dívidas, também conhecida como servidão por dívida, *truck system* ou sistema de barracão, tem sido o modo de escravidão mais presente em nossa sociedade, incidente em todas as regiões do país, em maior concentração na região norte (região Amazônica(56), zona rural), como demonstrado no decorrer do trabalho.

O processo inicia-se quando o trabalhador vai trabalhar em lugar ermo, distante dos mercados, e os fazendeiros colocam à sua disposição, dentro da própria fazenda, armazéns, barracão ou "bolicho", local de venda de diversos produtos úteis, tais como alimentos, ferramentas, remédios, materiais de higiene e limpeza, dentre outros, para consumo.

E ainda, segundo parecer da coordenadora Nacional de Combate ao Trabalho Escravo no Brasil da OIT, Patrícia Audi:

> "o adiantamento, o transporte e as despesas com alimentação na viagem são anotados em um caderno de dívidas (que contabiliza individualmente todos esses valores) e que sempre permanece em posse do 'gato' ou do gerente da fazenda sem que os trabalhadores tenham controle ou conhecimento do que está sendo registrado. Cada trabalhador tem as suas 'dívidas' anotadas separadamente. Finalmente, quando começam a trabalhar, os custos com os equipamentos que precisarão utilizar para realizar suas tarefas, despesas com os improvisados alojamentos e com a precária alimentação fornecida também serão anotados no conhecido 'caderninho', a preços muito superiores aos praticados no comércio. Está configurada assim a servidão por dívida."(57)

Há certa vantagem para o obreiro, porque, distantes dos mercados, seria impossível achá-los. Isso inviabiliza ao trabalhador adquirir seus mantimentos. A desvantagem com

---

(54) BUENO, Eduardo. *Brasil:* uma história, p. 266-267.

(55) PEDROSO, Eliane. *Da negação ao reconhecimento da escravidão contemporânea — trabalho escravo contemporâneo:* o desafio de superar a negação, p. 69.

(56) Região Amazônica: conhecido como Contrato de Aviamento. Maior incidência: nos castanhais e nos seringais.

(57) *A escravidão não abolida — trabalho escravo contemporâneo:* o desafio de superar a negação, p. 79.

relação ao barracão é no tocante ao valor das mercadorias, muito excessivo, possibilitando ao fazendeiro o pagamento mediante a concessão de bens *in natura*, efetuado por meio de vales ou "boros", sendo descontados no final do mês, dando origem à dívida do obreiro, que, consequentemente, não recebe o salário, em pecúnia.

Tal prática é proibida, conforme determina o art. 7º, itens 1 e 2 da Convenção n. 95 da OIT, sobre a proteção ao salário (utilização das lojas e/ou estabelecimentos ligados aos trabalhadores) e, na legislação brasileira, o art. 462, §§ 2º e 3º da CLT, que proíbe a coação ou induzimento pelo empregador à venda, realizada dentro do local de trabalho, destinada ao pagamento *in natura*, e cobrar preços acima do razoável; e o art. 9º, "*a*" e "*b*", e § 1º, da Lei n. 5.889/73, que estabelecem os descontos do trabalhador rural no limite de 20% para moradia e 25% para fornecimento de alimentação. A jurisprudência dominante limita os descontos dos trabalhadores até 70%, evitando o sistema *truck system*.(58)

Há inúmeras afrontas à legislação constitucional, infraconstitucional e no campo internacional, supramencionada. E aos princípios da pessoalidade do salário (art. 464, da CLT), da intangibilidade do salário (art. 462, *caput*, da CLT), da irredutibilidade do salário (art. 7º, inc. VI, da Constituição Federal), e à vedação à prática do *truck system* (§§ 2º e 3º do art. 462 da CLT) e à determinação do pagamento da prestação em espécie do salário em moeda corrente do país (art. 463 da CLT), e violação aos dispositivos da Lei n. 5.889, de 8.6.73, na forma de arrendamento rural, disfarçando a condição de trabalho escravo.

A proteção ao pagamento do salário é garantia constitucional, conforme dispõe o art. 7º da CF/88 a seguir: "São direitos dos trabalhadores... além de outros... X – proteção do salário na forma da lei, constituindo crime sua retenção dolosa." Somente são permitidos descontos previstos em lei, tais como: adiantamentos (art. 477, § 5º, CLT), contribuição sindical (art. 578, CLT — quando autorizados de forma prévia e expressamente), condenação em ação de alimentos, imposto de renda (desconto na fonte), os descontos do benefício dos sindicatos, prestações do Sistema Financeiro da Habitação. É ilícito descontar quaisquer outras importâncias, mesmo com a autorização do empregado; o excedente será considerado dívida civil.

As características presentes que emanam da escravidão por dívidas são:

a) proposta de emprego vantajosa, em local distante;

b) promessas de melhora na condição de vida do empregado;

c) o recrutamento é efetuado mediante empreiteiros, "gatos", "zangões" ou "turneiros", na maioria das vezes, prepostos dos proprietários rurais;

d) os "gatos" não exigem a apresentação da carteira profissional de trabalho e/ou de qualquer outro documento, ou quando lhe são apresentadas, são retidas por eles;

(58) RO-DC n. 417.170/98.3, José Luiz Vasconcelos, Ac. SDC. CARRION, Valentim. *Comentários à CLT*, p. 462.

e) há um adiantamento ao trabalhador de uma pequena quantia do salário prometido, para que supra as necessidades básicas de sua família, iniciando-se o débito da primeira dívida que o reduzirá à escravidão;

f) jornada de trabalho acima da prevista inicialmente, e superior à prevista na legislação trabalhista;

g) pagamento quase todo *in natura*, descontados os alimentos e vestiários adquiridos nos barracões do empregador, transformando em saldo devedor, garantida a dívida com o pagamento de seu salário;

h) o empregador quita a dívida com as pensões onde os trabalhadores se hospedaram na época da entressafra;

i) os equipamentos de trabalho e para sua sobrevivência lhe são entregues, mas cobrados pelos empregadores a preços exorbitantes, comparados aos do mercado;

j) coação para rescindir a relação de emprego e permanecer no local, sendo privado do direito de ir e vir;

k) coação física e detenção ilegal de documentos;

l) a compra de mantimentos pelos trabalhadores na própria fazenda do empregador, sendo descontada no ato do pagamento do salário, o chamado sistema de barracão ou *truck system*.

Conforme entendimento de Ronaldo Lima dos Santos:

> "o trabalhador envolvido nessa situação é privado da sua condição de ser humano, deixa de ser destinatário dos bens e produtos por ele produzidos para assumir a condição de instrumento de trabalho. Perde sua dignidade, sua imagem e, não raramente, sua própria identidade, uma vez que se vê desprovido até de laços de família e dos valores de cidadania. Seu trabalho perde o valor social e humano estampado no art. 1º da Constituição Federal de 1988."(59)

E ainda:

> "essa prática viola várias cláusulas pétreas asseguradas de direitos fundamentais contidas na nossa Carta Política, especificamente a não permissão da imposição de pena de morte, de caráter perpétuo, de trabalhos forçados, de banimento e tratamento cruéis (art. 5º, inciso XVII), e um Estado que permite essa prática por particulares está, de toda forma, descumprindo o preceito constitucional, a cuja observância ele está, indubitavelmente, obrigado."(60)

Note-se que essa modalidade de escravidão contemporânea submete os trabalhadores à forte pressão psicológica e física, incluindo:

a) alto índice de acidentes do trabalho, resultando em mutilações e/ou mortes;

b) maus-tratos físicos e punições;

(59) *Sindicatos e ações coletivas*, p.185.

(60) *Ibidem*, p. 187.

c) escravização de familiares e filhos;

d) baixa expectativa de vida;

e) perda da identidade como pessoa;

f) desamparo da família em caso de morte ou doença do trabalhador;

g) condições subumanas de higiene e de moradia, sem alojamentos dignos, sem água potável, sem auxílio médico;

h) ausência de adaptação ao clima ou à alimentação;

i) ausência de amparo legal, em caso de acidente do trabalho ou doença profissional que os impeça de trabalhar, de maneira transitória ou permanente;

j) apreensão dos documentos do trabalhador e de seus familiares;

k) ausência de descanso semanal remunerado;

l) jornada de trabalho acima da permitida por lei;

m) sujeição a doenças endêmicas ou moléstias contagiosas;

n) desfazimento do vínculo familiar;

o) privação do acesso à escola.

Em suma, segundo ensinamento do Procurador do Trabalho, lotado na Quinta Região, Jairo Lins de Albuquerque Sento-Sé, a ocorrência do trabalho escravo contemporâneo, na modalidade escravidão por dívida, se caracteriza mediante "a vinculação do trabalhador rural ao sistema monopolista de venda de alimentos e suprimentos diversos de primeiras necessidades por parte do proprietário rural".(61)

Segundo informações da coordenadora Nacional do Projeto de Combate ao Trabalho Escravo no Brasil da OIT, Patrícia Audi, já citada anteriormente, foi traçado o perfil das pessoas envolvidas: "Caracterizam-se por serem pessoas iletradas, analfabetas ou com pouquíssimos anos de estudo." E ainda, sob a ótica da análise do gênero, na "grande maioria (98%) são homens, entre 18 e 40 anos (75%), que possuem como único capital de trabalho a força bruta e por isso são utilizados em árduas tarefas, principalmente na derrubada da floresta ou na limpeza da área já devastada (o conhecido roço da juquira) para o plantio de pastos (80% dos casos) ou de outros insumos agrícolas".(62)

A primeira sentença no Brasil sobre trabalho escravo (escravidão por dívidas) foi em 09.07.1976, oriunda de Abaetetuba/PA, reclamante: Humberto Pereira Cardoso; e reclamados: Murilo Parente de Carvalho & Cia. — proprietários do Engenho Santa Cruz; e Francisco Maués Carvalho, prolatada pelo magistrado trabalhista Vicente José Malheiros da Fonseca, juiz substituto, decano e ex-Presidente do TRT, e confirmada pelo

---

(61) *Trabalho escravo no Brasil*, p. 49.

(62) *A escravidão não abolida — trabalho escravo contemporâneo:* o desafio de superar a negação, p. 77.

TRT da 8ª Região (Acórdão n. 8.442 – Proc. TRT RO 53/77, em 02.05.1977, prolatado pelo juiz Roberto Araújo de Oliveira Santos, Revisor). Esta reclamação foi proposta por um trabalhador rural contra uma empresa detentora de um engenho de cana-de-açúcar. Não sabendo ler e nem escrever, ingressou com a ação verbal, no exercício do seu "*jus postulandi*". Naquela época não se cogitava em dano moral e nem a ação do MPT. O autos se encontram no acervo do Memorial do TRT da 8ª Região, em Belém/PA.[63]

Podemos citar o caso concreto que resultou na condenação do deputado federal pelo PRB/SP, Paulo Roberto Gomes Mansur (Beto Mansur), cuja propriedade rural localiza-se no Município de Bonópolis, Estado de Goiás, em que a sentença identificou como autêntica a "servidão por dívida", tendo em vista o aproveitamento do baixo grau de instrução dos trabalhadores — dentre eles, analfabetos —, o difícil acesso ao centro urbano e a difícil locomoção aos centros urbanos; e, segundo provas colhidas pelos auditores e policiais, os trabalhadores encontravam-se alojados em barracões com cobertura de plástico preto e palha, sobre o chão batido, sem proteção lateral, e em péssimas condições de higiene. Não tinham instalações sanitárias nem fornecimento de água potável, somente podiam comprar em estabelecimento artigos pessoais, que eram descontados no salário, o que caracteriza a chamada "servidão por dívida".

Essa sentença foi proferida pela Vara do Trabalho de Uruaçu (GO), que ao julgar a ação civil pública em 2005, ajuizada pelo Ministério Público do Trabalho, condenou no valor de R$ 200 mil por dano moral coletivo, sendo recorrida ao Tribunal Regional do Trabalho da 18ª Região (GO), que reduziu para R$ 50 mil, e reformada pelo TST, que deu provimento ao recurso do MPT e considerou os R$ 50 mil incompatíveis, tendo em vista a gravidade dos ilícitos praticados quanto à capacidade econômica do empregador, majorando ao valor da condenação inicial. Essa majoração teve o objetivo de tornar eficaz o caráter pedagógico da condenação, devido à inexpressividade financeira, valor este revertido ao Fundo de Amparo ao Trabalhador (FAT).[64] Decisão proferida, no TST, no RR n. 8600-37.2005.5.18.0251, 5ª Turma, Ministro relator Emmanoel Pereira, *in verbis*:

> "(...) II – Conhecer do recurso de revista do Ministério Público do Trabalho quanto ao tema 'Dano moral coletivo. Valor. Fixação', por divergência jurisprudencial, e, no mérito, dar-lhe provimento para, reformado o v. acórdão do Regional, restabelecer a sentença que fixou o valor da indenização por danos morais coletivos em R$ 200.000,00 (duzentos mil reais); e III – Não conhecer do recurso de revista do reclamado."

1.6. Escravidão urbana do imigrante

A exploração urbana de trabalhadores imigrantes em situação irregular é encontrada nos centros comerciais, mais precisamente no setor têxtil (oficinas de costura), na construção civil e trabalhos domésticos. A maioria é de origem latina, dentre eles, paraguaios, bolivianos e peruanos, e de países limítrofes e não limítrofes, tais como

(63) Disponível em: <https://www.trt8.jus.br/estrutura-do- tribunal/desembargador/vicente-jose-malheiros-da-fonseca>. Acesso em: 07 set. 2020.

(64) Decisão proferida no TST – Processo n. ARR-8600-37.2005.5.18.0251, em 4.4.2014.

chineses, haitianos, venezuelanos e filipinos. A sua condição de vulnerabilidade(65) é a característica principal que os aprisiona.

O Brasil tem atraído esse movimento migratório em virtude de melhores condições de vida, resultantes da expansão econômica, levando em conta o cenário mundial, em razão da crise mundial (Europa e Estados Unidos).

Esse fluxo migratório, em especial dos bolivianos, deu-se em meados da década de 80, mantendo-se ao longo da década de 1990, formado na maioria por jovens, de ambos os sexos, de escolaridade média e solteiros. Sendo o principal mercado de trabalho o da indústria de confecção, na zona central de São Paulo, tendo como empregadores coreanos, brasileiros ou mesmo bolivianos.(66)

Infelizmente, desde meados da década de 1990, o Ministério do Trabalho e Emprego(67) tem recebido denúncias relacionadas com o fluxo migratório irregular de trabalhadores imigrantes que estão sendo desrespeitados, tratados sem o mínimo de dignidade humana, sofrendo maus-tratos, executando trabalho forçado, trabalhando sem o mínimo de condições de segurança e saúde, sofrendo assédio moral e sexual, se sujeitando a jornadas exaustivas acima de 16 horas diárias, dentre outras violações de direitos humanos, em virtude da ausência de tratados de regularização migratória ou de residência, e de proteção às vítimas de tráfico de pessoas. Esses trabalhadores entravam no país de forma irregular e por temerem a sua deportação e/ou seu retorno ao país de origem, ficavam calados. Mas, a partir do ano 2000, o processo de integração regional tem se fortalecido.(68)

Nas oficinas de costura, encontramos trabalhadores imigrantes (Bolívia, Paraguai, Peru e Haiti) em condições degradantes de trabalho, que recebem salários próximos a um salário mínimo ou até menos, sem condições mínimas de segurança e saúde, cumprindo jornadas acima de 14 horas diárias; eles chegam ao Brasil já com dívidas, que são descontadas dos salários, resultando em servidão por dívidas e até mesmo no cerceamento de liberdade em alguns casos. Situação essa agravada por falta de documentos e desconhecimento das leis nacionais.

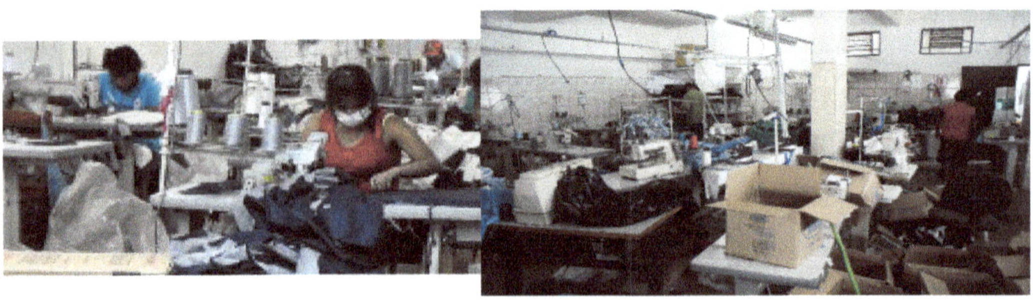

Fonte: <http://www.hojeemdia.com.br/noticias/brasil/bolivianos-vitimas-de-trabalho-escravo-s-o-resgatados-em-s-o--paulo-1.152352>. Caso "Zara, nas oficinas de costura em São Paulo".

---

(65) Conceito de vulnerabilidade: quando as pessoas enfrentam dificuldades particulares em exercitar de forma plena, perante o sistema de justiça, seus direitos, em razão de idade, gênero, estado físico ou mental, circunstâncias sociais, econômicas, étnicas e/ou culturais, como o pertencimento a uma minoria nacional ou étnica, religiosa ou linguística, entre outras. Dentre as causas, a migração e o deslocamento interno. Extraído do documento: "Regras de Brasília sobre o Acesso à Justiça das Pessoas em Condição de Vulnerabilidade".

(66) *Trabalho Escravo no Brasil em retrospectiva:* referências para estudos e pesquisas. Disponível no *site* do MTE.

(67) Atual Secretaria do Trabalho, pertencente ao Ministério da Economia, 2020.

(68) *Idem.*

Alguns casos mais recentes e emblemáticos:

a) TAC n. 353.2019 (IC n. 002522.2018.02.000-5) firmado em 19 de setembro de 2019, perante o MPT-SP e uma oficina de costura, conhecida por "Amissima", foram encontrados quatorze bolivianos trabalhando em condições de trabalho degradantes.

b) a Ação Civil Pública n. 00013367-96.2016.5.15.0096[69], da 3ª Vara do Trabalho de Jundiaí, Estado de São Paulo, em face da empresa Atmosfera Gestão de Higienização de Têxteis S.A., por ter subcontratado mão de obra escrava fornecida pela oficina de costura Maigua Confecções ME, com pedido de danos morais coletivos no valor de R$ 3 milhões.

c) TAC n. 21/2017 (IC n. 00393.2011.02.002/2) firmado em fevereiro de 2017, perante o MPT-SP e a empresa Zara Brasil Ltda, conhecida por "ZARA" — ramo de roupas, com multa no valor de R$ 5 milhões em caso de descumprimento, pelo motivo de ser o segundo TAC, o primeiro foi firmado em 2011.

Mister salientar a dissertação de Mestrado da procuradora do trabalho, Andréa da Rocha Carvalho Gondim[70], tema: "Trabalho em condição análoga à de escravo no meio urbano: análise das teorias da responsabilidade aplicáveis à cadeia produtiva na indústria têxtil", a qual o faz com grande maestria, em atribuir à marca detentora dos produtos finais, a responsabilidade objetiva, aplicando a teoria do risco da atividade econômica. Argumenta que, "consideramos que a principal teoria a fundamentar a responsabilidade da varejista ou marca líder em responder pelos danos causados aos trabalhadores em razão dos flagrantes de trabalho em condição análoga à de escravo é a do risco da atividade econômica". Elucida os casos das Lojas Marisa S.A., com trabalhadores migrantes indocumentados; das Pernambucanas, além da responsabilidade direta, a ACP abordou a responsabilidade solidária da empresa por sua cadeia produtiva, com base no art. 2º, § 2º, da CLT e da aplicação analógica do inciso III do art. 932 do Código Civil; da M. Officer, bolivianos trabalhando nas oficinas; e, por último, da empresa Zara.

Na construção civil, também há a presença de trabalhadores imigrantes em situação irregular, trabalhando em condições análogas à escravidão, sem as mínimas condições de segurança e saúde ao trabalhador.

E, no trabalho doméstico, mulheres imigrantes que são trazidas ao Brasil para trabalharem em casas de família, como domésticas ou como babás, citado no artigo de Helena Duarte Romera (Mulheres Migrantes: Análise das Especificidades de Gênero no Processo Migratório Internacional)[71]. Elas são submetidas à jornada exaustiva, sem direito à folga semanal, sem direito ao pagamento de horas extras, moram em condições degradantes nas casas das famílias que as empregam, são privadas de falarem com seus familiares dentre outras violações. São inúmeras as matérias na mídia sobre casos que deflagraram

(69) Justiça concede liminar no caso de bolivianos postos à venda em SP. Disponível em: <http://www.prt15.mpt.mp.br/>.

(70) Dissertação (Mestrado) da Faculdade de Direito da USP, 2019.

(71) *Migração, Trabalho e direitos humanos*, p. 51.

o trabalho escravo dessas imigrantes, dentre elas, podemos citar o caso de uma filipina, resgatada e acolhida por uma instituição religiosa e que, por meio da atuação conjunta dos auditores do trabalho, MPT e DPU, conseguiram êxito no obtenção de seus direitos reconhecidos via judicial (verbas rescisórias) e o direito ao visto de permanência, além do ajuizamento de uma ação civil pública proposta pelo MPT.(72) O *site* do MPT destacou a sua atuação, pormenores(73) e grande repercussão nas instituições públicas (Secretaria de Inspeção do Trabalho, Polícia Federal e Defensoria Pública) até chegar na OIT.

Salientamos que, pela falta de conhecimento, muitos dos estrangeiros acabam não denunciando os maus-tratos, sujeitando-se à servidão por dívida, a jornadas exaustivas, ao trabalho forçado e a condições de trabalhados degradantes.

Segundo o evento realizado no TRT da 2ª Região, em 19 de maio de 2014, sobre trabalho escravo contemporâneo, o palestrante Carlos Ledesma, peruano, responsável pela área de direitos humanos da Confederación Sindical de Trabajadores/as de las Americas (CSA), nos informou que cerca de 400 mil imigrantes bolivianos, paraguaios e peruanos se submetem ao trabalho análogo à escravidão no Brasil; sendo vítimas de chantagens, por estarem em situação ilegal, sofrem ameaças de denúncia à polícia.

---

(72) Ação Civil Pública n. 1001643-32.2017-5-02-0605, 5ª Vara do Trabalho da Zona Leste de São Paulo, juiz Fernando Feóla.

(73) *Site* do Ministério Público do Trabalho: "Homens e mulheres das Filipinas e de outros cinco países foram trazidos ao Brasil por agências com promessas falsas de emprego. São Paulo – Força-tarefa que uniu Ministério Público do Trabalho (MPT) em São Paulo e demais órgão parceiros investiga esquema de agenciamento de pessoas para trabalho doméstico em residências de alto poder aquisitivo no Brasil. As agências Global Talent e SDI são apontadas como responsáveis pelo aliciamento de trabalhadores em investigação que começou no MPT em 2014 contra a primeira empresa. Segundo os documentos obtidos em diligência da força-tarefa nos escritórios das empresas, as estrangeiras são aliciadas nas Filipinas, em Chipre, Hong Kong, Dubai, Cingapura e no Nepal com falsas promessas de trabalho doméstico em residências de alto padrão em São Paulo. As trabalhadoras pagam taxas de mais de U$ 2.500,00 (mais de R$ 7.000,00) à agência para serem trazidas ao Brasil, após serem enganadas por anúncios oferecendo vagas com salário de U$ 700,00 (cerca de R$ 2.200,00) e benefícios como décimo terceiro e bônus de horas extras. Ao chegarem, são conduzidas, sem contrato formal de trabalho ou qualquer garantia de direitos, a famílias dispostas a pagar mais de R$ 10 mil à agência em troca das trabalhadoras. Nas residências, sofrem maus-tratos e são submetidas a jornadas que podem ir das 6h da manhã às 8h da noite, de domingo a domingo. Há relatos de mulheres obrigadas a ficar à disposição dos patrões 24 horas por dia. Segundo documentos obtidos na fiscalização, 180 pessoas foram trazidas ao Brasil através dessas intermediações. Muitas delas não mantêm mais qualquer contato com a agência e vivem no Brasil sem identificação ou documentos regulares de imigração. A Global Talent (na época chamada Domésticas Internacionais CMIS Brasil) está na mira do MPT desde 2014, após denúncia anônima encaminhada naquele ano pela Secretaria da Justiça de São Paulo (via Disque 100). Segundo a denunciante anônima, quando chegou ao Brasil vinda das Filipinas teve seus documentos retidos, recebeu valor bem abaixo da remuneração prometida e foi constantemente ameaçada de deportação caso tentasse denunciar. Naquele mesmo ano, a Global Talent firmou Termo de Ajuste de Conduta (TAC) com o MPT comprometendo-se a formalizar ou auxiliar a formalização do contrato de trabalho de estrangeiros cuja mão de obra tivessem intermediado. Além disso, deveria regularizar documentos de trabalhadores contratados antes da entrada no território nacional, com obtenção de concessão de autorização de trabalho fornecida pelo Conselho Nacional de Imigração (CNIG) e também de visto temporário ou permanente fornecido pelo Ministério das Relações Exteriores. O acordo foi encaminhado ao Conselho Nacional de Imigração, Ministério do Trabalho e à Polícia Federal. Em 2017, fiscalização do Ministério do Trabalho, a pedido do MPT, constatou que a Global Talent continuava intermediando mão de obra sem as devidas formalizações, o que reabriu as investigações. No mesmo ano, 3 filipinas fugiram das residências onde trabalhavam e recorreram à Missão Paz, que fez a denúncia formal ao MPT. Na mesma semana as trabalhadoras foram ouvidas pessoalmente no MPT-SP, sendo constatadas condições degradantes de trabalho. O Ministério do Trabalho participou da audiência no MPT em que ficou decidido que os órgãos, em conjunto, realizariam diligência nos escritórios dos denunciados". Acesso em: 31 jul. 2017.

Corroborando, o pensamento do advogado Eduardo Pereira Merlin, em seu artigo sobre o *Processo de Globalização e o Direito a ter Direitos dos Migrantes não Documentados*: "Os migrantes não documentados, além de total marginalidade aos direitos fundamentais, se tornam vítimas frequentes do trabalho análogo ao escravo, submetidos a toda sorte de degredo de garantias de condição de sobrevivência, ante as condições de cerceamento de liberdade, trabalho forçado, bem como expostos a condições deploráveis de saúde, higiene, moradia e educação".(74)

Diante deste quadro de violações, podemos citar a atuação do governo brasileiro com o objetivo de regularizar os imigrantes(75), por meio da concessão de anistias, dentre elas: art. 134, § 2º, da Lei n. 6.815/80 (registro provisório — primeira anistia); Lei n. 7.685/1988 (registro provisório aos estrangeiros ilegais e clandestinos — segunda anistia); Lei n. 9.675/1998 (terceira anistia); Lei n. 11.961/2009 (residência provisória para o estrangeiro irregular no território nacional — quarta anistia).

Já o Estatuto do Estrangeiro (Lei n. 6.815/80), revogado expressamente pelo art. 124, inciso II da Lei n. 13.445/2017 — Lei de Migração (24.05.2017), proibia expressamente o exercício de atividade remunerada pelo estrangeiro, ou seja, não permitia que fosse contratado mediante registro em carteira; garantia-lhe, no entanto, o mínimo de dignidade humana e os direitos sociais, constitucionalmente previstos, não evitando, porém, a submissão ao trabalho escravo. Nítida a incompatibilidade do Estatuto do Estrangeiro com as normas constitucionais de proteção que vinham na contramão, favorecendo a proliferação do trabalho em condições análogas à de escravo.

É o que se depreende do comentário da doutora Vera Lúcia Carlos, Procuradora do Trabalho na 2ª Região, "A Lei n. 6.815, de 1980, que proíbe expressamente o exercício de atividade remunerada pelo estrangeiro, pode ser apontada como a causadora da exploração da mão de obra do trabalhador imigrante, pois, da proibição de ser reconhecido o contrato de trabalho dessas pessoas, faz com que os mesmos submetam-se às condições de trabalho que lhe são oferecidas. A referida norma, editada num período historicamente marcado pelo autoritarismo da ditadura militar, não pode mais subsistir à realidade atual, tornou-se inconstitucional, por conter dispositivos que contrariam frontalmente a Constituição Federal Democrática vigente, notadamente as disposições constantes dos arts. 1º, 3º e 4º".

Sendo assim, para coibir essa chaga social que também atinge os imigrantes em nosso território nacional, há a necessidade de um maior acesso aos direitos, que não haja discriminação e sim uma acolhida de forma universal, de toda a sociedade, contribuindo para que todos que aqui estejam laborando possam contribuir para uma melhor nação, um país em condições de igualdade de oportunidades para todos que aqui se encontram. É o que se almeja da atual legislação do migrante (Lei n. 13.455/2017), que viabilizou

(74) *Migração, trabalho e direitos humanos*, p. 81-93.

(75) *Conceito de imigrante:* pessoa nacional de outro país ou apátrida que trabalha ou reside e se estabelece temporária ou definitivamente no Brasil (art. 1º, § 1º, inciso II, Lei do Migrante).

maior proteção laboral aos imigrantes em condição irregular. Destaque aos arts. 3º, incisos II, III, VI, VII, X (inclusão social, laboral...); 4º (direitos); e 30, inciso I, letra "*c*", e inciso II, letra "g" — autorização de residência (vítima de tráfico de pessoas, de trabalho escravo ou de violação de direito agravada por sua condição migratória).

Por fim, destaque ao Termo de Ajuste de Conduta (TAC) n. 189/2014, firmado pelo MPT da 2ª Região (SP) com uma empresa de confecções e comércio de roupas, com práticas contrárias à ordem jurídica trabalhista e dos direitos sociais e individuais indisponíveis aos trabalhadores estrangeiros em situação irregular no Brasil, *in verbis:*

> (...)
>
> "II – DAS OBRIGAÇÕES:
>
> A EMPRESA compromete-se, quanto à cadeia produtiva de costura, a:
>
> CLÁUSULA 1ª: Abster-se de firmar contratos com pessoas físicas ou jurídicas que se utilizem de mão de obra de trabalhadores *estrangeiros* que não estejam autorizados a permanecer e trabalhar legalmente no Brasil;
>
> CLÁUSULA 2ª: Abster-se de firmar contratos com pessoas físicas ou jurídicas que reduzam os trabalhadores a *condição análoga a de escravo*, quer submetendo-os a trabalhos forçados ou a jornada exaustiva, quer sujeitando-os a condições degradantes de trabalho, quer restringindo, por qualquer meio, sua locomoção em razão de dívida contraída com o empregador ou preposto, nos termos do art. 149 do Código Penal, com redação dada pela Lei n. 10.803/2003.
>
> Parágrafo Primeiro: Também configura redução a condição análoga a de escravo cercear o uso de qualquer meio de transporte por parte do trabalhador, com o fim de retê-lo no local de trabalho; bem como manter vigilância ostensiva no local de trabalho ou se apoderar de documentos ou objetos pessoais do trabalhador, com o fim de retê-lo no local de trabalho, nos termos do art. 149 do Código Penal, com redação dada pela Lei n. 10.803/03.
>
> Parágrafo Segundo: Para os fins do *caput* da presente cláusula, entende-se por jornada exaustiva aquela realizada em desacordo com a legislação.
>
> Parágrafo Terceiro: Para os fins do *caput* da presente cláusula, entende-se por trabalho degradante aquele realizado em desacordo com as normas de proteção ao trabalho, como, por exemplo, aquelas relativas à salubridade do meio ambiente do trabalho, afetando diretamente a dignidade do trabalhador.
>
> CLÁUSULA 3ª: Abster-se de firmar contratos com pessoas físicas ou jurídicas cujos trabalhadores não tenham seus contratos de trabalho devidamente registrados em Carteira de Trabalho e Previdência Social (CTPS);
>
> CLÁUSULA 4ª: Abster-se de firmar contratos com pessoas físicas ou jurídicas que permitam o trabalho de pessoas menores de 16 anos e/ou a permanência de crianças e adolescentes menores de 16 anos nos ambientes de trabalho;
>
> CLÁUSULA 5ª: Abster-se de firmar contratos com pessoas físicas ou jurídicas que permitam o trabalho noturno, perigoso ou insalubre aos menores de 18 anos;
>
> CLÁUSULA 6ª: Abster-se de firmar contratos com pessoas físicas ou jurídicas que não respeitem a duração normal de trabalho, não superior a 8 horas diárias e 44 horas semanais, facultada a compensação de horários e a redução de jornada, mediante acordo ou convenção coletiva de trabalho, na forma do art. 7º, XIII, da Constituição Federal de 1988 e arts. 59 e 61, ambos da CLT;

III – DO CUMPRIMENTO DO ACORDO:

CLÁUSULA 7ª: O Ministério Público do Trabalho, diretamente ou através da Superintendência Regional do Trabalho, controlará e fiscalizará o fiel e pleno cumprimento do presente compromisso;

CLÁUSULA 8ª: Em caso de descumprimento das obrigações (art. 3º da Lei n. 7.347/85), será cominada multa à Denunciada, reversível ao FAT, no valor de R$ 5.000,00 (cinco mil reais), por trabalhador atingido e a cada constatação de descumprimento.

CLÁUSULA 9ª: As multas ora pactuadas não são substitutivas das obrigações não pecuniárias que remanescem à aplicação da mesma, posto que sua natureza jurídica é similar às astreintes, em razão de seu fim coercitivo no cumprimento das obrigações alvo do ajuste;

CLÁUSULA 10ª: Na hipótese de não cumprimento total ou parcial do presente termo, proceder-se-á sua execução, na forma da lei, constituindo-se o presente Termo título executivo extrajudicial (art. 876, da Consolidação das Leis do Trabalho);

CLÁUSULA 11ª: Aplica-se ao presente instrumento o preceituado nos arts. 10 e 448 da CLT, de forma que qualquer alteração na estrutura jurídica da empresa não afetará a exigência de seu cumprimento integral.

O presente Termo de Compromisso de Ajuste de Conduta tem validade a partir desta data.

Estando, assim, justo e pactuado, firma a Denunciada acima identificada o presente Termo em três vias, de igual teor e forma, na presença da Representante do Ministério Público do Trabalho, para que produza todos os seus efeitos legais e jurídicos. (...)"[76] (grifos nossos)

1.7. Escravidão digital — Teletrabalho escravo

Inúmeros são os estudos a respeito da escravidão digital: dessa nova modalidade de trabalho escravo, que é encontrada no teletrabalho, podemos citar: "A escravidão contemporânea e digital do empregado em regime de teletrabalho", autora — Letiane Corrêa Bueno[77], "Abuso telelaboral na sociedade da informação: o risco da escravidão digital" — autor Lucas Goulart[78], "Teletrabalho escravo" — autor Wagson Lindolfo José Filho[79], "Precarização no Teletrabalho: escravidão tecnológica e impactos na saúde física e mental do trabalhador", obra de Talita Camila Gonçalves Nunes, "O laboratório e a experimentação do trabalho na pandemia do capital" — autor Ricardo Antunes[80], destaque ao trecho a seguir: "Ao perceberem que o isolamento social realizado durante a pandemia vem fragmentando a classe trabalhadora e assim dificultando as ações coletivas e a resistência sindical, eles procuram avançar na ampliação do *home office* e do

(76) TAC n. 189/2014, PP n. 001498.2014.02.000/0, firmado no MPT da 2ª Região, Procuradora do Trabalho, Juliana Queluz Venturini Massarente, em 10 jun. 2014.

(77) Disponível em: <http://www.sobratt.org.br/site2015/wp-content/uploads/2018/12/TCC-FORMATADO-LETIANE--BUENO-04-08-2018-1.pdf>. Acesso em: 13 set. 2020.

(78) Disponível em: <https://www.pucrs.br/direito/wp-content/uploads/sites/11/2018/09/lucas_goulart.pdf>. Acesso em: 13 set. 2020.

(79) Disponível em: <https://www.direitoteoriaepratica.com.br/post/teletrabalho-escravo>. Acesso em: 13 set. 2020.

(80) Disponível em: <http://www.ihu.unisinos.br/78-noticias/599576-o-laboratorio-e-a-experimentacao-do-trabalho-na--pandemia-do-capital>. Acesso em: 13 set. 2020.

teletrabalho. Desse modo, além da redução de custos, abrem novas portas para uma maior corrosão dos direitos do trabalho, acentuando a desigual divisão sociossexual e racial do trabalho e embaralhando de vez o tempo de trabalho e de vida da classe trabalhadora", dentre outros.

Sobre o teletrabalho, ele foi introduzido na CLT pela Lei n. 12.551, de 15.12.2011, que alterou o § 6º, para equiparar os efeitos jurídicos da subordinação exercida por meios telemáticos e informatizados à exercida por meios pessoais e diretos. Alterado posteriormente pela Lei da Reforma Trabalhista (Lei n. 13.467/2017), regulamentando o regime do teletrabalho (arts. 75-A a 75-E). Além de incluir o inciso III do art. 62, excluindo-o do Capítulo "Da Duração do Trabalho".

Adriana Calvo conceitua como "um trabalho atípico, realizado à distância, descentrado, externalizado e flexível, com o uso dos instrumentos da telemática"[(81)] e elenca quatro elementos para a sua caracterização: 1) a distância; 2) a não presencialidade; 3) o horário flexível; e 4) o uso dos equipamentos telemáticos.

No entendimento de Ivani Contini Bramanti, há a necessidade da utilização das ferramentas de informação e comunicação para caracterizar teletrabalho, ou seja, das ferramentas telemáticas. Como exemplo, o uso do computador ligado a uma rede de internet. Em sua concepção, não há teletrabalho sem o uso dos meios telemáticos.[(82)]

Vólia Bonfim cita o art.75-B como o conceito que o legislador atribuiu ao teletrabalho: "Considera-se teletrabalho a prestação de serviços preponderantemente fora das dependências do empregador, com a utilização de tecnologias de informação e de comunicação que, por sua natureza, não se constituam como trabalho externo[(83)]. E acrescenta ainda, no tocante ao inciso III, do art. 62, "por excluir as horas extras, noturnas, intervalo intrajornada e interjornada, devida a aplicação do art. 72 da CLT, por norma de medicina e segurança do trabalho".[(84)]

Essa nova modalidade surgiu com a ideia da flexibilização do direito do trabalho, mormente repleta de interpretações sobre horas extras, direito à desconexão dentre outros temas relevantes. A reforma trabalhista introduziu o art. 611-A, inciso VIII da CLT, exemplo de flexibilização, possibilitando que as normas de teletrabalho sejam negociadas em convenção e acordo coletivo com prevalência sobre a lei.

Adentrando ao tema trabalho escravo, dentre as características a jornada exaustiva e o trabalho degradante, é nítida a interligação com o teletrabalho, ou seja, se o mesmo for executado sem controle de jornadas, sem direito à desconexão, precariedade no local de trabalho, em ambiente não salubre, sem nenhuma condição de labor, local escuro, barulhento, sem ergonometria apropriada para a sua posição de trabalho (posição da coluna), tal como as oficinas de costura (item anterior), é flagrante o teletrabalho escravo.

Há a preocupação perante a OMS e a OIT (Convenção n.177, trabalho em domicílio, não ratificada pelo Brasil), decorrente do dano à saúde que pode levar a essa ausência

(81) *Manual de Direito do Trabalho*, p. 34.

(82) Tese de doutorado na PUC/SP.

(83) *CLT comparada e atualizada com a reforma trabalhista*, p. 62.

(84) *Ibidem*, p. 49

de proteção laboral, tal como a síndrome de Burnout, conhecida por esgotamento profissional. Os empregadores devem adotar medidas que promovam a qualidade de vida física e psicológica do trabalhador.

A SOBRATT (Sociedade Brasileira de Teletrabalho e Teleatividades) concluiu uma pesquisa sobre *home office* e teletrabalho em 2020, com o intuito de monitorar e avaliar as consequências no mundo do trabalho[(85)].

Haja vista o teletrabalho ser realizado no domicílio dos empregados, difícil a fiscalização poder averiguar se estão sendo cumpridas as normas de saúde e segurança do trabalho.

Dos autores acima mencionados, uns alegam a jornada exaustiva como o fator para caracterizar o teletrabalho escravo, outros, as condições degradantes de trabalho como tal, quando não são respeitadas as garantias mínimas de direito do trabalhador.

Com o aumento da utilização do teletrabalho durante a pandemia da Covid-19, haverá inúmeras constatações de violação à garantia dos direitos laborais, da dignidade da pessoa humana aos teletrabalhadores, insurgindo futuras ações civis públicas trabalhistas.

Por esse motivo, o Ministério Público do Trabalho emitiu a Nota Técnica n. 17/2020, em 10.9.2020, com o objetivo de indicar as diretrizes a serem observadas nas relações de trabalho por empresas, sindicatos e órgãos da Administração Pública, a fim de garantir a proteção de trabalhadoras e trabalhadores no trabalho remoto ou *home office.*[(86)] E, a OIT publicou um estudo sobre o trabalho em domicílio, incluso o teletrabalho ("*Working from home: From invisibility to decente work*"), em 13.02.2021, prevendo um aumento substancial do teletrabalho, tendo em vista o aumento da produtividade verso os baixos custos. Citou como uma das causas prejudiciais em relação à essa modalidade de trabalho, a dificuldade de separar a vida privada do trabalho, sendo que os teletrabalhadores tendem a extravasar as horas normais de labor e terem que ficar conectados, chamado de "presenteeism" (= presenteísmo).

> "The negative side of this flexibility is "presenteeism" — the blurring of lines between work and private life. Teleworkers tend to work long and continuous hours and feel they must always be on call. Commuting is not only time lost in transportation but also a ritual to delimit office time from home and personal time. Teleworkers go straight from the breakfast table to the work desk (and indeed the two are often the same), which may lead to stress and overwork. Presenteeism and work flexibility are two sides of the same coin. Teleworkers say they are more productive because they are not interrupted by colleagues and informal meetings. However, negative consequence include long working hours in front of a computer, a static and constraining posture, repetitive movements and over time the development of musculoskeletal problems in the neck, shoulders, wrist, hand and lumbar regions."[(87)]

---

(85) Disponível em: <www.sobratt.org.br>.

(86) Disponível em: <https://mpt.mp.br/pgt/noticias/nota-tecnica-n-17-sobre-trabalho-remoto-gt-covid-19-e-gt-nanotecnologia-1.pdf>. Acesso em: 27 fev. 2021.

(87) *Site* oficial da OIT: <www. Ilo.org>. Revista eletrônica. Acesso em: 27 fev. 2021.

Capítulo 2

Regime Jurídico de Proteção ao Trabalho e Formas de Combate à Escravidão Contemporânea

O presente capítulo tem por prerrogativa elucidar as normas legais previstas no nosso ordenamento jurídico, incluindo normas internacionais, já ratificadas pelo governo brasileiro, no tema em questão.

Há a preocupação de visualizar a dogmática atual em consonância com as normas legais previstas nas esferas legislativa, judicial e executiva, em face das entidades envolvidas na erradicação do trabalho escravo no país, incluindo o Governo Federal, Estadual, Municipal, Secretaria Especial de Previdência e Trabalho[88] (antigo Ministério de Estado do Trabalho e Emprego (MTE), o Ministério de Estado do Desenvolvimento Agrário (MDA), o Instituto Nacional de Colonização e Reforma Agrária (INCRA), o Ministério Público do Trabalho (MPT), dentre outras.

2.1. A Constituição Federal de 1988

A Carta Magna de 1988 estabelece, como um de seus princípios fundamentais, a dignidade humana, art. 1º, inciso III.

Esse princípio garante a toda pessoa humana uma vida digna, ou seja, que seus meios de sobrevivência estejam à altura dos padrões morais, culturais e econômicos no meio social em que vive, alcançados mediante o trabalho honesto e digno, dando ensejo a outro princípio fundamental, os valores sociais do trabalho e da livre-iniciativa (art. 1º, inciso IV), assegurados ainda no art. 5º, inciso XIII, *in verbis*: "é livre o exercício de qualquer trabalho, ofício ou profissão, atendidas as qualificações profissionais que a lei estabelecer" — o direito a qualquer tipo de trabalho. Portanto, *o trabalho faz parte dos princípios fundamentais da República Brasileira.*

Neste diapasão, a norma maior se preocupou em garantir o direito ao trabalho, não só ao direito do trabalho, como previsto nos arts. 6º e 7º e incisos, da CF/88, mas também dos direitos sociais.

E, segundo comentário de Irany Ferrari, "vem, pois, do Direito ao Trabalho, que possibilita o direito à sobrevivência, o maior bem da vida, trabalho que há de ser digno, escolhido livremente, e que se revista dos valores sociais inerentes a toda e qualquer

(88) MP n. 870/2019 – Secretaria Especial de Previdência e Trabalho, "Secretaria de Trabalho", "Fiscalização do Trabalho" — a estrutura desta instituição integra o Ministério da Economia.

pessoa humana"[89]; "não será exagero se se disser que o trabalho é o maior bem do ser humano porque dele depende a sua existência"[90].

Ademais, a concepção do procurador Regional do Trabalho, doutor José Cláudio Monteiro de Brito Filho (aposentado do MPT, Titular da Cadeira n. 26 da Academia Brasileira de Direito do Trabalho), conceitua o trabalho decente como "um conjunto mínimo de direitos do trabalhador que corresponde: à exigência de trabalho; à liberdade de trabalho; à igualdade de trabalho; ao trabalho com condições justas, incluindo a remuneração, e a preservação de sua saúde e segurança; à proibição do trabalho infantil; à liberdade sindical; e à proteção contra os riscos sociais"[91].

Conceito este, aprimorado em sua obra — *Trabalho Escravo: caracterização jurídica:* (...) "é o conjunto mínimo de direitos do trabalhador, necessários à preservação de sua dignidade, e que corresponde: à existência de trabalho; à liberdade de trabalho, à igualdade no trabalho; ao trabalho com condições justas, incluindo a remuneração, e que preservem sua saúde e segurança; à proibição do trabalho da criança e a restrições ao trabalho do adolescente; à liberdade sindical; e à proteção contra os riscos sociais"[92].

Há que se destacar a ordem econômica, prevista constitucionalmente, fundada na valorização do trabalho humano, com a finalidade de uma vida digna e objetivando a justiça social, ou seja, com base no trabalho justo, a sociedade desenvolverá sua economia capitalista, resultando no desenvolvimento econômico favorável à sociedade brasileira.

Com a globalização, o mercado passou a ser mais competitivo, houve a desvalorização do trabalho humano, forçando o preço da mão de obra, retirando o livre-arbítrio do ser humano que, em condições deploráveis, desumanas, passa a vender sua força de trabalho a preços ínfimos, provocados pela concorrência desleal de países industrializados e em níveis de desenvolvimento econômico muito forte.

Com isso, surgiu a exploração da mão de obra, infringindo, em muitos locais do país, o princípio constitucional, já mencionado acima, do trabalho humano digno, respeitável, proveniente da livre-iniciativa.

Dentre as muitas infrações constitucionais, destaque ao princípio internacional, recepcionado pela Carta Magna de 1988, art. 4º, inc. II, prevalência dos direitos humanos, mutilado nas relações de trabalho, na modalidade de servidão por dívida, objeto em estudo.

E ainda, infração ao art. 5º, *caput*, (...) "inviolabilidade do direito à vida, à liberdade," (...); inciso III – "ninguém será submetido a tortura nem a tratamento desumano"; inciso X – "são invioláveis a intimidade, a vida privada, a honra e a imagem das pessoas" (...); inciso XLVII – "não haverá penas: (...) "*c*" de trabalhos forçados".

---

(89) *História do trabalho*, p. 61.

(90) *Ibidem*, p. 76.

(91) *Trabalho com redução à condição análoga à de escravo:* análise a partir do trabalho decente e de seu fundamento, a dignidade da pessoa humana — trabalho escravo contemporâneo: o desafio de superar a negação, p. 128.

(92) *Trabalho escravo:* caracterização jurídica, p. 43.

No caso do trabalho escravo contemporâneo, a pessoa é privada do direito de ir e vir; são atribuídos trabalhos forçados; são violadas a sua intimidade, sua vida privada, sua honra e imagem. Muitos dos trabalhadores são humilhados e açoitados até a morte pelos prepostos das fazendas.

No tocante aos demais direitos constitucionalmente previstos, destaque no art. 7º, inciso X, "proteção do salário na forma da lei, constituindo crime sua retenção dolosa", sendo o salário a contraprestação do serviço prestado, somente poderá ser retida uma parte de seu salário quando autorizado pelo empregado, mas que não seja superior aos descontos previstos na CLT, sendo indevido o desconto integral em compensação de dívidas adquiridas no sistema *truck system* ou "barracão".

Podemos resumir, conforme entendimento de Ronaldo Lima dos Santos, em obra que comenta sobre o trabalho escravo, segundo preceitos constitucionais, que escravizar é:

> "... violar direitos fundamentais e difusos da sociedade, consagrados na Constituição Federal de 1988, entre os quais se destacam: a proteção à dignidade humana (art. 1º, III); os valores sociais do trabalho e da livre-iniciativa (art. 1º, IV); a inviolabilidade do direito à vida, à liberdade, à igualdade, à segurança (art. 5º, *caput*); a construção de uma sociedade livre, justa e solidária (art. 3º, I); o princípio da legalidade (art. 5º, II); não submissão à tortura ou a tratamento desumano ou degradante (art. 5º, III); a inviolabilidade da intimidade, da vida privada, da honra e da imagem (art. 5º, X); a liberdade de exercício de trabalho, ofício ou profissão (art. 5º, XIII); a liberdade de locomoção (art. 5º, XV); a função social da propriedade (art. 5º, XXIII); a proibição de imposição de pena de trabalhos forçados e cruéis (art. 5º, XLVI); a proibição de prisão civil por dívida (art. 5º, LXVII)."(93)

2.2. Declaração dos Direitos Humanos — Convenção da ONU

Ao tratarmos da Declaração dos Direitos Humanos, sob a ótica do trabalho escravo, primeiramente vamos conceituar o termo "os direitos humanos", como sendo "toda e qualquer liberdade ou garantia do indivíduo como pessoa humana. Significa isto dizer que a fruição de tais direitos decorre simplesmente do fato da condição humana dos destinatários. Ser humano é a única e exclusiva exigência para a incorporação dos direitos universais à vida, à liberdade, à intimidade, ao trabalho, ao desenvolvimento"(94). É correto afirmar que o trabalho escravo constitui grave violação aos direitos humanos.

A Declaração dos Direitos Humanos, datada em 10 de dezembro de 1948 pela Assembleia Geral da Organização das Nações Unidas (ONU), em que o Brasil é signatário, declara que "ninguém será mantido em escravidão nem em servidão; a escravatura e o tráfico de escravos serão proibidos em todas as suas formas" (artigo IV).(95)

---

(93) *Sindicatos e ações coletivas:* acesso à justiça, jurisdição coletiva e tutela dos interesses difusos, coletivos e individuais homogêneos, p. 186-187.

(94) *Proteção constitucional dos interesses trabalhistas:* difusos, coletivos e individuais homogêneos, p. 47.

(95) ONU, *Declaração Universal dos Direitos Humanos*, p. 5.

E, em sequência, no artigo V, declara que "ninguém será submetido à tortura, nem a tratamento ou castigo cruel, desumano ou degradante", e também assinala, no artigo XIII, item 1, que "todo homem tem direito à liberdade de locomoção e residência dentro das fronteiras da cada Estado".

E ainda, no artigo XXIII, item 1, dispõe: "toda pessoa tem direito ao trabalho, à livre escolha de seu trabalho e à proteção contra o desemprego". E, no artigo XXIV, "toda pessoa tem direito a repouso e lazer, inclusive a limitação razoável das horas de trabalho e férias periódicas remuneradas".

A prática do trabalho escravo é inibida por toda a comunidade internacional, sendo que, ao ser constatada em determinado país, ela é penalizada pelo comércio internacional de várias maneiras, dentre elas: o boicote na aquisição das mercadorias e sujeição a penalidades pela OIT.

Nesse contexto, ressalta a procuradora do Estado de São Paulo doutora Flávia Piovesan ser o trabalho escravo degradante como forma de violação dos Direitos Humanos, proibição absoluta no Direito Internacional, não contemplando nenhuma exceção. Ademais, alega ainda que "o trabalho escravo se manifesta quando direitos fundamentais são violados, como o direito a condições justas de um trabalho que seja livremente escolhido e aceito, o direito à educação e o direito a uma vida digna".(96)

Da autora acima mencionada, vale transcrever: "À luz da universalidade dos direitos humanos, o trabalho escravo viola a ideia fundante dos direitos, baseada na dignidade humana, como um valor intrínseco à condição humana. Lembre-se de que esta concepção emergiu como resposta à barbárie totalitária do Nazismo, que, com base na teoria da supremacia racial, tornou pessoas supérfluas, esvaziadas de qualquer dignidade e respeito. Em reação à coisificação de pessoas e ao extermínio atroz nos campos de concentração, há a 'virada Kantiana'(97), no sentido de resgatar a dignidade humana como um valor-fonte, pelo qual as pessoas devem ser tratadas como um fim em si mesmo, e jamais como um meio ou objeto a ser arbitrariamente usado para este ou aquele propósito. As pessoas são dotadas de dignidade, na medida em que têm um valor intrínseco, sendo a autonomia a base da dignidade humana, estando intimamente relacionada com a concepção de liberdade. O trabalho escravo surge como a negação absoluta do valor da dignidade humana, da autonomia e da liberdade, ao converter pessoas em coisas e objetos". Por fim, argumenta que: "A proibição absoluta do trabalho escravo, como cláusula pétrea internacional, e o direito a não ser submetido à escravidão, como direito humano absoluto e inderrogável, inspiram-se na concepção contemporânea de direitos humanos, em sua universalidade e indivisibilidade, invocando a crença de que toda e qualquer pessoa tem direito à dignidade, ao respeito, à autonomia e à liberdade."

---

(96) *Trabalho Escravo e degradante como forma de violação aos direitos humanos — trabalho escravo contemporâneo:* o desafio de superar a negação, p. 164-165.

(97) *Pensamento de Kant:* trate a humanidade, na pessoa de cada ser, sempre com o fim mesmo, nunca como um meio. Adiciona Kant que a autonomia é a base da dignidade humana e de qualquer criatura racional.

2.2.1. *Pactos internacionais — PIDCP e PIDESC, Convenção Americana sobre Direitos Humanos e protocolo adicional à Convenção das Nações Unidas contra o Crime Organizado Transnacional relativo à prevenção, repressão e punição do tráfico de pessoas, em especial mulheres e crianças — Protocolo de Palermo — ONU*

O Brasil é signatário de dois Pactos Internacionais, um de Direitos Civis e Políticos (1966) — PIDCP, e outro de Direitos Econômicos, Sociais e Culturais (1966) — PIDESC, ambos ratificados em 1992, por meio dos Decretos, respectivamente, ns. 592 e 591, vigentes em 6.7.1992.

O primeiro insurge contra o trabalho escravo, de forma expressa, no art. 8º, itens "1", "2" e "3", *in verbis:*

"(...)

1. Ninguém poderá ser submetido á escravidão; a escravidão e o tráfico de escravos, em todos as suas formas, ficam proibidos.

2. Ninguém poderá ser submetido à servidão.

a) Ninguém poderá ser obrigado a executar trabalhos forçados ou obrigatórios;

b) A alínea a) do presente parágrafo não poderá ser interpretada no sentido de proibir, nos países em que certos crimes sejam punidos com prisão e trabalhos forçados, o cumprimento de uma pena de trabalhos forçados, imposta por um tribunal competente;

c) Para os efeitos do presente parágrafo, não serão considerados "trabalhos forçados ou obrigatórios":

i) qualquer trabalho ou serviço, não previsto na alínea b) normalmente exigido de um individuo que tenha sido encarcerado em cumprimento de decisão judicial ou que, tendo sido objeto de tal decisão, ache-se em liberdade condicional;

ii) qualquer serviço de caráter militar e, nos países em que se admite a isenção por motivo de consciência, qualquer serviço nacional que a lei venha a exigir daqueles que se oponham ao serviço militar por motivo de consciência;

iii) qualquer serviço exigido em casos de emergência ou de calamidade que ameacem o bem-estar da comunidade;

iv) qualquer trabalho ou serviço que faça parte das obrigações cívicas normais.

3. (...)."

Já o segundo resguarda o direito de todos a um trabalho decente, ou seja, garante ao ser humano o direito a um trabalho digno, que lhe assegure o seu sustento, a liberdade de escolha e o cumprimento da legislação protetiva previstos na legislação nacional e internacional, contrários ao trabalho escravo; é o que se extrai dos arts. 6º e 7º do presente Pacto de Direitos Econômicos, Sociais e Culturais, *in verbis:*

"(...)

PARTE III

Art. 6º

1. Os Estados Partes do Presente Pacto reconhecem o direito ao trabalho, que compreende o direito de toda pessoa de ter a possibilidade de ganhar a vida mediante um trabalho livremente escolhido ou aceito, e tomarão medidas apropriadas para salvaguarda esse direito.

2. As medidas que cada Estado parte do presente pacto tomará a fim de assegurar o pleno exercício desse direito deverão incluir a orientação e a formação técnica e profissional, a elaboração de programas, normas e técnicas apropriadas para assegurar um desenvolvimento econômico, social e cultural constante e o pleno emprego produtivo em condições que salvaguardem aos indivíduos o gozo das liberdades políticas e econômicas fundamentais.

Art. 7º

Os Estados Partes do presente pacto o reconhecem o direito de toda pessoa de gozar de condições de trabalho justas e favoráveis, que assegurem especialmente:

a) uma remuneração que proporcione, no mínimo, a todos os trabalhadores:

i) um salário equitativo e uma remuneração igual por um trabalho de igual valor, sem qualquer distinção; em particular, as mulheres deverão ter a garantia de condições de trabalho não inferiores às dos homens e receber a mesma remuneração que ele por trabalho igual;

ii) uma existência decente para eles e suas famílias, em conformidade com as disposições do presente Pacto.

b) a segurança e a higiene no trabalho;

c) igual oportunidade para todos de serem promovidos, em seu trabalho, á categoria superior que lhes corresponda, sem outras considerações que as de tempo de trabalho e capacidade;

d) o descanso, o lazer, a limitação razoável das horas de trabalho e férias periódicas remuneradas, assim.

(...)"

É, também, signatário da Convenção Americana de Direitos Humanos, conhecido por "Pacto de San José da Costa Rica", ratificado em 1992, por meio do Decreto n. 678, outro instrumento de grande importância, dando ênfase à erradicação do trabalho escravo, na parte I – dos Deveres do Estados e Direitos Protegidos, capítulo II – Direitos Civis e Políticos, art. 6º, itens "1" e "2", *in verbis:*

"(...)

Art. 6º Proibição da escravidão e da servidão

1. Ninguém poderá ser submetido a *escravidão* ou servidão e tanto estas como o tráfico de escravos e o tráfico de mulheres são *proibidos em todas as suas formas*.

2. Ninguém deve ser constrangido a executar *trabalho forçado ou obrigatório*. Nos países em que se prescreve, para certos delitos, pena privativa de liberdade acompanhada de trabalhos forçados, esta disposição não pode ser interpretada no sentido de proibir o cumprimento da dita pena, imposta por um Juiz ou tribunal competente. O trabalho forçado não deve afetar a dignidade, nem a capacidade física e intelectual do recluso.

(...)" (grifos nossos)

Em relação ao Protocolo Adicional à Convenção das Nações Unidas contra o Crime Organizado Transnacional Relativo à Prevenção, Repressão e Punição do Tráfico de Pessoas, em Especial Mulheres e Crianças, também conhecido como Protocolo de Palermo, ratificado no Brasil por meio do Decreto n. 5.017, em 12.3.2004, nos elenca os objetivos[98] em seu art. 2º e define a expressão "tráfico de pessoas"[99] em seu art. 3º, coibindo as práticas de trabalho escravo no mundo. Define o trabalho escravo como uma das modalidades de tráfico de pessoas.

Conforme o Protocolo de Palermo, para configurar-se o trabalho escravo como modalidade do crime de tráfico de pessoas, é necessário a ocorrência de pelo menos um dos atos (recrutamento, transporte, transferência, alojamento e acolhimento), um dos meios (ameaça, uso da força, outras formas de coação, rapto, fraude, engano, abuso de autoridade, abuso de situação de vulnerabilidade, entrega ou aceitação de pagamento x benefício para obter o consentimento de uma pessoa que tenha autoridade sobre outra) e a finalidade de exploração (exploração do trabalho, serviços forçados, escravidão ou situações análogas à escravidão, servidão, exploração da prostituição de outrem, outras formas de exploração sexual). Havendo a presença dos três elementos, é irrelevante o consentimento da vítima. Lembrando que, para as vítimas menores de 18 anos, bastam os elementos "ato" e "finalidade de exploração" para caracterizar. O rol das finalidades de exploração elencadas no protocolo não é exaustiva.-

A questão da condição de vulnerabilidade somada às políticas migratórias restritivas resultam no incentivo ao tráfico de pessoas. Segundo dados da UNODC[100], dentre as modalidades, 34% corresponde ao tráfico de pessoas para o trabalho escravo.

Corroborando o conceito acima, segue o entendimento do promotor de Justiça Criminal da Capital/SP, Ricardo Antonio Andreucci: "O grande desafio deste século, sem dúvida, é a eliminação do trabalho escravo como face econômica do tráfico de seres humanos, condição básica para a sobrevivência do estado democrático de Direito". Aduz ainda que "a exploração do trabalho escravo, como expressão e decorrência direta do tráfico de seres humanos, modalidade de crime organizado nacional e transnacional, fez surgir a escravidão contemporânea como face hedionda da natureza humana". Ou seja, "a redução à condição análoga à de escravidão é decorrência direta do tráfico de seres humanos".[101]

---

(98) Protocolo Adicional à Convençao das Nações Unidas contra o Crime Organizado Transnacional Relativo à Prevenção, Repressão e Punição do Tráfico de Pessoas, em Especial Mulheres e Crianças. Art. 2º: objetivos: "a) prevenir e combater o tráfico de pessoas, prestando uma atenção especial às mulheres e às crianças; b) proteger e ajudar as vítimas desse tráfico, respeitando plenamente os seus direitos humanos; e, c) promover a cooperaçãoo entre os Estados Partes de forma a atingir esses objetivos".

(99) Art. 3º: conceito: "A expressão "tráfico de pessoas" significa o recrutamento, o transporte, a transferência, o alojamento ou o acolhimento de pessoas, recorrendo à ameaça ou uso da força ou a outras formas de coação, ao rapto, à fraude, ao engano, ao abuso de autoridade ou à situação de vulnerabilidade ou à entrega ou aceitação de pagamentos ou benefícios para obter o consentimento de uma pessoa que tenha autoridade sobre outra para fins de exploração. A exploração incluirá, no mínimo, a exploração da prostituição de outrem ou outras formas de exploração sexual, *o trabalho ou serviços forçados, escravatura ou práticas similares à escravatura*, a servidão ou a remoção de órgãos; b) O consentimento dado pela vítima de tráfico de pessoas tendo em vista qualquer tipo de exploração descrito na alínea a) do presente Artigo será considerado irrelevante se tiver sido utilizado qualquer um dos meios referidos na alínea a); c) O recrutamento, o transporte, a transferência, o alojamento ou o acolhimento de uma criança para fins de exploração serão considerados "tráfico de pessoas" mesmo que não envolvam nenhum dos meios referidos da alínea a) do presente Artigo; d) O termo "criança" significa qualquer pessoa com idade inferior a dezoito anos". (grifos nossos).

(100) Escritório das Nações Unidas sobre Drogas e Crime = UNODC.

(101) *Tráfico de pessoas*, p. 250, 257 e 261.

É nítida a preocupação do Brasil em seguir as normas internacionais, haja vista que com a globalização e o desencadear da economia nacional, principalmente na cadeia produtiva, se faz necessário o cumprimento e a criação de políticas públicas que protejam o ser humano das armadilhas que se criam para burlar a legislação, resultando em um *dumping* social, nos fazendo retroceder, levando a sociedade a um patamar longínquo daquele ideal de uma nação voltada para o bem e para a saúde do ser humano, este, sim, a maior preciosidade e o bem jurídico a ser protegido.

2.3. Convenção da Organização Internacional do Trabalho (OIT)

A Organização Internacional do Trabalho, "pessoa jurídica de direito público internacional, de caráter permanente, que integra o sistema das Nações Unidas, composto por Estados que assumem, soberanamente, a obrigação de observar as normas institucionais da aludida organização e, particularmente, as convenções que ratificam"(102), instituídas pelo Tratado de Versalhes (1919) e pela Declaração da Filadélfia (1944), já aprovou duas convenções internacionais(103) sobre o trabalho escravo ou forçado.

O primeiro instrumento normativo, a Convenção n. 29/1930 (Convenção sobre o Trabalho Forçado) — no art. 2º, item "1", conceitua a expressão "trabalho forçado ou obrigatório", como: "todo trabalho ou serviço de uma pessoa sob a ameaça de sanção e para o qual se tenha oferecido espontaneamente", aprovada pelo Decreto Legislativo n. 24, de 29.5.1956, ratificada em 25.4.1957 e promulgada pelo Decreto n. 41.721, de 25.6.1957, pelo Brasil e em vigência desde 25.4.1958. Essa Convenção foi atualizada na 103ª Conferência da OIT, em Genebra (11.6.2014), por meio da aprovação de dois instrumentos legais, um deles foi um Protocolo sobre as práticas de trabalho forçado mais modernas, como o tráfico humano; e outro, uma Recomendação que fornece orientação técnica sobre a sua implementação.

Aduz o respectivo Protocolo (em anexo) — citado como "Protocolo de 2014, para a Convenção do Trabalho Forçado de 1930" — a reiteração da definição de "trabalho forçado ou obrigatório", previsto na Convenção n. 29, requerendo a inclusão de medidas específicas contra o tráfico de pessoas para fins de trabalho forçado ou obrigatório (art. 1º, item "3"), e não sendo mais aplicáveis o art. 1º, §§ 2º e 3º, e os arts. 3º ao 24º da referida Convenção (art. 7º). E elenca algumas medidas para a sua prevenção (art. 2º), tais como:

> "(a) educar e informar as pessoas, especialmente aquelas consideradas particularmente vulneráveis, a fim de evitar que se tornem as próprias vítimas de trabalho forçado ou obrigatório;
>
> (b) educar e informar os empregadores, a fim de evitar que se tornem vítimas de se envolver em práticas próprias de trabalho forçado ou obrigatório;

(102) SENTO-SÉ, Jairo de Albuquerque. *Trabalho escravo no Brasil*, p. 22

(103) *Convenções da OIT:* somente após a adesão do Executivo, aprovação do Congresso Nacional, expedição de decreto legislativo, publicação no Diário Oficial, comunicação à ONU, registro nesse organismo, transcurso de 12 meses após o registro e ser tornada sua vigência. CARRION, Valentim. *CLT comentada*, nota 7, p. 21.

(c) realizar esforços para assegurar que:

(i) a cobertura e aplicação da legislação relevante para a prevenção de trabalho forçado ou obrigatório, incluindo o direito do trabalho conforme o caso, apliquem-se a todos os trabalhadores e todos os setores da economia; e

(ii) serviços de inspeção do trabalho e outros serviços responsáveis pela aplicação desta legislação sejam fortalecidos;

(d) proteger as pessoas, particularmente os trabalhadores migrantes, de eventuais práticas abusivas e fraudulentas durante o processo de recrutamento e colocação;

(e) apoiar a devida diligência por ambos os setores, público e privado, para prevenir e responder aos riscos de trabalho forçado ou obrigatório; e

(f) abordar as causas e os fatores que aumentam os riscos de trabalho forçado ou obrigatório."(104)

Segundo avaliação da Ministra Ideli Salvatti, da Secretaria de Direitos Humanos da Presidência da República (SDH/PR), a aprovação do respectivo Protocolo constitui um importante instrumento para os países signatários da Convenção n. 29, nas suas palavras: "No mundo moderno, o trabalho forçado assume várias formas e a atualização da Convenção n. 29, o principal instrumento internacional de combate ao trabalho forçado, tem de incorporar essa realidade. Novas formas de trabalho forçado demandam novas formas de combate a essa forma de violência que atenta contra a dignidade do ser humano."(105)

Ressaltou ainda que esses dois novos instrumentos darão aos países signatários condições de punir e adotar medidas de prevenção ao trabalho forçado, em destaque: "O que aprovamos são instrumentos modernos e equilibrados, que permitem não apenas punir os responsáveis pelo trabalho forçado, mas também adotar ações concretas para proteger as vítimas, compensá-las pelo dano causado, bem como prevenir, de forma efetiva e sustentada, o reaparecimento do trabalho degradante." Acredita que o Protocolo e a Recomendação que complementam e atualizam a Convenção n. 29 constituem patamar mínimo de ação e proteção contra o trabalho forçado.(106)

E segundo a Convenção n. 105/1957 (Convenção sobre a Abolição do Trabalho Forçado), aprovada pelo Decreto Legislativo n. 20, de 30.4.1965, com ratificação em 18.6.1965, e promulgada em 14.7.1966, pelo Decreto n. 58.822, no Brasil em vigor desde 18.6.1966, que trata especificamente do trabalho forçado imposto pelo Estado, é disposto no art. 1º que: "Todo país-membro da Organização Internacional do Trabalho que ratifique a presente convenção se compromete a suprimir o trabalho forçado ou obrigatório e dele não fazer uso: a) como medida de coerção, ou de educação política ou como punição por ter ou expressar opiniões políticas ou pontos de vista ideologicamente opostos ao sistema

(104) *Protocolo de 2014, para a Convenção do Trabalho Forçado de 1930.* Trad. Andréa I. Lotto (íntegra: em anexo).

(105) Ministra Ideli Salvatti, Secretaria de Direitos Humanos da Presidência da República (SDH/PR), depoimento na 103ª Conferência da OIT, em Genebra, na Suíça, em 11.6.2014.

(106) *Idem.*

político, social e econômico vigente; b) como método de mobilização e de utilização da mão de obra para fins de desenvolvimento econômico; c) como punição por participação em greves; d) como medida de discriminação racial, social, nacional ou religiosa."

Conforme elucida Guilherme Augusto Caputo Bastos, a Convenção n. 29, até 31 de dezembro de 2004, obteve 164 ratificações, e a Convenção n. 105, 162 ratificações. "Isso bem demonstra a repulsa do mundo, mesmo globalizado, quanto a esta chaga social, a esta repugnante forma de trabalho."(107) E, até julho de 2020, a Convenção n. 29 obteve 178 ratificações, e a Convenção n. 105, 176 ratificações; um aumento não tão considerável em suas ratificações, mas um indício de que outros países estão aderindo de forma tímida às respectivas Convenções, com o objetivo de erradicar o trabalho escravo.(108)

Toda essa base internacional está incorporada ao sistema jurídico brasileiro, conforme art. 5º, § 2º, da CF/88:

> "Os direitos e garantias expressos nesta Constituição não excluem outros decorrentes do regime e dos princípios por ela adotados, ou dos tratados internacionais em que a República Federativa do Brasil seja parte."

2.4. Consolidação das Leis do Trabalho (Lei Ordinária) e Normas Reguladoras do Ministério do Trabalho (NRs)

A escravidão contemporânea é coibida pela CLT (Decreto-lei n. 5.452, de 10.11.1943(109), promulgado pelo presidente da República, Getúlio Vargas), por meio de artigos que protegem a saúde e o meio ambiente do trabalho.

Ao se deparar com situação de trabalho escravo, podemos encontrar inúmeras infrações aos direitos do trabalhador no tocante à ausência de registro em carteira de trabalho; às más condições de higiene (falta de água potável e alojamentos em céu aberto); à falta de fornecimento de equipamento de segurança; à ausência de higiene nos locais para refeições; ao desrespeito à jornada de trabalho; ao labor em locais insalubres e perigosos; ao pagamento do salário *in natura*; aos descontos ilícitos, dentre outros.

Passamos a analisar um caso concreto, segundo tópicos citados na Ação Civil Pública (n. 276/2002) promovida pela Procuradoria do Trabalho da 8ª Região (Belém)(110), em face de um fazendeiro, em que foram constatados trabalho forçado e condições desumanas de trabalho, utilizando-se o pagamento *in natura* aos trabalhadores, descritas a seguir:

a) Ausência de registro em carteira de trabalho dos empregados:

Os trabalhadores encontrados não tinham sua carteira de trabalho ou qualquer outro documento e tampouco as devidas anotações; eram aliciados em locais distantes, de maneira direta ou por terceiros.

---

(107) BASTOS, Guilherme Augusto Caputo. Trabalho escravo: uma chaga humana. *Revista LTr*, v. 70, n. 03, mar. 2006.

(108) *Site* oficial da OIT: <https://www.ilo.org/>.

(109) Alterada pela Lei n. 13.467/2017 (Reforma trabalhista).

(110) MORAES, Marcelo Brandão de, procurador do trabalho. Ação Civil Pública com Pedido de liminar. *Revista do Ministério Público do Trabalho*, v. 26, p. 189-213.

Tal irregularidade fere o disposto no art. 41, *caput*, da CLT — "Em todas as atividades será obrigatório para o empregador o registro dos respectivos trabalhadores, podendo ser adotados livros, fichas ou sistema eletrônico, conforme instruções a serem expedidas pelo Ministério do Trabalho" — e, também, os arts. 13 e 29, *caput*, ambos da CLT, sendo obrigatória a apresentação da carteira de trabalho para o exercício de qualquer profissão, e sua devida anotação conforme prescrevem a seguir:

> "Art. 13. A Carteira de Trabalho e Previdência Social é obrigatória para o exercício de qualquer emprego, inclusive de natureza rural, ainda que em caráter temporário, e para o exercício por conta própria de atividade profissional remunerada."
>
> "Art. 29, *caput*. A Carteira de Trabalho e Previdência Social será obrigatoriamente apresentada, contra recibo pelo trabalhador ao empregador que o admitir, o qual terá prazo de quarenta e oito horas para nela anotar, especificamente, a data de admissão, a remuneração e as condições especiais, se houver, sendo facultada a adoção de sistema manual, mecânico ou eletrônico, conforme instruções a serem expedidas pelo Ministério do Trabalho."
>
> Nova redação dada pela Lei n. 13.874/2019: "Art. 29. O empregador terá o prazo de 5 (cinco) dias úteis para anotar na CTPS, em relação aos trabalhadores que admitir, a data de admissão, a remuneração e as condições especiais, se houver, facultada a adoção de sistema manual, mecânico ou eletrônico, conforme instruções a serem expedidas pelo Ministério da Economia."

É correto afirmar que a ausência de anotação em carteira de trabalho e de apresentação de seu devido registro por parte do empregador, ensejam violação às normas trabalhistas, lesão ao interesse público, fraude ao sistema econômico, resultando em prejuízos aos trabalhadores, os quais são privados de seus direitos trabalhistas e previdenciários.

b) Segurança e higiene do trabalhador rural (com base na NR-24 da Portaria n. 3.214/78 do MTb; atualizada pela Portaria n. 1.066, de 23.09.2019, Ministério da Economia/Secretaria Especial de Previdência e Trabalho) — anexo IX.

Foi constatada a ausência de fornecimento de água potável, sendo que é devido o seu fornecimento, conforme determina a NR-24, item 24.7.1.2, da Portaria n. 3.214/78 do MTb, *in verbis*: "Quando não for possível obter água potável corrente, essa deverá ser fornecida em recipientes portáteis hermeticamente fechados de material adequado e construído de maneira a permitir fácil limpeza."

E ainda verificou-se o labor em local aberto e a ausência de alojamentos nas condições permitidas pela NR-24, itens 24.5.8, 24.1.2, 24.1.3 e 24.5.9, da Portaria n. 3.214/78 do MTb, *in verbis*:

> "24.5.8. Os pisos dos alojamentos deverão ser impermeáveis, laváveis e de acabamento áspero. Deverão impedir a entrada de umidade e emanações no alojamento. Não deverão apresentar ressaltos e saliência sendo o acabamento compatível com as condições mínimas de conforto térmico e higiene."
>
> "24.1.2. As áreas destinadas aos sanitários deverão atender às dimensões essenciais. O órgão regional competente em Segurança e Medicina do Trabalho poderá, à vista de perícia local, exigir alterações de metragem que atendam ao mínimo de conforto exigível. É considerada satisfatória a metragem de 1,00 m^2 (um metro quadrado), para cada sanitário, por 20 (vinte) operários em atividade.

24.1.3. Os locais onde se encontrarem instalações sanitárias deverão ser submetidas a processo permanente de higienização, de sorte que sejam mantidos limpos e desprovidos de quaisquer odores durante toda a jornada de trabalho."

"24.5.9. A cobertura dos alojamentos deverá ter estrutura de madeira ou metálica, as telhas poderão ser de barro ou de fibrocimento, e não haverá forro."

c) Ausência de fornecimento de equipamento de segurança

No caso em tela, verificou-se a ausência de utilização de equipamento de proteção individual (EPI), ou seja, o não fornecimento de equipamento de segurança ao trabalhador, havendo infração na legislação ordinária (CLT), que prevê o direito do trabalhador a um meio ambiente saudável e com um mínimo possível de riscos à saúde, sendo previsto na CLT um capítulo inteiro (Capítulo V — Segurança e medicina do trabalho). Também previsto no art. 7º, inciso XXII, da CF/88.

Podemos relacionar alguns instrumentos de proteção, tais como botinas, calçados, viseiras e máscaras para proteção de pó para operadores de motosserras, chapéus e outros, não fornecidos aos trabalhadores, conforme determina a NR-4, item 4.2.a, da Portaria n. 3.067/88, do MTb, *in verbis*:

"4.2. O empregador rural é obrigado a fornecer, gratuitamente, EPI adequado ao risco e em perfeito estado de conservação e funcionamento nas seguintes circunstâncias:

a) sempre que as medidas de proteção coletiva forem tecnicamente inviáveis ou não oferecerem completa proteção contra os riscos de acidentes do trabalho e/ou doenças profissionais;

(...)

4.3. Atendidas as peculiaridades de cada atividade, o empregador rural deve fornecer aos trabalhadores os seguintes EPI:

I – Proteção da cabeça:

(...)

c) chapéu de palha de abas largas e cor clara para proteção contra o sol, chuva, salpicos etc.

(...)

II – Proteção dos olhos e da face:

(...)

b) óculos de segurança para trabalhos que possam causar ferimentos provenientes do impacto de partículas, ou de objetos pontiagudos ou cortantes;

(...)

d) óculos de segurança contra a poeira e pólen.

IV – Proteção das vias respiratórias:

a) respiradores com filtros mecânicos para trabalhos que impliquem produção de poeiras;

(...)

V – Proteção dos membros superiores:

> Luvas e/ou mangas de proteção nas atividades em que haja perigo de lesões provocadas por:
>
> a) materiais ou objetos escoriantes, abrasivos, cortantes ou perfurantes;
>
> (...)
>
> e) picadas de animais peçonhentos;
>
> VI – Proteção dos membros inferiores:
>
> a) botas impermeáveis e com estrias no solado para trabalhos em terrenos úmidos ou com dejetos de animais;
>
> (...)
>
> d) perneiras em atividades onde haja perigo de lesões provocadas por materiais ou objetos cortantes, escoriantes ou perfurantes;
>
> (...)
>
> f) calçados de couro para as demais atividades."

Salientamos que, quando o equipamento é fornecido ao trabalhador, ocorrendo com frequência na modalidade escravidão por dívida, este é descontado do empregado no dia do seu pagamento. Como ocorre tal procedimento? O valor dos equipamentos é cobrado acima do valor de mercado, vinculando o seu débito ao pagamento do salário, sendo descontado de forma integral, infringindo norma laboral que prevê o fornecimento gratuito do equipamento ao trabalhador, ficando o ônus das despesas ao empregador, no caso, ao dono da fazenda.

d) Ausência de higienização nos locais para refeições:

Constatou-se a falta de higienização nos locais para refeição, descumprindo o art. 157, incisos I a III, da CLT, *in verbis*:

> "Art. 157. Cabe às empresas:
>
> I – cumprir e fazer cumprir as normas de segurança e medicina do trabalho;
>
> II – instruir os empregados, através de ordens de serviço, quanto às precauções a tomar no sentido de evitar acidentes do trabalho ou doenças ocupacionais;
>
> III – adotar medidas que lhes sejam determinadas pelo órgão competente."

E ainda infringem a NR-24, itens 24.6.1 e 24.6.1.1, da Portaria n. 3.214/78 do MTb, *in verbis*:

> "24.6.1. As empresas urbanas e rurais, que possuam empregados regidos pela Consolidação das Leis do Trabalho — CLT, e os órgãos governamentais devem oferecer a seus empregados e servidores condições de conforto e higiene que garantam refeições adequadas por ocasião dos intervalos previstos na jornada de trabalho.
>
> 24.6.1.1. A empresa que contratar terceiro para a prestação de serviço em seus estabelecimentos deve estender aos trabalhadores da contratada as mesmas condições de higiene e conforto oferecidas aos seus empregados."

Inaceitável, portanto, realizar as refeições em local desprovido de qualquer higienização, sendo dever do empregador fornecer local apropriado a este fim.

e) Do desrespeito à jornada de trabalho:

Segundo trecho do depoimento do trabalhador José Mariano:

> "(...) que trabalhava das 6h30 às 18 h com intervalo de 20 minutos para o almoço todos os dias inclusive domingos e feriados; (...) que no início havia 36 trabalhadores na fazenda, porém como o Barba Azul nada pagava, 21 trabalhadores saíram da fazenda sem nada receber (...)."

Constatou-se, por conseguinte, o total desrespeito dos demandados quanto à limitação de 8 (oito) horas diárias e 44 (quarenta e quatro) horas semanais para a jornada de trabalho dos seus empregados, prevista no art. 7º, inciso XIII, da Carta Magna de 1988.

f) Pagamento do salário *in natura*:

A fiscalização constatou que o pagamento dos salários não fora efetuado aos trabalhadores, forçando o endividamento nos "barracões" (cantinas localizadas dentro da fazenda).

É cediço que o inadimplemento do empregador acarreta efeitos danosos aos trabalhadores, uma vez que não podem cumprir com suas obrigações e tampouco assegurar o direito de adquirir medicamentos, vestuário, estudo e alimentos para sua família. É o pagamento do salário premissa indispensável à efetivação dos demais direitos decorrentes da relação de trabalho.

A proteção ao salário está prevista no art. 7º, inciso X, da CF/88 — sendo crime a sua retenção — e nos arts. 458, *caput*, e 459, § 1º, ambos da CLT; estabelece como e quando deverá ser efetuado o pagamento do salário, *in verbis*:

> "Art. 458. Além do pagamento em dinheiro, compreende-se no salário, para todos os efeitos legais, a alimentação, habitação, vestuário ou outras prestações *in natura* que a empresa, por força do contrato ou do costume, fornecer habitualmente ao empregado. Em caso algum será permitido o pagamento com bebidas alcoólicas ou drogas nocivas."
>
> "Art. 459. O pagamento do salário, qualquer que seja a modalidade do trabalho, não deve ser estipulado por período superior a 1(um) mês, salvo no que concentrem a comissões, percentagens e gratificações.
>
> § 1º Quando o pagamento houver sido estipulado por mês, efetuado, o mais tardar, até o quinto dia útil do mês vencido."

Vale lembrar que um dos princípios básicos de proteção ao salário é o da sua intangibilidade — prevista no art. 9º, letras "*a*", "*b*" e "*c*", § 1º, da Lei n. 5.889/73 (Lei do Trabalho Rural), que admite o desconto sobre o salário do empregado rural até o limite de 20%, relativo à moradia, e até 25% para alimentação sadia e farta, calculados sobre o salário mínimo, respeitando os preços da região, mediante prévia autorização do obreiro.

Destarte, é vedado ao empregador efetuar descontos dos salários, exceto, segundo rol fornecido pelo Juiz de Direito da 15ª Região, doutor Ricardo Régis Laraia:

a) os adiantamentos (CLT, art. 462, *caput*);

b) por danos causados pelo empregado por dolo, ou por culpa se ajustado individual ou coletivamente (CLT, art. 462, § 1º; SDI-1, 251);

c) a contribuição sindical compulsória (CLT, arts. 582, 585 e 602); (alterado pela Lei n. 13.467/2017 – depende de autorização prévia e expressa do empregado)

d) a contribuição confederativa devida pelos trabalhadores sindicalizados (CF, art. 8º, IV; STF, 666); (Súmula Vinculante 40 – A contribuição confederativa de que trata o art. 8º, IV, da Constituição, só é exigível dos filiados ao sindicato respectivo).

e) as contribuições sindicais fixadas em convenções ou acordos coletivos (CLT, art. 545; PN n. 119); (alterado pela Lei n. 13.467/2017 – depende de autorização prévia e expressa do empregado)

f) a pensão alimentícia (CPC, art. 734); (art. 529, NCPC/15: "Art. 529. Quando o executado for funcionário público, militar, diretor ou gerente de empresa ou empregado sujeito à legislação do trabalho, o exequente poderá requerer o desconto em folha de pagamento da importância da prestação alimentícia").

g) as consignações em geral (Lei n. 1.046/50);

h) as consignações relativas a empréstimos, financiamentos e operações de arrendamento mercantil, concedidos por instituições financeiras (empréstimos para desconto em folha de pagamento) até o limite de 30% da remuneração disponível (Lei n. 10.820/03); (alterada pela Lei n. 13.172/2015 – "Art. 1º Os empregados regidos pela Consolidação das Leis do Trabalho — CLT, aprovada pelo Decreto-lei n. 5.452, de 1º de maio de 1943, poderão autorizar, de forma irrevogável e irretratável, o desconto em folha de pagamento ou na sua remuneração disponível dos valores referentes ao pagamento de empréstimos, financiamentos, cartões de crédito e operações de arrendamento mercantil concedidos por instituições financeiras e sociedades de arrendamento mercantil, quando previsto nos respectivos contratos. § 1º O desconto mencionado neste artigo também poderá incidir sobre verbas rescisórias devidas pelo empregador, se assim previsto no respectivo contrato de empréstimo, financiamento, cartão de crédito ou arrendamento mercantil, até o limite de 35% (trinta e cinco por cento)".

i) as prestações correspondentes ao pagamento de dívidas contraídas para a aquisição de unidade habitacional, no Sistema Financeiro da Habitação (Lei n. 5/725/71, art. 1º);

j) as comissões, quando insolvente o comprador (Lei n. 3.207/57, art. 7º);

k) as taxas e ônus devidos pelo atleta profissional de futebol a entidades desportivas ou empregadores anteriores (Lei n. 6.354/76, art. 14, parágrafo único); (revogada pela Lei n. 12.395/2011)

l) as multas pelo não comparecimento às eleições sindicais (Lei n. 6.512/77, arts. 3º e 4º), quando o empregado for sindicalizado e previsto tal desconto no Estatuto;

m) o imposto de renda retido na fonte (Lei n. 7.713/88, art. 7º, I e § 1º);

n) as contribuições previdenciárias (Lei n. 8.212/91, art. 30, I);

o) as prestações da Previdência Social, pagas indevidamente (Lei n. 8.212/91, art. 91);

p) os custos do vale-transporte não cobertos pelo empregador (Decreto n. 95.247/87, art. 9º e parágrafo único);

q) as prestações *in natura* concedidas a título oneroso (CLT, art. 462, §§ 2º e 3º; Lei n. 5.889/73, art. 9º);

r) as contribuições autorizadas pelo empregado para pagamento de planos de assistência odontológica, médico-hospitalar, de seguro, de previdência privada, ou de entidade cooperativa, cultural ou recreativa associativa (CLT, art. 462, §§ 2º, 3º e 4º; TST, 342);

s) o aviso prévio, quando não comunicado pelo empregado (CLT, art. 487, § 2º);

t) o art. 462 da CLT, desde que previstos em lei ou acordo coletivo. (Princípio da intangibilidade de salário)

Acrescentamos o § 1º, art. 18 da Lei Complementar n. 150/2015 (contrato de trabalho doméstico):

Art. 18. É vedado ao empregador doméstico efetuar descontos no salário do empregado por fornecimento de alimentação, vestuário, higiene ou moradia, bem como por despesas com transporte, hospedagem e alimentação em caso de acompanhamento em viagem.

§ 1º É facultado ao empregador efetuar descontos no salário do empregado em caso de adiantamento salarial e, mediante acordo escrito entre as partes, para a inclusão do empregado em planos de assistência médico-hospitalar e odontológica, de seguro e de previdência privada, não podendo a dedução ultrapassar 20% (vinte por cento) do salário.

Há que se coibir tal prática ilegal, uma vez que submete o obreiro à situação desumana. A dívida contraída, muitas vezes, ultrapassa o valor do salário, resultando em um endividamento civil, caracterizando a escravidão por dívida.

A prática reiterada de descontar dos trabalhadores dívida contraída nos barracões fere as disposições da Consolidação das Leis do Trabalho, da Constituição Federal e da Lei do Trabalhador Rural, resultando em lesão coletiva de direitos indisponíveis dos trabalhadores e de direito social fundamental.

Em suma, podemos verificar que, nas letras *a* até *f* do caso em tela, se caracteriza trabalho escravo contemporâneo, cuja origem deve-se à situação econômica do país e ao alto nível de desempregados, resultando baixa renda e pobreza da sociedade brasileira.

2.5. Código Penal Brasileiro e suas alterações

O Código Penal Brasileiro prevê a proteção à liberdade do trabalho, penalizando aqueles que violam ou que procuram fraudá-la, consoante o descrito neste item.

Passamos a uma análise sucinta do enquadramento da matéria escravidão, na interpretação jurídico-penal, com base no parecer da Subprocuradora-Geral da República e professora de Direito Penal na Universidade de Brasília e na Universidade Federal de Santa Catarina, doutora Ela Wiecko V. de Castilho.

O crime de redução à condição análoga à de escravo, prevista no art. 149 do Código Penal, expressa que o *bem jurídico tutelado* é a *liberdade pessoal* ou *status libertatis*, que se interpreta como a liberdade física ou de locomoção, isto é, liberdade de ir e vir. Essa expressão latina tem seu conteúdo fixado na Declaração Universal dos Direitos do Homem e pelas convenções internacionais.

Como salienta a doutora Ela, "a superexploração do trabalho humano ou a condição degradante a que uma pessoa é exposta são indícios veementes de escravidão, porque nessas situações o ser humano fica totalmente submetido a outrem, torna-se objeto".[111]

Alega que a conduta de escravizar não se limita à violação da liberdade física, pode existir até mesmo havendo liberdade de locomoção. Cita o exemplo de uma empregada doméstica, Hilda Rosa dos Santos, que está processando o casal de brasileiros René e Margarida Bonnetti por tê-la submetido a trabalho escravo nos Estados Unidos, assalariada, mas, trabalhando em condições de superexploração.

Por último, argumenta, ainda, que a incriminação feita no art. 149 do CP é vaga e indeterminada, em razão de estar oculto o núcleo do tipo, ou seja, do verbo que exprime a ação praticada pelo sujeito. O verbo reduzir é o núcleo, mas este exprime resultado, não a ação propriamente dita. Não se sabe exatamente qual a ação que constitui crime, podendo ser praticado de vários modos. O exame da realidade brasileira aponta cinco etapas que possibilitam a hipótese do trabalho análogo à escravidão, ou simplesmente escravo: o recrutamento, o transporte, a hospedagem, a alimentação e a vigilância.

Podemos destacar as últimas alterações do Código Penal na esfera do combate à escravidão, dentre elas, a Lei n. 9.777, de 29.12.98, decretada e sancionada pelo presidente da República Fernando Henrique Cardoso, que incriminou várias etapas do processo de escravização brasileira, diminuindo a impunidade dos intermediários, nos arts. 132, 203 e 207 do CP.

E o aperfeiçoamento do art. 149 do Código Penal, que sofreu alteração com o advento da Lei n. 10.803, de 1º.12.2003, decretada e sancionada pelo presidente da República Luiz Inácio Lula da Silva, estabelece penas ao crime nele tipificado e indica as hipóteses em que se configura condição análoga à de escravo, preenchendo o vazio, acima citado, do núcleo, do tipo, do verbo reduzir, *in verbis*:

> "Art. 149. Reduzir alguém à condição análoga à de escravo, submetendo-o a trabalhos forçados ou à jornada exaustiva, quer sujeitando-o a condições degradantes de trabalho, quer restringindo, por qualquer meio, sua locomoção em razão de dívida contraída com o empregador ou preposto:
>
> Pena – reclusão, de dois a oito anos, e multa, além da pena correspondente à violência.
>
> § 1º Nas mesmas penas incorre quem:
>
> I – cerceia o uso de qualquer meio de transporte por parte do trabalhador, com o fim de retê-lo no local de trabalho;
>
> II – mantém vigilância ostensiva no local de trabalho ou se apodera de documentos ou objetos pessoais do trabalhador, com o fim de retê-lo no local de trabalho.
>
> § 2º A pena é aumentada de metade, se o crime é cometido:
>
> I – contra criança ou adolescente;
>
> II – por motivo de preconceito de raça, cor, etnia, religião ou origem." (NR)

---

(111) Considerações sobre a interpretação jurídico-penal em matéria de escravidão. *Estud. Av.*, jan./abr. 2000, v. 14, n. 38, p. 51-56. ISSN 0103-4014.

Lembrando que o Código Penal estabelece a proteção da força de trabalho como bem jurídico, a ser tutelada a liberdade de trabalho, visando à justiça social mediante a redução dos males do liberalismo econômico, objetivando melhor distribuição das riquezas, destaque para os crimes previstos no art. 203 (crime de frustração de direito, assegurado por lei trabalhista) e no art. 207 (crime de aliciamento de trabalhadores de um local para outro do território nacional), ambos inseridos no título de Crimes contra a Organização do Trabalho.

O primeiro crime (art. 203) configura-se mediante fraude, à qual a lei atribuiu o termo frustração de direito trabalhista, ou seja, "frustrar, mediante fraude ou violência, direito assegurado pela legislação do trabalho". O objeto jurídico é o devido cumprimento das normas trabalhistas, portanto penaliza aqueles que descumprirem qualquer norma legalmente prevista, tanto constitucional como infraconstitucional.

Como já mencionado antes, sofreu alteração com a Lei n. 9.777/1998, com o acréscimo do § 1º, incorrendo na mesma pena aquele que "obriga ou coage alguém a usar mercadorias de determinado estabelecimento para impossibilitar o desligamento do serviço em virtude de dívida" (inciso I) ou quem "impede alguém de se desligar de serviços de qualquer natureza, mediante coação ou por meio de retenção de seus documentos pessoais ou contratuais" (inciso II), previsto no art. 462, § 2º, da CLT.

O segundo crime (art. 207) tipifica as condutas dos chamados "gatos" ou aliciadores de trabalhadores, ou seja, o recrutamento efetuado mediante fraude ou de um outro meio persuasório que vicie o consentimento e a vontade dos ofendidos. Também sofreu alterações com o advento da Lei n. 9.777/1998, já mencionada, sendo acrescido o § 1º, a seguir:

> "Incorre na mesma pena quem recrutar trabalhadores fora da localidade de execução do trabalho, dentro do território nacional, mediante fraude ou cobrança de qualquer quantia do trabalhador, ou ainda, não assegurar condições do seu retorno ao local de origem."

Salientamos, que o Código Penal também prevê a proteção da vida e saúde das pessoas em seu art. 132: "Expor a vida ou a saúde de outrem a perigo direto e iminente: Pena – detenção de 3 (três) meses a 1 (um) ano, se o fato não constitui crime mais grave". E, com o advento da Lei n. 9.777/98, acrescentou um parágrafo único ao art. 132, estabelecendo uma causa de aumento de pena, de um 1/6 a um 1/3, se a exposição da vida ou da saúde de outrem decorrer de transporte de pessoas para a prestação de serviços em estabelecimento de qualquer natureza, em desacordo com as normas legais. Essa causa de aumento se deu em virtude do transporte de trabalhadores rurais (boias-frias) que o fazem sem os cuidados necessários para evitar acidentes com as vítimas.

Outra novidade foi a aprovação da Lei n 13.344, de 06.10.2016, que dispõe sobre a prevenção e repressão ao tráfico interno e internacional de pessoas e sobre medidas de atenção às vítimas, cometido no território nacional contra vítima brasileira ou estrangeira e no exterior contra vítima brasileira, e que alterou o Decreto-lei n. 2.848, de 7.12.1940 (Código Penal), acrescentando o art. 149-A — crime de tráfico de pessoas —, *in verbis*:

> "Art. 149-A. Agenciar, aliciar, recrutar, transportar, transferir, comprar, alojar ou acolher pessoa, mediante grave ameaça, violência, coação, fraude ou abuso, com a finalidade de:
>
> I – remover-lhe órgãos, tecidos ou partes do corpo;

II – submetê-la a trabalho em condições análogas à de escravo;

III – submetê-la a qualquer tipo de servidão;

IV – adoção ilegal; ou

V – exploração sexual.

Pena – reclusão, de 4 (quatro) a 8 (oito) anos, e multa.

§ 1º A pena é aumentada de um terço até a metade se:

I – o crime for cometido por funcionário público no exercício de suas funções ou a pretexto de exercê-las;

II – o crime for cometido contra criança, adolescente ou pessoa idosa ou com deficiência;

III – o agente se prevalecer de relações de parentesco, domésticas, de coabitação, de hospitalidade, de dependência econômica, de autoridade ou de superioridade hierárquica inerente ao exercício de emprego, cargo ou função; ou

IV – a vítima do tráfico de pessoas for retirada do território nacional.

§ 2º A pena é reduzida de um a dois terços se o agente for primário e não integrar organização criminosa."

E a Lei n. 13.445/2017 (Lei do Migrante), que acrescentou o art. 232-A, no Código Penal, o crime de promoção de migração ilegal; levar pessoas para o exterior ou trazê-las para o território nacional de forma ilegal, objetivando lucro é crime, *in verbis*:

"Art. 232-A. Promover, por qualquer meio, com o fim de obter vantagem econômica, a entrada ilegal de estrangeiro em território nacional ou de brasileiro em país estrangeiro:

Pena – reclusão, de 2 (dois) a 5 (cinco) anos, e multa.

§ 1º Na mesma pena incorre quem promover, por qualquer meio, com o fim de obter vantagem econômica, a saída de estrangeiro do território nacional para ingressar ilegalmente em país estrangeiro.

§ 2º A pena é aumentada de 1/6 (um sexto) a 1/3 (um terço) se:

I – o crime é cometido com violência; ou

II – a vítima é submetida a condição desumana ou degradante.

§ 3º A pena prevista para o crime será aplicada sem prejuízo das correspondentes às infrações conexas."

Há que se destacar a preocupação no âmbito penal no tocante à punição àqueles que eventualmente venham a infringir normas trabalhistas e que sujeitem os trabalhadores a condições degradantes de trabalho, cerceando a liberdade do trabalho, devendo este ser desenvolvido em um ambiente saudável e digno, garantindo, assim, um desenvolvimento sustentável da sociedade, visando ao lado socioeconômico do país.

No âmbito da Justiça Federal, até abril de 2003, registrou-se somente um caso de condenação em sentença definitiva de um fazendeiro, cujo resultado foi meramente simbólico; foi condenado a doar, mensalmente, durante um semestre, cinco cestas básicas à Comissão Pastoral da Terra, segundo informação do jornal *Folha de S. Paulo*, Caderno Brasil, em 6 de abril de 2003, p. A 15.(112)

Passada mais de uma década, podemos elencar várias condenações, mas de forma ainda tímida, ou seja, imperceptível em sua estatística, tais como:

a) Processo n. 0001825-25.2012.4.03.6115, Comarca de São Carlos/SP, Juiz Federal da 1ª Vara Federal, Luciano Pedrotti Coradini, aplicou a pena de 7 anos e 6 meses de detenção, em regime semiaberto;

b) Processo n. 3252-06.2011.4.03.6111, Comarca de Marília/SP, Juiz Federal da 1ª Vara Federal, Alexandre Sormani, condenou um fazendeiro, aplicando-lhe a pena de 7 anos e 6 meses de reclusão (regime inicial), além de pagamento de multa em 90 salários mínimos;

c) Processo n. 000398-65.2008.403.6007, Comarca de Coxim/MS, Juiz Federal da 1ª Vara Federal, Ricardo Uberto Rodrigues, condenou os dois acusados, proprietários de duas fazendas de carvoarias, nas penas: 3 anos e 6 meses de reclusão, mais o pagamento de 153 dias-multa e 2 anos e 9 meses de reclusão, mais o pagamento de 130 dias-multa, podendo ser substituídas por prestação de serviços à comunidade e pagamento de prestação pecuniária no valor de R$ 10 mil.

d) Processo n. 2328-30.2011.4.01.3307, Subseção Judiciária de Vitória da Conquista, Bahia, Justiça Federal, o sr. P. R. B. V. foi condenado a 4 anos de reclusão mais multa.

e) Processo s/número, Comarca do Marabá/PA, Juiz Federal de Marabá, Carlos Henrique Borlido Haddad, condenou um fazendeiro a 5 anos e 4 meses de reclusão, dentre outros fazendeiros.

f) Julgados da Justiça Federal do Pará, proferidos pelo juiz federal Carlos Henrique Borlido Haddad, da Subseção de Marabá, sul do Pará, julgou 32 processos referentes ao trabalho, foram condenados 20 réus. A média das condenações foi de 04 anos(113), em 2009.

Segundo o Ministério Público Federal, "o número de investigações solicitadas pelo MPF sobre a ocorrência de trabalho escravo aumentou dez vezes nos últimos três anos. Segundo informações do MPF, no ano passado, o órgão instaurou 702 procedimentos extrajudiciais, contra 73 ações do gênero em 2010, quando as investigações sobre trabalho escravo passaram a ser de competência da Justiça Federal. (...) Apesar do número de inquéritos instaurados, conforme o MP, desde 2010 não houve condenações com trânsito em julgado (quando não há mais possibilidades de recursos) por ocorrência de trabalho escravo em todo o Brasil." (...) "Pelos dados, a maior parte das investigações foi instaurada nos Estados do Pará, São Paulo, Mato Grosso e Minas Gerais. Pará responde por 121 procedimentos investigatórios; São Paulo, por 72; Mato Grosso, por 63; e Minas, por 60". (...) "A maioria dos casos de trabalho escravo detectados no Brasil ocorre na zona rural, em grande parte em fazendas. Mas o MPF tem detectado casos de trabalhos escravos na indústria de construção e têxtil". (...) "Ainda de acordo com o MPF, apenas em 2013, a Polícia Federal abriu 185 inquéritos policiais para apurar crimes de trabalho escravo no Brasil, a maioria em São Paulo. Somente no ano passado, as investigações resultaram em 101 ações penais."(114)

(112) In: SANTOS, Ronaldo Lima dos. *A escravidão por dívidas nas relações de trabalho no Brasil contemporâneo*, p. 65.

(113) *Site* do <trf1.jus.br>. Matéria publicada em 05 mar. 2009.

(114) Disponível em: <http://economia.ig.com.br/2014-01-28/investigacoes-contra-trabalho-escravo-aumentam-10--vezes-em-tres-anos.html>. Acesso em: 28 jan. 2014.

E ainda o MPF está buscando alternativas junto ao Conselho Nacional de Justiça (CNJ) para que sejam estimuladas metas de julgamento das ações que visem punir os exploradores de trabalho escravo no Brasil. Foi citado um caso de impunidade ocorrido na cidade de Paragominas, no sudoeste do Pará, em que o proprietário marcava os trabalhadores a ferro quente; mas por questões processuais, entre a denúncia que ocorreu em 2008, passados três anos, este veio a falecer, sendo o processo arquivado, resultando em mais uma impunidade. Podemos citar a meta específica da Justiça Federal (TRF da 3ª Região), identificar e julgar, até 31.12.2019, 70% das ações penais vinculadas aos crimes relacionados ao tráfico de pessoas, à exploração sexual e ao trabalho escravo, distribuídas até 31.12.2016.

Já no tocante à competência da Justiça Federal para julgar os crimes análogos à escravidão, destaque aos Recursos Extraordinários ns. 398.041 e 459.510 julgados pelo STF. Ambas as decisões confirmam a competência da Justiça Federal para julgar a conduta típica do art. 149, do Código Penal, o crime contra a organização do trabalho.

Segue a decisão do Recurso Extraordinário (RE n. 398.041/PA – RECURSO EXTRAORDINÁRIO, relator: Ministro Joaquim Barbosa, Julgamento em 30.11.2006, Órgão Julgador: Tribunal Pleno, Publicação em: 19.12.2008):

> **Ementa Recurso Extraordinário.** DIREITO PENAL E PROCESSUAL PENAL. ART. 149 DO CÓDIGO PENAL. REDUÇÃO À CONDIÇÃO ANÁLOGA À DE ESCRAVO. TRABALHO ESCRAVO. DIGNIDADE DA PESSOA HUMANA. DIREITOS FUNDAMENTAIS. CRIME CONTRA A COLETIVIDADE DOS TRABALHADORES. ART. 109, VI, DA CONSTITUIÇÃO FEDERAL. COMPETÊNCIA. JUSTIÇA FEDERAL. RECURSO EXTRAORDINÁRIO PROVIDO. A Constituição de 1988 traz um robusto conjunto normativo que visa à proteção e efetivação dos direitos fundamentais do ser humano. A existência de trabalhadores a laborar sob escolta, alguns acorrentados, em situação de total violação da liberdade e da autodeterminação de cada um, configura crime contra a organização do trabalho. Quaisquer condutas que possam ser tidas como violadoras não somente do sistema de órgãos e instituições com atribuições para proteger os direitos e deveres dos trabalhadores, mas também dos próprios trabalhadores, atingindo-os em esferas que lhes são mais caras, em que a Constituição lhes confere proteção máxima, são enquadráveis na categoria dos crimes contra a organização do trabalho, se praticadas no contexto das relações de trabalho. Nesses casos, a prática do crime prevista no art. 149 do Código Penal (Redução à condição análoga a de escravo) se caracteriza como crime contra a organização do trabalho, de modo a atrair a competência da Justiça Federal (art. 109, VI da Constituição) para processá-lo e julgá-lo. Recurso extraordinário conhecido e provido.

E a decisão do Recurso Extraordinário (RE n. 459.510/MT – RECURSO EXTRAORDINÁRIO, relator: Ministro Cezar Peluso, Julgamento em 26.11.2015, Órgão Julgador: Tribunal Pleno, Publicação em: 12.04.2016):

> **Ementa Recurso extraordinário.** Constitucional. Penal. Processual Penal. Competência. Redução à condição análoga à de escravo. Conduta tipificada no art. 149 do Código Penal. Crime contra a organização do trabalho. Competência da Justiça Federal. Art. 109, inciso VI, da Constituição Federal. Conhecimento e provimento do recurso. 1. O bem jurídico objeto de tutela pelo art. 149 do Código Penal vai além da liberdade individual, já que a prática da conduta em questão acaba por vilipendiar outros bens jurídicos protegidos constitucionalmente como a dignidade da pessoa

humana, os direitos trabalhistas e previdenciários, indistintamente considerados. 2. A referida conduta acaba por frustrar os direitos assegurados pela lei trabalhista, atingindo, sobremodo, a organização do trabalho, que visa exatamente a consubstanciar o sistema social trazido pela Constituição Federal em seus arts. 7º e 8º, em conjunto com os postulados do art. 5º, cujo escopo, evidentemente, é proteger o trabalhador em todos os sentidos, evitando a usurpação de sua força de trabalho de forma vil. 3. É dever do Estado (*lato sensu*) proteger a atividade laboral do trabalhador por meio de sua organização social e trabalhista, bem como zelar pelo respeito à dignidade da pessoa humana (CF, art. 1º, inciso III). 4. A conjugação harmoniosa dessas circunstâncias se mostra hábil para atrair para a competência da Justiça Federal (CF, art. 109, inciso VI) o processamento e o julgamento do feito. 5. Recurso extraordinário do qual se conhece e ao qual se dá provimento.

Importante destacar a decisão do STJ, proferido nos autos do Recurso Especial n. 1.843.150/PA (2019/0306530-1), relator: Ministro Nefi Cordeiro, Julgamento em 26.05.2020, publicado em 02.06.2020, segue julgado:

EMENTA RECURSO ESPECIAL. REDUÇÃO À CONDIÇÃO ANÁLOGA À DE ESCRAVO. CONDENAÇÃO EM 1º GRAU. AFASTAMENTO PELO TRIBUNAL DE ORIGEM PORQUE NÃO CONFIGURADA RESTRIÇÃO À LIBERDADE DOS TRABALHADORES OU RETENÇÃO POR VIGILÂNCIA OU MEDIANTE APOSSAMENTO DE DOCUMENTOS PESSOAIS. CRIME DE AÇÃO MÚLTIPLA E CONTEÚDO VARIADO. SUBMISSÃO A CONDIÇÕES DE TRABALHO DEGRADANTES. DELITO CONFIGURADO. CONDENAÇÃO RESTABELECIDA. RECURSO PROVIDO.

1. Nos termos da jurisprudência desta Corte, o delito de submissão à condição análoga à de escravo se configura **independentemente de restrição à liberdade dos trabalhadores** ou retenção no local de trabalho por vigilância ou apossamento de seus documentos, como crime de ação múltipla e conteúdo variado, bastando, a teor do art. 149 do CP, a demonstração de submissão a trabalhos forçados, a jornadas exaustivas ou a condições degradantes. Precedentes.

2. Devidamente fundamentada a condenação pela prática do referido delito em razão das **condições degradantes de trabalho** e de habitação a que as vítimas eram submetidas, consubstanciadas no não fornecimento de água potável, no não oferecimento, aos trabalhadores, de serviços de privada por meio de fossas adequadas ou outro processo similar, de habitação adequada, sendo-lhes fornecido alojamento em barracos cobertos de palha e lona, sustentados por frágeis caibros de madeira branca, no meio da mata, sem qualquer proteção lateral, com exposição a riscos, não há falar em absolvição.

3. Recurso especial provido para restabelecer a sentença condenatória, determinando que o Tribunal de origem prossiga no exame do recurso de apelação defensivo. (grifos nossos)

Podemos observar que a restrição de liberdade dos trabalhadores não é o ponto-chave para a tipificação penal do art. 149, CP, basta a conduta de jornada exaustiva, ou trabalho forçado ou condições degradantes para a configuração do crime de redução da condição análoga à de escravo, é o que se depreende do entendimento dos tribunais superiores (STF e STJ).

2.6. Instrução Normativa, Termo de Compromisso, Portarias, Resoluções e Decretos

Citamos alguns instrumentos que coíbem o trabalho escravo, firmados pelos órgãos e agentes públicos.

a) *A Secretaria da Inspeção do Trabalho (SIT)*, nas suas atribuições, resolve as seguintes Instruções Normativas:

• Instrução Normativa SIT n. 76, de 15.05.2009, da Secretaria de Inspeção do Trabalho, publicada no DOU em 18.05.2009, relativa ao procedimento para fiscalização do trabalho rural (antiga IN n. 65/2006 que revogou a IN n. 01/1994). Dentre os artigos, destaque para o capítulo das ações fiscais para o combate ao trabalho análogo ao de escravo (arts. 19/22), abaixo:

DAS AÇÕES FISCAIS PARA O COMBATE AO TRABALHO ANÁLOGO AO DE ESCRAVO

Art. 19. As ações fiscais para erradicação do trabalho análogo ao de escravo serão coordenadas pela Secretaria de Inspeção do Trabalho, que poderá realizá-las diretamente, por intermédio das equipes do grupo especial de fiscalização móvel ou por intermédio de grupos/equipes especiais de fiscalização rural, organizados no âmbito das SRTE.

Art. 20. Sempre que a SRTE receber denúncia que relate a existência de trabalhadores reduzidos à condição análoga à de escravo e decidir pela realização de ação fiscal local para a apuração dos fatos, esta deverá ser precedida da devida comunicação à Secretaria de Inspeção do Trabalho.

Art. 21. As ações fiscais deverão contar com a participação de representante da Polícia Federal, ou da Polícia Rodoviária Federal, ou da Polícia Militar ou da Polícia Civil.

§ 1º O Superintendente Regional do Trabalho e Emprego ou a chefia de fiscalização deverá providenciar a participação de membros de um dos órgãos mencionados no *caput*, bem como enviar ao Ministério Público do Trabalho e à Advocacia Geral da União — (AGU) comunicação sobre a operação, para que estas instituições avaliem a conveniência de integrá-la.

§ 2º A constatação inequívoca de trabalho análogo ao de escravo ensejará a adoção dos procedimentos previstos no art. 2º-C, §§ 1º e 2º, da Lei n. 7.998, de 11 de janeiro de 1990, dando causa à rescisão indireta dos contratos de trabalho.

§ 3º O coordenador do grupo/equipe especial notificará o empregador para que providencie a imediata paralisação das atividades; a regularização dos contratos; a anotação nas Carteiras de Trabalho e Previdência Social (CTPS); as rescisões contratuais; o pagamento dos créditos trabalhistas; o recolhimento do FGTS; bem como para que tome as providências para o retorno dos trabalhadores aos locais de origem.

§ 4º Caberá ao coordenador, devidamente credenciado, o correto preenchimento, sob pena de responsabilidade, dos Requerimentos do Seguro-Desemprego do Trabalhador Resgatado, entregando a via própria ao interessado e outra à chefia imediata juntamente com o relatório a ser encaminhado à SIT.

Art. 22. No prazo de cinco (5) dias úteis após o encerramento da ação fiscal, o coordenador de grupo e/ou equipe deverá elaborar relatório na forma dos manuais e orientações da SIT e encaminhá-lo à chefia da fiscalização, que o encaminhará à SIT no prazo máximo de 5 (cinco) dias úteis a contar da data de seu recebimento.

• Instrução Normativa SIT n. 139, de 22.01.2018, da Secretaria de Inspeção do Trabalho, publicada no DOU em 24.01.2018, Seção 1, p. 7-8-52, Órgão: Ministério do Trabalho/Secretaria de Inspeção do Trabalho), relativo à fiscalização para a erradicação de trabalho em condições análogas à de escravo e dá outras providências.

Art. 5º Aplica-se o disposto nesta Instrução Normativa aos casos em que o Auditor-Fiscal do Trabalho identifique tráfico de pessoas para fins de exploração de trabalho em condição análoga à de escravo, desde que presente qualquer das hipóteses previstas nos incisos I a V do art. 6º desta Instrução Normativa.

Parágrafo Único. Considera-se tráfico de pessoas para fins de exploração de trabalho em condição análoga à de escravo, o recrutamento, o transporte, a transferência, o alojamento ou o acolhimento de pessoas, recorrendo à ameaça ou uso da força ou a outras formas de coação, ao rapto, à fraude, ao engano, ao abuso de autoridade ou à situação de vulnerabilidade ou à entrega ou aceitação de pagamentos ou benefícios para obter o consentimento de uma pessoa que tenha autoridade sobre outra para fins de exploração que incluirá, no mínimo, a exploração do trabalho ou serviços forçados, escravatura ou práticas similares à escravatura ou a servidão.

Art. 7º Para os fins previstos na presente Instrução Normativa:

I – Trabalho forçado é aquele exigido sob ameaça de sanção física ou psicológica e para o qual o trabalhador não tenha se oferecido ou no qual não deseje permanecer espontaneamente.

II – Jornada exaustiva é toda forma de trabalho, de natureza física ou mental, que, por sua extensão ou por sua intensidade, acarrete violação de direito fundamental do trabalhador, notadamente os relacionados a segurança, saúde, descanso e convívio familiar e social.

III – Condição degradante de trabalho é qualquer forma de negação da dignidade humana pela violação de direito fundamental do trabalhador, notadamente os dispostos nas normas de proteção do trabalho e de segurança, higiene e saúde no trabalho.

IV – Restrição, por qualquer meio, da locomoção do trabalhador em razão de dívida é a limitação ao direito fundamental de ir e vir ou de encerrar a prestação do trabalho, em razão de débito imputado pelo empregador ou preposto ou da indução ao endividamento com terceiros.

V – Cerceamento do uso de qualquer meio de transporte é toda forma de limitação ao uso de meio de transporte existente, particular ou público, possível de ser utilizado pelo trabalhador para deixar local de trabalho ou de alojamento.

VI – Vigilância ostensiva no local de trabalho é qualquer forma de controle ou fiscalização, direta ou indireta, por parte do empregador ou preposto, sobre a pessoa do trabalhador que o impeça de deixar local de trabalho ou alojamento.

VII – Apoderamento de documentos ou objetos pessoais é qualquer forma de posse ilícita do empregador ou preposto sobre documentos ou objetos pessoais do trabalhador.

b) *Termo de Compromisso*, firmado em 8.11.1994, entre Ministério do Trabalho (MTb), Ministério Público Federal (MPF), Ministério Público do Trabalho (MPT) e Secretaria de Polícia Federal (SPF), tem por objetivo "a conjunção de esforços visando à prevenção, à repressão e à erradicação de práticas de trabalho forçado, de trabalho ilegal de crianças e adolescentes, de crime contra a organização do trabalho e de outras violências aos direitos à segurança e à saúde dos trabalhadores, especialmente no ambiente rural". Destaque ao item "2", letra "*a*", números "1" e "2", que destaca ao Ministério Público o dever de utilizar os instrumentos legais de sua atuação, tais como o Inquérito Civil e a Ação Civil Pública. Atualizado em 14.09.2015.

c) o *Ministério de Estado do Trabalho e Emprego*, nas suas atribuições, resolve as seguintes Portarias e Instrução Normativa: (atual Secretaria de Trabalho, do Ministério da Economia)

• *Portaria n. 265, de 6.6.2002*, estabelece normas para a atuação dos Grupos Especiais de Fiscalização Móvel (GEFM), com o escopo de combate ao trabalho escravo, forçado e infantil no país.

• *Portaria n. 1.153, de 13.12.2003*, estabelece procedimentos a serem cumpridos pelos auditores fiscais do Trabalho nas ações fiscais para identificação e libertação de trabalhadores submetidos a regime de trabalho forçado e condição análoga à de escravo, visando à concessão do benefício do Seguro-Desemprego. No anexo, encontra-se o modelo de relatório a ser preenchido pelo fiscal, sendo quatro os itens sobre a caracterização do trabalho escravo (haver segurança armada, impedir o deslocamento do trabalhador, sistema de barracão — servidão por dívida — e violência por parte do "gato" ou proprietário).

• *Portaria n. 1.234, de 17.11.2003*, estabelece procedimentos para encaminhamento de informação sobre inspeção do trabalho a outros órgãos, ou seja, será encaminhada, semestralmente, a relação de empregadores que submetem trabalhadores a formas degradantes de trabalho ou os mantêm em condições análogas à de trabalho escravo aos órgãos da Secretaria Especial de Direitos Humanos, ao Ministério do Meio Ambiente, ao Ministério do Desenvolvimento Agrário, ao Ministério da Integração Nacional e ao Ministério da Fazenda, objetivando subsidiar ações no âmbito de suas competências (Lista Suja). (**Revogada pela Portaria n. 540, de 15.12.2004**)

• *Portaria n. 540, de 15.12.2004*, cria o cadastro de empregadores que tenham mantido trabalhadores em condições análogas à de escravo. Somente após a decisão da administração final relativa ao auto de infração, lavrado em decorrência de ação fiscal, em que tenha havido a identificação de trabalhadores submetidos a estas condições (Lista Suja). Revogada pela Portaria Interministerial n. 2, de 12 de maio de 2011 (DOU de 13.5.2011, Seção I, p. 9) **e, por último, revogada pela Portaria Interministerial n. 4, de 11 de maio de 2016.**

• *Portaria n. 1.293, de 28.12.2017*, que dispõe sobre os conceitos de trabalho em condições análogas à de escravo para fins de concessão de seguro-desemprego ao trabalhador que vier a ser resgatado em fiscalização do Ministério do Trabalho, nos termos do art. 2º-C da Lei n. 7.998, de 11 de janeiro de 1990, e trata da divulgação do Cadastro de Empregadores que tenham submetido trabalhadores à condição análoga à de escravo, estabelecido pela Portaria Interministerial MTPS/MMIRDH n. 4, de 11 de maio de 2016.

• *Instrução Normativa n. 91, de 5.10.2011*, dispõe sobre a fiscalização para a erradicação do trabalho escravo em condições análogas à de escravo e dá outras providências. A ser aplicada em qualquer atividade econômica urbana, rural ou marítima, e para qualquer trabalho, nacional ou estrangeiro, os procedimentos previstos na presente Instrução Normativa.

• *Instrução Normativa n. 139, de 24.01.2018*, que dispõe sobre a fiscalização para a erradicação de trabalho em condição análoga à de escravo e dá outras providências.

d) *Conselho Deliberativo do Fundo de Amparo ao Trabalhador (CODEFAT)*, por meio da *Resolução* n. 306, de 6.11.2002, estabelece o procedimento à concessão do benefício do Seguro-Desemprego ao trabalhador resgatado da condição análoga à de escravo. Precisamente no art. 2º da respectiva Resolução, determina qual trabalhador terá direito ao Seguro-Desemprego, ou seja, nos casos abaixo:

"Art. 2º (...)

I – Ter sido comprovadamente resgatado de regime de trabalho forçado ou da condição análoga à de escravo;

II – Não estar em gozo de qualquer benefício previdenciário de prestação continuada, previsto no Regulamento de Benefícios da Previdência Social, excetuando o auxílio-acidente e a pensão por morte;

III – Não possuir renda própria de qualquer natureza suficiente à sua manutenção e de sua família."

e) *Portaria n. 1.150, de 18.11.2003*, elaborada pelo Ministro de Estado da Integração Nacional, que determina "ao departamento de Gestão dos Fundos de Desenvolvimento Regional da Secretaria de Políticas de Desenvolvimento Regional do Ministério que encaminhe, semestralmente, aos bancos, administrativos dos Fundos Constitucionais de Financiamento, *idem*, com relação aos Fundos Regionais, relação de empregadores e de propriedades rurais, que submetem trabalhadores a formas degradantes de trabalho ou que os mantenham em condições análogas ao trabalho escravo, cujas autuações com decisão administrativa são de procedência definitiva, publicada pelo Ministério do Trabalho e Emprego, para as providências cabíveis" (art. 1º), e "recomendar aos agentes financeiros que se abstenham de conceder financiamentos ou qualquer outro tipo de assistência, com recursos sob a supervisão deste Ministério, para as pessoas físicas e jurídicas que venham a integrar a relação a que se referem os arts. 1º e 2º" (Lista Suja).

Destaque às Portarias ns. 1.234/2003 do MTb (revogada pelas Portarias n. 540/2004 — SIT, Portaria Interministerial n. 2/2011 e atual Portaria Interministerial n. 1/2016 – que criou o Cadastro de Empregadores que tenham mantido trabalhadores em condições análogas à de escravo) e 1.150/2003 do Ministério de Estado da Integração Nacional (que limitou o acesso de produtores rurais ao financiamento público da atividade produtiva privada), as quais provocaram inúmeras ações judiciais, tais como mandado de segurança e ações ordinárias com pedido de antecipação de tutela, ambas questionando a legalidade e as consequências práticas do cadastro.

Para elucidar tal legalidade, a narrativa do Juiz da Vara do Trabalho de São Félix do Araguaia/MT, exmo. Dr. João Humberto Cesário:

"4.2. Legalidade das Portarias

Quanto a este item, é de se destacar que a questão está mal-posta, já que não se trata de discutir eventual legitimidade legiferante dos ministros (já que ministros notoriamente não legislam), mas de debater a competência administrativa que possuem para a produção dos atos administrativos que lhes são próprios, com vistas ao atingimento dos fins precípuos das suas pastas.

(...)

Com efeito, é absolutamente válido que a União, por via da atuação dos Ministros de Estado, se valha de critérios administrativos visando a financiar a atividade produtiva séria e lícita, em detrimento daquela que, na ganância por lucros desmedidos, transpõe as raias da criminalidade, desprezando os fundamentos que se constituem no centro vital da Constituição da República Federativa do Brasil."

"Aliás, decididamente não parece razoável que fazendeiros sérios, que observam rigorosamente a legislação brasileira, devam disputar créditos públicos em pé de igualdade com aqueles que maltratam a dignidade do ser humano, sendo inquebrantável obrigação do Poder Executivo tratá-los de modo desigual, já que como é curial, o princípio da isonomia, direito e garantia fundamental da sociedade (art. 5º, *caput*, da CRFB), consiste em tratar os iguais de maneira igual e os desiguais de modo desigual, na exata medida de suas desigualdades.

Ademais, ainda que as portarias discutidas não tratassem de mero critério administrativo de financiamento público da atividade produtiva privada, estando assim editadas dentro dos limites do poder discricionário da administração pública, tenho que a conduta dos Ministros do Trabalho e da Integração Nacional evidentemente não desdobra dos limites das suas atribuições legais."[115]

Em síntese, o autor conclui que:

"5.4 — As portarias não ofendem nem ao direito de propriedade, nem ao princípio da legalidade, já que quando a propriedade não cumpre com sua função social, fica exposta até mesmo à desapropriação. Assim, *ex vi* do § 2º do art. 184 da CRFB, se a União pode editar um decreto declarando o imóvel como de interesse social, para fins de desencadeamento do procedimento de desapropriação, por certo está respaldada, por via dos Ministérios competentes, a editar portarias que visem coibir a existência da repugnante prática da servidão contemporânea, com expressa vedação ao financiamento público da atividade privada incapaz de cumprir com sua função social;"

f) *Portaria n. 231, de 12.9.2002*, elaborada pelo Procurador-Geral do Trabalho, no uso de suas atribuições, previstas no art. 91, XXI, da Lei Complementar n. 75/1993, (...), RESOLVE: I – Criar, no Ministério Público do Trabalho, a *Coordenadoria Nacional de Combate ao Trabalho Escravo*; II – Designar a Subprocuradora-Geral do Trabalho, doutora Terezinha Matilde Licks, para Coordenadoria Nacional de Combate ao Trabalho Escravo; III – Designar o procurador Regional do Trabalho, doutor Luís Antônio Camargo de Melo, para vice-coordenador da Coordenadoria Nacional de Combate ao Trabalho Escravo; IV – Estabelecer o prazo de 60 dias para que a referida Coordenadoria elabore o respectivo Regimento interno; V – Instituir, no âmbito da Coordenadoria Nacional de Combate do Trabalho Escravo, dois grupos móveis para atuação ágil onde necessário se faça a presença do Ministério Público do Trabalho. Esta Portaria entra em vigor nesta data. Guilherme Mastrichi Basso, Procurador-Geral do Trabalho.[116]

g) Os Ministros de Estado da Justiça, das Mulheres, Igualdade Racial, da Juventude e dos Direitos Humanos e o Secretário Especial de Direitos Humanos, nas suas atribuições, resolvem as seguintes Portarias:

(115) CESÁRIO, João Humberto. *Breve estudo sobre o cadastro de empregadores que tenham mantido trabalhadores em condições análogas à de escravo (lista suja):* aspectos processuais e materiais — Trabalho escravo contemporâneo: o desafio de superar a negação, p. 184-185.

(116) Publicado no *Boletim de Serviço do MPT* – 09C/2000 – Especial.

• *Portaria Interministerial n. 02, de 12.5.2011* (DOU de 13.5.2011 Seção I, p. 9), elaborada pelo Ministério de Estado do Trabalho e Emprego e pela Ministra de Estado chefe da Secretaria de Direitos Humanos da Presidência da República. Enuncia regras sobre o Cadastro de Empregadores que tenham submetido trabalhadores a condições análogas à de escravidão e revoga a *Portaria MTE n. 540, de 19 de outubro de 2004*. Permanece no âmbito do Ministério do Trabalho e Emprego (MTE) o Cadastro de Empregadores que tenham submetido trabalhadores nas condições citadas, sendo o cadastro atualizado semestralmente, após decisão final administrativa; revoga a Portaria MTE n. 540, de 19.10.2004, dentre outras atribuições. Revogada pela Portaria Interministerial MTPS/MMIRDH n. 04, de 11 de maio de 2016.

• *Portaria Interministerial n. 04 MTPS/MMIRDH, de 11.05.2016* (DOU de 12.5.2016, Seção 1, p. 70), elaborada pelo Ministério da Justiça, dispõe sobre a instituição de Grupo de Trabalho Interministerial com a finalidade de propor a criação de órgão permanente e de mecanismos de monitoramento relativos à Comissão Nacional da Verdade.

Vale ressaltar o fato ocorrido em 22 de dezembro de 2014, quando a Associação Brasileira de Incorporadoras Imobiliárias (ABRAINC) ingressou com uma ação direta de inconstitucionalidade (ADIn n. 5.209), perante o STF, com pedido de liminar para suspender a eficácia da Portaria Interministerial MTE/SDH n. 02, de 19 de outubro de 2004 (Lista Suja), sendo deferido por seu Presidente, o ministro Ricardo Lewandowski. Em virtude de sua decisão, não foi mais publicada a listagem do cadastro de empregadores flagrados com trabalho análogo ao de escravo, até julgamento definitivo da referida ADIn. Mas, com a publicação da *Portaria Interministerial n. 04 MTPS/MMIRDH, em 2016*, houve perda de objeto da ADIn n. 5.209/14, sendo possível a publicação da lista suja novamente.

É o que se depreende da decisão proferida na ADIn n. 5.209, STF:

(...)

12. A Portaria Interministerial n. 2, de 31.3.2015 não apenas revogou a Portaria Interministerial n. 2, de 12.5.2011, como alterou, substancialmente, o conteúdo das normas ensejadoras do ajuizamento da presente ação, a impor o reconhecimento da perda de seu objeto. A Portaria Interministerial n. 2/2015 foi posteriormente também revogada pela Portaria Interministerial n. 4, de 11.5.2016. Embora a Portaria Interministerial n. 4/2016 tenha reproduzido o núcleo essencial da Portaria Interministerial n. 2/2015 e acrescido a possibilidade de celebração de termo de ajuste de conduta ou acordo judicial para reparação do dano causado pelo administrado alvo da fiscalização, o Autor desta ação descuidou de aditar a inicial e de promover o cotejo analítico das normas constantes da Portaria Interministerial n. 2/2011 e dos diplomas normativos supervenientes, a fim de justificar a persistência do objeto da ação. Não se há de desconhecer que os pontos questionados na peça inicial da ação foram sanados na Portaria superveniente e revogadora daquel'outra pelo que também por isso não se sustentariam eventual argumento quanto ao indevido seguimento da presente ação.

(...)

13. Pelo exposto, julgo prejudicada a presente ação direta de inconstitucionalidade pela perda superveniente do objeto (art. 21, inc. IX, do Regimento Interno do Supremo Tribunal Federal),

cassando-se a medida cautelar antes deferida. Prejudicados, por óbvio, os pedidos de ingresso formulados na presente ação.

Publique-se.

Brasília, 16 de maio de 2016.

Portanto, o Cadastro de Empregadores (Lista Suja) ficou sem a sua devida atualização entre o período de dezembro de 2014 e março de 2017. Mesmo com a suspensão no tocante à proibição da publicação, o Ministério do Trabalho deixou de publicar o documento, fazendo com que o MPT ingressasse com uma ação[117] com pedido de liminar (dezembro/2016), para que a União assim o fizesse. O pedido foi acolhido pelo juiz do Trabalho Rubens Curado Silveira, da 11ª Vara do Trabalho de Brasília, em sua decisão ressaltou que deixar de divulgar o documento "esvazia a política de Estado de combate ao trabalho análogo ao de escravo no Brasil". Em defesa, a União tentou argumentar juridicamente de forma contrária à publicação do documento. Em 27 de outubro de 2017, com a decisão final, a lista suja foi atualizada e publicada pelo Ministério do Trabalho. Desta feita, a União é obrigada a publicar a lista a cada 06 seis meses. A última "lista suja" publicada foi em 17.02.2021, com 113 empregadores cadastrados, dentre eles: fazendeiros, empresas de construção civil, oficinas de costura, garimpos etc.

Em trâmite no STF a ADPF n. 509, requerente Associação Brasileira de Incorporadoras Imobiliárias — ABRAINC e requerido Ministro de Estado do Trabalho e Previdência Social, Ministra de Estado das Mulheres, da Igualdade Racial, da Juventude e dos Direitos Humanos, discutindo o dispositivo legal, a Portaria Interministerial MTPS/MMIRDH n. 004, de 11 de maio de 2016, e consequentemente, em razão do efeito repristinatório, da Portaria Interministerial MTE/SEDH n. 002, de 31 de março de 2015, Portaria Interministerial MTE/SDH n. 002, de 15 de maio de 2011 e Portaria n. 540, de 19 de outubro de 2004, sendo julgada improcedente a ação (14.09.2020), mantendo a publicação da "lista suja".[118]

Segue o julgado, *in verbis*:

> "Decisão: O Tribunal, por maioria, assentou o prejuízo da ação no tocante aos arts. 5º a 12 da Portaria Interministerial MTE/MMIRDH n. 4, de 11 de maio de 2016, revogados pela Portaria MTB n. 1.129/2017, e improcedente o pedido quanto aos demais preceitos, nos termos do voto do Relator, vencido o Ministro Alexandre de Moraes, que, preliminarmente, não conhecia da ação e, superada essa preliminar, acompanhava o Relator pela improcedência da ação. Os Ministros Edson Fachin e Roberto Barroso acompanharam o Relator com ressalvas. Falaram: pela requerente, a Dra. Luciana Christina Guimarães Lóssio; pelo *amicus curiae* Conectas Direitos Humanos, a Dra. Paula Nunes dos Santos; e, pelo *amicus curiae* Central Única dos Trabalhadores — CUT, o Dr. Ricardo Quintas Carneiro. Não participou deste julgamento, por motivo de licença médica, o Ministro Celso de Mello. Plenário, Sessão Virtual de 4.9.2020 a 14.9.2020 (Sessão iniciada na Presidência do Ministro Dias Toffoli e finalizada na Presidência do Ministro Luiz Fux)".

(117)-ACP n. 001704-55.2016.5.10.0011 – 11ª Vara do Trabalho de Brasília, em 2016.

(118) Disponível em: <http://www.stf.jus.br/portal/peticaoInicial/verPeticaoInicial.asp?base=ADPF&documento=&s1=509&numProcesso=509>. Acesso em: 10 set. 2020.

E trechos do voto do Relator, o Ministro Marco Aurélio:

"(...)

Propuseram-se os Ministros de Estado, editando a Portaria Interministerial MTE/MMIRDH n. 4/2016, no exercício da atribuição conferida pelo art. 87, parágrafo único, inciso II, da Constituição Federal, a dar concretude ao preceituado nos arts. 3º, incisos I e II, e 7º, inciso VII, alínea *"b"*, da Lei de Acesso à Informação.

Com o intuito de garantir efetividade ao direito fundamental à informação — arts. 5º, inciso XXXIII, 37, inciso II, § 3º, e 216, § 2º, da Constituição Federal —, a referida Lei é aplicável a toda a Administração Pública, tendo por diretrizes, entre outras, a publicidade como regra e o sigilo como exceção.

O diploma tem por princípio a chamada "transparência ativa", incumbindo aos órgãos e entidades o dever de promover a divulgação de informações de interesse público, independentemente de solicitação. Não é suficiente atender a pedidos de acesso, fazendo-se imperativo que a Administração, por iniciativa própria, avalie e disponibilize, sem embaraço, documentos e dados de interesse coletivo, por si produzidos ou custodiados — arts. 3º, inciso II, e 8º.

A Lei esclarece, no art. 7º, inciso VII, alíneas *"a"* e *"b"*, o alcance do direito fundamental de acesso à informação, de obtenção de informação relativa "à implementação, acompanhamento e resultados dos programas, projetos e ações dos órgãos e entidades públicas, bem como metas e indicadores propostos" e "ao resultado de inspeções, auditorias, prestações e tomadas de contas realizadas pelos órgãos de controle interno e externo".

(...)

Descabe articular com a natureza sancionatória do Cadastro, considerada a finalidade precípua de atendimento ao princípio da publicidade de atos administrativos de inequívoco interesse público — art. 37 da Constituição Federal e Lei de Acesso à Informação.

(...)

A quadra vivida reclama utilização irrestrita das formas de combate a práticas análogas à escravidão. No ápice da pirâmide das normas jurídicas, está a Constituição Federal, submetendo a todos indistintamente, ou seja, pessoas naturais e jurídicas, de direito privado e público, o Executivo, o Legislativo e o Judiciário. Dela extrai-se, como fundamentos da República Federativa do Brasil, a teor do art. 1º, a dignidade da pessoa humana, cujo núcleo é composto pela proibição de instrumentalização do indivíduo, e valores sociais do trabalho."

Com a decisão da ADPF n. 509/STF, houve o fortalecimento dos instrumentos de erradicação ao trabalho análogo à de escravo, vindo de encontro com a nossa CF, que tem como um dos princípios fundamentais a dignidade da pessoa humana e, dentre os princípios internacionais, a prevalência dos direitos humanos.

h) *Decreto Presidencial de 24.11.2010*: Convoca a 1ª Conferência Nacional de Emprego e Trabalho Decente — CNETD. Esse decreto teve por objetivo promover a discussão do tema emprego e trabalho decente, visando à formulação de proposta da política nacional de trabalho decente, dentre outros temas. Teve como base os seguintes temas, art. 4º: I – geração de mais e melhores empregos, com proteção social; II – erradicação do trabalho escravo e do trabalho infantil; e III – fortalecimento do modelo tripartite e do diálogo social. E ainda, inserido em seu regimento interno, como objetivos, *in verbis*: "(...) d) propor aos governos Federal, Estaduais, Municipais e do Distrito Federal estratégias e diretrizes para formulação e consolidação de uma política nacional de emprego e trabalho decente e empresas sustentáveis; (...) g) propor políticas que fortaleçam a proteção social aos trabalhadores e trabalhadoras e suas famílias, em especial, dos grupo sociais mais vulneráveis; (...) j) propor a realização de campanhas de informação e de prevenção voltadas à eliminação do trabalho forçado e do trabalho infantil, em especial, em suas piores formas de implementação, monitoramento e avaliação de medidas relacionadas ao enfrentamento da violência sexual contra crianças e adolescentes".

2.7. Medida Provisória n. 74 — Convertida na Lei n. 10.608/2002

A edição da Medida Provisória n. 74, de 23.10.2002, convertida na Lei n. 10.608, em 20 de dezembro de 2002, adotada pelo presidente da República Fernando Henrique Cardoso, alterou a Lei n. 7.988, de 11.1.1990, para assegurar o pagamento de Seguro-Desemprego ao trabalhador resgatado da condição análoga à de escravo, dando nova redação ao art.2º, inciso I, *in verbis*: "I – prover assistência financeira temporária ao trabalhador desempregado em virtude de dispensa sem justa causa, inclusive a indireta, e ao trabalhador comprovadamente resgatado de regime de trabalho forçado ou da condição análoga à de escravo", e inserindo o art. 2º-C, *caput* e §§ 1º e 2º, *in verbis:*

> "**Art.** 2º-C. O trabalhador que vier a ser identificado como submetido a regime de trabalho forçado ou reduzido a condição análoga à de escravo, em decorrência de ação de fiscalização do Ministério do Trabalho e Emprego, será dessa situação resgatado e terá direito à percepção de *três parcelas de seguro-desemprego no valor de um salário mínimo cada*, conforme o disposto no § 2º deste artigo.
>
> § 1º O trabalhador resgatado nos termos do *caput* deste artigo será encaminhado, pelo Ministério do Trabalho e Emprego, para qualificação profissional e recolocação no mercado de trabalho, por meio do Sistema Nacional de Emprego — SINE, na forma estabelecida pelo Conselho Deliberativo do Fundo de Amparo ao Trabalhador — CODEFAT.
>
> § 2º Caberá ao CODEFAT, por proposta do Ministro de Estado do Trabalho e Emprego, estabelecer os procedimentos necessários ao recebimento do benefício previsto no caput deste artigo, observados os respectivos limites de comprometimento dos recursos do FAT, ficando vedado ao mesmo trabalhador o recebimento do benefício, em circunstâncias similares, nos doze meses seguintes à percepção da última parcela." (grifos nossos).

Determina que o trabalhador deverá ser encaminhado pelo Ministério do Trabalho e Emprego, devendo este qualificá-lo e encaminhá-lo ao mercado de trabalho, na forma determinada pelo CODEFAT.

2.8. Programa Governamental: Plano Nacional de Erradicação do Trabalho Escravo

2.8.1. Primeiro Plano Nacional de Erradicação do Trabalho Escravo

O presidente Luiz Inácio Lula da Silva, no exercício das suas atribuições, lançou em 10 de março de 2003, às 15h, no Palácio do Planalto, o Plano Nacional para a Erradicação do Trabalho Escravo, na presença dos ministros Nilmário Miranda e Jaques Wagner e dos integrantes do Conselho de Defesa dos Direitos da Pessoa Humana, órgão vinculado à Secretaria Especial dos Direitos Humanos, responsáveis pela elaboração do plano[(119)] e coordenado pela OIT e pela Secretaria Especial de Direitos Humanos, com o objetivo de alertar a sociedade brasileira e mobilizar os formadores de opinião.

O Plano Nacional contém 76 ações integradas pelas entidades governamentais e não governamentais, que são medidas punitivas a serem aplicadas aos empregadores que mantiverem trabalhadores em regime análogo ao de escravidão, dentre elas:

a) o confisco de terras em que foram encontrados trabalhadores sob este regime, matéria em trâmite no Congresso Nacional para aprovação (PEC n. 438, aprovada na EC n. 81/2014 — em análise no próximo item 2.10.1);

b) a inclusão do crime de escravidão na Lei de Crimes Hediondos;

c) o pagamento das multas — esta punição será modificada mediante medida provisória —, determinado o valor de R$ 2.500,00 (dois mil e quinhentos reais) por trabalhador encontrado em regime de escravidão, etc.

As medidas estão organizadas em seis blocos:

• Ações Gerais;

• Melhoria da Estrutura Administrativa do Grupo de Fiscalização Móvel;

• Melhoria da Estrutura Administrativa da Ação Policial;

• Melhoria da Estrutura Administrativa do Ministério Público Federal e do Ministério Público do Trabalho;

• Ações para a Promoção da Cidadania e Combate à Impunidade;

• Ações para a Conscientização, Capacitação e Sensibilização.

Prevê, ainda, a assinatura de um convênio entre a Secretaria Nacional de Direitos Humanos e o Programa Fome Zero, para a certificação civil de pessoas resgatadas do regime de escravidão.

Destaque às Instituições Parceiras do Plano Nacional para a Erradicação do Trabalho Escravo, conforme rol abaixo:

AJUFE — Associação dos Juízes Federais do Brasil;

ANAMATRA — Associação Nacional dos Magistrados da Justiça do Trabalho;

CNA — Confederação Nacional da Agricultura e Pecuária do Brasil;

CONTAG — Confederação Nacional dos Trabalhadores na Agricultura;

CPT — Comissão Pastoral da Terra;

---

(119) Disponível em: <www.brasiloespe.com.br/noticia/506>. Acesso em: 3 ago. 2006.

DPF — Departamento de Polícia Federal;

DPRF — Departamento de Polícia Rodoviária Federal;

ANPT — Associação Nacional dos Procuradores do Trabalho;

ANPR — Associação Nacional dos Procuradores da República;

MAPS — Ministério da Assistência e da Promoção Social;

MDA/INCRA — Ministério do Desenvolvimento Agrário/Instituto Nacional de Colonização e Reforma Agrária;

MJ — Ministério da Justiça;

MMA/IBAMA — Ministério do Meio Ambiente/Instituto Brasileiro do Meio Ambiente e dos Recursos Naturais Renováveis;

MPF — Ministério Público Federal;

MPF/PFDC — Ministério Público Federal/Procuradoria Federal dos Direitos do Cidadão;

MPS — Ministério da Previdência Social;

MPS/INSS — Ministério da Previdência Social/Instituto Nacional do Seguro Social;

ONG — Repórter Brasil;

MTE — Ministério do Trabalho e Emprego;

OAB — Ordem dos Advogados do Brasil;

OIT — Organização Internacional do Trabalho;

SEDH — Secretaria Especial dos Direitos Humanos;

SIT/MTE — Secretaria de Inspeção do Trabalho/Ministério do Trabalho e Emprego;

MPT — Ministério Público do Trabalho;

TST — Tribunal Superior do Trabalho.

2.8.2. Segundo Plano Nacional de Erradicação do Trabalho Escravo

Esse segundo plano foi elaborado pela CONATRAE — Comissão Nacional para a Erradicação do Trabalho Escravo —, representando uma ampla atualização do primeiro plano. Foi aprovado em 17 de abril de 2008, após cinco anos do primeiro, mas com maior arcabouço, introduzindo modificações decorrentes da reflexão permanente sobre as distintas frentes de luta contra essa forma brutal de violação dos Direitos Humanos.

Tem 66 ações gerais (01 a 15), de enfrentamento e repressão (16 a 31), de reinserção e prevenção (32 a 47), de informações e capacitação (48 a 56) e específicas de repressão econômica (57 a 66); integradas pelas entidades governamentais e não governamentais, medidas estas preventivas e repressivas, mantidas do primeiro plano e acrescidas outras, tais como:(120)

a) Buscar a aprovação da PEC n. 438/2001, que altera o art. 243 da CF (item 6);

b) Criar e manter uma base de dados que reúna informações dos principais agentes envolvidos no combate ao trabalho escravo para auxiliar em ações de prevenção e repressão na elaboração de leis (item 7);

c) Monitorar a execução do termo de solução amistosa firmado pelo governo brasileiro junto à Comissão Interamericana de Direitos Humanos da OEA em relação à vítima de trabalho escravo José Pereira, da fazenda Espírito Santo (PA) (item 10);

d) Criar e implantar estruturas de atendimento jurídico e social aos trabalhadores imigrantes em situação legal e ilegal em território brasileiro, incluindo serviços de emissão de documentação básica, como prevenção ao trabalho escravo (item 12);

e) Buscar a alteração do Estatuto do Estrangeiro (Lei n. 6.815, de 19 de agosto de 1980) para garantir a regularização gratuita dos trabalhadores imigrantes encontrados em situação de trabalho escravo e degradante em território nacional (item 13);

f) Propor projeto de emenda constitucional para fortalecer a integração entre as ações da Polícia Federal e Polícia Rodoviária Federal como instituições capacitadas a levantar indícios de trabalho escravo para instruir ações penais, trabalhistas e civis, respeitando as competências estabelecidas em lei (item 23);

g) Fortalecer as estruturas física e de pessoal do Ministério Público do Trabalho e do Ministério Público Federal visando ao combate ao trabalho escravo e ao aliciamento de trabalhadores. Buscar encaminhamento e aprovação dos Projetos de Lei que criam cargos de procuradores e servidores para as instituições (item 26);

h) Buscar a aprovação de mudança no art. 149 do Código Penal, elevando a pena mínima de 2 para 4 anos para o crime de sujeitar alguém a trabalho análogo ao de escravo (item 29);

i) Implementar uma política de reinserção social de forma a assegurar que os trabalhadores libertados não voltem a ser escravizados, com ações específicas voltadas à geração de emprego e renda, reforma agrária, educação profissionalizante e reintegração do trabalhador (item 32);

j) Garantir a continuidade do acesso às vítimas do trabalho escravo ao seguro-desemprego e benefícios sociais temporários, favorecendo seu processo de inserção social. Utilização de recursos do FAT para garantir uma bolsa de um salário mínimo para que cada trabalhador resgatado possa se dedicar a programas de qualificação profissional por um prazo de até um ano (item 36);

k) Garantir o acesso das pessoas resgatadas do trabalho escravo ao Programa Bolsa-Família (item 37);

---

(120) *Segundo Plano Nacional de Erradicação do Trabalho Escravo – 2008*. Extraído do *site* do MTE, em julho de 2014.

l) Incluir a temática do trabalho escravo contemporâneo nos parâmetros curriculares municipais, estaduais e nacionais (item 42);

m) Aplicar em projetos de prevenção ao trabalho escravo o valor de multas e indenizações por danos morais resultantes das ações de fiscalização do trabalho escravo (item 47);

n) Estabelecer uma campanha nacional de conscientização, sensibilização e capacitação para erradicação do trabalho escravo, com a promoção de debates sobre o tema nas universidades, no Poder Judiciário e Ministério Público (item 48).

Dentre as ações específicas de repressão econômicas, devemos citar todas:

a) Manter a divulgação sistemática do cadastro de empregadores que utilizaram mão de obra escrava em mídia de grande circulação e rádios comunitárias e incentivar sua consulta para os devidos fins (item 57);

b) Defender judicialmente a constitucionalidade do Cadastro de Empregadores que tenham mantido trabalhadores em condições análogas à de escravo (item 58);

c) Estender ao setor bancário privado a proibição de acesso a crédito aos relacionados no cadastro de empregadores que utilizaram mão de obra escrava. Manter a proibição de acesso ao crédito nas instituições financeiras públicas (item 59);

Neste item teve a inserção da categoria bancos privados, o que antes atingia apenas os bancos públicos (Primeiro Plano).

d) Atuar para eliminar o trabalho escravo da economia brasileira por meio de ações junto a fornecedores e clientes (item 60);

e) Promover o desenvolvimento do Pacto Nacional pela Erradicação do Trabalho Escravo, com o monitoramento das empresas signatárias e a realização periódica de estudos de cadeias produtivas em que há ocorrência de trabalho escravo (item 61);

f) Buscar a aprovação do Projeto de Lei n. 2.022/96, que dispõe sobre as "vedações a formalização de contratos com órgãos e entidades da administração pública e a participação em licitações por eles promovidas às empresas que, direta ou indiretamente, utilizem trabalho escravo na produção de bens e serviços" (item 62);

g) Buscar a aprovação de legislação em planos federal, estadual e municipal, vedando participação em licitações no poder executivo, legislativo e judiciário dos nomes presentes no Cadastro de Empregadores que tenham mantido trabalhadores em condição análoga à de escravo (item 63);

h) Sensibilizar o Supremo Tribunal Federal para a relevância dos critérios trabalhista e ambiental, além da produtividade, na apreciação do cumprimento da função social da propriedade, como medida para contribuir com a erradicação do trabalho escravo (item 64);

i) Investigar sistematicamente, e divulgar os resultados a cada seis meses, a cadeia dominial de imóveis flagrados com trabalho escravo e, eventualmente, retomar as terras públicas e destiná-las à reforma agraria (item 65);

j) Desenvolver propostas normativas, rotinas e estratégias administrativas conjuntas para aprimorar a ação fiscalizatória sobre os imóveis com suspeita de trabalho escravo e para desapropriá-los para a reforma agrária e quando caracterizado o descumprimento da função social, em razão da violação grave das normas trabalhistas (item 66).

2.9. Plano MDA/INCRA para a Erradicação do Trabalho Escravo

O Ministério do Desenvolvimento Agrário (MDA) e o Instituto Nacional de Colonização e Reforma Agrária (INCRA) reafirmam, com o presidente da República, o compromisso, por intermédio do Plano MDA/INCRA[121] para erradicar o trabalho escravo no Brasil.

O presente Plano tem, por base, o já existente Plano Nacional para Erradicação do Trabalho Escravo, instituído em março/2003, mas orienta-se na intensificação das ações institucionais e dos recursos humanos e financeiros a determinados segmentos das áreas de atuação do MDA e do INCRA, "viabilizando a execução de missões que contribuam para diminuir a vulnerabilidade do cidadão ao aliciamento, acelerar o resgate da cidadania e a reinserção sociolaborativa dos trabalhadores libertos".[122]

Este documento apresenta contribuições das ações desenvolvidas pelas secretarias do MDA e do INCRA, a partir das políticas públicas já vigentes, tais como:

• Ações do MDA e o âmbito de incidência de sua contribuição ao combate do trabalho escravo:

a) Secretaria da Agricultura Familiar (SAF):

a.1) Por meio do Crédito Rural — PRONAF (Programa Nacional de Fortalecimento da Agricultura Familiar), que tem por objetivo ofertar financiamento da produção agropecuária familiar. A sua contribuição pode-se dar tanto no âmbito dos municípios de origem das pessoas resgatadas como no dos municípios em que foram resgatadas, ou mesmo em municípios vizinhos a estes últimos.

a.2) Garantia safra:

Visa à garantia da renda às famílias atingidas pelos efeitos da seca e da estiagem da região semiárida brasileira, por um tempo determinado. Atinge as regiões do norte de Minas Gerais, nordeste e norte do Espírito Santo. A sua contribuição está no âmbito dos municípios de origem das pessoas resgatadas, de forma a criar um ambiente propício para a permanência no município.

a.3) Assistência Técnica e Extensão Rural (ATER):

São desenvolvidas mediante o uso de metodologias participativas, havendo contribuição no âmbito dos municípios de origem das pessoas resgatadas, como nos municípios em que foram resgatadas, ou mesmo em municípios vizinhos.

---

(121) Plano MDA/INCRA para a erradicação do trabalho escravo, na íntegra extraído do *site* do INCRA, em abril de 2006.

(122) *Ibidem*, p. 3.

b) Secretaria de Desenvolvimento Territorial (SDT):

Suas ações envolvem apoio à infraestrutura pública que resulte em benefício da agricultura familiar, associativa e cooperativista e capacitação de agentes de desenvolvimento. Podemos destacar as ações de: projetos específicos; infraestrutura e serviços territoriais; capacitação; apoio ao associativismo e cooperativismo; apoio ao comércio e ao desenvolvimento de negócios e cooperação horizontal.

c) Secretaria de Reordenamento Agrário (SRA):

c.1) Departamento de Crédito Fundiário — Programa Nacional de Crédito Fundiário: financia o acesso à terra, a estruturação da unidade produtiva e a produção. Esse programa oferece três linhas de ação: o projeto de combate à pobreza rural; nossa primeira terra, evitando o êxodo rural; e consolidação da agricultura familiar.

c.2) Coordenação-Geral de Ação Cultural:

Viabiliza o acesso às bibliotecas rurais, por meio do Programa Arca das Letras, incentivando a leitura.

c.3.) Departamento de Reordenamento Agrário:

Refere-se ao Programa de Cadastro de Terras e Regularização Fundiária no Brasil. Visa à construção de um Cadastro Nacional de Imóveis Rurais que viabilizará a execução de um amplo Programa de Regularização Fundiária, dirigido aos agricultores familiares, destinado a proporcionar a segurança jurídica da propriedade e o saneamento do registro público de imóveis.

- Ações do INCRA, tais como:

a) implantação de Projetos de Assentamentos baseados na lógica da sustentabilidade econômica, social e ambiental, quantificando-os, nos municípios de origem, sendo medida eficaz para o combate ao trabalho escravo;

b) organização social e produtiva das comunidades beneficiárias: são oferecidos alimentos, fomento para a produção (créditos), assessoria técnica social e ambiental;

c) acesso à educação, viabilizando maior resistência ao aliciamento dos trabalhadores rurais;

d) documentação dos trabalhadores em todas as regiões incidentes de trabalho escravo.

e) levantamento e fiscalização cadastral de imóveis rurais com incidência de trabalho escravo, com os seguintes objetivos: gerar um estoque de terras passíveis de incorporação às ações de reforma agrária, por meio da verificação do cumprimento da função social da propriedade rural, observando os seguintes aspectos: Legislação Trabalhista, Legislação Ambiental, Grau de Utilização da Terra (GUT), Grau de Eficiência na Exploração (GEE) e Fiscal; promover a atualização dos dados cadastrais destes imóveis rurais, buscando a fidedignidade das informações declaradas; fornecer dados de orientação para programação dos instrumentos de Política Agrícola e Agrária Governamental; examinar a legitimidade do domínio e posse dos imóveis rurais; levantamento da legitimidade das áreas de posse.

Neste plano, as propostas do MDA e do INCRA para a erradicação do trabalho escravo foram divididas em quatro itens: 1) diminuição da vulnerabilidade e prevenção ao aliciamento; cita um rol de 18 itens, dentre eles: incentivar a desapropriação para fins de reforma agrária de imóveis rurais nas regiões de origem dos trabalhadores escravizados; 2) repressão à utilização de trabalho escravo; cita o rol de 6 itens, tais como excluir pessoas físicas ou jurídicas que explorem trabalho escravo dos processos de licitação; impossibilitar o acesso aos recursos do crédito rural (PRONAF) a todas as pessoas físicas ou jurídicas constantes na "Lista Suja" do trabalho escravo, divulgada semestralmente pelo MTE; 3) reinclusão de trabalhadores libertados e resgate da cidadania; 4) internalização institucional da temática no MDA/INCRA e divulgação.

Conclui-se da elaboração do Plano do MDA/INCRA para a Erradicação do Trabalho Escravo que o INCRA mantém ações de repressão e prevenção eficazes, bem como oferta de oportunidade aos libertos. E destaca os municípios de Açailândia (MA), Barras (PI) e o sul do Pará (Bannach, Conceição do Araguaia, Cumaru do Norte, Floresta do Araguaia, Pau d'Arco, Redenção, Rio Maria, Santana do Araguaia e Santa Maria das Barreiras) como os maiores fornecedores de mão de obra escrava.

Algumas das Instruções Normativas que coíbem a prática do trabalho escravo e protegem as vítimas resgatadas:

• IN n. 99, de 30.12.2019, do Instituto Nacional de Colonização e Reforma Agrária (INCRA), publicada no DOU em 31.12.2019, Seção 252, p. 52, Órgão: Ministério da Agricultura, Pecuária e Abastecimento/INCRA/Gabinete. Fixa os procedimentos administrativos para a titulação de imóveis rurais em Projetos de Assentamento de Reforma Agrária, criados em terras de domínio ou posse do Incra ou da União, bem como verificação das condições de permanência e de regularização de benefício no Programa Nacional de Reforma Agrária (PNRA). Destaque para o Capítulo III – Dos procedimentos administrativos para a titulação, Seção I – Da instrução processual para titulação, no art. 27, § 4º, letra "*c*".

CAPÍTULO III

DOS PROCEDIMENTOS ADMINISTRATIVOS PARA A TITULAÇÃO

Seção I

Da instrução processual para titulação

Art. 27. Além do processo relativo ao projeto de assentamento de reforma agrária, também será formalizado, em sistema, processo individual do beneficiário, instruído com as seguintes informações: § 4º A vistoria será obrigatória nos seguintes casos: c) se constar na lista de exploração de mão de obra em condição análoga à de escravo da Secretaria de Trabalho do Ministério da Economia. (grifos nossos)

• IN n. 98, de 30.12.2019, do Instituto Nacional de Colonização e Reforma Agrária (INCRA), publicada no DOU em 31.12.2019, Seção 252, p. 50, Órgão: Ministério da Agricultura, Pecuária e Abastecimento/ INCRA/Gabinete. Dispõe sobre o processo de seleção das famílias beneficiárias do Programa Nacional de Reforma Agrária — PNRA. Destaque ao Capítulo III – Análise dos critérios de preferência, pontuação e classificação nos processos de seleção em projetos de assentamento criados pelo INCRA, Seção I – Das preferências no processo de seleção, no art. 33, inciso V. Favorecendo o trabalhador rural vítima de trabalho análogo à escravidão.

CAPÍTULO III

ANÁLISE DOS CRITÉRIOS DE PREFERÊNCIA, PONTUAÇÃO E CLASSIFICAÇÃO NOS PROCESSOS DE SELEÇÃO EM PROJETOS DE ASSENTAMENTO CRIADOS PELO INCRA

Seção I

Das preferências no processo de seleção

Art. 33. Finalizada a fase de processamento das inscrições, a Comissão Regional ordenará os candidatos que tiverem suas inscrições deferidas, segundo a seguinte ordem de preferência:

V – ao trabalhador rural vítima de trabalho análogo à escravidão;

É salutar destacar a importância da atuação do INCRA no engajamento da erradicação do trabalho escravo, uma vez que lhes compete a identificação e a classificação do imóvel rural, mediante ações de fiscalização cadastral. Uma das causas de vulnerabilidade é a pobreza extrema, ou seja, pessoas sem oportunidade de trabalho, conseguindo dar-lhes um local para morar, terra para plantar, já é uma saída para que o trabalhador possa prover o próprio sustento, não necessitando de procurar emprego em lugares distantes e, por decorrer desta procura, ser ludibriado e levado para longe de sua família, podendo ser traficado e trabalhar em condições análogas às de escravo. A regularização fundiária é um grande instrumento de empoderamento aos menos favorecidos, proporcionando-lhes uma condição digna em sua própria terra.

2.10. Proposta de Emenda à Constituição Federal (PEC)

Podemos citar três propostas de Emenda à Constituição; a PEC n. 438/2001, do senador Ademir Andrade; a PEC n. 232/1995, do deputado Paulo Rocha; e a PEC n. 21/1999, de autoria do deputado Marçal Filho. Todas têm por escopo a alteração do art. 243, da CF/88, a fim de permitir a expropriação[(123)] de terras em casos de exploração do trabalho escravo ou forçado, pois, uma vez garantida a pena de perdimento da propriedade, a punição dos escravocratas modernos seria efetivada e seria inibidora da conduta ilegal.

Destaque à PEC n. 438/2001[(124)], proposta do Senado Federal (apensada à PEC n. 232/1995), que dá nova redação ao art. 243 da Constituição Federal, *in verbis*:

"Art. 1º O art. 243 da Constituição Federal passa a vigorar com a seguinte redação:

'Art. 243. As glebas de qualquer região do País onde forem localizadas culturas ilegais de plantas psicotrópicas ou a exploração de trabalho escravo serão imediatamente expropriadas e especificamente destinadas à reforma agrária, com o assentamento prioritário aos colonos que já trabalhavam na respectiva gleba, sem qualquer indenização ao proprietário e sem prejuízo de outras sanções previstas em lei.

(123) *Conceito de expropriação*, segundo De Plácido e Silva, *Vocabulário Jurídico:* derivado de expropriar (ex-próprio-ar), que significa a ação de efeito de ser um proprietário privado de sua propriedade. A retirada do seu domínio.

(124) Disponível em: <www.senado.gov.br>. Acesso em: 3 ago. 2006. A leitura da PEC em plenário deu-se tão somente em 18.6.1999.

Parágrafo único. Todo e qualquer bem de valor econômico apreendido em decorrência do tráfico ilícito de entorpecentes e drogas afins e da exploração de trabalho escravo será confiscado e se reverterá, conforme o caso, em benefício de instituições e pessoal especializado no tratamento e recuperações de viciados, no assentamento dos colonos que foram escravizados, no aparelhamento e custeio de atividade de fiscalização, controle e prevenção e repressão ao crime de tráfico ou do trabalho escravo.'" (NR)

Mediante esta proposta, a terra confiscada será destinada ao assentamento de famílias do programa de reforma agrária. Vale ressaltar que a PEC n. 438/2001 foi promessa de campanha do presidente Lula, na cerimônia de posse em 2003, haja vista que tramita há mais de uma década na Câmara dos Deputados.

Segundo comentário do jornalista Leonardo Sakamoto, da organização não governamental *Repórter Brasil*:

> "A defesa do agronegócio está atrapalhando o combate ao trabalho escravo. No Brasil, o principal ramo, que utiliza a prática irregular, é a pecuária (80%), conforme dados apontados pelo jornalista. 'Ao contrário do que muitos pensam, os maiores aliciadores não são os pequenos produtores, e sim aqueles grandes fazendeiros, que trabalham com a mais alta tecnologia e burlam todas as leis trabalhistas, submetendo os trabalhadores a horrores', destacou."[(125)]

E na mesma matéria extraem-se comentários da atriz Letícia Sabatella, representando Humanos Direitos, uma organização não governamental do Rio de Janeiro, a qual argumentou sobre o assunto: "É preciso que o cidadão do bairro do Leblon, no Rio de Janeiro, tenha consciência de que a violência que o cerca está ligada a essa prática horrenda." Argumentou que somente a reforma agrária e a aprovação da PEC podem erradicar o trabalho escravo.[(126)]

Já na concepção da coordenadora do Projeto de Combate ao Trabalho Escravo da Organização Internacional do Trabalho (OIT), Patrícia Audi, a PEC já deveria ter sido aprovada pelos deputados, em virtude de a matéria ser tão importante para a sociedade.

Destarte, o parecer destinado à PEC n. 438-A, do relator deputado Tarcísio Zimmermann, da Comissão Especial, dá nova redação ao art. 234 da Constituição Federal; alega ser a PEC n. 438-A um momento de uma segunda abolição. E, ainda, comenta:

> "Diferentemente da primeira, não ignoraremos os alertas daqueles abolicionistas sobre a função social da propriedade, e da profunda relação entre trabalho escravo e democratização da propriedade. Por isso a PEC estabelece que a propriedade utilizada para a escravização de homens deve ser não só expropriada como também repartida entre os trabalhadores, nela escravizados. Assim, pune-se severamente o escravizador e ampara-se o trabalhador libertado, promovendo-lhe a cidadania em todos os aspectos. Por outro lado, à semelhança da primeira Abolição que não seria possível sem a resistência dos quilombolas, sem a solidariedade dos homens livres, sem a luta dos ex-escravos, poetas, jornalistas e parlamentares, essa segunda Abolição resulta da mobilização de trabalhadores humilhados e desumanizados pela ganância e pela violência, pela mobilização das organizações religiosas, das entidades promotoras dos Direitos Humanos, da

---

(125) Ministério do Desenvolvimento Agrário. Reforma agrária e aprovação da PEC n. 438 auxiliam na erradicação do trabalho escravo.

(126) *Idem*.

sociedade e do Estado brasileiro, que não aceitam mais a continuidade de práticas que agridem a dignidade da pessoa humana."(127)

Há indícios de que a votação da PEC n. 438/2001 seria inclusa na pauta, no início do mês de agosto/2006, na Câmara dos Deputados, o que não ocorreu. Segue abaixo o trâmite da PEC n. 438/2001, nas duas casas do Congresso Nacional:

PEC n. 438-A (Expropriação pelo Trabalho Escravo)

- Relatório — Comissão de Constituição e Justiça e de Redação
- Parecer — Comissão de Constituição e Justiça e de Redação
- Voto — Comissão Especial — Dep. Tarcísio Zimmermann
- Complemento de Voto — Dep. Tarcísio Zimmermann
- Subemenda — Dep. Tarcísio Zimmermann
- Subemenda — Dep. Tarcísio Zimmermann
- Emenda n. 001 — Dep. Ronaldo Caiado
- Emenda n. 002 — Dep. Kátia Abreu
- Emenda n. 003 — Dep. Kátia Abreu
- Voto em separado do dep. Asdrúbal Bentes
- Voto em separado do dep. Paulo Rocha
- Emenda Aglutinativa em Plenário (11.8.2004)

2.10.1. Emenda Constitucional n. 81/14, aprovada em 27.5.2014 e publicada em 5.6.2014

A PEC n. 438/01 da Câmara dos Deputados, acima elencada (item. 2.10), foi autuada como PEC n. 57-A/99 no Senado Federal (PEC n. 57/1999, na origem), em 25.5.2012. O texto original foi alterado, com a exclusão de "As glebas de qualquer região do País" (...) para "As propriedades rurais e urbanas de qualquer região do País"(...), além de outros trechos originais. E também o seu relatório sofreu uma reformulação, substituindo a expressão "definido em lei" por "na forma da lei".

Sendo aprovada em 27.5.2014, no primeiro turno com 59 votos, ressalvada a emenda e subemenda, e aprovada em segundo turno com 60 votos, por unanimidade, seguindo para a sua promulgação. Dando ensejo à Emenda Constitucional n. 81/2014, *in verbis:*

EMENDA CONSTITUCIONAL N. 81, DE 5 DE JUNHO DE 2014

Dá nova redação ao art. 243 da Constituição Federal.

"As Mesas da Câmara dos Deputados e do Senado Federal, nos termos do § 3º do art. 60 da Constituição Federal, promulgam a seguinte Emenda ao texto constitucional:

(127) Parecer PEC n. 438/01 – Deputado Tarcísio Zimmermann, sala de comissão, abr. 2004. CD da OIT.

Art. 1º O art. 243 da Constituição Federal passa a vigorar com a seguinte redação:

"Art. 243. As propriedades rurais e urbanas de qualquer região do País onde forem localizadas culturas ilegais de plantas psicotrópicas ou a exploração de trabalho escravo na forma da lei serão expropriadas e destinadas à reforma agrária e a programas de habitação popular, sem qualquer indenização ao proprietário e sem prejuízo de outras sanções previstas em lei, observado, no que couber, o disposto no art. 5º.

Parágrafo único. Todo e qualquer bem de valor econômico apreendido em decorrência do tráfico ilícito de entorpecentes e drogas afins e da exploração de trabalho escravo será confiscado e reverterá a fundo especial com destinação específica, na forma da lei." (NR)

Art. 2º Esta Emenda Constitucional entra em vigor na data de sua publicação.

Brasília, em 5 de junho de 2014."

É uma grande conquista a aprovação da PEC n. 57-A/1999 (SF)/PEC n. 438/2001 (CD) na Emenda Constitucional n. 81/2014. Foi o resultado de mais de uma década de luta para que se protegessem os trabalhadores encontrados em condições análogas à escravidão, tendo que vencer a bancada ruralista presente nas duas Casas, em especial na Câmara do Deputados, haja vista que dentre os empregadores escravagistas podemos encontrar vários desta r. Casa, fato este notório nos jornais de grande circulação pelo nosso país.

Podemos citar as palavras do Procurador-Geral do Trabalho, doutor Luís Camargo, dando ênfase à aprovação da PEC: "Razões de ordem humanitária motivam o combate ao trabalho escravo contemporâneo. Razões de ordem econômica também. Trata-se de proteger o empregador que cumpre a lei contra a concorrência desleal praticada pelo patrão que não a observa. O Ministério Público do Trabalho (MPT) não pode permitir a manutenção de trabalhadores em condições degradantes, ofensivas aos princípios constitucionais da dignidade da pessoa humana e da valorização social do trabalho".[(128)]

A sua aprovação faz parte do plano de ações do Primeiro e Segundo Plano Nacional de Erradicação do Trabalho Escravo (item 2.8.1 e 2.8.2), agora já alcançado.

2.11. Quadro geral das normas protetivas de combate ao trabalho em condições análogas à de escravo (rol não taxativo)

A)	Nível Internacional:	
	Convenção sobre a Escravatura	1926
	Convenção n. 29, OIT – Trabalho Forçado ou Obrigatório	1930
	Declaração de Filadélfia – Anexo – fins e objetivos da OIT – princípios fundamentais – o trabalho não é mercadoria. (art. 1, letra "*a*").	1944
	Declaração Universal dos Direitos do Homem	1948

(128) Procurador-Geral do Trabalho Dr. Luís Camargo. Entrevista no *site* do Senado Federal, em 30.5.2014.

	Convenção Suplementar sobre a Abolição da Escravatura, do Tráfico de Escravos e das Instituições e Práticas Análogas à Escravatura	1956
	Convenção n. 105, OIT – Abolição do Trabalho Forçado	1957
	Convenção n. 122, OIT – Política de Emprego	1966
	Pacto Internacional de Direitos Civil e Políticos (art. 8º)	1966
	Pacto Internacional de Direitos Econômicos, Sociais e Culturais (art. 6º)	1966
	Convenção de Viena sobre os Tratados	1969
	Convenção Americana de Direitos Humanos – Pacto de San Jose da Costa Rica	1969
	Convenção n. 138, OIT – Idade mínima para admissão a emprego	1973
	Convenção de Cartagena – Proteção aos refugiados – ACNUR	1984
	Convenção n. 161, OIT – Serviços de Saúde do Trabalho	1985
	Convenção n.169, OIT – Povos indígenas	1989
	Estatuto do Tribunal Penal Internacional	1998
	Declaração da OIT sobre os Princípios e Direitos Fundamentais no Trabalho	1998
	Convenção n.182, OIT – Piores Formas de Trabalho Infantil	1999
	Protocolo Adicional à Convenção nas Nações Unidas Contra o Crime Organizado Transnacional Relativo à Prevenção, Repressão e Punição do Tráfico de Pessoas, em Especial Mulheres e Crianças (Protocolo de Palermo) – art. 3º	2000
	Protocolo Adicional à Convenção n. 29, OIT e Recomendação n. 203	2014
	Declaração Sociolaboral do Mercosul (art. 8º)	2015
B)	**Nível Nacional:**	
B.1)	Código Penal – Decreto-lei n. 2.848	1940
	Consolidação da Leis do Trabalho (CLT) – Decreto-lei n. 5.452 Lei n. 13.467/2017 (reforma trabalhista)	1943
	Constituição Federal Brasileira	1988
	Estatuto da Criança e Adolescente – ECA – Lei n. 8.069	1990
	Código Civil – Lei n. 10.406	2002
B.2)	Lei Federal:	
	Lei n. 8.742 – Sobre a organização da Assistência Social (LOAS), sofreu alteração com a Lei n. 12.435/2011 – art. 2º, I, letra "*b*" – amparo às crianças e aos adolescentes carentes	1993
	Lei n. 9.474 – Estatuto do Refugiado	1997
	Lei n. 10.608, de 20.12.2020 – Seguro-Desemprego: para assegurar o pagamento de seguro-desemprego ao trabalhador resgatado da condição análoga à de escravo.	2002
	Lei n. 13.344 – Lei de Enfrentamento ao Tráfico de Pessoas – dispõe sobre o tráfico de pessoas cometido no território nacional contra vítima brasileira ou estrangeira e no exterior contra vítima brasileira.	2016
	Lei n. 13.455 – Lei de Migração	2017

B.3)	Decretos:	
	Decreto n. 58.563, de 01.06.1966 – Promulga a Convenção sobre Escravatura de 1926 emendada pelo Protocolo de 1953 e a Convenção Suplementar sobre a Abolição da Escravatura de 1956.	1966
	Decreto n. 99.757 – Retifica o Decreto n. 98.602 (12.12.1989) que deu nova redação ao Decreto n. 50.215 (28.01.1961) – promulga a Convenção relativa ao Estatuto dos Refugiados	1990
	Decreto n. 678, de 06.11.1992 – Promulga a Convenção Americana sobre Direitos Humanos (Pacto de São José da Costa Rica)	1992
	Decreto n. 5.017 – Promulgação do Protocolo de Palermo	2004
	Decreto n. 5.687, de 31.1.2006 – Promulga a Convenção das Nações Unidas contra a Corrupção, adotada pela Assembleia Geral das Nações Unidas em 31 de outubro de 2003 e assinada pelo Brasil em 9 de dezembro de 2003. Art. 49 (cooperação)	2006
	Decreto n. 5.948 – Política Nacional do Enfrentamento ao Tráfico de Pessoas	2006
	Decreto n. 7.030, de 14.12.2009 – Promulga a Convenção de Viena sobre o Direito dos Tratados concluída em 23.05.1969.	2009
	Decreto n. 9.199 – Regulamenta a Lei de Migração	2018
	Decreto n. 9.440 – III Plano de Enfrentamento do Tráfico de Pessoas – Anexo – Eixo 1 – Gestão de Política – 1.1. Desenvolver e implementar plano integrado de enfrentamento ao trabalho escravo e ao tráfico de pessoas.	2018
	Decreto n. 9.833, de 12.06.2019 – Dispõe sobre o Comitê Nacional de Enfrentamento ao Tráfico de Pessoas (CONATRAP).	2019
	Decreto n. 9.887, de 27.06.2019 – Comissão Nacional de Erradicação ao Trabalho Escravo (CONATRAE), revogou o Decreto de 31.07.2003.	2019
B.4)	Portarias, INs, Resoluções:	
	Portaria Interministerial n. 09, de 08.10.2019 – Ministério da Justiça e Segurança Pública – Concessão de visto temporário e de autorização de residência para fins de acolhida humanitária a pessoas afetadas pelo conflito armado na República Árabe Síria	2019
	Portaria Interministerial n. 12, de 20.12.2019 – Ministério da Justiça e Segurança Pública – Concessão de visto temporário e de autorização de residência para fins de acolhida humanitária para cidadãos haitianos e apátridas residente na República do Haiti	2019
	Portaria n. 87, de 23.03.2020 – Ministério da Justiça e Segurança Pública – dispõe sobre a concessão e os procedimentos de autorização de residência à pessoa que tenha sido vítima de tráfico de pessoas, de trabalho escravo ou de violação de direito agravada por sua condição migratória	2020
	Instrução Normativa n. 76, SIT, de 15.05.2009 – Fiscalização do Trabalho Rural	2009
	Instrução Normativa n. 91, de 05.10.2011 – MTb	2011
	Instrução Normativa n. 139, SIT, de 22.1.2018 – Fiscalização do Trabalho Escravo	2018

	Portaria n. 265, de 06.6.2002 – Ministério de Estado do Trabalho e Emprego (MTb) – atual Secretaria do Trabalho – Ministério da Economia	2002
	Portaria n. 1.153, de 13.12.2003 – MTb	2003
	Portaria n. 1.294, de 28.12.2017 – MTb – Conselho Nacional do Trabalho	2017
	Portaria n. 1.066, de 23.09.2019 – Ministério da Economia, Secretaria Especial de Previdência e Trabalho – nova redação à NR-24 – Condições de Higiene e Conforto nos Locais de Trabalho (em anexo)	2019
	Portaria n. 396, de 11.01.2021 – Ministério da Economia, Secretaria Especial de Previdência e Trabalho – não se aplica a dupla visita *x* trabalho escravo (em anexo)	2021
	Resolução n. 306, de 06.1.2002 – (CODEFAT)	2002
	Resolução n. 179, de 26.07.2017 – CNMP – TAC	2017
	Portaria n. 1.150 – Ministério de Estado e Integração Nacional	2003
	Portaria n. 231, de 12.09.2002 – MPT – Procurador-Geral do Trabalho – Criação da CONAETE	2002
	Portaria Interministerial MTPS/MMIRDH n. 04, de 11.5.2016 (lista suja)	2016
	Portaria n. 666, de 28.12.2005 – Disciplina a integração entre o Programa Bolsa Família e o Programa de Erradicação do Trabalho Infantil.	2005
	Resolução n. 3876, de 22.06.2010 – BACEN	2010
	Resolução n. 757, de 16.12.2015 – FAT: aprova o modelo de formulário de requerimento ao Seguro-Desemprego ao trabalhador resgatado (RSDTR)	2015
B.5)	Leis Estaduais ou Projetos de Lei: cassação do ICMS das empresas infratoras (*) e vedação de contração com ente público.	
(*)	Lei n. 14.946, de 28.01.2013 – Estado de São Paulo – Ementa: Dispõe sobre a cassação da inscrição no cadastro de contribuintes do Imposto sobre Operações Relativas à Circulação de Mercadorias e sobre Prestações de Serviços de Transporte Interestadual e Intermunicipal e de Comunicação – ICMS, de qualquer empresa que faça uso direto ou indireto de trabalho escravo ou em condições análogas. (Foi o Estado pioneiro no Brasil)	2013
(*)	Lei n. 4.456, de 12.04.2017 – Estado do Amazonas	2017
(*)	Lei n. 10.364, de 12.11.2014 – Estado da Paraíba, alterada pela Lei n. 10.672/2016 (DOE 12.04.2016). Antigo PL n. 554/2015.	2014
(*)	PL n. 1.940/2013 – Estado do Rio de Janeiro	2013
	Lei n. 6.000, de 06.11.2015 – Município do Rio de Janeiro – cassação do alvará de funcionamento** Primeira Lei Municipal sobre o tema	2015
	Lei n. 4.744, de 04.11.2006 – Estado do Rio de Janeiro – vedação – contratação e convênios com órgão e entidades da administração pública do Estado	2006
(*)	Lei n. 10.355, de 04.11.2015 – Estado do Maranhão	2015
(*)	PL n. 2.015 – Estado do Tocantins	
	Lei n. 1.726, de 11.09.2006 – Estado do Tocantis – vedação – contratação e convênios com órgãos e entidades da administração pública do Estado.	2006
(*)	Lei n. 13.221 – Estado da Bahia	2015
(*)	Lei n. 4.344/2013 – Estado do Mato Grosso do Sul	2013

(*)	PL n. 73/2017 – Estado de Santa Catarina	2017
	Lei n. 17.898, de 27.01.2020 – Estado de Santa Catarina – vedação de benefícios fiscais	2020
	Lei n. 16.493, de 15.12.2014 – Estado de Santa Catarina – vedação – contratos públicos entre órgão e entidades da administração pública do Estado.	2014
(*)	Lei n. 20.018, de 21.12.2013 – Estado de Minas Gerais. Antiga PL n. 2.478/2011.	2013
	Lei n. 14.657, de 26.12.2014 – Estado do Rio Grande do Sul – vedação – licitação e contratação com a administração pública	2014

Fonte: *sites* das Assembleias Legislativas dos Estados mencionados; Curso de Enfrentamento ao Tráfico de Pessoas no Brasil(129), obra do ilustre Procurador do Trabalho – Dr. Tiago Muniz Cavalcanti(130) e da edição anterior do presente livro(131).

(129) Curso EAD de Enfrentamento ao Tráfico de Pessoas no Brasil da Polícia Federal do Brasil. Acesso em: 04 ago. 1 2020.

(130) CAVALCANTI, Tiago Muniz. *Neoabolicionismo & direitos fundamentais*, p. 81-95.

(131) LOTTO, Luciana Aparecida. *Ação civil pública trabalhista contra o trabalho escravo no Brasil*, p. 51-86.

Capítulo 3

Tutela dos Interesses Metaindividuais na Justiça do Trabalho

O combate ao trabalho escravo contemporâneo pelo *Parquet* trabalhista poderá ser tratado pelos três vértices elencados nos itens 3.1, 3.2 e 3.3, que englobam o chamado interesse metaindividual (gênero), dentre eles, os interesses difusos, coletivos e individuais homogêneos (espécies); dependem do caso em concreto, ou seja, que espécie de interesse foi lesado pela conduta nociva do empregador.

Argumenta Jairo Lins de Albuquerque Sento-Sé que parte da doutrina atual considera o trabalho escravo como violação a direito difuso(132). É o posicionamento de Ives Gandra da Silva Martins Filho(133), Rodolfo de Camargo Mancuso(134), Adriana Maria de Freitas Tapety(135) e Douglas Alencar Rodrigues(136). Mas alega Sento-Sé que o trabalho escravo pode ser caracterizado como qualquer das três manifestações em que se apresentam os interesses metaindividuais, dependendo de como se configure o caso concreto.

Passemos à análise dos interesses difuso, coletivo e individual homogêneo, com suas especificidades e exemplos do direito lesado, em razão do tema em questão — trabalho análogo à condição de escravo.

3.1. Interesses difusos

Os interesses difusos, espécie do gênero interesses metaindividuais ou transindividuais (são interesses transcendentes à órbita individual do sujeito de direito, aqueles cuja lesão afeta um número considerável de pessoas(137)), "abrangem um universo considerável, podendo até mesmo afetar a toda a humanidade, (...)".(138)

Segundo conceito de Hugo Nigro Mazzilli, difusos são interesses ou direitos "transindividuais, de natureza indivisível, de que sejam titulares pessoas indeterminadas e ligadas por circunstâncias de fato"; o autor baseia-se na conceituação legal prevista no

(132) SENTO-SÉ, Jairo Lins de Albuquerque. *Trabalho escravo no Brasil*, p. 122.

(133) *A defesa dos interesses coletivos pelo Ministério Público*, p. 15.

(134) *Interesses difusos*, p. 62.

(135) A ação civil pública para a tutela de interesses difusos, *Revista do MPT*, p. 50.

(136) A ação civil pública e a defesa de interesses difusos, *Revista do MPT*, p. 144.

(137) SILVA NETO, Manoel e Jorge e. *Proteção constitucional dos interesses trabalhistas:* difusos, coletivos e individuais homogêneos, p. 29.

(138) *Ibidem*, p. 31.

art. 81, parágrafo único, inciso I, da Lei n. 8.078/90 (Código de Defesa do Consumidor). O objeto do interesse é indivisível.[139] Neste artigo, encontram-se as características dos interesses difusos, tais como: a transindividualidade, a individualidade do objeto, a indeterminação dos destinatários e a ligação por circunstâncias fáticas.

No mesmo sentido, o comentário de Manoel Jorge e Silva Neto:

> "(...) o conceito de interesses difusos bem manuseados pelo art. 81 do CDC: transindividuais, ou seja, que transcendem, ultrapassam, transpõem a órbita daqueles arraigados unicamente ao indivíduo; de natureza indivisível, na medida em que não há a menor possibilidade de se consumar o fracionamento deles, desde que impraticável possa a ofensa a tais interesses cometer a titularidade quanto à reparação a apenas uma pessoa individualmente considerada; de que sejam titulares pessoas indeterminadas, já que a difusividade impede a determinação daqueles que são titulares de tais interesses, máxime à vista de a violação atingir um número tão expressivo de indivíduos que resta impossível indicar os atingidos pelo ato violador; e ligadas por circunstâncias de fato, ou seja, é um fato ocorrido no mundo físico que prende os titulares do interesse difuso agravado."[140]

Na concepção de Raimundo Simão de Melo, diferenciam-se os interesses e direitos difusos dos coletivos; segundo o autor, "é a indeterminabilidade absoluta nos primeiros e a forma de ligação entre os sujeitos titulares e a parte contrária, que, nos primeiros, decorre de uma simples questão fática e, nos segundos, de uma relação jurídica base".[141]

No entendimento do Juiz do Trabalho doutor Eduardo Henrique Raymundo von Adamovich, "a concepção de direitos difusos no direito do trabalho importa em avançar além de sua estrutura categorial de representação sindical, concebendo-se direitos que transcendem estes muros e perpassam um número indefinido de trabalhadores não vinculados por relações de base, e, por vezes, com interesses conflitantes entre si".[142]

Já na conceituação de Ibraim Rocha, que tomou por base o conceito analítico de Rodolfo de Camargo Mancuso:

> "interesse difuso é a espécie de interesse metaindividual, que não possuindo o grau de agregação e organização necessárias à sua afetação institucional junto a certas entidades ou órgãos representativos dos interesses já socialmente definidos no campo das relações entre o capital e o trabalho, encontrando-se em estado fluido, disperso pela organização produtiva como um todo, pode ser afetado a Entes Públicos ligados à tutela do trabalho e a qualquer associação, constituída há um ano, ainda que sem natureza sindical, desde que os representados, uma vez que indeterminados, estejam ligados entre si

(139) MAZZILI, Hugo Nigro. *A defesa dos interesses difusos em juízo*, p. 4.

(140) *Ibidem*, p. 33.

(141) *Ação Civil Pública na Justiça do Trabalho*, p. 30.

(142) *Sistema da Ação Civil Pública no processo do trabalho*, p. 136.

por uma circunstância de fato, caracterizando-se pela indeterminabilidade dos sujeitos, pela indivisibilidade do objeto, por sua intensa litigiosidade interna e por sua tendência à transição ou mutação no tempo e no espaço."(143)

No âmbito trabalhista, o traço principal que diferencia os interesses difusos dos interesses coletivos é o vínculo empregatício. Nos interesses coletivos, ele se apresenta como liame jurídico que dá organicidade ao grupo atingido pela lesão; vínculo este que inexiste quando se trata de interesses difusos, cujos titulares estão diluídos na sociedade e têm apenas uma situação de fato em comum.(144)

3.1.1. Escravidão — interesse difuso

Adentrando o tema escravidão, ou seja, a utilização do trabalho escravo como ofensa ao interesse difuso nas relações trabalhistas, uma vez que viola o ordenamento jurídico em questão e afronta a dignidade humana, destaque às palavras de Ronaldo Lima dos Santos: "Escravizar um indivíduo equivale à escravização de toda a nação".(145)

Podemos extrair a *natureza difusa* das práticas escravizatórias, ou seja, a sua proibição é um direito de toda a sociedade, no âmbito nacional, e da humanidade, no âmbito internacional, sendo indeterminados os seus titulares, indivisível seu objeto, portanto, violar o direito de um indivíduo equivale à violação total do direito. Não pode o indivíduo sujeitar-se à escravidão, sua esfera transcende o coletivo e o individual, uma vez que repercute em toda a sociedade. Em suma, "escravizar é violar direitos fundamentais e difusos da sociedade".(146)

Note-se que o ato de forçar alguém à prática de trabalhos análogos ao de escravo fere norma constitucional, uma vez que lhe é garantido o direito fundamental da dignidade da pessoa humana, alcançado mediante o trabalho livre, que lhe garanta o seu sustento e o de sua família. Este direito não poderá ser individualizado, tampouco negociável, ele é indisponível, ou seja, não poderá ser tratado como um negócio jurídico, como no início do desenvolvimento econômico, em que o homem escravizado era considerado *res* (objeto), responsável pela produção.

Nítida a sua esfera transindividual, de natureza difusa, ao se constatar a ocorrência de trabalho escravo contemporâneo, uma vez que a sua titularidade não poderá ser exercida por eles próprios, como esclarece o Juiz do Trabalho Marcos Neves Fava:

> "(...) inimaginável que alguém impedido de deixar o ambiente de trabalho, preso no interior de uma fazenda ou no subsolo da confecção, possa ajuizar reclamação trabalhista em busca do pagamento de horas extraordinárias, do

---

(143) *Ação Civil Pública e o Processo do Trabalho*, p. 35.

(144) FREITAS, Adriana Maria de. Ação Civil Pública para a tutela de interesses difusos na Justiça do Trabalho. *Rev. MPT*, Brasília, ano VI, 1º sem., p. 26, mar. 1996.

(145) *Sindicatos e ações coletivas:* acesso à justiça, jurisdição coletiva e tutela dos interesses difusos, coletivos e individuais homogêneos, p. 187.

(146) *Idem*.

registro ao DSR. (...) Conclui-se com tranquilidade a premência de intervenção não individual para saneamento da agressão ao direito."[147]

Na concepção do procurador do Ministério Público do Trabalho Manoel Jorge e Silva Neto, a utilização do trabalho escravo é ofensa a interesse difuso no âmbito das relações de trabalho.[148]

Nesse diapasão, decisão proferida em ACP n. 1/93, do TRT da 24ª Região. Origem: Campo Grande/MS. Autor: Ministério Público do Trabalho. Réus: 1) SEMCO — Serviços de Empreitada e Construções Ltda., 2) PILAR — Agroflorestal Ltda., 3) ROMA — Energética Ltda., *in verbis*:

> EMENTA — "AÇÃO CIVIL PÚBLICA — I. COMPETÊNCIA FUNCIONAL. I — A ação civil pública, em virtude de proteger interesses difusos, tem natureza coletiva. As ações trabalhistas de natureza coletiva são de competência dos Tribunais Regionais, de modo que a ação civil pública escapa à competência da primeira instância trabalhista. Art. 678, I, *a*, da CLT, c/c. Lei n. 7.347/85. II. A Justiça do Trabalho tem amparo legal para a aplicação de pena cominatória de multa decorrente de irregularidade trabalhista, provada em ação civil pública. Art. 11 da Lei n. 7.347/85 c/c. art. 652, *d*, da CLT. III. CABIMENTO — CONDIÇÕES DA AÇÃO. *Alegação de escravidão é matéria que se configura no âmbito de proteção de direitos difusos* — seja porque não é possível a identificação precisa dos trabalhadores envolvidos, seja porque de interesse social, preenchendo as condições da ação, correspondentes a objeto que se refere a um conjunto indeterminado de sujeitos e cujo sucesso ou fracasso é do interesse da coletividade e não apenas dos envolvidos. IV. MÉRITO — Provada a intermediação de mão de obra fraudulenta e de consequências desastrosas, geradora de condições subumanas de trabalho, justifica-se a aplicação do disposto no art. 9º da CLT e a condenação das empresas responsáveis, seja em razão do *error in eligendo*, seja do *error in vigilando*. Ação Civil Pública julgada procedente, em parte, para condenar as empresas responsáveis a obrigações de não fazer e de fazer necessárias ao estabelecimento das condições legais e dignas do trabalho e a pena cominatória de multa".[149] (grifos nossos)

Destaque para um exemplo de violação a interesse difuso elucidada por Jairo Lins de Albuquerque Sento-Sé:

> "Um fazendeiro usualmente mantém em sua propriedade vários trabalhadores rurais trazidos por diferentes 'gatos' de diversos pontos do país, submetendo-os à condição análoga à de escravo e sujeitando-os ao sistema de barracão, para que acumulem um débito de alto valor, que os obrigue a permanecer, ininterruptamente, na sobredita gleba de terra, até que realizem a quitação de tais dívidas. Note-se que os seus titulares são completamente anônimos, dispersos e sem rostos."[150]

Hoje, o Brasil, como outros países, tem a consciência da importância de garantir para cada ser humano o mínimo de dignidade, que antes era atropelada pelo poderio econômico das colônias, e, mesmo após a transformação do país em um governo republicano,

(147) *Ação Civil Pública Trabalhista*, p. 72.

(148) *Proteção constitucional dos interesses trabalhistas, difusos, coletivos e individuais homogêneos*, p. 35-36.

(149) *Ibidem*, p. 30.

(150) *Trabalho escravo no Brasil*, p. 120.

prevaleceu, ainda, a cultura do capitalismo voltado à obtenção do lucro, desvalorizando a mão de obra, extirpando do trabalhador os seus direitos laborais.

Neste diapasão, surgiram inúmeros instrumentos para inibir os atos dos "escravocratas contemporâneos", visando à proteção dos "escravos contemporâneos" (estes, homens "livres", mulheres, crianças, índios e outros, situados em todo o território brasileiro), por meio de entidades públicas e privadas, tais como o Ministério Público Federal (trabalhista) e os sindicatos de classe rural, com a abertura de Inquérito Civil (procedimento administrativo), Termo de Ajuste de Conduta e, por fim, o ajuizamento da Ação Civil Pública Trabalhista, dentre outras ferramentas processuais.

Salientando, desde já, que o único legitimado para defender os interesses difusos, no âmbito trabalhista, em casos de escravidão contemporânea, é o Órgão Ministerial Laboral, ou melhor, o Ministério Público do Trabalho.

3.2. Interesses coletivos

Os interesses coletivos, espécie do gênero interesses metaindividuais ou transindividuais, conceituam-se no disposto do art. 81, parágrafo único, inc. II, da Lei n. 8.078/90 (Código de Defesa do Consumidor):

> "II – interesses coletivos, assim entendidos para efeitos deste Código, os transindividuais de natureza indivisível de que seja titular grupo, categoria ou classe de pessoas ligadas entre si ou com a parte contrária por uma relação jurídica-base."

Segundo conceito de Hugo Nigro Mazzilli, "coletivos são interesses indivisíveis de um grupo determinado ou determinável, reunido por uma relação jurídica básica comum".(151) Os titulares dizem respeito a grupo, categoria ou classe de pessoas ligadas pela mesma relação jurídica básica.

No entendimento de Manoel Jorge e Silva Neto, os interesses coletivos caracterizam-se como:

> "a) interesses de ordem transindividual ou metaindividual, isto é, interesses que giram em derredor da esfera coletiva, e não da pessoa individualmente considerada; b) de natureza indivisível, na medida em que, não se traduzindo meramente em feixe de interesses individuais, mas síntese deles, resta inviabilizada a busca da proteção judicial dos interesses dos diversos indivíduos componentes da coletividade; c) de que seja titular grupo, categoria ou classe de pessoas, o que equivale a concluir a respeito da determinabilidade dos detentores dos interesses coletivos; d) ligadas entre si ou com a parte contrária por uma relação jurídica-base, o que significa dizer que no campo dos interesses coletivos, a pesquisa da causa do agregamento dos indivíduos reconduz à existência de uma relação jurídica que os une e os personifica como grupo."(152)

---

(151) *A defesa dos interesses difusos em juízo*, p. 5.

(152) *Proteção constitucional dos interesses trabalhistas:* difusos, coletivos e individuais homogêneos, p. 36-40.

Adentrando no contexto dos interesses transindividuais trabalhistas, temos que a primeira nota caracterizadora dos interesses coletivos é a metaindividualidade, como exemplo, a proteção constitucional ao meio ambiente do trabalho (art. 200, VIII). Portanto os danos decorrentes das práticas escravizatórias dão ensejo à violação dos interesses coletivos, tais como a salubridade do meio ambiente e a proteção da saúde, dentre outros.

Como nos ensina Jairo Lins de Albuquerque Sento-Sé, dependendo do caso concreto, nos deparamos com violação dos interesses coletivos, provenientes de práticas escravizatórias, como no exemplo abaixo:

> "(...) imaginemos que um fazendeiro tenha como praxe manter em sua propriedade trabalhadores rurais trazidos sempre pelo mesmo 'gato'. Este, por sua vez, em todas as oportunidades, os arregimenta numa mesma região, para submetê-los à condição análoga à de escravo e sujeitá-los ao sistema de barracão, a fim de que acumulem um débito impagável, inclusive, proibindo-os de deixar as cercanias da referida gleba de terra, sem que realizem a quitação de tais dívidas. Neste caso, estaremos diante da violação de interesses coletivos em sentido estrito."

Na concepção do mesmo autor, ainda:

> "Na hipótese de violação a interesse coletivo em sentido estrito, é possível a propositura de ação civil pública de forma concorrente tanto pelo *parquet* laboral quanto pelo sindicato dos trabalhadores rurais da região onde são aliciados os sobreditos rurícolas."

3.3. Interesses individuais homogêneos

Os interesses individuais homogêneos são espécie do gênero interesses metaindividuais ou transindividuais; conceituam-se no disposto do art. 81, parágrafo único, inciso III, da Lei n. 8.078/90 (Código de Defesa do Consumidor): "interesses ou direitos individuais homogêneos, assim entendidos os decorrentes de origem comum."

Segundo conceituação de Hugo Nigro Mazzilli, "os interesses individuais homogêneos têm origem comum. Compreendem os integrantes determinados ou determináveis de grupo, categoria ou classe de pessoas que compartilhem prejuízos divisíveis, oriundos das mesmas circunstâncias de fato".(153) Portanto, determinável e/ou determinado com relação aos seus titulares e divisível o seu objeto (prejuízo sofrido).

Utilizando-se do exemplo de Jairo Lins de Albuquerque Sento-Sé, no contexto de violação a interesses individuais homogêneos, decorrentes de danos resultantes de práticas escravizatórias, tem-se:

> "Se um fazendeiro mantém em sua propriedade um certo número de trabalhadores rurais e, por um determinado lapso de tempo, os submete à condição análoga à de escravo, inclusive sujeitando-os ao sistema de barracão

(153) *A defesa dos interesses difusos em juízo*, p. 6.

para que acumulem, durante este período, um débito cada vez maior, a fim de caracterizar a chamada escravidão por dívida, proibindo, até mesmo, que abandonem o perímetro da fazenda, estaremos diante de violação de interesses individuais homogêneos."

No acima exposto, possível perceber que o direito violado poderá ser demandado de forma individual, uma vez que o direito é divisível e individual; mas nada impede que o *Parquet* ingresse para o cumprimento deste mesmo desiderato, como um dos pedidos de dano moral individual homogêneo, correspondente aos danos sofridos de forma pessoal para cada trabalhador encontrado na situação em comento.

Note-se que a infração ao descumprimento de normas laborais dá ensejo a vários pedidos, tais como: (rol meramente exemplificativo)

"a) não fornecimento de equipamento de proteção individual aos empregados, mesmo que a omissão não se opere a respeito de todos os empregados do estabelecimento; b) redução do salário sem previsão em acordo ou convenção coletiva, conforme determina o art. 7º, VI, da CF/88, ou mesmo atraso ou falta de pagamento; c) não concessão de licença à gestante e licença-paternidade aos trabalhadores do estabelecimento (art. 7º, XVIII e XIX e art. 10, § 1º, da CF/88), já que a primeira visa preservar a indenidade biopsíquica do nascituro e da mãe, ao passo que a segunda tem por escopo possibilitar ao trabalhador a adoção de providências burocráticas, dentre outras, as relativas ao registro de nascimento — por força da obrigação legal que promana do art. 52, 1º, da Lei n. 6.015, de 31 de dezembro de 1973 (Lei dos Registros Públicos); d) não concessão de repouso semanal remunerado, preferencialmente aos domingos (art. 7º, XV, da Constituição), cuja indisponibilidade é ditada pela conservação da saúde dos empregados; e) gozo de férias anuais remuneradas (art. 7º, XVII), pelo mesmo motivo mencionado na letra '*d*'."(154)

3.4. A importância do Inquérito Civil e do Termo de Ajuste de Conduta no combate ao trabalho escravo

O Inquérito Civil é procedimento administrativo, instrumento de investigação; tem natureza inquisitiva, instaurado e presidido exclusivamente pelo Ministério Público, como dispõe o art. 129, inciso III, da Constituição Federal e art. 6º, inc. VII, Lei Complementar n. 75/1993.(155)

Poderá ser suscitado por meio de denúncia formulada por qualquer pessoa ou instaurado de ofício por qualquer dos integrantes da Instituição, em decorrência de notícias da imprensa escrita ou falada ou por qualquer outra fonte que lhe permita tomar conhecimento de tal ocorrido.

Havendo a possibilidade de ocorrência de lesão ao ordenamento jurídico laboral, no caso de ocorrência do trabalho escravo, o Ministério Público do Trabalho há de apurar

(154) *A defesa dos interesses difusos em juízo*, p. 40-41.

(155) Lei Orgânica do Ministério Público da União.

a veracidade dos fatos por meio da abertura do inquérito civil, servindo este como peça informativa.

Durante o decorrer do IC, serão recolhidas todas as provas possíveis, para melhor compreensão dos fatos, para que se verifique se estes são verdadeiros ou não, se confrontam as normas legais nacionais e internacionais ratificadas, podendo até mesmo ser realizadas diligências, audiências para tomada de depoimentos, e ainda se requerer informações, exames, perícias e documentos de outras instituições.

É nesse momento que o Grupo Especial de Fiscalização Móvel, estrutura operacional da Divisão de Fiscalização para Erradicação do Trabalho em condições análogas à de escravo (DETRAE), composto de auditores fiscais do Trabalho, cumpre seu papel principal, uma vez que é sua a função de fiscalizar, garantir o acesso ao local, livre de pressões e ameaças, e o sigilo absoluto nas apurações das denúncias.

Após a investigação e constatação da ilicitude, compete ao Procurador do Trabalho que estiver dirigindo o IC recomendar o ajuizamento da Ação Civil Pública para a apuração dos fatos via judicial. Mas poderá adotar outra postura, como a composição administrativa para a solução do litígio, que será formalizada mediante um Termo de Ajuste de Conduta (TAC)[156], no qual o inquirido se compromete a corrigir a ilegalidade e/ou reparar o dano causado, podendo até mesmo incorrer em multa (*astreinte*) a ser revertida ao Fundo de Amparo ao Trabalhador (FAT)[157], pelo descumprimento da obrigação de fazer ou de não fazer, omitir-se de praticar atos que caracterizam o trabalho forçado, bem como a obedecer, doravante, a legislação brasileira.

Conforme ensinamento do professor e Procurador do Trabalho Raimundo Simão de Melo, após a criação do termo de compromisso de ajustamento de conduta, o inquérito civil passou a ter dupla função: "a) a obtenção de elementos de convicção para o ajuizamento da ação civil pública e b) a busca de assinatura de ajuste de conduta, com extraordinário e rápido benefício para a coletividade. A ação civil correspondente fica como remédio último, pois, por mais rápida que seja a sua tramitação, o resultado, além de duvidoso, será mais demorado, considerando-se que o Poder Judiciário trabalhista, a exemplo dos demais ramos do Judiciário, é lento e caro. Desse modo, quando não se obtém a concessão de uma liminar de cunho preventivo, em certos casos, a ação chega a perder o seu objeto, pela ineficácia do provimento que vier a ser dado, depois de certo tempo. Imagine-se a hipótese, não rara, de determinada empresa que não cumpre as normas mínimas de segurança e medicina do trabalho, acarretando, com isso, inúmeros acidentes de trabalho e, mesmo diante da demonstração do perigo iminente, o Juiz não acolhe pedido liminar de interdição da atividade, remetendo a sua análise para o julgamento final da ação. Até lá, muitos trabalhadores já morreram ou ficaram inválidos, com

(156) TAC: Termo de Ajuste de Conduta, previsto no art. 113 da Lei n. 8.078/90 (CDC), que introduziu o § 6º ao art. 5º da LACP, este regulamentado na Resolução n. 179, de 26.07.2017, CNMP.

(157) FAT: criado pela Lei n. 7.998/90, destinado a custear o seguro-desemprego, o pagamento de abono salarial (PIS) e o financiamento de programas de desenvolvimento.

prejuízos, agora, irreparáveis. Daí a inestimável importância do ajuste de conduta extrajudicial, pelo qual se obtém a solução imediata, consensual e não onerosa da questão."(158) Por fim, argumenta, ainda, outra vantagem, o cumprimento do compromisso assumido com maior aceitação do inquirido.

Já o Procurador do Trabalho do Estado do Mato Grosso do Sul Cícero Rufino Pereira, na questão de Inquérito Civil e Termo de Ajuste de Conduta, pontifica:

> "Muitas vezes, até para o Procurador do Trabalho oficiante no ICP instaurado para combater as formas modernas de escravidão é mais interessante e produtivo firmar o TAC, a ter que ajuizar a ACP, com todas as delongas e dificuldades de produção de prova que este tipo de remédio jurídico impõe. Sem se falar da necessidade premente de convencer a 'empresa' inquirida de pagar os direitos trabalhistas dos empregados espoliados, bem como devolvê-los a seu local de origem.
>
> Daí, muitas vezes, o caminho mais pragmático a se seguir é o de se firmar o Termo de Ajuste de Conduta, em detrimento da Ação Civil Pública. Até porque o Termo de Ajuste de Conduta tem força cogente de Título Executivo Extrajudicial, o que já era admitido pela doutrina e jurisprudência e encontrou legitimação na Lei n. 9.948/2000, a qual deu nova redação ao art. 876 da CLT.
>
> (...)
>
> Em conclusão, estreme de dúvidas que o Termo de Ajuste de Conduta é um instrumento e um remédio jurídico útil e hábil a combater as fraudes trabalhistas e ofensas aos direitos humanos, sob a faceta do trabalho forçado ou escravo."(159)

Pode-se verificar que o Inquérito Civil é um instrumento hábil a viabilizar a apuração dos fatos; serve para colher elementos ou informações que irão dar suporte à convicção ou não do Ministério Público de ingressar com eventual ação.

Iremos elucidar alguns trechos de um Termo de Compromisso de Ajustamento de Conduta, firmado por intermédio da Procuradoria do Trabalho da 8ª Região, datado em 12 de abril de 2002, publicado na *Revista do MPT*, Edição Especial, Trabalho Escravo, Ano XIII, set. 2003:

> TERMO DE COMPROMISSO DE AJUSTAMENTO DE CONDUTA — TRABALHO ESCRAVO E EM CONDIÇÕES DEGRADANTES — (PRT 8ª Região)
>
> Termo de Compromisso de Ajustamento de Conduta
>
> A Agropecuária São Roberto S/A., inscrita no CNPJ sob o n. 46.991.295/0001-06, com sede na Fazenda Agropecuária São Roberto S/A., localizada no lote 196 de Santana do Araguaia/PA, doravante denominada Compromissária, neste ato representada pelo presidente do Conselho de Administração sr. Antonio Lucena Barros, (...) firma o presente Termo de Compromisso

(158) *Ação Civil Pública na justiça do trabalho*, p. 74.

(159) O termo de ajuste de conduta firmado pelo MP no Combate ao Trabalho Escravo e a Defesa da Exceção de Pré-Executividade, *Revista do Ministério Público do Trabalho*, Edição Especial. Trabalho Escravo, p. 114.

de Ajustamento de Conduta — TAC — perante o Ministério Público do Trabalho, doravante denominado MPT, representado pelo Procurador do Trabalho (...) e o Ministério do Trabalho e Emprego — MTE, representado pela Coordenadora da Fiscalização Móvel do Gertraf (...), nos termos do art. 5º, § 6º, da Lei n. 7.347/85, estabelecendo as cláusulas e condições abaixo:

Do objeto

Cláusula Primeira. O objeto deste TAC é a adequação da conduta da Compromissária às prescrições legais, mediante as obrigações de fazer ou de não fazer abaixo consignadas, cujo cumprimento se dará, sob cominação de multa *(astreinte)*, nas condições de prazo, modo e lugar estabelecidos.

Parágrafo único: O presente TAC tem vigência por prazo indeterminado salvo quanto às Cláusulas temporárias por natureza.

Das obrigações ajustadas

Cláusula Segunda. A compromissária se compromete a efetuar o pagamento de seus empregados, impreterivelmente, até o quinto dia útil do mês subsequente ao vencimento, conforme determina o parágrafo único do art. 459, da CLT.

Cláusula Terceira. A compromissária se obriga a quitar os valores devidos a título de rescisões contratuais até o primeiro dia útil imediato ao término do contrato ou até o décimo dia, contado da notificação da demissão, quando o aviso prévio não for cumprido, de conformidade com o estabelecido no § 6º do art. 477 da CLT.

Parágrafo único. A Compromissária, em qualquer caso, deverá observar as demais normas contidas no art. 477 da CLT, ficando ajustado que a multa pelo descumprimento do TAC, reversível ao Fundo de Amparo do Trabalhador — FAT, não exclui em nenhuma hipótese, a cominação contida no § 8º do mencionado preceito, cujo valor é devido ao trabalhador prejudicado e deverá ser cobrado na via própria.

Cláusula Quarta. A Compromissária se compromete a conceder férias remuneradas, acrescida do adicional de 1/3 (um terço) previsto no art. 7º, inciso XVII, da Carta Magna, devendo a fruição ocorrer nos doze meses subsequentes à data em que o empregado tiver adquirido o direito, sob pena de pagamento em dobro da respectiva remuneração, nos termos do disposto nos arts. 134 e seguintes da CLT.

Cláusula Quinta. A Compromissária se obriga a recolher, corretamente, o valor referente ao Fundo de Garantia do Tempo de Serviço — FGTS, observados os dispositivos contidos na Lei n. 8.036, de 11 de maio de 1990, especialmente o art. 15, e no Decreto n. 99.684, de 8 de novembro de 1990, além das demais normas pertinentes.

Cláusula Sexta. A Compromissária se compromete a remunerar as horas extraordinárias, que somente serão exigidas nos casos previstos nos arts. 59 e seguintes da CLT, com o adicional de pelo menos 50% (cinquenta por cento) da hora normal, de conformidade com o preceituado no inciso XVI do art. 7º da Constituição Federal.

Cláusula Sétima. A Compromissária não criará qualquer embaraço às ações fiscalizatórias empreendidas pelo Ministério do Trabalho, apresentando todos os documentos e prestando as informações que lhe forem solicitados.

Cláusula Oitava. A Compromissária providenciará o registro dos empregados, procedendo às anotações pertinentes nas Carteiras de Trabalho e Previdência Social — CTPS, de conformidade com as normas contidas nos arts. 29 e 41 da CLT e Portaria n. 3.626, de 13 de novembro de 1991 do Ministério do Trabalho e Emprego — MTb.

Cláusula Nona. A Compromissária não contratará trabalhadores por intermédio de empreiteiros ou gatos, admitindo a mão de obra que lhe é essencial mediante contratação direta, garantindo, de qualquer forma, o registro dos trabalhadores e a anotação das respectivas Carteiras de Trabalho e Previdência Social — CTPS.

Cláusula Décima. A Compromissária se compromete a observar as normas de Segurança e Medicina do Trabalho (art. 200 da CLT e Normas Regulamentares do Ministério do Trabalho e Emprego — MTE), especialmente no que concerne a: 1) fornecer, gratuitamente, água potável em quantidade suficiente e em vasilhames adequados para o consumo de todos os trabalhadores; 2) fornecer, gratuitamente, manter em perfeitas condições de uso e exigir a efetiva utilização dos Equipamentos de Proteção Individual — EPI adequados aos riscos da atividade (chapéu, botas, luvas etc.); 3) não cobrar, nem descontar dos salários qualquer valor pelo fornecimento de EPI, fardamento ou reservatórios para acondicionamento e transporte de água (CLT — arts. 166 e 462 e Lei n. 5.889/73, art. 9º); 4) providenciar alojamentos em quantidade suficiente e condições higiênicas de utilização pelos trabalhadores, observando o disposto no art. 200, V e VII, da CLT e regulamentação correspondente do Ministério do Trabalho e Emprego — MTE (NR-24); 5) providenciar local apropriado para abrigo contra intempéries e realização de refeição e descanso em condições adequadas de higiene e conforto, conforme normas de segurança e medicina do trabalho (art. 200, V e VII, da CLT, NRs 21 e 24); 6) além de prevenir acidentes de trabalho, providenciar o atendimento de urgência aos trabalhadores acidentados, mantendo material necessário e pessoa com treinamentos básicos, nas frentes de trabalho, para prestação dos primeiros socorros, bem como providenciar o transporte do acidentado até centro de saúde de urgência mais próximo para atendimento e, se necessário, o encaminhamento para serviços especializados de saúde (CLT, art. 168, § 4º, NRR-2); 7) elaborar e implementar, no prazo de sessenta dias contados desta data, o Programa de Controle Médico de Saúde Ocupacional — PCMSO; 8) submeter os empregados a exames admissionais, periódicos e demissionais (CLT, art. 168, I, II e III, e NR-7); 9) organizar e manter em funcionamento a Comissão Interna de Prevenção de Acidentes do Trabalho Rural — CIPATR, nas hipóteses e obedecidas as regras previstas na NRR-3 do MTE, devendo iniciar-se o processo de organização até trinta dias contados desta data; 10) manter as motosserras com os dispositivos de segurança obrigatórios, promovendo o treinamento obrigatório para os operadores na utilização segura da máquina (NR-12, Anexo I); 11) organizar e manter em funcionamento o Serviço Especializado de Trabalho Rural — SEPATR, no prazo de trinta dias, atendidas as hipóteses e regras contidas na NRR-2 do MTE.

Cláusula Décima Primeira. A Compromissária não manterá o sistema de barracão, pelo qual fornece aos obreiros mantimentos, ferramentas, remédios, bebidas alcoólicas, cujos valores são descontados dos correspondentes salários a preços exorbitantes, efetuando somente os descontos salariais previstos no art. 9º da Lei n. 5.889/73.

Cláusula Décima Segunda. A Compromissária não admitirá menores de dezoito anos (Portaria n. 20, de 13.9.01, do MTE/SIT).

Cláusula Décima Terceira. Tendo em vista a ausência de transporte público e a dificuldade de acesso, a Compromissária fornecerá transporte adequado e regular, a fim de permitir aos trabalhadores a saída da fazenda nos dias de folga e em casos de necessidade.

Do descumprimento do TAC

Cláusula Décima Quarta. O descumprimento de qualquer obrigação prevista no presente Termo de Compromisso de Ajustamento de Conduta — TAC sujeitará a Compromissária à multa *(astreinte)* de R$ 500,00 (quinhentos reais) por trabalhador encontrado em situação irregular, reversível ao Fundo de Amparo ao Trabalhador — FAT, nos termos dos arts. 5º, § 6º, e 13 da Lei n. 7.347/85, ficando constituída em mora a partir do momento da constatação do inadimplemento das obrigações pelo MPT ou pela Fiscalização do Trabalho.

Do título executivo extrajudicial

Cláusula Décima Quinta. O presente Termo de Compromisso de Ajuste de Conduta — TAC é dotado de eficácia e força de título executivo extrajudicial, nos termos do disposto nos arts. 5º, § 6º, da Lei n. 7.347, de 24 de julho de 1985, e 585, inciso II, do Código de Processo Civil.

Da execução do TAC

Cláusula Décima Sexta. A Compromissária fica cientificada de que o inadimplemento de qualquer obrigação assumida neste instrumento ensejará a execução forçada do Termo de Compromisso de Ajustamento de Conduta — TAC perante a Justiça do Trabalho, de conformidade com o disposto no art. 876 da CLT, com a redação dada pela Lei n. 9.958, de 12 de janeiro de 2000.

Das disposições finais

Cláusula Décima Sétima. O presente Termo de Compromisso de Ajuste de Conduta — TAC aperfeiçoa-se e passa a produzir efeitos com a assinatura do representante da Compromissária, com poderes para tanto, e do Membro do Ministério Público do Trabalho presente na audiência de celebração do ajuste, não dependendo de homologação ou de qualquer ato posterior para validá-lo.

Cláusula Décima Oitava. O presente Termo de Compromisso é passível de fiscalização pelo Ministério do Trabalho e Emprego, cujo representante receberá cópia fiel do seu inteiro teor, e pelo Ministério Público do Trabalho, reconhecendo-se-lhes aptidão para certificar o descumprimento das obrigações convencionadas.

Cláusula Décima Nona. As condições estabelecidas neste TAC, desde que respeitados os requisitos de validade e os limites constitucionais e legais da negociação coletiva, não subsistem frente à Convenção ou Acordo Coletivo de Trabalho.

Cláusula Vigésima. A Compromissária providenciará, até o dia 16.4.02, a regularização da situação funcional dos trabalhadores em atividade, devendo providenciar as anotações nas CTPSs e os termos da rescisão dos empregados despedidos, com o pagamento integral das verbas rescisórias apuradas, ficando ajustado que a fiscalização móvel do Ministério do Trabalho e Emprego, Coordenada pela Dra. (...) inspecionará todo o procedimento.

Estando as partes esclarecidas e de acordo com as estipulações acima, firmam em caráter irrevogável o presente Termo de Compromisso de Ajustamento de Conduta, em três vias de igual teor, para que produza todos os seus efeitos.

Redenção/PA, 12 de abril de 2002.

Note-se que o caso acima ilustrado define bem as novas condições de trabalho a serem proporcionadas aos trabalhadores pelo dono da fazenda, uma vez que laboravam em condições análogas à de escravo, sem nenhuma segurança, ou qualquer direito trabalhista, nem mesmo podiam se deslocar, haja vista a ausência de transporte. Ainda, pode-se verificar a prática do *truck system*, ou seja, a venda de mercadorias com preços altos em troca do salário ainda não percebido por eles, dando início à servidão por dívida.

Não podemos deixar de citar algumas recomendações pertinentes ao TAC, segundo ensinamento de Hugo Nigro Mazzilli: "a) como regra geral, devem versar obrigação líquida e certa (certa quanto à exigência e determinada quanto ao objeto); b) a multa pecuniária neles inseridas deve ter caráter cominatório e não compensatório, para que funcione como meio de influenciar o cumprimento espontâneo da obrigação; c) cabe execução de obrigação de fazer fundada em título extrajudicial (CPC, arts. 585, II, e 645, com as alterações da Lei n. 8.953/1994); contudo, há grande conveniência prática em colher, se possível, obrigação líquida e certa, além de estabelecer-se cláusula cominatória; d) quando tomado o compromisso de ajustamento pelo Ministério Público, o CSMP deve rever o consequente arquivamento total ou parcial do inquérito civil".[160] Entende ser o TAC a garantia mínima em prol da coletividade, não limite máximo de responsabilidade do autor da lesão.

O Termo de Ajuste de Conduta (TAC), celebrado perante o MPT, tem força de título executivo extrajudicial; em caso de descumprimento, ele permite execução perante a Justiça do Trabalho. É o que preconiza o art. 876, da Consolidação das Leis do Trabalho, após sua alteração, com o advento da Lei n. 9.958/00, *in verbis*:

> "As decisões passadas em julgado ou das quais não tenha recurso com efeito suspensivo; os acordos, quando não cumpridos; *os termos de ajuste de conduta firmados perante o Ministério Público do Trabalho* e os termos de conciliação firmados perante as Comissões de Conciliação Prévia serão executados pela forma estabelecida neste Capítulo." (g. n.)

Mister salientar que os objetos em execução do TAC são: obrigações de dar, de fazer, de não fazer, mais o valor das *astreintes* fixadas pelo órgão público que tomou. Poderá o Juiz alterar o valor fixado da multa.

Há de se destacar a importância do Inquérito Civil, haja vista sua natureza inquisitorial, ajuda na convicção da propositura da Ação Civil Pública e/ou avença do Termo de Compromisso de Ajuste de Conduta. Como já dito, alhures, pelo doutor Procurador do Trabalho Cícero Rufino Pereira, este último, sim, é o meio mais eficaz, viável e célere para erradicar o trabalho escravo no Brasil.

Para elucidar a importância do Termo de Ajuste de Conduta[161], o MPT firmou 217 TACs relativos ao trabalho escravo em 2017, sendo 70% deles na modalidade de trabalho degradante.[162] Seguem alguns TACs firmados pelo MPT entre o período de 2015 a 2020, no combate ao trabalho escravo:

07.08.2020	Cidade de Ituporanga/SC – 09 trabalhadores resgatados. Plantação de mudas de cebola. Denúncia: CPT.
21.07.2020	Cidade de Delfinópolis/MG – 15 trabalhadores resgatados e 1 menor. Produção de café.
01.07.2020	São José/SP – 01 idosa – trabalho doméstico.
29.06.2020	Produção de Café – Procedimento: 000195.2020.03.003/02.

(160) *Ação Civil Pública após 20 anos:* efetividade e desafios. Inquérito Civil e Poder Investigatório no MP, p. 237.

(161) O TAC está regulamentado na Resolução n. 179, de 26.07.2017, elaborada pelo Conselho Nacional do Ministério Público (CNMP).

(162) *Site* do MPT, estatística publicada em 1º.12.2018.

11.12.2019	Bela Vista/MS – 17 trabalhadores resgatados. Produção de carvão vegetal.
27.11.2019	União Sul/MT – 03 trabalhadores resgatados. Carvoaria.
24.10.2019	Governador Valadares/MG – 13 trabalhadores resgatados. Carvoaria.
09.10.2019	São Paulo/SP – 14 trabalhadores resgatados. Oficinas de costura. TAC n. 353.2019.
26.08.2019	Araripina/PE – trabalho doméstico.
13.08.2019	AM – Banco Amazônia – fornecer crédito a pessoas que estão na "lista suja", contrário à Resolução n. 3.876/2010 — CMNBC.
13.06.2019	ES – 132 trabalhadores resgatados. Plantação de café.
08.10.2019	João Pessoa/PR – 12 trabalhadores resgatados. Mina de Caulim.
14.05.2019	Campos Altos/MG – 22 trabalhadores resgatados.
08.05.2019	Medicilância/PA – gado bovino.
16.05.2019	Campo Grande/MS – 06 trabalhadores resgatados. Carvoaria.
09.04.2019	Pará/AM – 17 trabalhadores resgatados. Carvoaria.
08.04.2019	Rio de Janeiro/RJ – 10 trabalhadores resgatados. Restaurante.
28.02.2019	Córrego Danta/MG – 06 trabalhadores resgatados. Carvoaria. IC n. 0007.2019.03.010/2.
05.12.2019	Bom Retiro/SC – 02 trabalhadores resgatados. Colheita de cebola.
16.10.2018	Tailândia/PA – 06 trabalhadores resgatados. IC n. 00238.2018.002/0-42.
11.10.2018	MA – 22 trabalhadores resgatados. Cadeia produtiva de cera de carnaúba.
11.10.2018	São Bernardo do Maranhão/MA – 13 trabalhadores resgatados. Extração de palha.
08.05.2018	AL – trabalho doméstico. SC – extração de madeira.
04.05.2018	SC – 34 trabalhadores resgatados. Extração de madeira pinus.
26.04.2018	SP – 29 trabalhadores resgatados. Empresa de laticínios, setor de vendas, porta em porta.
15.03.2018	Paraúna/GO – criação de gado.
23.01.2018	TAC firmado com empresa estrangeira (Alemã) para não comprarem produtos provenientes de trabalho escravo. Projeto Palha Acolhedora. Extração de palha de carnaúba.
26.07.2017	São Paulo/SP – 01 trabalhadora resgatada. Trabalho de babá (doméstico).
11.07.2017	Rubim/MG – 01 senhora resgatada com 68 anos de idade. Trabalho doméstico.

05.07.2017	MT – Produtos agrícolas. Multinacional Chinesa que firma o TAC.
30.05.2017	São Paulo/SP – segundo TAC da empresa ZARA. TAC n. 21/2017. Confecções de roupa.
25.05.2017	MA – Governo do Maranhão firma TAC com 19 cláusulas.
24.02.2017	Campo Grande/MS – Fazenda de Gado – 2º TAC firmado – reincidente no art. 149, do CP.
01.02.2017	MT – 01 trabalhador resgatado com 72 anos de idade. Plantio de milho, ordenhava vacas.
26.10.2016	MS – 01 trabalhador resgatado com 54 anos de idade. Corte de eucalipto.
06.09.2016	BA – 17 trabalhadores resgatados. Cuidadores de cavalo e gado.
13.07.2016	Cuiabá/MT – limpeza de cercas e arames (aceiro)
10.02.2016	Rio de Janeiro/RJ – 03 trabalhadores resgatados (chineses). Lanchonete.
23.09.2015	Mogi das Cruzes/SP – Peruanos resgatados. Oficina de costura.
03.09.2015	RS – 06 trabalhadores resgatados. Corte de madeira.
24.08.2015	BA – 06 trabalhadores resgatados. Obras do Governo Federal, casas populares.
14.08.2015	RJ – 11 trabalhadores resgatados. Obras das Olimpíadas, construção do alojamento dos atletas.
13.08.2015	MG – 60 trabalhadores resgatados. Plantio do café.

Segue outro Termo de Ajuste de Conduta n. 08/2020, do IC n. 000034.2020.03.004/1, firmado por intermédio da Procuradoria do Trabalho da 3ª Região (Minas Gerais), datado em 21 de maio de 2020, publicado na página do *site* do Ministério Público do Trabalho para consulta, com o objeto do trabalho escravo.

TERMO DE AJUSTE DE CONDUTA N. 08/2020

IC N. 000034.2020.03.004/1

(Referente à Minuta 04.2020)

JOSÉ BELCHIOR DOS SANTOS, pessoa natural inscrita no CPF sob n. XXXXXXXX, residente e domiciliado na Fazenda Santa Maria, Zona Rural de Ibiá – MG, BR 262, km 640, caixa postal 93 Ibiá – MG, CEP 38950-000, neste ato representado por, acompanhado(a) do(a) advogado(a) MAIKO BATISTA COSTA OAB/MG n. XXXXXXX.

Firma o presente TERMO DE AJUSTE DE CONDUTA às exigências legais, nos termos do art. 5º, § 6º, da Lei n. 7.347/85, com o MINISTÉRIO PÚBLICO DO TRABALHO, por intermédio da PRT da 3ª Região, Procuradoria do Trabalho em PATOS DE MINAS/MG, representada pelo Procurador do Trabalho RODNEY LUCAS VIEIRA DE SOUZA, nos seguintes termos:

1. DO OBJETO

O objeto deste instrumento é a fixação de obrigação de fazer, com eficácia de tutela inibitória, consistentes no cumprimento da legislação trabalhista em vigor, as quais deverão ser observadas pelo compromitente nas relações de trabalho que mantiver em todo o território nacional, ainda que por meio de pessoa jurídica da qual venha a integrar o corpo societário.

2. DAS OBRIGAÇÕES DE FAZER E NÃO FAZER

O compromitente, a partir da data da assinatura deste termo, assume as seguintes obrigações, com eficácia de tutela inibitória:

Seção I – DISPOSIÇÕES DE PROTEÇÃO DO TRABALHO

2.1.1. **Abster-se de manter empregado trabalhando sob condições contrárias às disposições de proteção do trabalho, quer sendo submetido a regime de trabalho forçado, quer sendo reduzido à condição análoga à de escravo** (art. 444 da CLT, c/c art. 2º-C da Lei n. 7.998/1990 e art. 149 do Código Penal).

Seção II – REGISTRO DE EMPREGADOS E CTPS

2.2 Não manter trabalhador sem o devido registro, podendo ser adotados livros, fichas ou sistema eletrônico, onde deverão ser anotados além da qualificação civil ou profissional de cada trabalhador, todos os dados relativos à admissão no emprego, duração e efetividade do trabalho, férias, acidente e demais circunstâncias que interessem à proteção do trabalhador (art. 41, *caput* e parágrafo único, da CLT) e proceder ao registro do contrato de trabalho na CTPS de seus empregados, de acordo com o art. 29 da CLT, no prazo de 5 (cinco) dias úteis, devolvendo-a ao empregado no prazo de 48 horas a partir da anotação (art. 29, § 8º, da CLT).

Seção III – ÁREAS DE VIVÊNCIA E INSTALAÇÕES SANITÁRIAS

2.3. Disponibilizar, nas frentes de trabalho, instalações sanitárias fixas ou móveis, que devem ser separadas por sexo e compostas de vasos sanitários e lavatórios, na proporção de um conjunto para cada de quarenta trabalhadores ou fração, atendidos os requisitos do item 31.23.3.2, sendo permitida a utilização de fossa seca. (art. 13 da Lei n. 5.889/1973, c/c item 31.23.3.4, da NR-31, com redação da Portaria n. 89/2005).

2.4. Disponibilizar água potável, fresca, em condições higiênicas e em quantidade suficiente nos locais de trabalho, sendo proibida a utilização de copos coletivos. (art. 13 da Lei n. 5.889/1973, c/c itens 31.23.9 e 31.23.10 da NR-31, com redação da Portaria n. 86/2005).

2.5. Disponibilizar local ou recipiente para a guarda e conservação de refeições, em condições higiênicas, independentemente do número de trabalhadores. (art. 13 da Lei n. 5.889/1973, c/c item 31.23.4.2, da NR-31, com redação da Portaria n. 86/2005).

2.6. Disponibilizar local adequado para preparo de alimentos aos trabalhadores nas áreas de vivência. (art. 13 da Lei n. 5.889/1973, c/c item 31.23.1, alínea "*d*", da NR-31, com redação da Portaria n. 86/2005).

Seção IV – ALOJAMENTOS

2.7. Manter apenas alojamentos que atendam às seguintes condições: a) tenham camas com colchão, separadas por no mínimo um metro, sendo permitido o uso de beliches, limitados a duas camas na mesma vertical, com espaço livre mínimo de cento e dez centímetros acima do colchão; b) tenham armários individuais para guarda de objetos pessoais; c) tenham portas e janelas capazes de oferecer boas condições de vedação e segurança; d) tenham recipientes para coleta de lixo; e) sejam separados por sexo. (art. 13 da Lei n. 5.889/1973, c/c item 31.23.5.1, alíneas "*a*", "*b*", "*c*", "*d*" e "*e*" da NR-31, com redação da Portaria n. 86/2005).

Seção V – PROGRAMA DE CONTROLE MÉDICO DE SAÚDE OCUPACIONAL (PCMSO)

2.8. Elaborar, implementar e executar, efetivamente, o Programa de Controle Médico de Saúde Ocupacional — PCMSO ou documento equivalente, de acordo com os critérios previstos na NR-7, que deverá ter caráter de prevenção, rastreamento e diagnóstico precoce dos agravos à saúde relacionados ao trabalho, incluindo a realização dos exames médicos admissionais, periódicos, de retorno ao trabalho, de mudança de função e demissionais, abrangendo a avaliação clínica e os exames complementares exigidos para cada função, nos prazos previstos no Programa e nas normas de regências, em especial na NR-7 e NR-31. (art. 157, I, da CLT c/c itens 7.3.1, alíneas "*a*" e "*b*", da NR-7 e 31.5.1.3.1, alíneas "*a*", "*b*", "*c*", "*d*" e "*e*" da NR-31, com redação da Portaria n. 86/2005).

2.9. Possibilitar o acesso dos trabalhadores aos órgãos de saúde para prevenção e profilaxia de doenças endêmicas e para aplicação de vacina antitetânica. (art. 13 da Lei n. 5.889/1973, c/c item 31.5.1.3.9, alíneas "*a*" e "*b*", da NR-31, com redação da Portaria n. 86/2005).

Seção VI – SEGURANÇA NO TRABALHO

2.10. Adotar medidas de avaliação e gestão dos riscos, de acordo com a ordem de prioridade estabelecida na NR-31. (art. 13 da Lei n. 5.889/1973, c/c item 31.3.3, alínea "l", da NR-31, com redação da Portaria n. 86/2005).

2.11. Promover, a todos os operadores de motosserra, motopoda e similares, treinamento para utilização segura da máquina, com carga horária mínima de oito horas e conforme conteúdo programático relativo à utilização constante do manual de instruções (art. 13 da Lei n. 5.889/1973, c/c item 31.12.39, da NR31, com redação da Portaria n. 2.546/2011).

2.12. Fornecer aos trabalhadores, gratuitamente, equipamentos de proteção individual, os quais devem ser adequados ao risco e mantidos em perfeito estado de conservação e funcionamento. (art. 13 da Lei n. 5.889/1973, c/c itens 31.20.1 e 31.20.1.1 da NR-31, com redação da Portaria n. 86/2005).

Seção VII – REPOUSO SEMANAL REMUNERADO

2.13. Conceder o repouso semanal remunerado e pagar ao empregado a remuneração a que fizer jus, correspondente ao repouso semanal. (art. 7º da Lei n. 605/1949).

Seção VIII – DANOS MORAIS COLETIVOS

2.14. A título de reparação genérica às lesões causadas aos trabalhadores e à ordem jurídica (dano moral coletivo), em razão da situação degradante a que os trabalhadores foram submetidos, o COMPROMISSÁRIO pagará o valor de R$ 15.000,00 em quinze parcelas de R$ 1.000,00, a primeira vencível em 1º.06.2020 e as demais no dia 1º de cada mês seguinte ou 1º dia útil subsequente, sob pena de multa de 20% em caso de mora e vencimento antecipado das parcelas remanescentes, a ser revertido ao FUNDO ESPECIAL DO MINISTÉRIO PÚBLICO DO ESTADO DE MINAS GERAIS — FUNEMP, através de depósito na conta corrente n. 6167-0, Agência n. 1615-2 do Banco do Brasil S/A, n. 001.

2.15. A reversão da indenização estipulada no caput desta cláusula deverá ser comprovada nos autos deste Inquérito Civil pelo compromissário.

2.16. Em caso de descumprimento da obrigação estipulada na presente cláusula, o Ministério Público do Trabalho executará o montante perante a Justiça do Trabalho (art. 876, *caput*, da CLT).

3. DAS MULTAS POR DESCUMPRIMENTO

3.1. O descumprimento de qualquer cláusula do presente Termo de Ajuste de Conduta importará em incidência da multa de R$ 4.000,00 (quatro mil reais), por cada cláusula descumprida, independentemente do número de empregados prejudicados, salvo com relação às cláusulas que preveem multa específica.

3.2. A multa referida na cláusula 3.1 será dobrada a cada reincidência no descumprimento do presente termo de ajuste de conduta, observado intervalo mínimo de 60 dias.

3.3. Conforme previsão do art. 5º, § 6º e 13 da Lei n. 7.347/85, a multa será reversível ao FUNDO ESPECIAL DO MINISTÉRIO PÚBLICO DO ESTADO DE MINAS GERAIS — FUNEMP, através de depósito na conta corrente n. 6167-0, Agência n. 1615- 2 do Banco do Brasil S/A, n. 001 ou a instituições de relevante caráter social, sem fins lucrativos, que possuam como finalidade a satisfação de interesses públicos, a serem indicadas pelo MINISTÉRIO PÚBLICO DO TRABALHO.

3.4. A multa aplicada não é substitutiva da obrigação pactuada, que remanesce à aplicação da mesma, para reger as presentes e futuras relações de emprego.

3.5. A multa reincidirá a cada nova fiscalização do cumprimento do termo de ajuste de conduta, de forma dobrada.

3.6. A execução da multa não impede a execução judicial da obrigação de fazer correspondente.

3.7. Caso necessário o ajuizamento de ação de execução judicial da multa, essa sofrerá um acréscimo de 20% (vinte por cento).

3.8. A multa pactuada não se confunde com as penalidades administrativas decorrentes do exercício do poder de polícia pelo Estado, através de seus órgãos de fiscalização do trabalho, tendo existência jurídica própria e não caracterizando *bis in idem*;

3.9. O valor da multa será atualizado pelo IPCA (Índice de Preços ao Consumidor Amplo) a partir da data de assinatura do presente Termo de Ajuste de Conduta. Na ausência do IPCA, a atualização monetária será efetuada com base em índice que vier a substituí-lo ou do IGP-M ou do INPC, nessa ordem.

3.10. O Ministério Público do Trabalho poderá requerer a elevação judicial do valor da multa ora pactuada, caso o seu montante se revele insuficiente para proteger satisfatoriamente os bens jurídicos envolvidos, nas mesmas hipóteses do art. 537, § 1º, inciso I, do NCPC.

3.11. O compromissário tem o ônus de provar o cumprimento desse termo de ajuste de conduta, sempre que lhe for requisitado. Se o compromissário falsear, omitir ou recusar a apresentação de informações e documentos requisitados pelo Ministério Público do Trabalho para a fiscalização deste TAC, presumir-se-á o descumprimento das cláusulas do presente ajuste, sendo devidas as multas pactuadas.

4. DA FISCALIZAÇÃO

4.1. O cumprimento do presente ajuste é passível de fiscalização, a qualquer tempo, pela Auditoria -Fiscal do Trabalho e/ou pelo próprio Ministério Público do Trabalho, sendo certo que qualquer cidadão é parte legítima para denunciar o desrespeito às cláusulas ora firmadas.

4.2 Para a realização de denúncias anônimas (o nome do denunciante será preservado em sigilo absoluto) são informados os seguintes telefones: – Procuradoria Regional do Trabalho em Belo Horizonte/MG: (31) 3304-6200; – Procuradoria do Trabalho em Patos de Minas/MG: (34) 3823-7470; – Gerência Regional de Patos de Minas/MG: (34) 3821-4066.

5. DA DENÚNCIA UNILATERAL

5.1 O Ministério Público do Trabalho, a qualquer tempo, diante de novas informações ou se o presente termo se revelar insuficiente para proteção dos bens jurídicos envolvidos ou, ainda, se as circunstâncias assim exigirem, poderá denunciar unilateralmente esse Termo (Súmula n. 473/STF), determinando outras providências que se fizerem necessárias, garantindo-se ao compromitente, em qualquer hipótese, o contraditório e a ampla defesa.

6. DA VIGÊNCIA E DA EXECUÇÃO

6.1. O presente termo de ajuste de conduta terá vigência a partir de 01/09/2020.

6.2. As cláusulas objeto do presente ajuste permanecem inalteradas em caso de sucessão *inter vivos* ou *mortis causa*, ficando o(s) sucessor(es) responsáveis pelas obrigações aqui pactuadas, inclusive pelas obrigações de fazer, de não fazer e de pagar, nos termos dos arts. 10 e 448 da CLT e poderão ser objeto de revisão a requerimento das partes signatárias.

6.3. Os administradores e sócios do compromitente se obrigam solidariamente pelo pagamento das sanções decorrentes do descumprimento do presente termo de ajuste de conduta.

6.4. Este Termo de Compromisso consubstancia título executivo extrajudicial, valendo por tempo indeterminado e, em caso de descumprimento, será executado perante a Justiça do Trabalho, consoante o art. 5º, § 6º, da Lei n. 7347/85 e o art. 876 e seguintes da CLT.

6.5. Na hipótese de existência de condição mais protetiva à saúde do empregado prevista em decisão judicial, instrumento coletivo ou contrato individual de trabalho, este Termo de Ajuste de Conduta não pode ser utilizado como fundamento para aplicação de norma menos favorável ao empregado.

6.6. O presente Termo de Ajuste não condiciona ou impede a atuação dos Auditores Fiscais do Trabalho.

6.7. Os valores fixados, em razão do presente Termo de Ajuste, não serão compensados com qualquer penalidade imposta em decorrência da atuação dos Auditores Fiscais do Trabalho.

6.8. O presente Termo de Ajuste de Conduta representa garantia mínima de proteção dos bens jurídicos lesados em prol da coletividade e não configura transação de direitos de qualquer espécie.

6.9. O presente Termo de Ajuste não impede a utilização das medidas judiciais que forem necessárias e adequadas para complementar ou corrigir eventuais violações de direitos e interesses que se apresentarem insuficientemente protegidos pelo mesmo. As medidas judiciais aqui referidas podem ser propostas pelo Ministério Público do Trabalho ou qualquer outro ente colegitimado à ação civil pública.

6.10. O presente Termo de Ajuste de Conduta não autoriza o compromissário a descumprir quaisquer outros preceitos legais, nem isenta o mesmo das sanções daí decorrentes.

6.11. Este Termo de Compromisso será firmado em 02 (duas) vias iguais, valerá por tempo indeterminado e em caso de descumprimento será executado perante a Justiça do Trabalho, nos termos do art. 5º, § 6º, da Lei n. 7.347/85 e do art. 876 da CLT.

Patos de Minas, 21 de maio de 2020.

CAPÍTULO 4

Ação Civil Pública Trabalhista (ACPT)

A Ação Civil Pública Trabalhista que iremos estudar terá por escopo a erradicação do trabalho escravo, ou seja, toda e qualquer forma degradante de trabalho. Portanto, toda a análise será voltada para os direitos metaindividuais (difusos, coletivos e individuais homogêneos) em questão, a escravidão contemporânea.

Abordaremos a questão da sua origem, conceito, natureza jurídica, competência, finalidade, objeto, pedido de dano moral coletivo e sua destinação, legitimidade (ativa e passiva) e litisconsórcio, TAC, IC, rito processual, liminar, tutela provisória, ajuizamento, penalidades impostas e efeito da coisa julgada.

4.1. Origem, conceito e natureza jurídica

A Ação Civil Pública (ACP) surgiu no sistema processual brasileiro com o advento da Lei Complementar n. 40/1981 (Lei Orgânica Nacional do Ministério Público), de forma restritiva; e ampliada com a criação da Lei n. 7.347, de 24.7.1985 (LACP), quando inseridos 23 artigos. Seu texto atual é integrado por modificações inseridas pelas normas processuais da Lei n. 8.078/1990 (Código de Defesa do Consumidor).

Cabe-nos salientar que foi recepcionada pela Constituição Federal de 1988, sob o viés da legitimação ativa do Ministério Público, porquanto menção lhe é feita no art. 129, III, que cuida das funções institucionais daquele órgão. E ainda utilizou-a como instrumento de cidadania, destinado à defesa de quaisquer interesses metaindividuais da sociedade.

Reza referida norma constitucional ser atribuição do Ministério Público "promover o inquérito civil e a ação civil pública, para a proteção do patrimônio público e social, do meio ambiente e de outros interesses difusos e coletivos."

Com o advento da Lei Complementar n. 75/1993, estabeleceu-se o seu cabimento na esfera trabalhista, *in verbis*:

> "Art. 83. Compete ao Ministério Público do Trabalho o exercício das seguintes atribuições junto aos órgãos da Justiça do Trabalho:
>
> I – (...)
>
> II – (...)
>
> III – *promover a ação civil pública no âmbito da Justiça do Trabalho*, para defesa de interesses coletivos, quando desrespeitados os direitos sociais constitucionalmente garantidos." (g. n.)

Será, por conseguinte, devido ingressar com o ACPT na Justiça do Trabalho, como denota o próximo item "4.2".

Ronaldo Lima dos Santos define a ação civil pública trabalhista "como o instrumento processual, de cunho constitucional, assegurado a determinados autores ideológicos com legitimação prevista em lei (Ministério Público, Defensoria Pública, entes estatais, autarquias, empresa pública, fundação, sociedade de economia mista e associações, entre as quais incluem-se as entidades sindicais), para a tutela preventiva, inibitória, repressiva ou reparatória de danos de qualquer ordem, imateriais ou materiais, morais ou patrimoniais, aos interesses transindividuais — difusos, coletivos e individuais homogêneos — afetos, direta ou indiretamente, às relações de trabalho e aos interesses individuais indisponíveis".(163)

A ação civil pública tem natureza jurídica de uma ação de conhecimento, de cunho constitucional, conforme preconiza o art. 129, III, da CF/88.

4.2. Competência material, funcional e territorial

Em se tratando de Ação Civil Pública, proposta pelo Ministério Público do Trabalho, objetivando a erradicação da escravidão contemporânea, será competente a Justiça do Trabalho para a solução da lide. Lembrando que a **competência material é estabelecida segundo a natureza da causa.**(164) Tal competência é pacífica nas doutrinas e na jurisprudência, com base no disposto na Constituição Federal (114 – Justiça Especializada) e na Lei Complementar n. 75/1993 (art. 83, inciso II), como ilustra a seguinte ementa:

> "JUSTIÇA DO TRABALHO. COMPETÊNCIA. Tratando-se de defesa de interesses coletivos e difusos no âmbito das relações laborais, a competência para apreciar a Ação Civil Pública é da Justiça do Trabalho, nos termos do art. 114 da Constituição Federal/88, que estabelece idoneidade a esse ramo do Judiciário para a apreciação não somente dos dissídios individuais e coletivos entre trabalhadores e empregadores, mas também de outras controvérsias decorrentes da relação do trabalho." (Processo n. TST-RR-402.469/97, Acórdão da 5ª Turma; *in Revista do Ministério Público do Trabalho*, n. 17, mar. 99)(165)

Ibraim Rocha esclarece acerca da competência material ser a Justiça do Trabalho competente para apreciar as ações civis públicas para conciliação e julgamento ligadas aos interesses metaindividuais, envolvendo trabalhadores e empregadores, Administração Pública direta e indireta dos Municípios, do Distrito Federal, dos Estados e da União, decorrentes das relações de trabalho.(166)

E, no âmbito da **competência funcional**(167), argumenta, ainda, que se a lesão ou ameaça de lesão aos interesses metaindividuais dos trabalhadores no âmbito territorial onde ocorre o dano, como determina a LACP, determina três situações: 1ª) afetado o interesse de uma categoria dentro da área de jurisdição de uma Vara, seria competente uma das Varas (ou a única Vara) da região; 2ª) mas, se as categorias abrangem mais de

(163) *Sindicatos e Ações Coletivas*, p. 276.

(164) Competência material da Justiça do Trabalho: quando a causa de pedir e o pedido forem delimitados a partir de conflitos nas relações laborais.

(165) *Apud* MELO, Raimundo Simão de. *Ação Civil Pública na justiça do trabalho*, p. 153-155.

(166) *Ação Civil Pública Trabalhista e o processo do trabalho*, p. 95.

(167) Competência funcional: Vara do Trabalho do lugar onde ocorreu ou deva ocorrer o dano.

uma região, seria competente a Vara que primeiro conheceu o conflito por prevenção ou deveria ser competente o Tribunal Regional da área; e 3ª) no caso de afetar interesses metaindividuais de trabalhadores de mais de uma região trabalhista ou no caso de afetar todo o país, competiria ao Tribunal Superior do Trabalho a sua apreciação.(168)

O art. 2º da LACP estabelece que o Foro competente (**competência funcional**) será o local onde ocorreu ou deverá ocorrer o dano; havendo mais de uma Comarca, será competente qualquer uma delas, mas a presente regra não deverá ser aplicada de forma isolada, ressalva ao art. 93 do CDC, que determina o foro do lugar onde ocorreu ou deva ocorrer o dano, quando âmbito local; ou o foro da Capital do Estado ou no Distrito Federal, para os danos de âmbito nacional ou regional, aplicando-se as regras do CPC aos casos de competência concorrente.

Em relação aos dois últimos parágrafos acima, é recomendável desconsiderá-los em parte, mantendo-se a primeira parte (art. 2º da LACP: foro do local onde ocorrer o dano), tendo em vista o novo posicionamento do Tribunal Superior do Trabalho, na sua Orientação Jurisprudencial n. 130, da Seção de Dissídio Individual II (SDI-II), *in verbis:*

> "AÇÃO CIVIL PÚBLICA. COMPETÊNCIA. LOCAL DO DANO. LEI N. 7.347/1985, ART. 2º. CÓDIGO DE DEFESA DO CONSUMIDOR, ART. 93 (redação alterada na sessão do Tribunal Pleno realizada em 14.9.2012 – Res. n. 186/2012, DEJT divulgado em 25.9.2012).
>
> I – A competência para a Ação Civil Pública fixa-se pela extensão do dano.
>
> II – Em caso de dano de abrangência regional, que atinja cidades sujeitas à jurisdição de mais de uma Vara do Trabalho, a competência será de qualquer das Varas das localidades atingidas, ainda que vinculadas a Tribunais Regionais do Trabalho distintos.
>
> III – Em caso de dano de abrangência suprarregional ou nacional, há competência concorrente para a Ação Civil Pública das Varas do Trabalho das sedes dos Tribunais Regionais do Trabalho.
>
> IV – Estará prevento o juízo que a primeira ação houver sido distribuída."

No tocante à competência territorial, Ronaldo Lima dos Santos sustenta que parte da doutrina processual trabalhista, independentemente da extensão territorial da lesão aos interesses transindividuais dos trabalhadores, a competência estará adstrita à jurisdição da Vara do Trabalho do lugar onde ocorreu ou deva ocorrer o dano. E, ainda, que os critérios adotados para a fixação da competência objetivaram na facilitação da produção de provas e na maior possibilidade da apuração da verdade real.(169)

Em suma, se deflagrado trabalho escravo (dano) em uma determinada cidade, a Justiça do Trabalho tem competência material; a Vara do Trabalho daquela cidade terá competência funcional para julgar, e competência territorial por ser o Foro do local do dano. Se atingir mais de uma região, será concorrente qualquer uma das Varas do Trabalho, e, sendo suprarregional ou nacional, será concorrente qualquer das Varas do Trabalho das sedes dos Tribunais do Trabalho ou do Distrito Federal.

(168) *Ação Civil Pública Trabalhista e o processo do trabalho*, p. 96.

(169) *Sindicatos e Ações Coletivas*, p. 296-297.

4.3. Finalidade e objeto

A ação civil pública tem por finalidade proteger os direitos e interesses metaindividuais — difusos, coletivos e individuais homogêneos — de ameaças e lesões.

Essa ação permite a tutela de direitos de massas, direitos estes fortemente atomizados, que não encontravam proteção nos mecanismos processuais individualistas, sujeitando o corpo social a agravos, sem outorgar-lhe meio adequado de defesa.

A sua caracterização advém do seu objeto, ou seja, a tutela dos direitos metaindividuais que estão elencados em seu art. 1º, incisos I a VII, abaixo relacionados; predominantemente processual, dando cumprimento ou efetividade ao direito material, assegurado em outras normas jurídicas, presentes na Constituição Federal, no Código de Defesa do Consumidor, em normas ambientais esparsas e diversos diplomas legais.

O art. 1º, incisos I a VII, da LACP, estabelece a proteção, *in verbis*:

"I – ao meio ambiente;

II – ao consumidor;

III – a bens e direitos de valor artístico, estético, histórico, turístico e paisagístico;

IV – a qualquer outro *interesse difuso* e coletivo;

V – por infração da ordem econômica; (redação dada pela Lei n. 12.529, de 2011);

VI – à ordem urbanística; (incluída pela MP n. 2.180-35, de 2001);

VII – à honra e à dignidade de grupos raciais, étnicos ou religiosos. (incluída pela Lei n. 12.966, de 2014)."

A proteção desses bens e direitos tem por escopo evitar ou reparar danos que lhes foram causados, determinando aos responsáveis pela ação lesiva ou omissão que se abstenham da prática dos atos danosos, ou que pratiquem os atos que lhes competem, reparando as lesões já produzidas, ou indenizando a sociedade.

A respectiva ação pode ter por objeto um comando condenatório, cautelar, declaratório, constitutivo (positivo ou negativo), mandamental, de liquidação e de execução ou qualquer outra espécie, desde que necessário.

A tutela jurisdicional prestada será a condenação em dinheiro ou cumprimento de obrigação de fazer ou não fazer (art. 3º).

Poderá o juiz, se presente o *fumus boni juris* e o *periculum in mora*, conceder liminar, prevenindo o dano ou a sua propagação (art. 4º), tal como: a interdição de obras, locais de trabalho ou até de toda uma empresa, quando, por exemplo, ausentes os equipamentos mínimos de segurança do trabalho, e já na fase de condenação, o pagamento de indenizações genéricas — materiais e morais — pelos danos causados ao meio ambiente do trabalho ou qualquer outro interesse metaindividual trabalhista, tal como o trabalho análogo à condição de escravo.[170]

Ressalte-se que os bens e direitos aduzidos no art. 1º da Lei não se restringem ao círculo dos direitos e bens materiais, abrangendo, inclusive, os imateriais, tais como o *dano moral.*

Nesse diapasão, iremos citar duas jurisprudências[171] proferidas na Justiça trabalhista, na questão de indenização por dano moral proveniente de trabalho escravo, a seguir:

> "AÇÃO CIVIL PÚBLICA. INDENIZAÇÃO POR DANO À COLETIVIDADE. Para que o Poder Judiciário se justifique, diante da necessidade social de justiça célere e eficaz, é imprescindível que os próprios juízes sejam capazes de crescer, erguendo-se à altura dessas novas e prementes aspirações, que saibam, portanto, tornar-se eles mesmos protetores dos novos direitos difusos, coletivos e fragmentados, tão característicos e importantes da nossa civilização de massa, além dos tradicionais direitos individuais (Mauro Cappelletti). Importa no dever de indenizar por dano causado à coletividade, o empregador que submete trabalhadores à condição degradante de escravo." (TRT da 8ª Região, Processo RO n. 861/2003, Ac. n. 276/2002, 1ª Turma, relatora Juíza Maria Valquíria Norat Coelho, DJRO de 3.4.2003)

> "DANO MORAL. TRABALHO EM CONDIÇÕES ANÁLOGAS À DE ESCRAVO. Além de justa a reparação do dano moral requerida, bem como da procedência das verbas rescisórias trabalhistas indicadas em consequência do aludido dano, também justificadora da extinção das relações empregatícias, torna-se impostergável um indispensável e inadiável "Basta"! à intolerável e nefasta ofensa social e retorno urgente à decência das relações humanas de trabalho. Torna-se, portanto, urgente, a extirpação desse cancro do trabalho forçado análogo à condição de escravo que infeccionou as relações normais de trabalho, sob condições repulsivas da prestação de serviços tão ofensivas à reputação do cidadão brasileiro com negativa imagem do país, perante o mundo civilizado." (Processo n. TRT — 10ª Região, RO n. 00073-202-811-10-00-6, 2ª Turma, relator Juiz José Ribamar O. Lima Júnior, julgado em 7.5.2003)

Segundo ensinamento de Raimundo Simão de Melo, as formas de reparação do *dano moral* no Direito do Trabalho, conforme a ofensa e as circunstâncias do caso, podem ser:

> "a) indenização/compensação em pecúnia; b) prestação de serviços alternativos à sociedade; c) atestatória; e d) publicação em jornal de circulação, pelo empregador, de aviso ou nota esclarecendo que o empregado não praticou qualquer ilícito, como lhe havia sido imputado. Quanto ao dano moral coletivo, é preciso apenas fazerem-se algumas adaptações por conta das peculiaridades inerentes no caso concreto."[172]

Lembramos que o dano moral não advém de origens patrimoniais, da ofensa a bens comercializáveis, mas da dor, em seu mais abrangente significado, relacionada à integridade física e psíquica da pessoa humana, à sua dignidade, às repercussões sociais

(170) Art. 4º, da LACP, com nova redação: "Poderá ser ajuizada ação cautelar para os fins desta Lei, objetivando, inclusive, evitar dano ao meio ambiente, ao consumidor, à honra e à dignidade de grupos raciais, étnicos ou religiosos, à ordem urbanística ou aos bens de valor artístico, estético, histórico, turístico e paisagístico." (Redação dada pela Lei n. 12.966, de 2014).

(171) *Apud* MELO, Raimundo Simão de. *Ação Civil Pública na justiça do trabalho*, p. 103-104.

(172) *Ibidem*, p. 105.

do ato infrator, aos valores de uma comunidade, que pode ser colhida por um doloroso sentimento de perda, provocado pelo desrespeito a bens e valores que lhe são caros.

4.4. Dano moral coletivo e sua destinação

Segundo informações prestadas sobre a evolução doutrinária e jurisprudencial sobre o tema, no tocante às ações civis públicas em face ao trabalho em condições análogas à de escravo, "as primeiras pretensões relativas a dano moral coletivo foram deduzidas a partir do ano de 2001, influenciadas por debates havidos na cidade de Belém/PA, por ocasião do 'Seminário Internacional Trabalho Forçado — Realidade a ser Combatida', realizado em novembro de 2000".(173)

Os valores relativos aos pedidos de dano moral coletivo em ação civil pública ou ação civil coletiva para o combate ao trabalho escravo, com destinação ao FAT, variam em cada região. "Assim, no bojo das 98 (noventa e oito) ações civis públicas ajuizadas no âmbito da 8ª Região, os pedidos do MPT giraram em torno de R$ 54.000.000,00 (cinquenta e quatro milhões de reais); na 10ª Região, 16 (dezesseis) ações civis públicas geraram pretensões superiores a R$ 700.000,00 (setecentos mil reais); na 23ª Região, foram ajuizadas 14 (quatorze) ações civis públicas e 2 (duas) ações civis coletivas, com pedidos que extrapolam a marca dos R$ 8.900.000,00 (oito milhões, novecentos mil reais)".(174)

Esses valores têm a destinação do pagamento do abono salarial (requisitos específicos, previstos no art. 9º da Lei n. 7.998/1990, que não alcançam os trabalhadores encontrados em situação análoga ao trabalho escravo), ao financiamento de programas de desenvolvimento econômico (geração de emprego e renda, voltados para a área rural e urbana) e ao custeio do Programa de Seguro-Desemprego (Lei n. 10.608/2002: pagamento de três parcelas de Seguro-Desemprego).(175)

Caso emblemático, de uma ACP proposta pelo MPT-Campinas em face da empresa Construtora Odebrecht S.A. e outras, processo n. 10230-31.2014.5.15.0079, prolatada pelo juiz do trabalho Carlos Alberto Frigieri, TRT15ª Região/SP, **considerada a maior ação de trabalho escravo da história**, com pedido de dano moral coletivo no importe de R$ 50.000.000,00 (cinquenta milhões de reais).

A empresa levava trabalhadores recrutados em Américo Brasiliense (SP) para fora do país, para Angola, onde estava construindo uma usina de cana-de-açúcar. Segundo os documentos e vídeos que instruíram as provas do processo, os trabalhadores estavam vivendo em condições degradantes, configurando trabalho em condições análogas à de escravo.

A sentença foi prolatada em 30.06.2015, transitada em julgado em 16.03.2017, e firmado acordo no importe de R$ 15,2 milhões (18.05.2017), sendo que as verbas serão

(173) PRADO, Erlan José Peixoto do. *A Ação Civil Pública e sua eficácia no combate ao trabalho em condições análogas à de escravo:* o dano moral coletivo, p. 195.

(174) *Ibidem*, p. 197.

(175) *Ibidem*, p. 198.

pagas de forma paulatina até o ano de 2023; algumas das instituições beneficiadas *x* valores a receber: a Santa Casa de Araraquara (R$ 8,5 milhões); a Associação Procordis Araraquara (R$ 4,263 milhões); a Oficina das Meninas (R$ 339.377,00) e a Fundação Toque — FUNBESCO (R$ 2,104 milhões).

Conforme os dizeres do procurador do trabalho Rafael de Araújo Gomes: "A reversão dos valores para projetos relevantes para a região de Araraquara é uma forma de reparar o ilícito causado com o uso de mão de obra escrava, ao mesmo tempo em que coloca em perspectiva o papel social do Ministério Público do Trabalho e da Justiça do Trabalho. A destinação de indenizações coletivas ao local do dano é medida prevista pela jurisprudência e pelo Conselho Nacional do Ministério Público. Esperamos que a iniciativa traga grandes benefícios aos munícipes".

4.5. Legitimidade (ativa e passiva) e litisconsórcio

Como já mencionado acima, com o advento da Lei Complementar n. 75/1993[(176)], o Ministério Público do Trabalho é legítimo para propor a ACPT.

Na esfera de direitos metaindividuais, conforme art. 8º, inc. III, da CF, os sindicatos também têm legitimidade para ingressar com ação civil pública; mas, em se tratando de matéria exclusiva de direito e interesse difuso, no caso em tela, escravidão, tão somente o Ministério Público do Trabalho tem legitimidade, haja vista que não se trata de interesse de grupo ou categoria, e sim de interesses cujos titulares são indeterminados, anônimos, dispersos e sem rosto; o bem jurídico em questão interessa a toda a sociedade brasileira.

Poderá, sim, o sindicato ingressar com ação civil pública em face de certo "escravizador" (empregador) para cessação das práticas escravizantes em determinada localidade, bem como de atos de aliciamento, denunciando-se ao Ministério Público Federal para a tomada de providências quanto à responsabilização criminal.

Alguns doutrinadores argumentam que, para os direitos metaindividuais, é autônoma a legitimidade. Segundo entendimento do Juiz do Trabalho Marcos Neves Fava, "autônoma, porque independe da quebra de inércia por parte do titular do direito, concorrente, porque não exclui outras vias de defesa do mesmo interesse, e disjuntiva, porque não há hierarquia ou condição entre os entes legitimados sociais".[(177)]

Será admitido litisconsórcio facultativo entre os Ministérios Públicos da União, do Distrito Federal e dos Estados (art. 5º, § 5º). O presente parágrafo foi inserido com o advento do Código de Defesa do Consumidor (CDC), no art. 113.

A legitimidade passiva engloba todos aqueles que por meio de ações ou omissões causarem lesão ou ameaça a direitos trabalhistas, previstos na Constituição Federal, podendo ser pessoas físicas ou jurídicas. Como exemplo, Grupo de Empresários Pecuaristas e/ou fazendeiro que explorem atividade pecuária mediante a utilização de mão de obra escrava.

---

(176) LC n. 75/83: que regulamenta as atribuições do Ministério Público da União.

(177) *Ação Civil Pública Trabalhista*, p. 175.

4.6. Termo de Compromisso de Ajustamento de Conduta e Inquérito Civil

Os órgãos legitimados poderão firmar termo de compromisso de ajustamento de conduta, inserindo cominações, o qual terá força de título executivo extrajudicial (art. 5º, § 6º), inserido por meio do art. 113 do CDC, já mencionado no capítulo anterior (item 3.4).

É permitido que o Ministério Público seja provocado por qualquer pessoa que se encaminhar ao servidor público com informações que coadunam com os fatos alegados, viabilizando ao MP instaurar IC e eventual ACP (art. 6º).

E, ainda, qualquer membro em suas funções de Juiz e no tribunal que tiver conhecimento de fatos que ensejam a propositura da ACP deverá encaminhar ao MP as peças para que sejam tomadas as devidas providências (art. 7º).

Poderá o interessado instruir a inicial mediante certidões e informações fornecidas por autoridades competentes, no prazo de 15 (quinze) dias; caso não seja fornecida dentro do prazo, a ação poderá ser ajuizada (art. 8º).

O MP poderá solicitar a qualquer órgão documentos, informações, certidões, exames e perícias, e ainda poderá instaurar inquérito civil (estudado no capítulo anterior, item 3.4), art. 8º, § 1º. Em caso de documento sigiloso, a ação será proposta desacompanhada daquele documento, devendo o Juiz solicitá-lo (art. 8º, § 2º).

Caso o MP, após esgotar todas as diligências, se convencer da inexistência de fundamentos para a propositura da ação civil, promoverá o arquivamento, devendo, contudo, ser fundamentado (art. 9º). As peças de informação ou os autos do inquérito civil serão encaminhados ao Conselho Superior do Ministério Público, para homologação e/ou encaminhamento para outro órgão do Ministério Público para ajuizamento da ação (art. 9º e §§ 1º ao 4º).

No trâmite da documentação, requisitada pelo Ministério Público, são considerados crimes a recusa, a omissão ou o retardamento de dados técnicos indispensáveis à propositura da ação civil (art. 10).

4.7. Rito processual

Na Justiça do Trabalho, será adotado o procedimento ordinário. Considerando-se os preceitos da Consolidação das Leis do Trabalho (CLT), hão que se aplicar, subsidiariamente, da LACP propriamente em estudo, o Código de Defesa do Consumidor (Lei n. 8.078/1990) e o Código de Processo Civil, este último, nos casos omissos, desde que compatível com os interesses defendidos metaindividuais.

Segundo Ronaldo Lima dos Santos, segue o rito processual traçado pela LACP e pelo CDC, conforme o art. 21 da LACP. Em sua obra "Sindicatos e Ações Coletivas"(178), traça algumas observações importantes: incabível o depoimento pessoal do autor coletivo, haja vista a indisponibilidade dos direitos transindividuais; incabível o depoimento pessoal

(178) *Sindicatos e ações afirmativas*, p. 305-308.

de membro do Ministério Público, por não ser parte da relação processual; não se admite a reconvenção; não se admite a renúncia e nem a transação, o que difere da conciliação a respeito de acessórios da pretensão principal, que é permitido; ocorrência da litispendência e da coisa julgada entre ACP *x* ACP, após a análise da existência da identificação entre o pedido, a causa de pedir e a qualificação dos entes legitimados.

4.8. Liminar, tutela provisória e efeitos da sentença

Poderá o juiz, mesmo que não haja o pedido na inicial, quando o objeto da ação for de cumprimento de obrigação de fazer ou não fazer, determinar a prestação da atividade devida ou a cessação da atividade nociva, sob pena de cominação de multa diária (*astreinte*), art. 11; conceder mandado liminar, com ou sem justificação prévia, art. 12; e conceder efeito suspensivo aos recursos para evitar dano irreparável à parte, art. 14. E ainda, com a aplicação subsidiária do CPC, prevista no art. 19 da LACP, o pedido de tutela provisória de urgência antecipada, visando salvaguardar o bem jurídico protegido em juízo (art. 294 e seguintes do CPC/2015). Portanto, cabível o pedido de medida liminar com base na LACP, do art. 84, § 4º, do CDC[179] e de tutela provisória, nas modalidades de urgência ou evidência (CPC).

Há de se destacar a importância da concessão de liminar, uma vez que na propositura da ACP há a pretensão jurisdicional de plano, viabilizando a proteção e a dignidade do ser humano, ora trabalhadores, evitando e/ou prevenindo os eventuais danos. Como no caso de escravidão, em que, se a liminar for concedida, há a soltura imediata dos trabalhadores e a exigência de serem reconhecidos os seus direitos constitucionais e trabalhistas em vigor.

Nos casos das condenações em pecúnia, estas deverão ser revertidas ao fundo gerido pelo Conselho Federal ou por Conselhos Estaduais de que o Ministério Público participe (art. 13), conhecido por Fundo Federal de Defesa dos Direitos Difusos (FDDD), para a reconstrução do bem lesado. Na esfera da Justiça do Trabalho, é destinado ao Fundo de Amparo ao Trabalhador (FAT), conforme apuração em processo declaratório de liquidação de sentença.

Conforme preconiza o art. 16, da Lei ACP, a sentença fará coisa julgada *erga omnes*, ou seja, valerá em todo o território do órgão prolator, salvo se julgada improcedente por ausência de provas, caso em que poderá ser proposta por qualquer outro interessado, com os mesmos fundamentos, desde que com a apresentação de novas provas (art. 103, inc. I, do CDC, c/c. art. 21 da LACP).

Ronaldo Lima dos Santos aduz que a alteração do art. 16, da Lei ACP, foi incongruente, por confundir competência e jurisdição; e, competência e extensão dos efeitos da coisa julgada. Afastou a sua aplicação às demandas que versem sobre interesses coletivos, uma vez que as mesmas produzem efeitos *ultra partes*; o mesmo ocorre aos interesses difusos, haja vista que a amplitude da coisa julgada é determinada pelo pedido. "A extensão da coisa julgada é determinada pelo pedido e não pela competência"[180]. O autor cita o pensamento de Motauri Ciochetti de Souza: "(...) admitir-se a constitucionalidade do

(179) Microssistema do processo coletivo: LACP + CDC.

(180) *Sindicatos e ações coletivas*, p. 315.

dispositivo em comento implicaria permitir que pessoas que possuam exatamente a mesma situação jurídica venham a ser tratadas desigualmente (...)".[181]

Diante de inúmeros processos, acerca da constitucionalidade do art. 16 da Lei ACP, segundo o qual a sentença na ACP fará coisa julgada *erga omnes*, nos limites da competência territorial do órgão prolator, em 14.2.2020, o Ministro Alexandre de Moraes, no Recurso Extraordinário n. 1.101.937[182], com repercussão geral[183] reconhecida pelo STF (Tema 1075), suspendeu a nível nacional todos os processos em andamento em que se discuta a abrangência do limite territorial para eficácia das decisões proferidas em ACP. Nesse RE examina-se, à luz dos arts. 2º, 5º, incisos XXXVII, LII e LIV; 22, inciso I; e 97 da CF/88, se o art. 16 da LACP se harmoniza com a Constituição de 1988, que limita a eficácia dessas sentenças à competência territorial do órgão que a proferir.

Em 04.03.2021, iniciou-se o julgamento do RE n. 1.101.937, por videoconferência.[184] Votaram seis ministros (Alexandre de Moraes – Relator, Cármen Lúcia, Rosa Weber, Ricardo Lewandowski, Nunes Marques e Edson Fachin), todos pela inconstitucionalidade da norma. Os ministros Roberto Barroso e Dias Toffoli, declararam-se impedidos. E, **em razão do pedido de vista do ministro Gilmar Mendes, ficou suspenso o julgamento.** Sendo finalizado o julgamento Virtual em 07.04.202. A maioria decidiu pela inconstitucionalidade da limitação territorial em ações civis públicas, *in verbis*: "I – É inconstitucional a redação do art. 16 da Lei n. 7.347/1985, alterada pela Lei n. 9.494/1997, sendo repristinada sua redação original. II – Em se tratando de ação civil pública de efeitos nacionais ou regionais, a competência deve observar o art. 93, II, da Lei n. 8.078/1990 (Código de Defesa do Consumidor). III – Ajuizadas múltiplas ações civis públicas de âmbito nacional ou regional e fixada a competência nos termos do item II, firma-se a prevenção do juízo que primeiro conheceu de uma delas, para o julgamento de todas as demandas conexas"[185] Segundo dados do STF, "O recurso, com repercussão geral (Tema n. 1.075), servirá de parâmetro para a solução de 2.669 processos com a mesma controvérsia que tramitam em outras instâncias".[186]

4.9. Pedidos na ACPT

No decorrer dos estudos, ao analisar peças de ação civil pública trabalhista em face ao trabalho escravo no Brasil, pode-se notar, dentre várias infrações, a total *ausência* dos direitos trabalhistas e constitucionais, tais como:

a) anotações na CTPS e registro em livro próprio;

b) segurança no trabalho e higiene;

(181) *Ibidem*, p. 316.

(182) Processo Paradigma n. 1.101.937. Tema n. 1.075. STF. O ministro Alexandre de Moraes, do Supremo Tribunal Federal, determinou a suspensão nacional de todas aos processos em andamento em que se discuta a abrangência do limite territorial para eficácia das decisões proferidas em ação civil pública, tratado no art. 16 da Lei da Ação Civil Pública (Lei n. 7.347/1985). O ministro é o relator do Recurso Extraordinário (RE) n. 1.101.937, que teve repercussão geral reconhecida pelo STF (Tema 1075). A suspensão está prevista no art. 1.035, § 5º, do Código de Processo Civil (CPC).

(183) Art. 1.035, §§ 1º e 5º, do CPC. Repercussão geral; Suspensão.

(184) Disponível em: <http://portal.stf.jus.br/processos/detalhe.asp?incidente=5336275>. Acesso em: 07 mar. 2021.

(185) Disponível em: <http://portal.stf.jus.br/processos/detalhe.asp?incidente=5336275>. Acesso em: 30 abr. 2021.

(186) Disponível em: <http://portal.stf.jus.br/noticias/verNoticiaDetalhe.asp?idConteudo=461602&ori=1>. Acesso em: 07 mar. 2021.

c) liberdade de ir e vir;

d) pagamento de salário até o quinto dia útil do mês sequente;

e) jornada superior a 44 horas semanais e 8 horas diárias;

f) recolhimento do FGTS e das contribuições previdenciárias;

g) fornecimento gratuito de equipamentos de trabalho e proteção do trabalhador;

h) realização de exames admissionais e demissionais;

i) fornecimento de materiais de primeiros socorros;

j) fornecimento de água potável;

k) disponibilidade de instalações de sanitários e alojamentos dignos onde ficam os trabalhadores;

l) transporte para o deslocamento de locais isolados das cidades.

Diante dos fatos acima, os pedidos nas Ações Civis Públicas em face dos réus foram:

a) reconhecimento da relação de emprego entre os trabalhadores e o tomador de serviços, nos termos do art. 29 da CLT;

b) abstenção de exigir o trabalho forçado/degradante;

c) se abster de coagir ou induzir os trabalhadores a utilizarem armazéns ou serviços mantidos pela fazenda;

d) se abster de impor sanção aos trabalhadores em razão da dívida acumulada: de bloqueio de dinheiro nas contas bancárias em nome do réu, para garantir a execução final da decisão do réu;

e) indisponibilidade dos bens móveis e imóveis do réu;

f) quebra de sigilo bancário e fiscal do réu;

g) cumprimento das normas de segurança, medicina e higiene do trabalho;

h) rescisão indireta dos contratos de trabalho, com pagamento das verbas rescisórias, quando desaconselhável a continuidade da relação de trabalho;

i) pagamento das despesas da viagem de retorno dos trabalhadores às suas origens;

j) condenação em dano moral difuso (à imagem da sociedade), dano moral coletivo (do grupo globalmente considerado) e dano moral individual homogêneo (correspondente aos danos sofridos de forma pessoal para cada trabalhador encontrado na situação em comento);

k) indenização em pecúnia e em multas *(astreintes)* diárias.

Podemos citar uma matéria publicada na *Folha de S. Paulo* em 22.10.2003, com o título de "Ação pede indenização recorde por trabalho análogo à escravidão", escrita por Mauro Albano, o qual narrou o pedido de uma ação civil pública proposta pela Procuradoria do Trabalho do Estado do Pará, contra a empresa Lima Araújo Agropecuária, reincidente em atuações por uso de trabalho análogo à escravidão em suas fazendas, com pedido de indenização de mais de R$ 22 milhões.

Conforme se depreende do texto original, a empresa já fora fiscalizada mais de quatro vezes pelo Ministério do Trabalho, sendo encontrados cerca de 180 trabalhadores em condições consideradas degradantes, sendo cinco menores.

Segundo informações do Ministério do Trabalho, eles eram submetidos à servidão por dívida: trabalhavam para pagar por alimentação, transporte e ferramentas. Como agravantes, a Procuradoria cita a presença de vigilância armada, retenção de documentos, ameaças e omissão de primeiros socorros. E eram transportados em caminhão com carroceria tipo gaiola, destinado ao transporte de gado. Foram achados dois capatazes armados que faziam a vigilância da fazenda, sendo um deles preso em flagrante por porte ilegal de arma. Os peões eram alojados no curral para gado e dormiam em redes em um chão repleto de fezes de animais.

O valor requerido para a condenação equivale a 40% do valor estimado da terra. De acordo com o texto da ação, "considera os malefícios causados com a reiterada e constante intermediação ilegal de mão de obra, privando os trabalhadores de todas as garantias trabalhistas e previdenciárias".

4.9.1. Pedido de dano moral

O MPT ingressou com Ação Civil Pública em face da empresa Lima Araújo Agropecuária Ltda. e outros, no Estado do Pará. Dos fatos, narrou os depoimentos de várias vítimas encontradas na fazenda exercendo trabalho análogo à escravidão, e do direito, o descumprimento reiterado de preceitos legais e mesmo constitucionais, a lesão da coletividade e a reparação ao dano moral coletivo das vítimas ali encontradas.

Argumenta no tópico de Dano Moral que: "As lições doutrinárias indicam que a sociedade é sim titular de um patrimônio moral que pode ser abalado por atos contrários à lei e a um mínimo de ética que deve presidir as relações sociais".[(187)]

E, na elucidação jurisprudencial, cita o TRT/8ª Região, cujo posicionamento é de maneira firme e decidida no combate a essas práticas repulsivas de exploração de seres humanos, especificamente nos casos de trabalho escravo/degradante, acolhendo o pedido de dano moral coletivo e as demais decisões citadas abaixo:

> a) Decisão proferida no Processo TRT-RO n. 5.309/2002, cujo relator foi o Juiz Luis José de Jesus Ribeiro, confirmando a decisão de 1º grau acima referida, na qual a demandada não era outra senão a Lima Araújo Agropecuária Ltda.
>
> "DANO MORAL COLETIVO — POSSIBILIDADE. Uma vez configurado que a ré violou direito transindividual de ordem coletiva, infringindo normas de ordem pública que regem a saúde, segurança, higiene e meio ambiente do trabalho e do trabalhador, é devida a indenização por dano moral coletivo, pois tal atitude da ré abala o sentimento de dignidade, falta de apreço e consideração, tendo reflexos na coletividade e causando grandes prejuízos à sociedade." (TRT/8ª Região, RO n. 5.309/2002, rel. Juiz Luis de José Jesus Ribeiro, j. 17.12.2002)
>
> b) Caso de trabalho escravo/degradante, o TRT/8ª Região (Juíza relatora Maria Valquíria Norat Coelho) mais uma vez demonstrou sensibilidade para com o drama dos trabalhadores submetidos a condições degradantes e manteve a condenação da Fazenda Bandeirante ao pagamento de indenização a título de dano moral coletivo.

---

(187) Loris Rocha Pereira Junior, Procuradora do Trabalho/PA, em 20 de outubro de 2003.

"AÇÃO CIVIL PÚBLICA. INDENIZAÇÃO POR DANO À COLETIVIDADE. Para que o Poder Judiciário se justifique, diante da necessidade social da justiça célere e eficaz, é imprescindível que os próprios juízes sejam capazes de "crescer", erguendo-se à altura dessas novas e prementes aspirações, que saibam, portanto, tornar-se eles mesmos protetores dos novos direitos "difusos", "coletivos" e "fragmentados", tão característicos e importantes da nossa civilização de massa, além dos tradicionais direitos individuais" (Mauro Cappelletti). Importa no dever de indenizar por dano causado à coletividade, o empregador que submete trabalhadores à condição degradante de escravo." (TRT 8ª Região, Acórdão n. 00276-2002-114-08-005, 1ª T./RO n. 861/2003, relª. Juíza Maria Valquíria Norat Coelho, julgado em 1º.4.2003)

c) Situação de trabalho escravo/degradante, o TRT/8ª Região, em processo cuja relatora foi a Juíza Francisca Formigosa, mais uma vez manteve a condenação de 1º grau da Fazenda Palmar ao pagamento de indenização a título de dano moral coletivo:

"TRABALHO FORÇADO. CONFIGURAÇÃO. Os fatos devidamente comprovados nos autos, demonstram de maneira incontestável o descuido continuado do empregador com o meio ambiente do trabalho, afetando potencialmente todos os seus empregados, que, ao contrário do que alega a peça recursal, estavam impossibilitados do livre exercício do direito de IR e VIR, e o que é mais degradante, estavam submetidos à condição subumana como bem retratam as fotos e a fita VHS residentes nos autos. Está, assim, configurada a prática de dano coletivo." (Ac. 00233-2002-114-08-00-X, TRT 8ª Região — 4ª T./RO n. 862/2003, relª. Juíza Francisca Formigosa, julgado em 6.5.2003)

d) No corpo do Acórdão, avulta a censura do Poder Judiciário Trabalhista ao empregador que desrespeita a dignidade humana de seus trabalhadores:

"(...)

Convém ressaltar que constitui conduta altamente censurável, com todas as consequências jurídicas, inclusive aquelas de ordem penal que dela possam resultar, a transgressão por qualquer empresário do dever jurídico de respeitar a dignidade humana.

O acervo probatório, e aqui destaco a fita VHS apensada aos autos, demonstra que a Fazenda Palmar, de propriedade do Sr. José Humberto de Oliveira, mantinha os trabalhadores em estado de discriminação, de abandono à própria sorte, de verdadeira situação de escravos, sem direito às mínimas garantias básicas para uma sobrevivência digna, afinal eram trabalhadores que viviam no mato e, assim, estavam em situação bem semelhantes a dos animais, passando de galho em galho à luz de um belo amanhecer, embalados pelos mistérios que envolvem as nossas florestas e apenas isso.

E nem se tente justificar esse procedimento pela ausência de relação de emprego, pois, como bem salientou o digno juízo sentenciante, nem mesmo ao seu rebanho o reclamado seria capaz de dispensar tratamento tão aviltante sob pena de comprometer o seu patrimônio, a sua sobrevivência." (trecho do Ac. 00233-2002-114-08-00-X, acima referido)

e) A vergonha, o embaraço, o constrangimento que os cidadãos minimamente decentes sentem diante de tais práticas por empregadores rurais também já foi expressa em Acórdão do TRT/8ª Região, de lavra da Juíza Suzy Cavalcante Koury, mantendo mais uma condenação de fazendeiro ao pagamento de dano moral coletivo:

"TRABALHO EM CONDIÇÕES SUBUMANAS. DANO MORAL COLETIVO PROVADO. INDENIZAÇÃO DEVIDA. Uma vez provadas as irregularidades constatadas pela Delegacia Regional do Trabalho e consubstanciadas em Autos de Infração aos quais é atribuída fé pública (art. 364 do CPC), como também pelo próprio depoimento da testemunha do recorrente, é devida indenização por dano moral coletivo, vez que a só notícia da existência de trabalho escravo ou em condições subumanas no Estado do Pará e no Brasil faz com que todos os cidadãos se envergonhem e sofram abalo moral, que deve ser reparado, com o principal objetivo de inibir condutas semelhantes. Recurso improvido." (TRT/8ª Região — Ac. 1ª T./RO n. 4.453/2003, Recorrente: Lázaro José Veloso (Fazenda São Luiz), Recorrido: MPT, julgado em 30.9.2003)

f) É quase palpável a repulsa que o TRT/8ª Região demonstra acerca da exploração de seres humanos com o objetivo de baratear os custos do empreendimento econômico:

"(...) o trabalho escravo, no século XXI, avilta toda a coletividade, pois ignora toda a evolução da humanidade, sendo vedado pela Constituição Federal de 1988, em seu art. 5º, inciso III.

De fato, a só notícia da existência de trabalho escravo no Estado do Pará e no Brasil faz com que todos os cidadãos se envergonhem e sofram abalo moral, que deve ser reparado, com o principal objetivo de inibir condutas semelhantes.

(...)

Aqui o que se busca é reparar o dano causado à coletividade pelo fato de o recorrente, em pleno século XXI, manter trabalhadores em condições subumanas, enquanto que as multas administrativas cominadas encontram previsão legal e são devidas em razão do descumprimento de disposições não só da CLT, como também das Normas Regulamentares Rurais de Saúde, Higiene e Segurança (...)." (trecho do Ac. 1ª T./RO n. 4.453/2003, acima referido)

g) E decisões proferidas em sede de recurso ordinário, no TRT da 3ª Região (Minas Gerais), em que mantiveram a decisão de primeira instância, na condenação de danos morais coletivos:

"AÇÃO CIVIL PÚBLICA. TRABALHO ESCRAVO CONTEMPORÂNEO. CONDUTA INTOLERÁVEL. DANOS MORAIS INDIVIDUAIS E COLETIVOS. Demonstrado que o empregador, proprietário rural, contratava trabalhadores por intermédio de "gato" e mantinha-os em condições degradantes, alojados precariamente em casebre inacabado, sem água potável e alimentação adequada, apurando-se, ainda, a existência de servidão por dívidas, expediente que afronta a liberdade do indivíduo, que se vê coagido moralmente a quitar "dívidas" contraídas em decorrência da aquisição dos instrumentos de trabalho, resta caracterizada a submissão dos contratados a condições análogas às de escravo, o que exige pronta reprimenda do Judiciário a fim de restaurar a ordem jurídica lesada."(TRT/3ª Região, Sexta Turma, RO n. 00742-2012-084-03-00-4, rel. Juiz Rogerio Valle Ferreira, publicado em 26.11.2012. DEJT, p. 252)

"DANO MORAL — CONDIÇÕES PRECÁRIAS DE TRABALHO. Comprovado que o reclamante era submetido a condições precárias durante a prestação de serviços, como a ausência de sanitários, resta indubitável a violação ao direito do trabalhador à saúde, medicina e segurança do trabalho, surgindo o dever de reparação por danos morais." (TRT/3ª Região, Oitava Turma, RO n. 00594-2010-156-03-00-5, rel. Juiz Antonio G. de Vasconcelos, publicado em 17.6.2011)

4.9.2. Pedido de dano existencial

Dentre os pedidos elencados no item 4.9, surge na seara trabalhista o pedido de dano existencial, de origem italiana, já presente em decisões de alguns Tribunais em nosso país. Além dos elementos inerentes à qualquer forma de dano, tais como o ato ilícito do agressor (empregador), a existência do prejuízo (o que deixou de auferir e/ou eventual lesão psíquica, moral e física) e o nexo de causalidade entre as duas figuras (ligação entre a causa e o dano), há a necessidade de mais dois elementos para configurar o dano existencial: a) o projeto de vida e b) a vida de relações (classificação esta feita por Hidemberg Alves da Frota).(188)

(188) FROTA, Hidemberg Alves da. Noções fundamentais sobre o dano existencial. *Revista Ciência Jurídica*, Belo Horizonte, v. 24, p. 275, 2010.

Segundo a definição de Jorge Cavalcanti Boucinha Filho e Rúbia Zanotelli de Alvarenga: "O dano existencial no Direito do Trabalho, também chamado de dano à existência do trabalhador, decorre da conduta patronal que impossibilita o empregado de se relacionar e de conviver em sociedade por meio de atividades recreativas, afetivas, espirituais, culturais, esportivas, sociais e de descanso, que lhe trarão bem-estar físico e psíquico e, por consequência, felicidade; ou que o impede de executar, de prosseguir ou mesmo de recomeçar os seus projetos de vida, que serão, por sua vez, responsáveis pelo seu crescimento ou por sua realização profissional, social e pessoal".(189)

No entendimento do desembargador José Felipe Ledur, relator do RO n. 0000105-14.2011.5.04.0241, TRT 4ª Região, o dano existencial é uma lesão imaterial, *in verbis:* (...)

> "EMENTA: DANO EXISTENCIAL. JORNADA EXTRA EXCEDENTE DO LIMITE LEGAL DE TOLERÂNCIA. DIREITOS FUNDAMENTAIS. *O dano existencial é uma espécie de dano imaterial*, mediante o qual, no caso das relações de trabalho, o trabalhador sofre danos/limitações em relação à sua vida fora do ambiente de trabalho em razão de condutas ilícitas praticadas pelo tomador do trabalho. Havendo a prestação habitual de trabalho em jornadas extras excedentes do limite legal relativo à quantidade de horas extras, resta configurado dano à existência, dada a violação de direitos fundamentais do trabalho que integram decisão jurídico-objetiva adotada pela Constituição. Do princípio fundamental da dignidade da pessoa humana decorre o direito ao livre desenvolvimento da personalidade do trabalhador, nele integrado o direito ao desenvolvimento profissional, o que exige condições dignas de trabalho e observância dos direitos fundamentais também pelos empregadores (eficácia horizontal dos direitos fundamentais). Recurso provido. (grifos nossos)
>
> (...)
>
> 1. DANO EXISTENCIAL
>
> A sentença de origem rejeitou o pedido de dano moral existencial formulado pela reclamante. Esclareceu que o dano existencial materializa-se como uma renúncia involuntária às atividades cotidianas de qualquer natureza, em comprometimento das próprias esferas de desenvolvimento pessoal. Fundamentou que o fato de a autora ter cumprido jornada de trabalho bastante extensa ao longo do contrato de trabalho não tem o condão, por si só, de determinar a ocorrência de dano de ordem moral-existencial. Ressaltou que a reclamante trabalhou voluntariamente por mais de oito anos sem nunca ter feito uso da rescisão contratual direta ou indireta. Entendeu que a exigência de prestação de trabalho em horário superior ao inicialmente contratado gera o direito à reparação na esfera patrimonial."

Já em decisão proferida em Recurso de Revista no TST pelo relator Ministro Hugo Carlos Scheuermann, no tocante ao dano existencial, "explicou que esse consiste no dano ao patrimônio jurídico personalíssimo, aqueles ligados à vida privada e à intimidade. O dano existencial ou à existencialidade teria todos os aspectos do dano moral, mas abriria uma nova vertente ao particularizar o dano na frustração do trabalhador em não realizar um projeto de vida e no prejuízo das relações sociais e familiares, em razão da privação

(189) Disponível em: <http://www.lex.com.br/doutrina_24160224_O_DANO_EXISTENCIAL_E_O_DIREITO_DO_>. Acesso em: 10 jul. 2014.

do seu direito ao descanso. Nesse sentido, segundo o magistrado, o Regional violou o art. 5º, inciso X, da *Constituição Federal*".(190)

Corroborando as decisões acima elencadas, podemos citar duas decisões de TRTs diferentes, o primeiro da 10ª Região, e o outro da 3ª Região, a seguir:

> "DANOS MORAIS/EXISTENCIAIS. CONFIGURAÇÃO. JORNADAS DE TRABALHO EXTENUANTES. INOCORRÊNCIA. 'O dano **existencial** está diretamente ligado à impossibilidade de o trabalhador usufruir o convício social e familiar ou de algum projeto de vida específico, em razão do ato ilícito do empregador. Como bem entendido pela decisão recorrida, a existência de horas extras, por si só, não constitui autorização para deferimento de dano **existencial**, quando não foi apontado nenhum fato concreto na inicial que o possa indicar'. Assim, não configurado o alegado dano **existencial**, não há falar na indenização compensatória correspondente. Ressalvado entendimento do relator." (TRT/10ª Região, decisão em RO n. 02659-2012-102-10-00-9 DF, publicado em 7.2.2014)

> "DANO **EXISTENCIAL**. NEGATIVA DE DIREITO AO LAZER E DESCANSO. INDENIZAÇÃO PELOS DANOS MORAIS DEVIDA. O direito ao lazer e ao descanso é direito humano fundamental, assegurado constitucionalmente — art. 6º —, e está diretamente relacionado com a relação de trabalho. A prorrogação excessiva da jornada de trabalho justifica a indenização compensatória pelo dano causado. Trata-se de desrespeito contínuo aos limites de jornada previstos no ordenamento jurídico, sendo, pois, ato ilícito. É o chamado dano **existencial**, uma espécie de dano imaterial em que o trabalhador sofre limitações em sua vida fora do ambiente de trabalho." (TRT/3ª Região, decisão em RO n. 0001924-09.2011.5.03.0113, publicado em 11.12.2013)

Na concepção do Procurador do Trabalho Tiago Muniz Cavalcanti, "(...) o trabalho escravo contemporâneo revela-se uma das mais indignas formas de dano existencial praticado contra o indivíduo".(191)

E, segundo estudos da autora Flaviana Rampazzo Soares, na seara do trabalho em condições análogas à escravidão, "as condições de vida aviltantes que, normalmente, são impostas a tais trabalhadores também integram o dano existencial, pois não há como alguém manter uma rotina digna sob tais circunstâncias".(192)

Diante das fundamentações acima elencadas, podemos defender a posição de que o trabalho escravo é sim uma das formas de dano existencial sofridas pelo ser humano, devendo ser reconhecido o respectivo pedido além do dano moral nas ACPs, haja vista que o trabalhador encontrado nestas condições está sujeito a sua total privação do direito ao lazer, do convívio familiar, do descanso semanal, do aperfeiçoamento profissional, dentre outras privações, impedindo assim a eficácia dos direitos fundamentais dos trabalhadores. Não há a necessidade de fazer prova do mesmo, sendo notório o nexo entre o dano e a causa.

---

(190) Publicação no *site* do TST em 21 jun. 2013. Processo: TST-RR-727-76.2011.5.24.0002.

(191) *MPT – Preparando-se para concurso de Procurador do Trabalho.* KLUGE, Cesar Henrique; CAVALCANTI, Tiago Muniz (Orgs.). 2. ed. EDIPRO, 2013. p. 234.

(192) SOARES, Flaviana Rampazzo. *Responsabilidade civil por dano existencial.* Porto Alegre: Livraria do Advogado, p. 76.

4.10. Conversão, em obrigação de fazer, da imposição do recolhimento do FAT

O Ministério Público do Trabalho, em conjunto com a Justiça do Trabalho no combate ao trabalho escravo, buscando a maior efetividade nas condenações a título de dano moral coletivo, é a mais adequada forma de reparação, não se restringindo apenas às hipóteses de reparação *in natura* ou por compensação pecuniária; optam pela conversão do recolhimento do FAT às obrigações de fazer, tais como:

a) Processo n. 1309-2004-007-08-00 (Estado do Pará: Juíza do Trabalho doutora Maria de Nazaré Medeiros Rocha e Procurador do Trabalho doutor Paulo Germano Costa de Arruda): entabulou-se, em abril de 2005, acordo judicial envolvendo não só obrigações de fazer e não fazer, mas também o valor de R$ 1.000.000,00 (um milhão de reais) estipulado como reparador moral à coletividade. A quantia foi empregada na aquisição de equipamentos destinados ao Ministério do Trabalho e Emprego, tais como veículos, computadores e radiocomunicadores, os quais vêm sendo utilizados também pelas equipes do Grupo Móvel no combate ao trabalho em condições análogas à de escravo. Apenas o saldo remanescente foi destinado ao FAT.

b) Processo n. 00207-2002-056-23-00 (Estado do Mato Grosso): Juíza do Trabalho doutora Eleonora A. L. Bonaccordi e Procuradora do Trabalho doutora Sueli Teixeira Bessa): ajustou-se o Termo de Conciliação Judicial no valor de R$ 1.000.000,00 (um milhão de reais) ao dano moral coletivo. Foram impostas às rés diversas obrigações: instalação de posto de saúde, em sua propriedade, com capacidade para atendimento ambulatorial e primeiros socorros de seus empregados, dotado de equipamentos voltados para as áreas de clínica médica, odontologia e fisioterapia; aquisição de ambulâncias para serviços junto ao posto de saúde; aquisição de ônibus para o transporte escolar de trabalhadores e seus dependentes; construção de duas quadras poliesportivas, vestiários e espaço para desenvolvimento de atividades culturais e de recreação; construção de casas para os profissionais da área de saúde que venham a trabalhar no posto de saúde criado, bem assim de vinte moradias para trabalhadores e suas famílias; aquisição de diversos equipamentos e sua destinação ao hospital público do município em que se situa o empreendimento rural.

c) Termo de Ajuste de Conduta n. 115/2005 — PRT 23ª Região, com atuação da Procuradora do Trabalho doutora Márcia de Freitas Medeiros: construção de uma unidade escolar na zona rural do Município de Nova Bandeirantes, com capacidade mínima de 30 alunos. Estipulou-se investimento não inferior a R$ 54.000,00 (cinquenta e quatro mil reais), com previsão também de aquisição dos móveis e equipamentos necessários ao funcionamento da escola. Na hipótese de descumprimento do acordado, anuiu-se com o depósito, junto ao FAT, da quantia de R$ 100.000,00 (cem mil reais).(193)

---

(193) PRADO, Erlan José Peixoto do. *A Ação Civil Pública e sua eficácia no combate ao trabalho em condições análogas à de escravo*: o dano moral coletivo, p. 200-201.

Tal postura dos procuradores e magistrados de adequarem a reparação dos danos coletivos, com maior eficiência e presteza, denomina-se de Justiça Restaurativa, atendendo de forma célere e eficaz às necessidades das vítimas.

4.11. Casos: 7 Ações Civis Públicas *vs* Bancos

No decorrer desses anos, as ACPs foram propostas em face dos escravocratas diretos, ou seja, aqueles que fizeram da mão de obra escrava a sua ferramenta direta de exploração laboral, sem lhes resguardar os direitos laborais e o mínimo de dignidade humana. Ocorre que, por trás de tais escravocratas diretos, verificou-se a necessidade de buscar os demais envolvidos nessa relação, capital *x* trabalho, vindo de encontro com as instituições financeiras, estas públicas e privadas, que ostentam, ou melhor, que financiam os escravocratas diretos (fazendeiros, construtores, garimpeiros, empresas de celulose, produtores de cafés, agropecuárias, empresas siderúrgicas etc.), por meio de empréstimos vultosos, objetivando o incremento nas respectivas atividades desenvolvidas, com o viés de haver apenas uma relação banco *x* cliente, não se envolvendo (responsabilizando) na forma em que as empresas financiadas desenvolvem as suas atividades.

Vale ressaltar que, sendo o banco uma instituição financeira, ela deve respeitar os princípios e normas legais previstos em nosso ordenamento jurídico nacional e também internacional, ou seja, deverá obedecer e seguir os ditames estabelecidos, tais como: o art. 170, *caput* e incisos IV (livre concorrência), VI (defesa do meio ambiente), VII (redução das desigualdades regionais e sociais), VIII (busca do pleno emprego) e, em especial, o art. 192, *caput* (Do Sistema Financeiro Nacional — servir aos interesses da coletividade), ambos da Constituição Federal de 1988; a Resolução n. 3.876[(194)], de 22.6.2010, que veda a concessão de crédito rural para pessoas físicas ou jurídicas que estão inscritas no Cadastro de Empregadores (lista suja) que mantiveram trabalhadores em condições análogas à de escravo instituído pelo Ministério do Trabalho e Emprego[(195)] e a Resolução n. 4.327[(196)], de 25.4.2014, que dispõe sobre as diretrizes que devem ser observadas no estabelecimento e na implementação da Política de Responsabilidade Socioambiental pelas instituições financeiras e demais instituições autorizadas a funcionar pelo Banco Central

(194) Art. 1º Fica vedada às instituições financeiras integrantes do Sistema Nacional de Crédito Rural (SNCR) a contratação ou renovação, ao amparo de recursos de qualquer fonte, de operação de crédito rural, inclusive a prestação de garantias, bem como a operação de arrendamento mercantil no segmento rural, a pessoas físicas e jurídicas inscritas no Cadastro de Empregadores que mantiveram trabalhadores em condições análogas à de escravo instituído pelo Ministério do Trabalho e Emprego, em razão de decisão administrativa final relativa ao auto de infração. Res. n. 3.876, de 22.6.2010, BACEN.

(195) Condenação do Banco da Amazônia (Basa) no valor de R$ 200 mil de dano moral coletivo por ter concedido crédito a cliente inscrito na "lista suja" do trabalho escravo, sentença prolatada pelo juiz substituto da 5ª Vara do Trabalho de São Luís/PA, Paulo Fernando Santos Junior, além de abster o banco de contratar ou renovar operações de crédito rural e de arrendamento mercantil no segmento rural, com pessoas físicas jurídicas inscritas no Cadastro de Empregadores que mantinham trabalhadores em condições análogas às de escravo, sob pena de R$ 50 mil por cada operação de crédito contratada de maneira irregular, independente do trânsito em julgado da presente decisão, em 13.08.2019. *Site* do MPT.

(196) Art. 3º, § 1º A estrutura de governança mencionada no *caput* deve prover condições para o exercício das seguintes atividades: I – implementar as ações no âmbito da PRSA; II – monitorar o cumprimento das ações estabelecidas na PRSA; III – avaliar a efetividade das ações implementadas; IV – verificar a adequação do gerenciamento do risco socioambiental estabelecido na PRSA; e V – identificar eventuais deficiências na implementação das ações. Res. n. 4.327, de 25.4.2014, BACEN.

do Brasil, ambas expedidas pelo Banco Central do Brasil (BACEN); a Lei n. 11.948, de 16.6.2009 do Banco Nacional de Desenvolvimento Econômico e Social (BNDES), art. 4º:"Fica vedada a concessão ou renovação de quaisquer empréstimos ou financiamentos pelo BNDES a empresas da iniciativa privada cujos dirigentes sejam condenados por assédio moral ou sexual, racismo, trabalho infantil, trabalho escravo ou crime contra o meio ambiente"; novo conjunto de Princípios Orientadores sobre Empresas e Direitos Humanos[(197)], em 16.6.2011, aprovado pelo Conselho de Direitos Humanos das Nações Unidas (CDH), com três pilares — proteger, respeitar e reparar, destaque, em especial, aos princípios 11, 12, 15, 17, 22 e 23[(198)], e a Declaração de Intenções da Federação Brasileira de Bancos pela Erradicação do Trabalho Escravo no Brasil[(199)], firmado em 13.12.2005, visando a dignificação e a modernização das relações de trabalho, item "1: implementar um programa de ações (...), adotem restrições cadastrais a empreendimentos onde se tenha constatado o uso de trabalho análogo ao escravo, desde que tal constatação tenha sido informada pelos princípios do devido processo legal e da ampla defesa".

Tendo em vista a intrínseca relação entre as instituições financeiras e os escravocratas diretos, quando lhe são fornecidos empréstimos bancários (financiamentos), de bancos públicos e/ou privados, não há que se negar a responsabilidade solidária destes com o dano ambiental laboral causado por seu cliente-escravocrata, com base na teoria de risco integral jungida em decisões do STJ[(200)], a seguir:

> a) a responsabilidade por dano ambiental é objetiva, informada pela teoria do risco integral, sendo o nexo de causalidade o fator aglutinante que permite que o risco se integre na unidade do ato, sendo descabida a invocação, pela empresa responsável pelo dano ambiental, de excludentes de responsabilidade civil para afastar sua obrigação de indenizar; (REsp n. 1.374.284/MG, Segunda Seção, relator Ministro Luis Felipe Salomão, DJe: 27.8.2014)
>
> b) A responsabilidade civil por danos ambientais, seja por lesão ao meio ambiente propriamente dito (dano ambiental público), seja por ofensa a direitos individuais (dano ambiental privado), é objetiva, fundada na teoria do risco integral, em face do disposto no art. 14, § 10º, da Lei n. 6.938/81. (REsp. n. 1.373.788/SP, Terceira Turma, relator Ministro Paulo de Tarso Sanseverino, DJe: 20.5.2014)

Corroborando o acima, o procurador do trabalho, Rafael de Araújo Gomes[(201)], sustenta que "a responsabilidade solidária da instituição financeira pelo dano ambiental (relacionado ao meio ambiente humano, do trabalho) causado por seu cliente, que sempre se faz presente em se tratando de trabalho escravo caracterizado pela presença de condições degradantes". Com base na teoria integral do risco. Argumenta ainda que sejam analisadas no risco das operações de crédito realizadas pelos bancos, além da "lista suja", mas também as condenações por trabalho escravo no Poder Judiciário.

---

(197) Os Princípios Orientadores sobre Empresas e Direitos Humanos ("POs") são estruturados em três pilares — proteger, respeitar e reparar: (i) o dever do Estado de proteger contra abusos de direitos humanos por parte de terceiros, incluindo empresas; (ii) a responsabilidade corporativa de respeitar os direitos humanos; e (iii) o acesso das vítimas a recursos judiciais e não-judiciais para remediar e reparar violações.

(198) Disponível em: <https://www.gov.br/mdh/pt-br/assuntos/noticias/2019/outubro/Cartilha_versoimpresso.pdf>.

(199) Disponível em: <https://www.febraban.org.br/arquivo/destaques/FB-186-2005.pdf>.

(200) Tese repetitiva n. 707, STJ.

(201) *Combate do trabalho escravo. Conquistas, estratégicas e desafios*, p. 336-345.

José Claudio Monteiro de Brito Filho[202] afirma que "a não concessão de crédito, na forma de empréstimo ou financiamento não é uma possibilidade, é um dever, desde a condenação da empresa pela prática de diversos ilícitos, entre eles o trabalho escravo. E em qualquer esfera, judicial ou extrajudicial, quer a condenação seja penal, trabalhista ou administrativa, nesse caso pelas autuações pelos auditores fiscais do trabalho". (grifos nossos)

Diante dessa nova visão de atuação do MPT, eles ingressaram com sete ACPs em face dos bancos Itaú, Bradesco, BTG Pactual, Safra, CEF, Santander e Banco do Brasil, alegando a seguinte narrativa: que os bancos concedem créditos a seus clientes com desprestigio à responsabilidade e sustentabilidade social, porquanto relacionada ao trabalho escravo, em decorrência de falhas ao estabelecer a sua Política de Responsabilidade Socioambiental (PRSA).

Segue, abaixo, o rol dos processos e suas decisões, em primeiro grau:

a) **Processo n. 1000590-12.2019.5.02.0713 (Banco Itaú – 13ª Vara do Trabalho de SP)**: processo em segredo de justiça, não foi possível verificar o conteúdo, mas teve sentença de 1º grau, haja vista que aparece número de 2º grau.

b) **Processo n. 1000686-37.2019.5.02.0063 (Banco Bradesco – 63ª Vara do Trabalho de SP)**: Valor da causa: R$ 2.000.000,00. Sentença em 05.08.2019, juíza Daniela Abrão Mendes de Carvalho, julgou, declarou incompetência material da Justiça do Trabalho, segue alguns trechos (...) "A análise da violação ou não das normas atinentes "políticas de responsabilidade socioambiental", exigidas pela Resolução n. 4.327/2014 do Conselho Monetário Nacional, bem como as consequentes obrigações de fazer requeridas pelo autor, é de nítida competência da Justiça Federal Comum, já que envolve regras atinentes às ações de natureza socioambiental nos negócios e na relação com as partes interessadas, que certamente geram impacto no Sistema Monetário Nacional, de exclusivo interesse da União, ou em última análise a toda a sociedade. A violação ou não das normas mencionadas em última análise é um interesse de toda a sociedade e não apenas dos trabalhadores, sendo certo que esta Justiça Especializada não possui competência alguma — sequer residual — na análise dos pedidos feitos pelo autor, que dizem respeito a regras utilizadas para aos negócios do banco (concessão de crédito, investimentos, dentre outros) relação de natureza civil e não trabalhista. O fato de a pessoa física ou jurídica — destinatárias do crédito — serem violadoras de direitos trabalhistas, por si só, não é apto a atrair a competência desta Justiça, já que, repita-se, a relação entre qualquer instituição financeira e seus clientes é de natureza civil e não trabalhista. Por todo o exposto, declaro a incompetência material desta Justiça Especializada e, nos termos do art. 64, § 3º do CPC, determino a remessa do feito à Justiça Comum".

c) **Processo n. 1000618-68.2019.5.02.0037 (Banco BTG Pactual - 37ª Vara do Trabalho de SP)**: Valor da causa: R$ 2.000.000,00. Sentença em 17.8.2020, juíza Sandra Miguel Abou Assali Bertelli, julgou procedente em parte, condenando o banco a reelaborar, no prazo de 180 dias, sua Política de Responsabilidade Socioambiental, incluindo a previsão de sistemas, rotinas e procedimentos que possibilitem identificar, classificar, avaliar, monitorar, mitigar e controlar o risco socioambiental.

d) **Processo n. 1000641-81.2019.5.02.0047 (Banco Safra – 47ª Vara do Trabalho de SP)**: Valor da causa: R$ 2.000.000,00. Sentença em 10.12.2019, juiz Marcelo Azevedo Chamone, julgou procedente a ação, determinou um prazo para que o banco reelabore os aspectos trabalhistas de

(202) *A responsabilidade social das instituições financeiras e a garantia dos direitos humanos*, p. 145-148.

sua Política de Responsabilidade Socioambiental, sob pena de multa diária no valor de R$ 500.000,00, a serem revertidas às entidades assistenciais citadas. Em sua fundamentação, destacou a importância do PRSA, sendo o foco da decisão em não punir a empresa e sim, eliminar o risco socioambiental. Segue trecho de sua brilhante decisão:

"A simples negativa de crédito ou relacionamento, contudo, nem sempre será a única e nem a melhor solução. O crédito inacessível é um dos principais entraves da economia e fechar esta porta a uma empresa que apresente risco socioambiental pode significar a inviabilização da eliminação do risco. O foco da atuação deve ser não punir a empresa, mas sim a eliminação do risco socioambiental. (...)

O banco deverá reelaborar sua PRSA detalhando procedimentos e consequências, inclusive em relação àqueles itens que, segundo os depoimentos colhidos, na prática haja atendimento satisfatório da norma, tais como a utilização de condenação por trabalho escravo como critério impeditivo para a concessão de crédito.

Futuras revisões deverão assegurar a adequada participação de entidades que representem usuários e consumidores em geral, e empregados (inclusive terceirizados)."

e) **Processo n. 1000639-03.2019.5.02.0083 (Banco CEF – 83ª Vara do Trabalho de SP):** Valor da causa: R$ 2.000.000,00. Sentença em 17.9.2019, juiz Felipe Marinho Amaral, julgou parcialmente procedente: "— acolher, parcialmente, a preliminar para declarar a incompetência material da Justiça do Trabalho para conhecer das questões relativas a franquear a participação, na reelaboração da Política de Responsabilidade Socioambiental (PRSA), de clientes, usuários e pessoas impactadas (pedido 'a', mantendo-se a competência quanto à participação dos próprios empregados) e das questões referentes à inserção, nos contratos de financiamento, de cláusulas penais, com a consequente fiscalização e aplicação de sanção. Em relação a tais pedidos extingo o feito sem resolução do mérito, nos termos do art. 485, IV do CPC. — Julgar os pedidos PARCIALMENTE PROCEDENTES para condenar a parte Ré a: 1) Proceder o processo de avaliação da atual PRSA, incluindo mecanismos que permitam a efetiva participação de seus empregados, possibilitando sua manifestação sobre a questão e a apreciação de tais manifestações pela Diretoria e, eventualmente, pelo Conselho de Administração. Tal processo deverá iniciar-se, no prazo de 90 dias, a contar da publicação da sentença, com participação efetiva dos empregados, sob pena de multa diária de R$ 5.000,00 até o limite de R$ 1.000.000,00. 2) Aprimorar o treinamento dos funcionários envolvidos nos processos de concessão de crédito envolvendo risco socioambiental, tomando medidas práticas para objetivamente melhorar a quantidade dos cursos envolvidos, da carga horária total e do pessoal participante. Para tanto, deverá a parte Ré implementar sistemas de cursos e treinamentos dos empregados envolvidos na execução da Política Socioambiental capacitação suficiente, no prazo de 90 dias a contar da publicação da presente decisão, sob pena de multa diária de R$ 5.000,00 até o limite de R$ 1.000.000,00. — Julgar improcedentes os demais pedidos."

f) **Processo n. 1000620-60.2019.5.02.0062 (Banco Santander – 62ª Vara do Trabalho de SP):** Valor da causa: R$ 2.000.000,00. Sentença em 24.10.2019, juíza Aline Rebello Duarte Schuck, julgou improcedente os pedidos formulados por MPT. Entendeu de que não ficou demonstrado que o reclamado não observasse os normativos aplicáveis à efetivação da Política de Responsabilidade Socioambiental (Resolução n. 4.327/2104, do CMN e resoluções da Febraban).

g) **Processo n. 1000645-23.2019.5.02.0014 (Banco do Brasil – 14ª Vara do Trabalho de SP):** Valor da causa: R$ 2.000.000,00. Sentença em 22.11.2019, juiz Francisco Pedro Jucá, julgou improcedente. Segue, parte da fundamentação da decisão: (...) "Nem se alegue a inserção de Política de Responsabilidade Socioambiental, porquanto diante do perfil abstrato do pedido, cabe a pergunta de como se vai estabelecer a obrigação determinada e sua eficácia em relação ao objetivo pretendido, diante da ausência dos autores de qualquer indicação objetiva. Na verdade, o MPT busca uma política pública através de provimento jurisdicional, o que é incompatível."

Em análise sucinta das decisões acima, alguns juízes acolheram o pedido do MPT e outros não, mas a maior preocupação dos que julgaram procedente total ou parcialmente foi determinar com que as empresas possam reelaborar a sua Política de Responsabilidade Socioambiental (PRSA), aprimorando o seu filtro na efetiva liberação de créditos no decorrer da sua atividade empresarial, afinal, dentre os produtos dos bancos, o financiamento é um dos produtos mais procurados e que colocam em risco não somente a própria instituição financeira mas também toda a sociedade brasileira.

A legislação protetiva vai além do discurso humanitário, do enfrentamento ao trabalho escravo contemporâneo, discute-se sobre o *dumping* social nessa seara e o sistema econômico em que vivemos. Não é possível que um banco financie empresas que estão na "lista suja" ou que já foram condenadas (judicialmente — esfera penal, trabalhista ou cível), haja vista que estão laborando de forma desleal perante a outras empresas do mesmo setor, gerando uma negativa nas contribuições tributárias, previdenciárias e demais setores da nossa economia.

Um empregado que trabalha em condições de trabalho análogo à de escravo, é um empregado que na maioria das vezes estará sem registro em carteira de trabalho, sem recolhimento junto ao INSS, sem recolhimento junto à RFB, é um fantasma no nosso sistema econômico.

Como proteger este empregador e seus co-colaboradores que utilizam desta fonte de trabalho em detrimento àqueles que pagam os direitos laborais aos seus empregados e seguem legislação trabalhista em nosso país?

Por isso, a necessidade de que os juízes reconheçam a sua competência material para que julgue procedente ao pedido, para que os bancos (instituições financeiras) sejam responsabilizados, condenados e obrigados a reelaborarem uma PRSA, capaz de coibir essa chaga social de mão dupla, o trabalho escravo e o "*dumping* social", que atinge toda a sociedade de forma direta e indireta, no nosso dia a dia, pormenor dizer.

No tocante ao "*dumping* social" *x* trabalho escravo, trechos do laudo pericial apresentado no caso Fazenda Verde *vs* Brasil, na Corte Interamericana de Direitos Humanos, Costa Rica, apresentado pelo Dr. Luiz Antônio Camargo de Melo: (...) "Ora, em um sistema capitalista de produção, as empresas devem existir, operar, gerar empregos, dar lucros e distribuir riquezas. A concorrência leal deve ser protegida e incentivada. Com isso, toda a normativa social tende a ser respeitada e observada."

E, segundo o procurador do trabalho, Dr. Luiz Carlos Fabre(203):

> "(...) não apenas razões de ordem humanitária que empolgam o combate ao trabalho escravo; são, também, razões de ordem econômica: trata-se de proteger o empregador cumpridor da legislação da concorrência desleal de quem adrede a inobserva.

(203) *Revista Direitos, Trabalho e Política Social*; v. 1, n. 1, p. 311-335, jul./dez. 2015.

> (...) ao acentuar a análise econômica-concorrencial da questão positiva-se a noção de que não é apenas a situação particular de cada explorado que inspira a tutela; mais amplamente, está-se tutelando todo o setor econômico envolvido: os interesses de empregadores cumpridores da legislação e o interesse de todos os demais trabalhadores na iminência de despojamento de direitos em decorrência do nivelamento por baixo das práticas concorrenciais."

Em suma, o círculo escravagista (empresários, empregadores, investidores, instituições financeiras e outros entes envolvidos) deve ser coibido, haja vista que uma sociedade com uma economia desleal, ou seja, com a presença de uma concorrência em condições desiguais de trabalho, irá fomentar aos demais que hajam da mesma prerrogativa.

4.12. Prescrição

A discussão acerca do prazo prescricional da propositura da ação civil pública nos faz questionar quais direitos estão sendo defendidos? Sendo eles de natureza transindividuais, não há que se falar em prescrição. E ainda, por tratar-se de direito indisponível, ou seja, quando o seu titular não puder se desfazer dele por sua vontade própria; como exemplo, o direito à vida, à saúde, à dignidade. Portanto, o direito de proteger o trabalhador contra o trabalho análogo à de escravo é um direito indisponível.

Ronaldo Lima dos Santos aduz que "a prescrição, tratado nos moldes clássicos e atuais do direito civil, é incompatível com a natureza dos direitos reclamados por meio das ações civis públicas, em razão das características peculiares com que sucedem as suas lesões". Defende que o prazo prescricional deveria ser disciplinado de forma específica, conforme as peculiaridades das lesões aos interesses transindividuais, iniciando-se a contagem do prazo a partir da ciência do dano.(204)

Thiago Muniz Cavalcanti sustenta que não corre a prescrição contra os direitos dos trabalhadores resgatados na condição de trabalho escravo, com amparo no art. 198, I, do Código Civil(205), aplicado de forma supletiva. A causa transitória, prevista no Código Civil (art. 3º, III), é aquela em que o trabalhador — ainda não resgatado — se encontra, sem poder exprimir a sua vontade, obedecendo as ordens de seu empregador e/ou preposto. Somente após o seu resgate é que podemos falar em termo *a quo* do prazo prescricional, mas não prazo prescricional quinquenal.

No entendimento de Carlos Henrique Bezerra Leite, em sua obra "Ação Civil Pública na Perspectiva dos Direitos Humanos"(206), aduz que não incide a prescrição na ação civil pública que viabilize pretensão difusa, dada a sua indisponibilidade pelos titulares do interesse material deduzido em juízo, esse posicionamento foi embasado na dissertação de mestrado de Hector Valverde Santana.

---

(204) *Sindicatos e ações coletivas*, p. 304.

(205) Art. 198, CC: Também não corre prescrição: I – contra os incapazes de que trata o art. 3º, art. 3º, CC: são absolutamente incapazes: III – os que, mesmo por causa transitória, não puderem exprimir sua vontade.

(206) *Ação civil pública na perspectiva de direitos humanos*, p. 194.

E, na decisão da Corte Interamericana de Direitos Humanos (San Jose da Costa Rica), em 20.10.2016, caso Trabalhadores da Fazenda Verde *vs*. Brasil, pelo qual o Brasil foi condenado a adotar diversas medidas de reparação, dentre elas: (...) ii) adotar as medidas necessárias para garantir que a prescrição não seja aplicada ao delito de direito internacional de escravidão e suas formas análogas.

Segue abaixo, trechos da sentença proferida na Corte Interamericana da Fazenda Verde:

(...)

350. Finalmente, a Comissão afirmou que a prescrição dos delitos de submissão a trabalho escravo é incompatível com as obrigações internacionais do Estado brasileiro, e que a aplicação das normas internas que permitem a **prescrição** deste delito não pode continuar representando um obstáculo para a investigação dos fatos e a punição dos responsáveis. Portanto, a Comissão afirmou que o Estado era responsável pela violação aos artigos 8.1 e 25.1, em relação aos artigos 1.1 e 2 da Convenção Americana.

354. Além disso, os representantes alegaram que as formas contemporâneas de escravidão são graves violações de direitos humanos, cuja proibição absoluta pelo Direito Internacional é uma norma de *jus cogens*, sendo inadmissíveis as disposições de prescrição. De acordo com os representantes, os fatos permanecem na impunidade, devido, em grande parte, à **prescrição** dos delitos em relação aos quais poderia ter sido aberto um processo penal.

412. A Corte já indicou que a **prescrição** em matéria penal determina a extinção da pretensão punitiva em virtude do transcurso do tempo e, geralmente, limita o poder punitivo do Estado para perseguir a conduta ilícita e sancionar seus autores. Esta é uma garantia que deve ser devidamente observada pelo julgador para todo acusado de um delito. Sem prejuízo do anterior, a **prescrição** da ação penal é inadmissível quando assim o dispõe o Direito Internacional. Neste caso, a escravidão é considerada um delito de Direito Internacional, cuja proibição tem *status* de *jus cogens* (parágrafo 249 *supra*). Além disso, a Corte indicou que não é admissível a invocação de figuras processuais como a **prescrição**, para evadir a obrigação de investigar e punir estes delitos. 512 Para que o Estado satisfaça o dever de garantir adequadamente diversos direitos protegidos na Convenção, entre eles o direito de acesso à justiça, é necessário que cumpra seu dever de investigar, julgar e, se for o caso, punir estes fatos e reparar os danos causados. Para alcançar esse fim, o Estado deve observar o devido processo e garantir, entre outros, o princípio de prazo razoável, os recursos efetivos e o cumprimento da sentença.

413. A Corte já estabeleceu que: i) a escravidão e suas formas análogas constituem um delito de Direito Internacional, ii) cuja proibição pelo Direito Internacional é uma norma de *jus cogens* (parágrafo 249 *supra*). Portanto, a Corte considera que a **prescrição** dos delitos de submissão à condição de escravo e suas formas análogas é incompatível com a obrigação do Estado brasileiro de adaptar sua normativa interna de acordo aos padrões internacionais. No presente caso a aplicação da **prescrição** constituiu um obstáculo para a investigação dos fatos, para a determinação e punição dos responsáveis e para a reparação das vítimas, apesar do caráter de delito de Direito Internacional que os fatos denunciados representavam.

C.2. Garantia de não repetição: **imprescritibilidade** do delito de trabalho escravo

452. Os representantes afirmaram que, considerando que se trata de graves violações aos direitos humanos, a **prescrição** do delito de trabalho escravo é incompatível com a Convenção Americana. Em consequência, solicitaram que o Estado estabeleça a **imprescritibilidade** deste delito e,

adicionalmente, adote todas as medidas necessárias para que a prescrição não seja um obstáculo para a investigação e eventual punição dos responsáveis pelos fatos deste caso.

454. Quanto à **imprescritibilidade** do delito de escravidão, a Corte concluiu no capítulo VIII1 que a aplicação da figura da **prescrição** no presente caso representou uma violação ao artigo 2 da Convenção Americana, pois foi um elemento decisivo para manter a impunidade dos fatos constatados em 1997. Além disso, a Corte constatou o caráter imprescritível do delito de escravidão e de suas formas análogas no Direito Internacional, como consequência de seu caráter de delitos de Direito Internacional, cuja proibição alcançou o *status* de *jus cogens* (parágrafo 249 *supra*). Ademais, a Corte recorda que, de acordo com sua jurisprudência constante, 531 os delitos que representem graves violações de direitos humanos não podem ser objeto de **prescrição**. Consequentemente, o **Brasil não pode aplicar a prescrição a este caso e a outros similares**. (grifos nossos)

11. O Estado deve, dentro de um prazo razoável a partir da notificação da presente Sentença, adotar as medidas necessárias para garantir que a **prescrição não seja aplicada** ao delito de Direito Internacional de escravidão e suas formas análogas, no sentido disposto nos parágrafos 454 e 455 da presente Sentença.

(...)

CAPÍTULO 5

Ministério Público do Trabalho

O Ministério Público do Trabalho, como já mencionado nos itens "4.1" e "4.4", é a instituição a quem a Constituição Federal (art. 127) atribuiu o dever de defender a ordem jurídica, o regime democrático e os interesses sociais e individuais indisponíveis.

Dentre as funções institucionais do Ministério Público, inseridas no art. 129, da CF/88, destaque para: a) promover o inquérito civil e a ação civil pública, para a proteção dos interesses difusos e coletivos dos trabalhadores (art. 129, inc. III); b) expedir notificações nos procedimentos administrativos de sua competência, requisitando informações e documentos para instruí-los, na forma da Lei Complementar n. 75/1993 (art. 129, VI); c) requisitar diligências investigatórias e a instauração de inquérito policial (art. 129, VIII), dentre outras funções.

Dentro da Lei Orgânica do Ministério Público da União (LC n. 75/1993), ressalva ao art. 83, que estabelece as atribuições específicas do Ministério Público do Trabalho, a seguir: a) promover as ações que lhe sejam atribuídas pela CF/88 e pelas leis trabalhistas (art. 83, I); b) promover ACP no âmbito da Justiça do Trabalho, para a defesa dos interesses coletivos, quando desrespeitados os direitos sociais constitucionalmente garantidos (art. 83, III); etc.

E, no âmbito de suas atribuições, compete-lhe: a) instaurar o inquérito civil público e outros procedimentos administrativos, para assegurar a observância dos direitos sociais dos trabalhadores (art. 84, II); b) requisitar à autoridade administrativa federal competente, dos órgãos de proteção ao trabalho, a instauração de procedimentos administrativos, podendo acompanhá-los e produzir provas (art. 83, III); c) ser cientificado pessoalmente das decisões proferidas pela Justiça do Trabalho, nas causas em que o órgão tenha intervindo ou emitido parecer escrito (art. 84, IV).

O Procurador do Trabalho atuará como *custos legis*, de primeira instância ou instâncias superiores, podendo inclusive expedir recurso extraordinário ao Supremo Tribunal Federal, nas hipóteses de violação aos preceitos constitucionais.

5.1. Atuação do MPT no combate ao trabalho escravo

O Ministério Público do Trabalho, por meio das Portarias ns. 221 e 230, em junho de 2001, criou uma Comissão Temática destinada a elaborar estudos e indicar políticas para a atuação do *Parquet* Trabalhista no combate ao trabalho forçado e à regularização do trabalho indígena. Tomou-se como ponto de partida a "Carta de Belém" — este documento representa a síntese do Seminário Internacional realizado em Belém (PA), em novembro de 2000 — sob o título de "*Trabalho Forçado — Realidade a Ser Combatida*".

Foram estudados vários pontos que caracterizavam trabalho escravo, tais como: a) utilização de trabalhadores, mediante intermediação de mão de obra por meio dos chamados "gatos" e pelas cooperativas fraudulentas; b) utilização de trabalhadores aliciados em outros Municípios ou Estados, pelos próprios tomadores de serviços ou por meio de interposta pessoa, com promessas enganosas e não cumpridas; c) servidão de trabalhadores por dívida, com cerceamento de ir e vir utilizando-se de coação moral e física, para mantê-los no trabalho; d) submissão de trabalhadores a condições precárias de trabalho, pela falta de ou por inadequado fornecimento de alimentação sadia e farta e de água potável; e) fornecimento aos trabalhadores, de alojamentos sem condições de habitabilidade e à míngua de instalações sanitárias adequadas; f) falta de fornecimento gratuito aos trabalhadores, de instrumentos para prestação de serviços, equipamentos de proteção individual e materiais de primeiros socorros; g) não utilização de transporte seguro e adequado aos trabalhadores; h) não cumprimento da legislação trabalhista, desde o registro do contrato da CTPS, passando pela falta de cumprimento das normas de proteção à saúde e segurança dos trabalhadores, até a ausência de pagamento da remuneração a eles devidas; i) coação ou, no mínimo, indução de trabalhadores no sentido de que se utilizem de armazéns ou serviços mantidos pelos empregadores ou seus prepostos; j) aliciamento de mão de obra feminina para fins de exploração sexual, tolhendo-lhes a liberdade de ir e vir.

Após análise das questões acima elucidadas, foram concluídos os trabalhos da Comissão Temática sobre o Trabalho Escravo, e por meio da Portaria n. 231 criou-se a **Coordenadoria Nacional de Erradicação de Trabalho Escravo — CONAETE**.

A CONAETE atuará no combate ao trabalho escravo e nas hipóteses de outras formas degradantes de trabalho.

O MPT, por intermédio de parcerias (item "5.3"), cria fóruns, comissões e conselhos, seminários nacionais e internacionais, utiliza-se da mídia eletrônica e virtual para a divulgação do Combate ao Trabalho Escravo no país.

Por fim, o Ministério Público do Trabalho, por meio da Ação Civil Pública, presta enorme serviço à Justiça, na medida em que pode evitar o recurso ao Poder Judiciário, resolvendo administrativamente questões extremamente abrangentes, por intermédio dos "termos de compromisso" (Lei n. 7.347/85, art. 5º, § 6º); reduz o número de reclamações trabalhistas, posto que a "concentração" destas em Ações Civis Públicas gerará decisões que englobam todos os lesados pela prática ilegal.

5.2. Enunciados da CONAETE

A CONAETE firmou o conceito de jornada exaustiva e de condições degradantes de trabalho para fins de caracterização do trabalho escravo contemporâneo, nos enunciados a seguir:

> "ORIENTAÇÃO 03/CONAETE — Jornada de trabalho exaustiva é a que, por circunstâncias de intensidade, frequência, desgaste ou outras, agrida a dignidade humana do trabalhador, causando prejuízos a sua saúde física ou mental, e decorra de situação de sujeição que, por qualquer

razão, torne irrelevante sua vontade. A previsão de jornada especial em instrumento coletivo não impede a caracterização da jornada exaustiva.

ORIENTAÇÃO 04/CONAETE – Condições degradantes de trabalho são as que configuram desprezo à dignidade da pessoa humana, pelo descumprimento dos direitos fundamentais do trabalhador, em especial os referentes a higiene, saúde, segurança, moradia, repouso, alimentação ou outros relacionados a direitos da personalidade, decorrentes de situação de sujeição que, por qualquer razão, torne irrelevante a vontade do trabalhador."

5.3. Parceiros do MPT

Não nos olvidemos de destacar os parceiros do MPT no tocante às denúncias que chegam às diversas Procuradorias, tais como: Secretaria de Trabalho, em especial, os Auditores-Fiscais do Trabalho da Divisão para Erradicação do Trabalho Escravo (DETRAE) e o Grupo Especial de Fiscalização Móvel (GEFM), que integram o Ministério da Economia[207]; Comissão Pastoral da Terra (CPT); a Polícia Federal (PF); Polícia Rodoviária Federal (PRF), Ministério Público Federal, Defensoria Pública da União, as organizações não-governamentais (Asbrad, Missão Paz, Cáritas, CAMI, Conectas, dentre outras) e a Organização Internacional do Trabalho (OIT).

Destaque aos estudos de Ricardo Rezende Figueira, doutor em Sociologia e Antropologia pela Universidade Federal do Rio de Janeiro, que trabalhou na Comissão Pastoral da Terra (CPT), no Araguaia paraense, onde também foi pároco. Em estudos realizados em conjunto com a CPT, ele elaborou uma tabela com o nome das fazendas acusadas de utilizar trabalho escravo de 1969 a 1998 no Araguaia e nos Tocantins Paraenses, que foi utilizada em seu trabalho de dissertação de mestrado *Quão penosa é a vida dos senhores — discurso dos proprietários sobre o trabalho escravo* (Rio de Janeiro. CPDA — UFRRJ, 1999).

Das fazendas inseridas nesta tabela, notou-se o maior índice de prática de trabalho escravo nas fazendas cujos projetos foram financiados pelo Estado, ou seja, projetos de agropecuária executados com verbas governamentais.

Podemos destacar como um dos maiores reincidentes de denúncias do Vale do Rio Cristalino a empresa Volkswagem, denunciada em dez anos descontínuos.

Em seu artigo *Por que o trabalho escravo?*, publicado em *Estudos Avançados*, o autor descreve a região de Conceição do Araguaia no Pará, onde homens eram contratados para aberturas das fazendas, tornavam-se temporariamente cativos. Como ele descreve: "Não só perdiam o direito sobre a própria força de trabalho, mas deixavam de possuir direitos sobre si mesmos."

5.3.1. Grupo Especial de Fiscalização Móvel (GEFM) — "a Móvel"

O Grupo Especial de Fiscalização Móvel (GEFM)[208], conhecido por "a Móvel", integra a Divisão de Fiscalização para Erradicação do Trabalho em condições análogas

(207) MP n. 870/2019 – A estrutura desta instituição agora integra o Ministério da Economia.

(208) Criado pelas Portarias ns. 549 e 550, 14.06.1995.

à de escravo (DETRAE)[(209)]. Atuam em todo o território nacional com a coordenação da Inspeção do Trabalho (SIT), juntamente com as instituições parceiras previstas no II Plano Nacional de Erradicação do Trabalho Escravo.

Devido ao seu pioneirismo e eficácia em sua atuação, possui destaque internacional e nacional, em 2020, completaram 25 anos de atuação, mesmo sofrendo pressões políticas e ameaças dos escravocratas. Desde meados de 1995 até 2020, resgataram mais de 54 mil trabalhadores dessa condição. Esse sucesso decorre da harmonia e habilidade da equipe durante a operação de fiscalização e resgate, em âmbito administrativo, visando reprimir a violação de direitos humanos no âmbito das relações de trabalho e, ainda, garantir o ressarcimento imediato de danos causados, evitando a judicialização.

A normativa que regulamenta a atuação dos auditores-fiscais do trabalho é a Instrução Normativa n. 139, de 22.01.2018 (dispõe sobre a fiscalização para a erradicação de trabalho em condição análoga à de escravo e dá outras providências), destaque para os artigos, em especial:

Seção I – Disposições Gerais (arts. 2º/5º)

Art. 2º "O trabalho realizado em condição análoga à de escravo, sob todas as formas, constitui atentado aos direitos humanos fundamentais e à dignidade do trabalhador, sendo dever do Auditor-Fiscal do Trabalho combater a sua prática", ou seja, essa prática afronta diretamente o trabalhador na sua essência de ser humano e na sua condição de pessoa com direitos laborais.

Art. 3º: define que esta IN deverá ser aplicada a qualquer espécie de trabalho, inclusive de trabalho doméstico ou de trabalho sexual, e também ao trabalhador nacional ou estrangeiro. Ponto crucial para estabelecer que nenhum trabalhador estará desprotegido, seja ele brasileiro ou não, o auditor-fiscal irá dar andamento aos procedimentos estabelecidos por esta instrução normativa.

Art. 4º: ratifica a competência fiscal dos auditores-fiscais do trabalho e sua independência.

Art. 5º: essa IN deverá ser aplicada nos casos de tráfico de pessoas para fins de exploração de trabalho em condições análogas à de escravo, presentes os incisos I a V do art. 6º. Definindo no parágrafo único, o conceito de tráfico de pessoas.

Seção II – Da condição análoga à de escravo (arts. 6º/8º)

Art. 6º: define o conceito de trabalho em condições à de escravo. "Considera-se em condição análoga à de escravo o trabalhador submetido, de forma isolada ou conjuntamente, a: I – Trabalho forçado; II – Jornada exaustiva; III – Condição degradante de trabalho; IV – Restrição, por qualquer meio, de locomoção em razão de dívida contraída com empregador ou preposto, no momento da contratação ou no curso do contrato de trabalho; V – Retenção no local de trabalho em razão de: a) cerceamento do uso de qualquer meio de transporte; b) manutenção de vigilância ostensiva; c) apoderamento de documentos ou objetos pessoais."

Art. 7º: conceitua cada modalidade elencada no art. 6º. "I – Trabalho forçado é aquele exigido sob ameaça de sanção física ou psicológica e para o qual o trabalhador não tenha se oferecido ou no qual não deseje permanecer espontaneamente. II – Jornada exaustiva é toda forma de trabalho,

(209) Os Auditores-Fiscais do Trabalho da Divisão para Erradicação do Trabalho Escravo (DETRAE) são os responsáveis por traçar e implementar as diretrizes nacionais para que a Inspeção do Trabalho desempenhe sua missão institucional de erradicação do trabalho análogo ao de escravo.

de natureza física ou mental, que, por sua extensão ou por sua intensidade, acarrete violação de direito fundamental do trabalhador, notadamente os relacionados a segurança, saúde, descanso e convívio familiar e social. III – Condição degradante de trabalho é qualquer forma de negação da dignidade humana pela violação de direito fundamental do trabalhador, notadamente os dispostos nas normas de proteção do trabalho e de segurança, higiene e saúde no trabalho. IV – Restrição, por qualquer meio, da locomoção do trabalhador em razão de dívida é a limitação ao direito fundamental de ir e vir ou de encerrar a prestação do trabalho, em razão de débito imputado pelo empregador ou preposto ou da indução ao endividamento com terceiros. V – Cerceamento do uso de qualquer meio de transporte é toda forma de limitação ao uso de meio de transporte existente, particular ou público, possível de ser utilizado pelo trabalhador para deixar local de trabalho ou de alojamento. VI – Vigilância ostensiva no local de trabalho é qualquer forma de controle ou fiscalização, direta ou indireta, por parte do empregador ou preposto, sobre a pessoa do trabalhador que o impeça de deixar local de trabalho ou alojamento. VII – Apoderamento de documentos ou objetos pessoais é qualquer forma de posse ilícita do empregador ou preposto sobre documentos ou objetos pessoais do trabalhador."

Seção III – Das ações fiscais para erradicação do trabalho em condição análoga à de escravo (arts. 9º/27)

Subseção I – Do planejamento das ações fiscais

Art. 12: visa a busca por articulação e integração com os órgãos e entidades que compõem as Comissões Estaduais de Erradicação do Trabalho Escravo e os Comitês Estaduais de Enfrentamento ao Tráfico de Pessoas, no âmbito de cada unidade da federação.

Art. 15: determina a participação da PF, PRF, PMA, PMC dentre outras para a segurança de todos os integrantes da ação fiscal ou ação conjunta interinstitucional.

§ 1º A Chefia de Fiscalização oficiará, visando à participação de membros de um dos órgãos mencionados no *caput*, bem como enviar ao Ministério Público do Trabalho (MPT), ao Ministério Público Federal (MPF) e à Defensoria Pública da União (DPU), comunicação prévia sobre a ação fiscal para que essas instituições avaliem a conveniência de integrá-la.

Subseção II – Dos procedimentos

Art. 17: o auditor-fiscal do trabalho ao identificar o trabalho em condições análogas à de escravo, notificará o empregador e/ou preposto por escrito para que tome as seguintes providências:

I – A imediata cessação das atividades dos trabalhadores e das circunstâncias ou condutas que estejam determinando a submissão desses trabalhadores à condição análoga à de escravo;

II – A regularização e rescisão dos contratos de trabalho, com a apuração dos mesmos direitos devidos no caso de rescisão indireta;

III – O pagamento dos créditos trabalhistas por meio dos competentes Termos de Rescisão de Contrato de Trabalho;

IV – O recolhimento do Fundo de Garantia do Tempo de Serviço — FGTS e da Contribuição Social correspondente;

V – O retorno aos locais de origem daqueles trabalhadores recrutados fora da localidade de prestação dos serviços;

VI – O cumprimento das obrigações acessórias ao contrato de trabalho enquanto não tomadas todas as providências para regularização e recomposição dos direitos dos trabalhadores.

Art. 18: será emitida a CTPS ao trabalhador resgatado que não a possua.

Art. 19: em caso de recuso do empregador, e esgotados os trâmites administrativos, comunicar-se-á imediatamente à chefia da Policia Federal e ao MPF.

Art. 21: não recolhimento do FGTS, lavrada a Notificação de Débito do FGTS (NDFC).

Art. 22: em caso de risco à segurança e à saúde do trabalhador, poderá ser embargado ou interditado o local.

Art. 23: orientações ao trabalhador resgatado pelo audito-fiscal do trabalho. "I – Orientar os trabalhadores a realizar sua inscrição no Cadastro Único da Assistência Social, encaminhando-os para o órgão local responsável pelo cadastramento, sempre que possível; II – Comunicar por escrito a constatação de trabalhadores submetidos à condição análoga à de escravo ao Centro de Referência Especializado de Assistência Social (CREAS) mais próximo ou, em caso de inexistência, ao Centro de Referência de Assistência Social (CRAS), solicitando o atendimento às vítimas; III – Comunicar os demais órgãos ou entidades da sociedade civil eventualmente existentes na região voltados para o atendimento de vítimas de trabalho análogo ao de escravo."

Art. 24: para o caso de trabalhador estrangeiro em situação irregular. "Os trabalhadores estrangeiros em situação migratória irregular que tenham sido vítimas de tráfico de pessoas e/ou de trabalho análogo ao de escravo deverão ser encaminhados para concessão de sua residência permanente no território nacional, de acordo com o que determinam art. 30 da Lei n. 13.445, de 24 de maio de 2017, e a Resolução Normativa n. 122, de 3 de agosto de 2016, do Conselho Nacional de Imigração — CNIg.

Parágrafo Único. O encaminhamento será efetuado mediante memorando da Chefia de Fiscalização à Divisão de Fiscalização para Erradicação do Trabalho Escravo da Secretaria de Inspeção do Trabalho (DETRAE), devidamente instruído com pedido de autorização imediata de residência permanente formulado pelo Auditor-Fiscal do Trabalho responsável pelo resgate. A DETRAE, por sua vez, oficiará o Ministério da Justiça e Cidadania requerendo deferimento do pedido de autorização."

Subseção III – dos documentos fiscais (artigos 25/27)

Art. 25: auto de infração

Seção IV – Das demais providências (artigos 28/31)

Art. 28: requerimento do Seguro-Desemprego

Art. 31: encaminhamento dos relatórios circunstanciados ao MPT, MPF, DPU, DPF, AGU, RFB.

A IN n. 139 acima citada é um dos instrumentos de maior eficácia na esfera administrativa, dando suporte para a atuação dos auditores-fiscais do trabalho, no combate ao trabalho em condições análogas à de escravo no Brasil, sendo imprescindível para a atuação do MPT.

Corroborando a importância da atuação dos auditores-fiscais do trabalho, segue a decisão prolatada em sede de recurso proferida no TRT da 3ª Região/MG, Terceira Turma, Desembargadora relatora Camilla Guimarães Pereira Zeidler, PJe: 0011030-35.2018.5.03.0182, em 28.08.2019, que manteve o auto de infração para a construtora por condições análogas à de escravo:

EMENTA: AÇÃO ANULATÓRIA DE AUTO DE INFRAÇÃO. MULTA ADMINISTRATIVA. PROVA ROBUSTA DA IRREGULARIDADE. Como é cediço, os atos administrativos são revestidos de legalidade, além de gozarem de presunção de veracidade (art. 37, da Constituição da República). Assim, o auto de infração lavrado por fiscal do trabalho, por se revestir dessa presunção, somente será desconstituído por prova segura e robusta que demonstre sua irregularidade.

"A Justiça do Trabalho validou o auto de infração lavrado por auditor-fiscal do trabalho após o flagrante de prestação de serviço, em condição análoga à de escravo, em construtora de imóveis residenciais com sede em Belo Horizonte. A decisão foi da Terceira Turma do TRT-MG, que manteve, por unanimidade, a sentença proferida pela 44ª Vara do Trabalho de Belo Horizonte.

Pelo auto de infração, foram constatadas diversas irregularidades no local de trabalho dos empregados. Entre elas: o alojamento estava sem conservação e limpeza, sem fornecimento de roupa de cama e água potável, bem como lavanderia e armários. E foi detectado ainda o descumprimento de medidas de segurança para evitar, por exemplo, riscos de quedas na construção, além da ausência do Programa de Controle Médico de Saúde Ocupacional (PCMSO) e do Programa de Prevenção de Riscos Ambientes (PPRA).

Ao avaliar o caso, a desembargadora relatora, Camilla Guimarães Pereira Zeidler, pontuou que o auto de infração possui presunção de legitimidade e veracidade. E que cabia à empregadora comprovar de maneira robusta e inequívoca a não ocorrência das irregularidades anotadas. Ônus do qual, segundo a julgadora, "a construtora não se desvencilhou satisfatoriamente."

Para a julgadora, ficou evidente que a empregadora submetia os empregados terceirizados a condições degradantes, com a **evidente prática de sujeição à condição análoga à de escravo**. Segundo a desembargadora, a conduta da empresa vai de encontro às diretrizes traçadas pela Convenção n. 155 da OIT, ratificada pelo Brasil. Ela tem como meta "prevenir os acidentes e os danos à saúde, que tenham relação com a atividade de trabalho, reduzindo ao mínimo possível as causas dos riscos".

Assim, a desembargadora manteve o auto de infração e a correspondente multa administrativa aplicada. Ela concluiu que *"a penalidade servirá para reparar o mal causado e a coibir a reincidência do ilícito praticado"*.

(...)." (grifos nossos)

A decisão acima prolatada demonstra que o auto de infração é um instrumento eficaz no combate ao trabalho escravo contemporâneo, permitindo que no decorrer do processo fosse possível constatar inúmeras irregularidades da construtora, incidindo em multas à empresa escravocrata, inviabilizando a perpetuação das irregularidades, forçando-a a saná-las e a não mais reincidir no ilícito praticado. Nos demostra tamanha força que é proveniente da atuação dos auditores-fiscais do trabalho, devemos consignar, nessa 3ª edição, os nossos sinceros agradecimentos por sua atuação no decorrer desses 25 anos.

5.4. Participação do MPT na produção de provas no caso Fazenda Verde vs. Brasil

A Corte Interamericana de Direitos Humanos ao se deparar com o caso da Fazenda Verde *vs.* Brasil, onde foi constatado trabalho em condições análogas à de escravo, solicitou ao Subprocurador-Geral do Trabalho, o Dr. Luíz Antônio Camargo de Melo, um laudo pericial, na condição de *affidavit*, abordando "os temas jurídicos e políticos de prevenção e punição do trabalho escravo, do trabalho forçado, do tráfico de pessoas, do trabalho infantil; e também sobre o funcionamento dos mecanismos de prevenção ao trabalho escravo, em especial o 'Grupo Especial de Fiscalização Móvel' e os respectivos instrumentos legais do direito do trabalho"[(210)]; laudo este apresentado em grau máximo de zelo, conhecimento e presteza no assunto objeto da ação em trâmite, tendo em vista ser o pioneiro na instituição (MPT), no combate ao trabalho em condições análogas à de escravo.[(211)]

Segue, a redação da sentença original, onde consta a sua participação como *affidavit*, *in verbis*:

> V
>
> PROVA
>
> A. **Prova documental, testemunhal e pericial**
>
> 99. Este Tribunal recebeu diversos documentos apresentados como prova pela Comissão e pelas partes, juntamente com seus escritos principais (parágrafos 3, 6 e 7 *supra*). Além disso, a Corte recebeu as declarações prestadas perante agente dotado de fé pública (*affidavit*) por Maria do Socorro Canuto, José Armando Fraga Diniz Guerra, Ricardo Rezende Figueira, Valderez Maria Monte Rodrigues, Carlos Enrique Borildo Haddad, **Luis Antônio Camargo de Melo**, Mike Dottridge, Marcus Menezes Barberino Mendes, Michael Freitas Mohallem, Silvio Beltramelli Neto, Jonas Ratier Moreno, Marcelo Gonçalves Campos, Marinalva Dantas e Patricia Souto Audi. (grifos nossos)

No laudo pericial apresentado, o Dr. Luiz Camargo destaca a atuação do MPT como protagonista no combate desta chaga social, nas investigações instauradas, dos Termos de Ajustamento de Conduta firmados, e no ajuizamento de inúmeras ações civis públicas. Além de um análise profunda dos pontos favoráveis: i) criação do Grupo Especial de Fiscalização Móvel, cadastro de empregadores (lista suja), projetos de qualificação de mão de obra e reinserção dos vulneráveis; ii) atuação do MPT; iii) benefício do seguro-desemprego; e os pontos fracos, do combate ao trabalho escravo no Brasil: i) risco de retrocesso com a possibilidade de alteração do conceito de trabalho escravo contemporâneo, do art. 149 do Código Penal; ii) redução do número de equipes de fiscalização do grupo móvel. Findo o laudo, argumenta que o setor privado tem uma parcela grande de responsabilidade para abolir o uso da mão de obra escrava no país, por meio do monitoramento de sua cadeia produtiva, não sendo somente do Estado o dever de proteção e repressão.

(210) Combate do trabalho escravo, Anexo, *Laudo Pericial:* Fazenda Brasil Verde *versus* República Federativa do Brasil, p. 373.

(211) Jornada de trabalho — Histórias do Ministério Público do Trabalho, p. 100-113.

CAPÍTULO 6

Dados Estatísticos sobre o Trabalho Escravo no Brasil, Segundo Informações da OIT, SIT/MTE e ONG Reportagem Brasil, por Meio de Gráficos Elucidativos

6.1. Dados estatísticos — período: 2001 a 2005.

As estatísticas apresentadas pela OIT, SIT/MTE e ONG Reportagem Brasil no ano de 2005, sobre a incidência do trabalho escravo no Brasil, traçam o perfil do trabalhador escravo como a maioria formada por homens, entre a faixa etária de 25 a 40 anos, na condição de analfabeto e/ou até dois anos de estudo; destacando o Estado do Maranhão como o detentor do maior índice percentual de origem dos trabalhadores escravizados, com 39,2%; e o Estado do Pará com a maior concentração de pessoas resgatadas no país.

a) Perfil do trabalhador escravo:

- homens;
- entre 25 a 40 anos;
- analfabeto/com até dois anos de estudo

b) Estados de origem dos trabalhadores escravizados:

- Maranhão (MA): 39,2%
- Piauí (PI): 22%
- Tocantins (TO): 15,5%
- Pará (PA): 8,5%
- Goiás (GO): 4,2%
- Ceará (CE): 3,8%
- Paraíba (PB): 0,2%
- Rio Grande de Norte (RN): 1,1%
- Pernambuco (PE): 1,5%
- Bahia (BA): 1,1%
- Minas Gerais (MG): 1,1%
- Mato Grosso (MT): 0,8%

- Acre (AC): 0,2%
- São Paulo (SP): 0,6%
- Paraná (PR): 0,2%

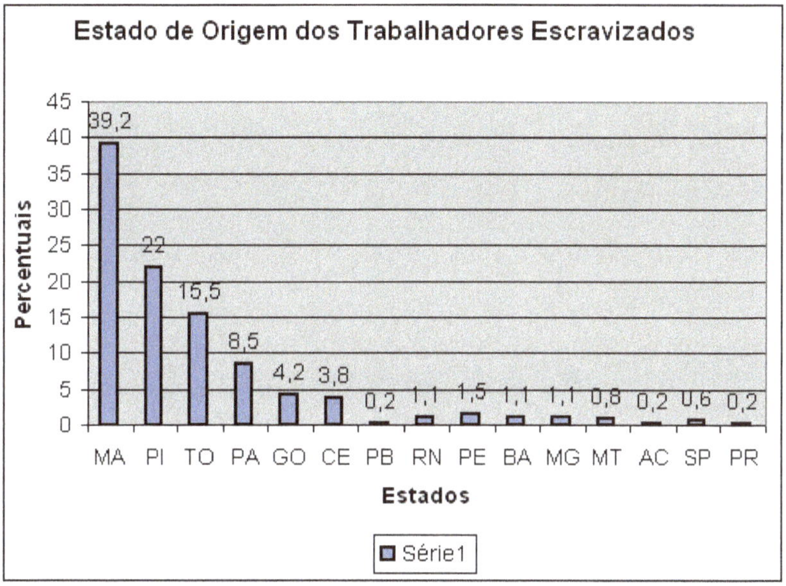

Fonte: OIT em 2005.

c) Período de 2001/2005 — número total de denúncias:

- 2005: 894 denúncias
- 2004: 6.075 denúncias
- 2003: 7.812 denúncias
- 2002: 5.637 denúncias
- 2001: 2.412 denúncias

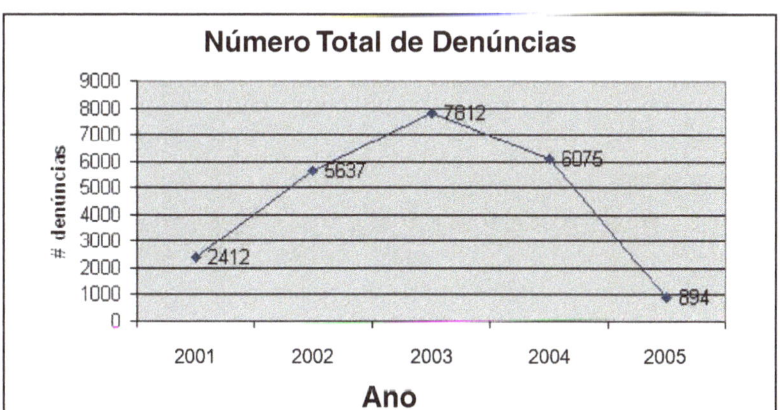

Fonte: OIT em 2005.

d) Período de 1995/2005 — número de denúncias só no Pará:

- 2005: 494 denúncias
- 2004: 2.476 denúncias
- 2003: 4.957 denúncias
- 2002: 4.333 denúncias
- 2001: 1.355 denúncias
- 2000: 334 denúncias
- 1999: 462 denúncias
- 1998: 254 denúncias
- 1997: 473 denúncias
- 1996: 674 denúncias
- 1995: 780 denúncias

e) Período de 1995/2005 — pessoas resgatadas no Pará:

- 2005: 271 pessoas
- 2004: 2.887 pessoas
- 2003: 4.932 pessoas
- 2002: 2.306 pessoas
- 2001: 1.174 pessoas
- 2000: 527 pessoas
- 1999: 725 pessoas
- 1998: 159 pessoas
- 1997: 394 pessoas
- 1996: 425 pessoas
- 1995: 84 pessoas

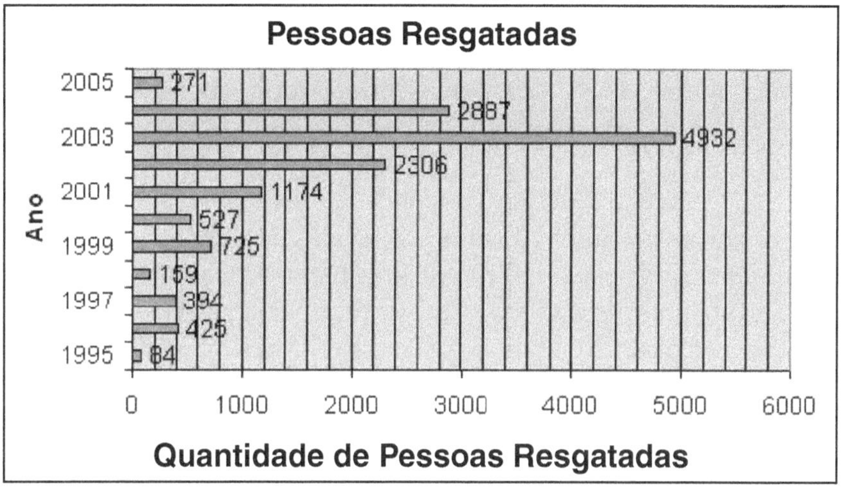

Fonte: OIT em 2005.

Os dados apresentados aqui demonstram a incidência de pessoas resgatadas do trabalho escravo no Pará, região que sofreu nas últimas décadas a baixa efetividade das políticas de atendimento às necessidades sociais.

Mister salientar que o trabalho escravo dessa região deu-se a partir da década de 40, com a expansão da fronteira agrícola, e com a instauração do regime político civil e democrático em 1985, no primeiro governo de Getúlio Vargas, quando o Estado brasileiro oficializou a inicial política de ocupação da Amazônia ("Marcha para o Oeste"), cabendo à Superintendência do Plano de Valorização da Amazônia (SPVEA) e à Fundação Brasil Central (FBC) a tarefa de organizar o processo de ocupação das regiões Amazônica e Centro-Oeste, respectivamente.

O sul e sudeste do Pará, conhecidos como Amazônia Oriental, sofreram fortes invasões no período de 1970 a 1990, em busca de oportunidades, provenientes da abertura das rodovias federais e estaduais.

Como menciona a advogada Valena Jacob Chaves, presidente da Comissão ao Trabalho Escravo da OAB/PA, "o sudeste do estado do Pará é uma região exemplar no tocante à concentração de investimentos e projetos técnicos econômicos e de infraestruturas, como por exemplo o projeto de extração e exploração de ferro em Carajás, projetos agropecuários, a usina hidrelétrica de Tucuruí, além de vários outros projetos integrados de colonização. Além disso, referida região se constitui em um dos espaços mais atraentes para os migrantes, daí a ocorrência do direcionamento para a mesma, de grande parte de fluxos migratórios ocorridos no Pará, sempre motivados na busca por oportunidades de trabalho e acesso a terra".[212]

E argumenta, ainda, que se localiza no sul do Pará a maior jazida de minério de ferro do planeta, dado o seu crescimento por causa dos investimentos da Companhia Vale do

(212) *A utilização de mão de obra na colonização e ocupação da Amazônia. Os reflexos da ocupação das distintas regiões da Amazônia nas relações de trabalho que se formam nestas localidades, trabalho escravo contemporâneo:* o desafio de superar a negação, p. 99-97.

Rio Doce, que desencadeou grande devastação da floresta e poluição, resultando, apenas, numa política de assentamento dos homens que ali chegaram com o sonho de obter a tão almejada terra" (reforma agrária), passando a ganhar lotes sem qualquer infraestrutura.

Por fim, acredita que:

> "(...) o fenômeno da escravidão moderna surge no seio do sistema capitalista de produção, em que predomina a racionalidade econômica do cálculo que visa à otimização e à maximização de seus lucros. Ou seja, os trabalhadores que vivem no limite do assalariamento normal trabalham em atividades inseridas, ainda que marginalmente, em setores e processos modernos da economia capitalista, nos quais há grande investimento de capital, seja nas plantações ou nos equipamentos necessários. Teoricamente, esses empreendimentos deveriam ter uma alta composição orgânica do capital, isto é, o montante de capital variável (capital empregado na compra de força de trabalho) deveria ser proporcionalmente inferior ao montante de capital constante (capital empregado em máquinas, equipamentos e tecnologia)."[(213)]

f) Estados na *lista suja* por trabalhadores resgatados:

Pará (48%); Maranhão (16%); Mato Grosso (15%); Bahia (10%); Tocantins (5%); Rondônia (4%); Piauí (1%); e Rio de Janeiro (1%). (Fonte: SIT/MTE).

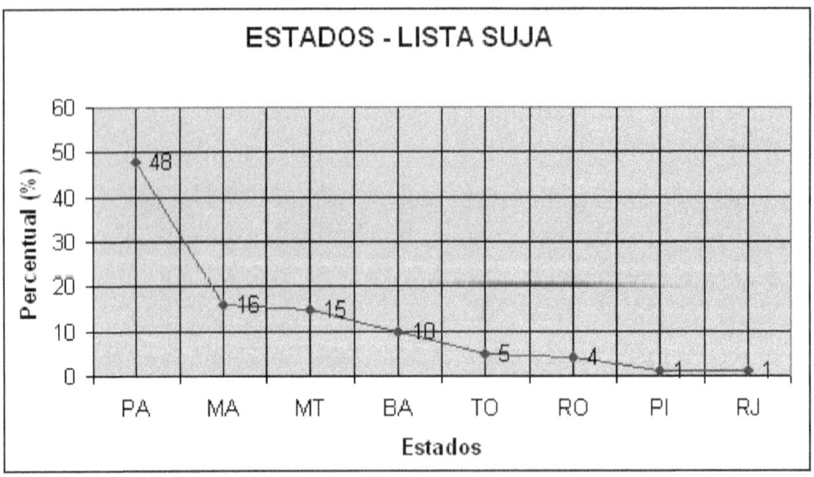

Fonte: SIT/MTE em 2005.

Há de se destacar comentário de Patrícia Audi sobre a *lista suja:*

> "Um estudo da cadeia produtiva do trabalho escravo, encomendado pela Secretaria de Estado dos Direitos Humanos, comprovou que os escravagistas contemporâneos comercializam principalmente carne, algodão e soja para

(213) *A utilização de mão de obra na colonização e ocupação da Amazônia. Os reflexos da ocupação das distintas regiões da Amazônia nas relações de trabalho que se formam nestas localidades, trabalho escravo contemporâneo:* o desafio de superar a negação, p. 94.

o mercado nacional e internacional. Com base nesse estudo, o Instituto Ethos de Responsabilidade Social, a ONG Repórter Brasil e a OIT iniciaram uma articulação com grandes empresas nacionais e multinacionais para que aderissem a um compromisso de não adquirir produtos oriundos da Lista Suja do Ministério do Trabalho e Emprego (atualizada semestralmente e cujo nome das empresas pode ser obtido pelo *site*: <www.reporterbrasil.org.br>).

O resultado desse esforço foi a assinatura de um grande Pacto Nacional contra o Trabalho Escravo, em 19 de maio de 2005, com a adesão de mais de 70 empresas nacionais e multinacionais, associações comerciais e industriais de grande porte (cuja informação atualizada e novas inclusões podem ser obtidas pelo *site*: <www.ethos.org.br>)."[214]

Informa, ainda, que a lista suja (Cadastro Oficial de Empregadores, que utiliza essa prática) mostra à sociedade quem são essas pessoas físicas e jurídicas, propiciando a proibição de financiamentos de Fundos Constitucionais públicos a esses empreendimentos.

E, apesar de inúmeras medidas repressivas ao crime, cita o exemplo da Ação Direta de Inconstitucionalidade (ADIn) apresentada pela CNA (Confederação Nacional da Agricultura), que questiona a legalidade de um dos principais avanços nessa luta pela abolição definitiva da escravidão em nosso país, a *lista suja*. Deixando os demais integrantes da CONATRAE em dúvida quanto à posição ideológica e contraditória da Confederação, por ela ser uma de suas componentes.[215]

g) número de trabalhadores resgatados em 2005:

Pará (725 pessoas); Mato Grosso (1.423 pessoas); Maranhão (275 pessoas); Bahia (186 pessoas); Tocantins (182 pessoas); Rondônia (19 pessoas); Minas Gerais (10 pessoas); totalizando 3.025 pessoas. (Fonte: SIT/MTE)

---

(214) *A escravidão não abolida, trabalho escravo contemporâneo:* o desafio de superar a negação, p. 81-83.

(215) Compõe a CONATRAE: Ministério do Trabalho e Emprego, Ministério do Desenvolvimento Agrário, Ministério da Previdência Social, Ministério da Agricultura, Pecuária e Abastecimento, Departamento de Polícia Federal, Departamento Rodoviário Federal, Secretaria Especial dos Direitos Humanos, Ministério do Meio Ambiente, Ministério da Defesa, Confederação Nacional dos Trabalhadores na Agricultura – CONTAG, Associação dos Juízes Federais do Brasil – AJUFE, Associação Nacional dos Procuradores do Trabalho – ANPT, Sindicato Nacional dos Auditores Fiscais do Trabalho – SINAIT, Conselho Federal da Ordem dos Advogados do Brasil – OAB, ONG Repórter Brasil, Associação Nacional dos Magistrados da Justiça do Trabalho – ANAMATRA, Procuradoria Geral da República, Procuradoria Geral do Trabalho – OIT, Associação Nacional dos Procuradores da República – ANPR, a Comissão Pastoral da Terra – CPT e a Confederação Nacional da Agricultura – CNA.

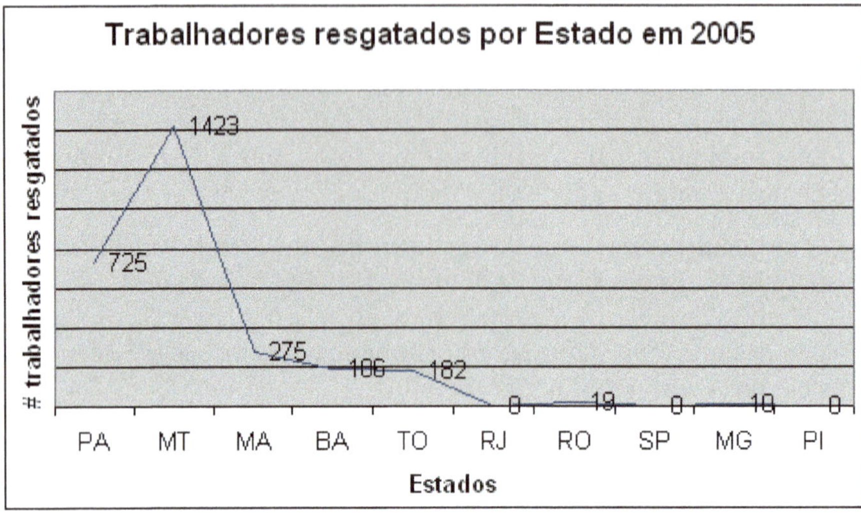

Fonte: SIT/MTE em 2005.

h) Atividade econômica das empresas da lista suja:

- Pecuária (80%);
- Algodão e Soja (10%);
- Pimenta-do-reino (3%);
- Cana-de-açúcar (3%);
- Café (1%);
- Outros setores (3%).

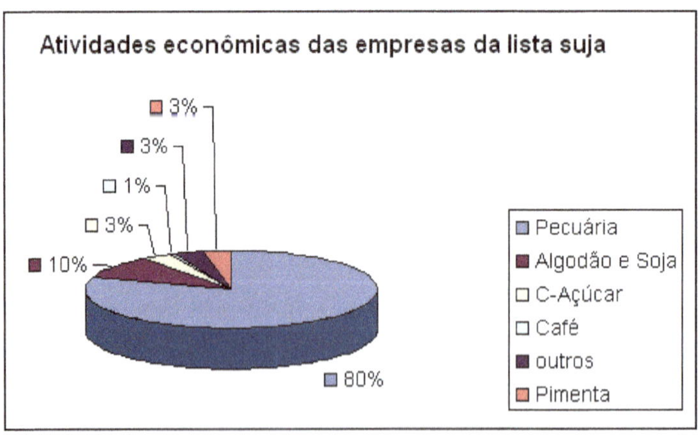

Fonte: ONG Repórter Brasil.

i) Cobertura da mídia impressa:

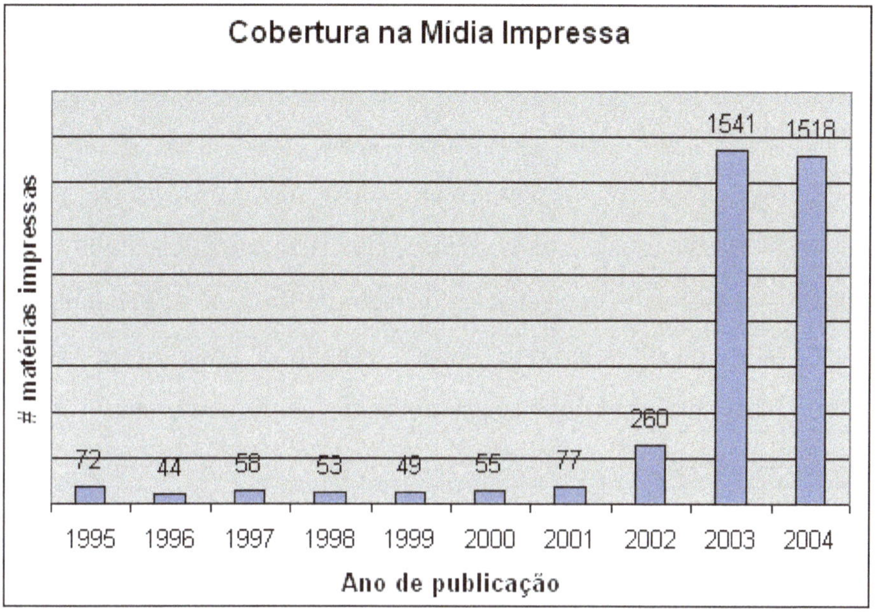

Fonte: OIT em 2005.

Em 1995, foram 72 matérias; em 2002, 260 matérias; em 2003, 1.541 matérias; em 2004, 1.518 matérias.

Note-se que o número de matérias publicadas somente na mídia impressa sobre a escravidão contemporânea, segundo informações da OIT, cresceu entre 2001 e 2004 em 1.900% (um mil e novecentos por cento).

Após as campanhas em nível nacional e o efetivo aumento das ações governamentais e civis, passou a fazer parte das discussões da opinião pública, e da agenda de temas nacionais, tais como congressos, reuniões de ONGs, programa governamental, dentre outros, influenciando a mídia impressa e eletrônica.

Seguem, abaixo, algumas das notícias:

15.09.05 — MPT lança cartilhas contra o trabalho escravo em Mato Grosso;

13.09.05 — Novo flagrante de trabalho degradante em Santa Catarina;

13.09.05 — Justiça nega retirada de nome de empresa da "lista suja" do MTE;

12.09.05 — MPT aciona fazendeiro por trabalho escravo no Pará;

06.09.05 — Inquérito da PF vai apurar caso de trabalho degradante em Alagoas;

06.09.05 — Operações libertam 79 trabalhadores em situação análoga à de escravos;

1º.09.05 — Operação Pinus põe fim à exploração de trabalhadores em Santa Catarina;

29.08.05 — MPT investiga trabalho escravo em fazenda do Distrito Federal;

17.08.05 — Procuradores debatem tráfico de seres humanos em Pernambuco;

17.08.05 — Audiência debate tráfico de seres humanos na Câmara dos Deputados;

10.08.05 — Dono de carvoaria de Bonito não paga trabalhadores;

10.08.05 — MPT ajuíza ação para garantir pagamento dos carvoeiros de Bonito;

08.08.05 — Audiência cobra compromisso de usineiros em Alagoas;

08.08.05 — Procurador receberá prêmio pela defesa dos direitos humanos;

05.08.05 — Ex-prefeito de Santos condenado por trabalho degradante;

1º.08.05 — Audiência coletiva vai debater trabalho clandestino em Alagoas;

1º.08.05 — Mato Grosso do Sul sedia oficina sobre tráfico de seres humanos;

28.07.05 — MPT apura denúncias de trabalho escravo em Bonito;

25.07.05 — MPT consegue primeira condenação por trabalho escravo na Bahia;

20.07.05 — Flagrante de trabalho escravo urbano no interior de Minas Gerais;

15.07.05 — Trabalhadores flagrados em condições degradantes em Alagoas;

11.07.05 — Grupo Móvel liberta trabalhadores de carvoarias em Goiás;

29.06.05 — Audiência na Câmara discute leis contra o trabalho escravo;

29.06.05 — Seminário discutirá trabalho escravo em Alta Floresta (MT);

28.06.05 — Procuradores e auditores do Trabalho unem esforços para combater o trabalho escravo;

27.06.05 — Conaete reúne membros na Procuradoria Geral do Trabalho;

24.06.05 — MPT obtém condenação de fazendeiro que escravizava trabalhadores em Minas;

22.06.05 — Agricultores alojados em condições subumanas em SP;

17.06.05 — Usina flagrada com 1,2 mil trabalhadores em condições degradantes;

10.06.05 — Delegação brasileira em Genebra destaca esforços no combate ao trabalho escravo;

10.06.05 — Grupo Móvel liberta trabalhadores no Espírito Santo;

09.06.05 — Combate ao trabalho escravo pelo MPT é destaque em Genebra;

08.06.05 — ANPT divulga nota sobre decisão que favorece grupo Lima Araújo;

31.05.05 — MPT acerta com produtores rurais seminário sobre trabalho escravo;

30.05.05 — Operações libertam 86 trabalhadores explorados no interior da Bahia;

30.05.05 — Fazendeiros e siderúrgicas serão responsabilizados por trabalho escravo no norte de Goiás;

25.05.05 — Empresa que explorava trabalho escravo no Paraná firma acordo com MPT;

19.05.05 — PEC n. 438 será colocada em pauta por Severino Cavalcanti;

13.05.05 — Lima Araújo: MPT garante indenização milionária por trabalho escravo;

12.05.05 — Trabalho escravo em fazenda gaúcha é reprimido pelo MPT;

12.05.05 — Trabalho em condições degradantes é problema também em Santa Catarina;

03.05.05 — Vereadora Soninha busca informações sobre trabalho escravo na PGT;

02.05.05 — Trabalhadores escravizados começam a receber indenização no Pará;

28.04.05 — Trabalho escravo no Mato Grosso: empregador explorava até o gato;

26.04.05 — Trabalho escravo: Cosipar assume responsabilidade trabalhista no Pará;

20.04.05 — Trabalho escravo: mais 60 trabalhadores libertados no Tocantins;

20.04.05 — Empregador de trabalhadores libertados firma acordo com MPT;

18.04.05 — Trabalho escravo descoberto por acaso em fazenda no Pará;

12.04.05 — Acórdãos do TRT da 10ª Região confirmam existência de trabalho escravo;

08.04.05 — Entidades assinam Termo de Cooperação para combater tráfico irregular de trabalhadores;

05.04.05 — Tráfico de trabalhadores rurais é tema de seminário em Alagoas;

30.03.05 — Conatrae deve paralisar operações do Grupo Móvel;

22.03.05 — MPT sedia reunião do Instituto Carvão Cidadão;

18.03.05 — Luis Camargo visita TRT/MA e diz que é preciso combater o trabalho escravo;

16.03.05 — Associação Luso-Brasileira tem representante do MPT no Conselho;

16.03.05 — MPT prestigia lançamento de cartilha sobre trabalho escravo no Maranhão;

15.03.05 — Trabalhadores libertados recebem indenização em Rondônia;

14.03.05 — Telemar é condenada em R$ 24 milhões por trabalho degradante;

10.03.05 — Operação encontra trabalho escravo em fazenda do Pará;

04.03.05 — Operação flagra 56 trabalhadores em condições análogas às de escravos;

25.02.05 — MPT no Rio Grande do Norte combate o trabalho escravo;

10.02.05 — Encontrados 143 trabalhadores em situação degradante em Alagoas;

04.02.05 — MPT do Rio de Janeiro constata trabalho escravo em Cabo Frio;

03.02.05 — Fazenda Nova Olinda tinha irregularidades trabalhistas;

02.02.05 — PRT encontra trabalho degradante em interior de Alagoas;

28.02.05 — Subprocurador do MPT alerta que grupo móvel pode parar;

28.02.05 — Trabalho escravo deve ser punido com maior rigor;

27.02.05 — MPT flagra trabalho degradante no interior de Alagoas;

26.02.05 — MPT garante indenizações por danos morais individuais e coletivos;

26.02.05 — MPT constata trabalho degradante em carvoarias de Jardim;

25.02.05 — Trabalhadores libertados no Pará começam a receber indenização;

24.02.05 — Audiência discute trabalho escravo em Maribondo, interior de Alagoas;

10.02.05 — Trabalho escravo: palestra em cidade que fornece trabalhadores aliciados;

27.12.04 — MPT ajuíza Ação contra agricultor que explorava trabalhadores;

22.12.04 — Entidades firmam parceria para agilizar ações contra trabalho escravo na Bahia;

21.12.04 — Exploração de trabalho escravo envolvia alojamento em cocheira;

21.12.04 — MPT no Rio Grande do Sul flagra contratações irregulares;

17.12.04 — Trabalho Degradante é Condição Análoga à de Escravo;

17.12.04 — Trabalhadores explorados na Bahia recebem verbas rescisórias;

16.12.04 — Trabalhadores resgatados em Sinop recebem direitos;

14.12.04 — Grupo Móvel resgata catadores de raízes em Sinop (MT);

13.12.04 — Grupo Móvel encontra distinção entre trabalhadores na Bahia;

10.12.04 — Conatrae avalia a luta contra o trabalho escravo em 2004;

09.12.04 — Trabalho degradante flagrado em fazenda no norte de Goiás;

07.12.04 — Grupo Móvel encontra 162 trabalhadores em condições degradantes no Tocantins;

02.12.04 — Médico mantinha trabalhadores em condições degradantes no Pará;

24.11.04 — Luís Camargo defende mecanismos de combate ao trabalho escravo;

23.11.04 — Representantes do Executivo e do Judiciário assumem compromisso pela erradicação do trabalho escravo;

23.11.04 — II Jornada deve enfocar o aperfeiçoamento dos instrumentos jurídicos;

22.11.04 — Ações de combate ao trabalho escravo serão discutidas no STJ;

17.11.04 — Justiça determina à Receita Federal envio de informações sobre patrimônio do senador João Ribeiro;

16.11.04 — Grupo Móvel flagra trabalho degradante em carvoarias na Bahia;

15.11.04 — Fazendeiro paga R$ 420 mil por manter trabalhadores em condições degradantes;

11.11.04 — Grupo Móvel encontra trabalho degradante em fazenda no sul do Pará;

08.11.04 — MPT no Rio identifica trabalho degradante na Região dos Lagos;

27.10.04 — Existência de trabalho escravo leva a acordo na Bahia;

19.10.04 — Trabalho escravo: portaria ministerial regulamenta "lista suja";

19.10.04 — Cenário de trabalho escravo, fazenda Cabaceiras será desapropriada;

15.10.04 — Camargo de Melo pede atuação conjunta contra trabalho escravo;

13.10.04 — Trabalho degradante flagrado em carvoaria no Maranhão;

13.10.04 — Piauí lança fórum de combate ao trabalho escravo;

07.10.04 — Trabalho Escravo em Mato Grosso gera debate;

07.10.04 — Procurador explica conceito moderno de trabalho escravo em Simpósio;

06.10.04 — Trabalho escravo é tema de simpósio no Mato Grosso;

1º.10.04 — Fazendeiro mato-grossense condenado à revelia por trabalho escravo;

30.09.04 — MPT aciona família Mânica na Justiça do Trabalho;

29.09.04 — Simpósio discutirá trabalho escravo em Mato Grosso;

27.09.04 — MPT pede condenação da Usina Vale do Verdão;

09.03.04 — Brasil reconhece que há escravos no país (*Correio Braziliense*);

09.03.04 — Brasil reconhece na ONU a existência de trabalho escravo (*Agência Estado*);

08.03.04 — Brasil reconhece na ONU que ainda não erradicou a escravidão (*Folha On-Line*);

28.09.03 — Brasileiro: profissão escravo (*Jornal do Brasil*);

08.11.03 — Inocêncio é condenado por trabalho escravo (*Jornal do Brasil*);

08.11.03 — Inocêncio é condenado por trabalho escravo (*O Globo*);

08.11.03 — Inocêncio é condenado por trabalho escravo (*Folha de S. Paulo*);

08.11.03 — Inocêncio é condenado por trabalho escravo em fazenda (*O Estado de S. Paulo*);

08.11.03 — Juiz condena Inocêncio (*Correio Braziliense*);

08.11.03 — Inocêncio condenado por trabalho escravo (*O Povo*);

08.11.03 — Governo divulgará lista da escravidão (*O Estado de Minas*);

08.11.03 — Inocêncio Oliveira é condenado por prática de trabalho escravo (*O Popular*);

08.11.03 — Vice-presidente da Câmara é condenado no Maranhão (*Hoje em Dia*)

08.11.03 — Trabalho escravo terá lista suja (*Hoje em Dia*);

08.11.03 — Inocêncio condenado a pagar indenização de R$ 530 mil (*Diário de Pernambuco*);

08.11.03 — Parlamentar vai recorrer da decisão (*Diário de Pernambuco*);

08.11.03 — Trabalho escravo (*Diário de Pernambuco*);

08.11.03 — Inocêncio condenado a pagar indenizações (*J. do Comércio* – PE);

08.11.03 — Governo liberará lista de trabalho escravo (*Zero Hora*);

08.11.03 — Subdelegado explorava índios (*Jornal de Brasília*);

08.11.03 — Trabalho escravo condena Inocêncio (*Jornal de Brasília*);

08.11.03 — Deputado é condenado em ações do MPT (*Gazeta Mercantil*);

29.07.03 — Reunião discute andamento de Projeto de Cooperação Técnica sobre combate ao trabalho forçado no Brasil;

18.07.03 — União paga indenização por trabalho escravo e operações de combate continuam;

18.07.03 — Trabalhadores retornam à cidade de origem depois de libertados de trabalho escravo;

08.07.03 — Justiça do Trabalho bloqueia bens de fazendeiros que exploravam trabalhadores;

20.06.03 — Subsede de Uberlândia obtém liminar que assegura direitos de trabalhadores submetidos a condições degradantes;

20.06.03 — Entidades reúnem-se para combater o trabalho escravo;

18.06.03 — Fazendeiros da Bahia assumem compromisso de não submeter trabalhadores a condições degradantes;

04.06.03 — MPT na Bahia realiza audiência para combater trabalho escravo na região de Barreiras;

02.06.03 — 450 trabalhadores são libertados em operação contra trabalho escravo no Estado de Rondônia;

28.05.03 — Juiz determina quebra dos sigilos fiscal e bancário de fazendeiro que utilizava trabalho forçado no sul do Pará;

19.05.03 — MPT fiscaliza safra da cana-de-açúcar para evitar trabalho escravo na região de Campinas;

14.05.03 — MPT obtém sucesso em mais uma ação contra trabalho escravo;

08.05.03 — Fazenda de Tocantins condenada por explorar trabalho escravo;

30.04.03 — MPT sedia reunião sobre tráfico de seres humanos;

30.04.03 — MPT continua empenhado no combate ao trabalho escravo;

28.04.03 — Audiência Pública do MPT em Boa Vista desperta sociedade para exercício da cidadania;

13.03.03 — Entrevista revela visão do Procurador-Geral sobre ações para combate ao trabalho escravo;

12.03.03 — Governo lança plano de combate ao trabalho escravo;

28.02.03 — Irmãos Farias pagam direitos aos trabalhadores submetidos a trabalho escravo;

27.02.03 — MPT garante pagamento a 367 trabalhadores encontrados em regime de escravidão;

27.02.03 — MPT intensifica ações de danos morais contra trabalho escravo;

18.02.03 — Combate ao trabalho escravo é tema de entrevista do Procurador-Geral à Globo;

14.02.03 — Procurador-Geral entrega equipamentos para agilizar atuação contra trabalho escravo;

09.01.03 — Entrevista com procurador aborda atuação do MPT no combate ao trabalho escravo;[216] (g. n.)

j) Relatório global em 2005:

• Ásia e Pacífico (77%);

---

(216) Disponível em: <www.altavista.com.br/escravidao>. Acesso em: set. 2005 (entre o período de 9.1.2003 a 15.9.2005).

• América Latina e Caribe (11%);

• África Subsaariana (5%);

• Países Industrializados (3%);

• Oriente Médio e África do Norte (2%);

• Países em Transição (2%).

k) Pagamento de Indenização — período: 2000/2005, segundo quadro informativo de fiscalização móvel:

• 2000: 25 operações, 88 fazendas fiscalizadas, 1.130 trabalhadores registrados, 516 trabalhadores libertados, R$ 472.849,69 (pagamento de indenização);

• 2001: 26 operações, 149 fazendas fiscalizadas, 2.164 trabalhadores registrados, 1.305 trabalhadores libertados, R$ 957.936,46 (pagamento de indenização);

• 2002: 30 operações, 85 fazendas fiscalizadas, 2.805 trabalhadores registrados, 2.285 trabalhadores libertados, R$ 2.084.406,41 (pagamento de indenização);

• 2003: 66 operações, 187 fazendas fiscalizadas, 5.985 trabalhadores registrados, 5.090 trabalhadores libertados, R$ 6.085.918,49 (pagamento de indenização);

• 2004: 76 operações, 275 fazendas fiscalizadas, 3.643 trabalhadores registrados, 2.887 trabalhadores libertados, R$ 4.905.613,13 (pagamento de indenização);

• 2005: 36 operações, 62 fazendas fiscalizadas, 1.966 trabalhadores registrados, 2.537 trabalhadores libertados, R$ 4.159.634,66 (pagamento de indenização).

Segundo informações da OIT, em 2005, havia no mundo cerca de 20 milhões de pessoas na situação de trabalho escravo, e no Brasil, aproximadamente 25 mil pessoas.[(217)]

Conforme se depreende dos dados acima, os locais com maior índice de trabalho escravo foram as regiões Norte e Nordeste do país.

E, com base no artigo "O Trabalho Escravo no Brasil: Uma Indústria Próspera Alimentada por Miséria, Ganância, Impunidade", de autoria do frei Xavier Plassat, analisando dados do IBGE, alerta o percentual de 16,5% das famílias com membros entre 5 a 17 anos, pelo menos uma criança ou adolescente que trabalha.[(218)] Alega ainda que 50% dos trabalhadores em condições análogas à escravidão são crianças.

6.2. Dados estatísticos — período: 2006 a 2014

O item 6.1 traçou o perfil dos trabalhadores encontrados em condições análogas à escravidão, sendo a maioria formada por homens, na faixa etária de 25 a 40 anos, na

(217) Frei Xavier Plassat, da Comissão Pastoral da Terra (CPT): "Faltam cinco meses para encerrar o governo e ainda existem cerca de 25 mil trabalhadores escravos no país". Matéria de Ulisses Campell, da equipe do *Correio Braziliense*, 19 jul. 2006.

(218) SIMON, Sandra Lia; MELO, Luís Antônio Camargo de. *Produção, consumo e escravidão*. Lista Suja, certificados e selos de garantia de respeito às leis ambientais trabalhistas na cadeia produtiva. Trabalho escravo contemporâneo, p. 231.

condição de analfabetos e/ou até dois anos de estudo, o que não mudou muito nos dias atuais, como se depreende dos dados do registro do Seguro-Desemprego (este dado a todos os libertos), de 2003 até 15 de outubro de 2012. De um total de 28.702 trabalhadores encontrados em condições análogas à escravidão, 95,3% eram homens, ou seja, a sua maioria; na faixa etária entre 18 e 34 anos; 73,7% analfabetos e/ou haviam estudado até o 5º ano incompleto. Sendo o Maranhão o Estado de maior percentual de origem desses trabalhadores (vítimas), seguido do Pará, de Minas Gerais e da Bahia.[219]

a) Perfil do trabalhador escravo:

- homens;
- entre 18 e 34 anos;
- analfabetos/estudado até o 5º ano incompleto;

b)Estados de origem dos trabalhadores escravizados:

- Maranhão (MA): 25,5%
- Pará (PA): 8,2%
- Minas Gerais (MG): 8,2%
- Bahia (BA): 8,2%

c) Período de 2006/abril-2014: número total de operações de fiscalização SIT/SRTE.

- abril/2014: 32 operações
- 2013: 162 operações
- 2012: 120 operações
- 2011: 164 operações
- 2010: 142 operações
- 2009: 156 operações
- 2008: 158 operações
- 2007: 114 operações
- 2006: 103 operações

Fonte: Sistema Federal de Inspeção do Trabalho — SFIT/SIT/MTE e relatórios específicos de fiscalização para erradicação do trabalho infantil e para erradicação do trabalho escravo.

d) Período de 2006/2013: número de trabalhadores resgatados.

- abril/2014: 150 pessoas
- 2013: 1.658 pessoas
- 2012: 2.354 pessoas
- 2011: 2.428 pessoas
- 2010: 2.648 pessoas
- 2009: 3.769 pessoas

(219) Disponível em: <http://reporterbrasil.org.br/2014/02/escravidao-urbana-passa-a-rural-pela-primeira-vez/>. Acesso em: 11 jul. 2014.

- 2008: 5.016 pessoas
- 2007: 5.963 pessoas
- 2006: 3.308 pessoas

Fonte: Sistema Federal de Inspeção do Trabalho — SFIT/SIT/MTE e relatórios específicos de fiscalização para erradicação do trabalho infantil e para erradicação do trabalho escravo.

e) Área de concentração: rural x urbana.

Segundo dados da CPT, no ano de 2013, 53% das pessoas resgatadas foram de área urbana, enquanto no ano de 2012 esse percentual foi de 29% apenas. Sendo a construção civil responsável por 40% dos casos resgatados, libertados cerca de 866 trabalhadores vítimas dessa chaga social. Chamando a atenção para o Estado de São Paulo, responsável por 24% desse total.

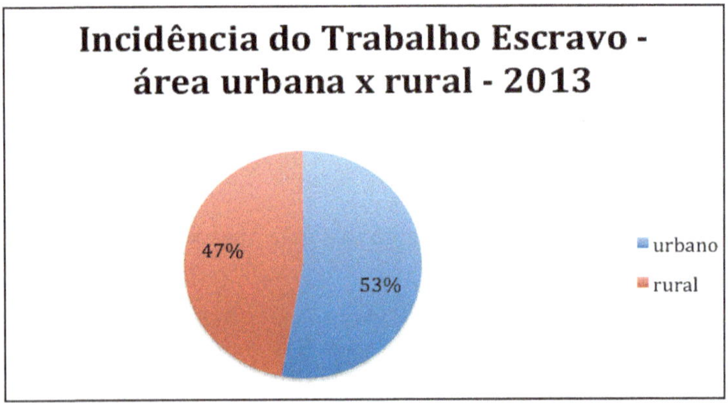

Fonte: Dados da Comissão Pastoral da Terra, reportagem de Igor Ojeda, repórter Brasil, em 6 fev. 2014.

f) Estados na lista suja por trabalhadores resgatados:

A maior incidência encontra-se no Estado do Pará, com 164 empregadores na lista suja(*), seguido do Estado de Minas Gerais, com 67 empregadores(**). Números fornecidos pelo Cadastro de Empregadores — Portaria Interministerial n. 02, de 12 de maio de 2011. Atualizada em 1º de julho de 2014.

- MA: 33 empregadores
- MT: 53 empregadores
- PA: 164 empregadores(*)
- RO: 18 empregadores
- SC: 20 empregadores
- PI: 17 empregadores
- AM: 25 empregadores
- SP: 18 empregadores
- GO: 46 empregadores
- RS: 7 empregadores

- PE: 6 empregadores
- MG: 67 empregadores(**)
- MS: 39 empregadores
- CE: 3 empregadores
- RJ: 12 empregadores
- TO: 36 empregadores
- AC: 08 empregadores
- PR: 17 empregadores
- ES: 8 empregadores
- BA: 12 empregadores
- AL: 3 empregadores
- AP: 1 empregador
- RN: 2 empregadores
- RR: 1 empregador

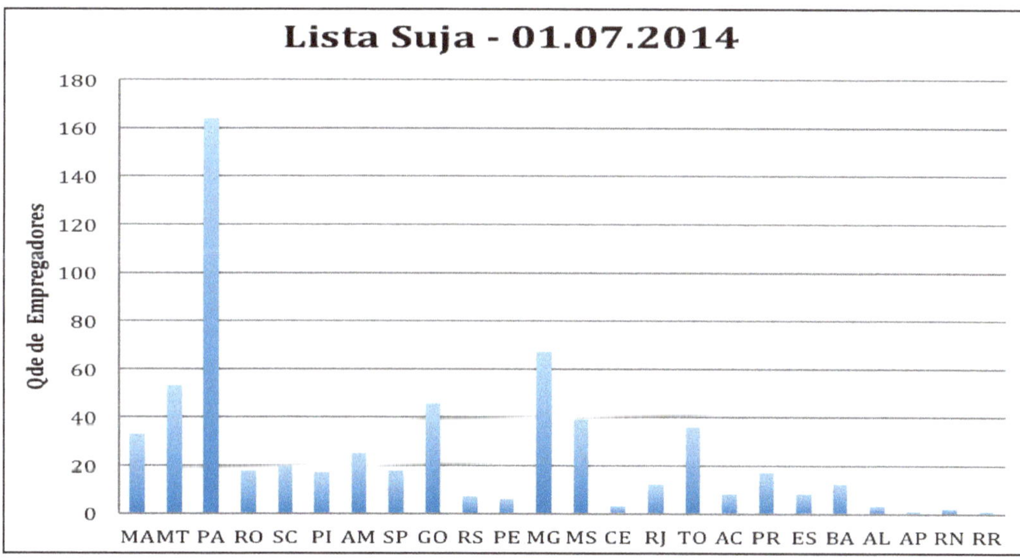

Fonte: Portaria Interministerial n. 02, em 1º.7.2014.

g) Pagamentos de indenizações aos trabalhadores (R$):

Ano	Em R$
2013	7.228.132,50
2012	8.020.050,60
2011	5.985.771,60
2010	8.786.424.80

Fonte: Quadro Comparativo da Fiscalização do Trabalho, 2003 a 2014, *site* do MTE.

h) Relatório da OIT- 2014:

O **lucro das empresas** que exploram o trabalho escravo em todo o mundo é estimado em US$ 150 bilhões ao ano. (...) "cerca de 21 milhões de homens, mulheres e crianças se encontram em situação de **trabalho forçado** atualmente. Desse total, 22% são vítimas de exploração sexual. As empresas privadas são as líderes em exploração do trabalho escravo – 90% do lucro são a elas destinadas. No panorama global, a Ásia concentra a maioria dos lucros, sendo que dois terços dos ganhos nessa região têm origem na exploração sexual. É no Pacífico Asiático, especialmente, onde há o maior número de trabalhadores explorados: 12 milhões ou 56% do total."(220) (grifos nossos)

6.3. Dados estatísticos — período: 2006 a 2020 (1º semestre)

Com base nas informações da Secretaria de Inspeção do Trabalho, entre o período de 2002 até 2020, no Brasil foram resgatados 55.004 trabalhadores em condição análoga à de escravo (42.725 – área rural e 12.279 – área urbana); fiscalizados 5.379 estabelecimentos; emitidas 36.688 guias do Seguro-Desemprego; e, pagas verbas rescisórias aos trabalhadores no valor total de R$108.783.650,13.

Os gráficos, elencados abaixo, são fruto dos dados do observatório do *site* do Ministério Público do Trabalho & OIT (SmartLab), da Secretaria e Inspeção do Trabalho(221) (Fiscalização, Resgates e Seguro-Desemprego), da Organização Internacional do Trabalho, da ONU e da UNODC:

a) Número de trabalhadores resgatados (período entre 2002 e 2020):

Fonte: *Site* da Secretaria de Inspeção do Trabalho (SIT) – ago. 2020.

(220) Relatório da OIT: "Lucro do trabalho escravo chega a US$ 150 bilhões ao ano". *Site* do TST, em 21 de maio de 2014.

(221) Disponível em: <https://sit.trabalho.gov.br/portal/images/CADASTRO_DE_EMPREGADORES/CADASTRO_DE_EMPREGADORES.pdf>. Acesso em: 19 ago. 2020.

b) Trabalhadores resgatados na área rural x área urbana: após o ano de 2017, maior predominância na área rural.

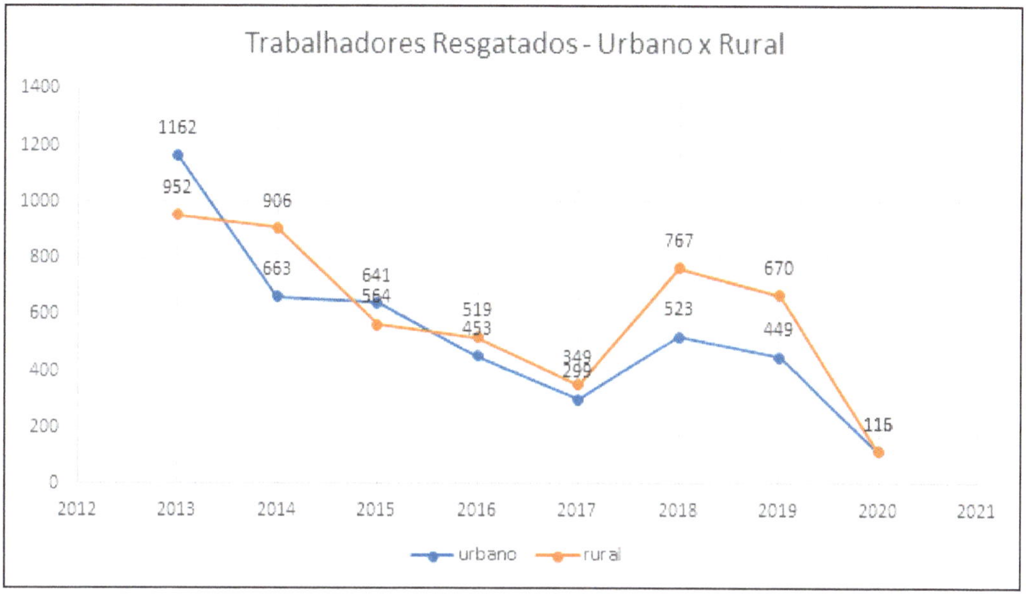

Fonte: *Site* da Secretaria de Inspeção do Trabalho (SIT) – ago. 2020.

c) Modalidades do tráfico de pessoas: 59% (exploração sexual); 34% (trabalho escravo) e 7% (outros objetivos).

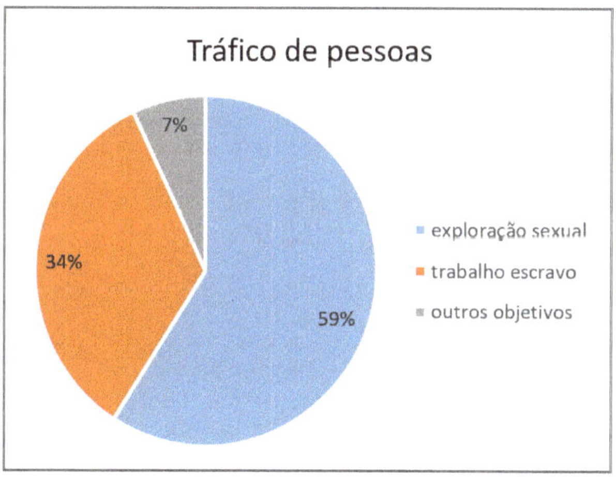

Fonte: *Site* da UNODC – ago. 2020.

d) Dentre as modalidades do tráfico de pessoas, 82% de homens e 13% de mulheres, no trabalho escravo. Nítido o maior percentual do gênero homem.

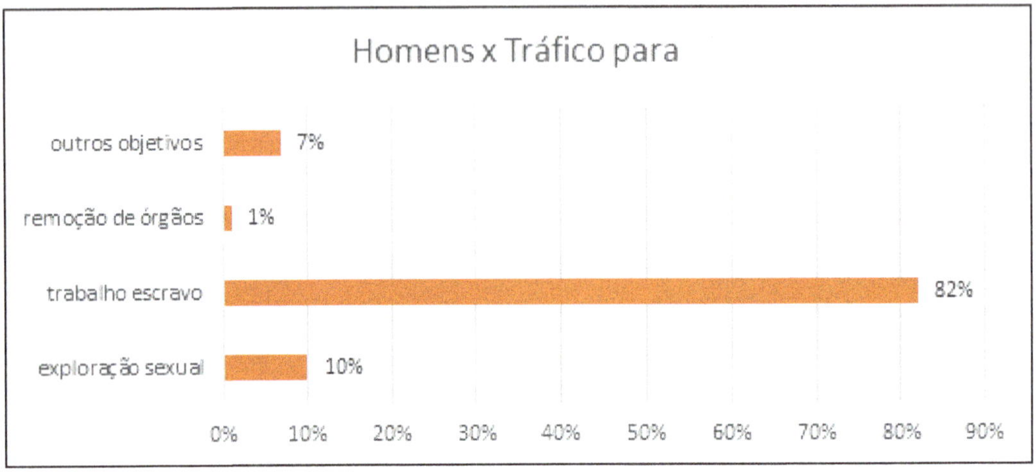

Fonte: *Site* da UNODC – ago. 2020.

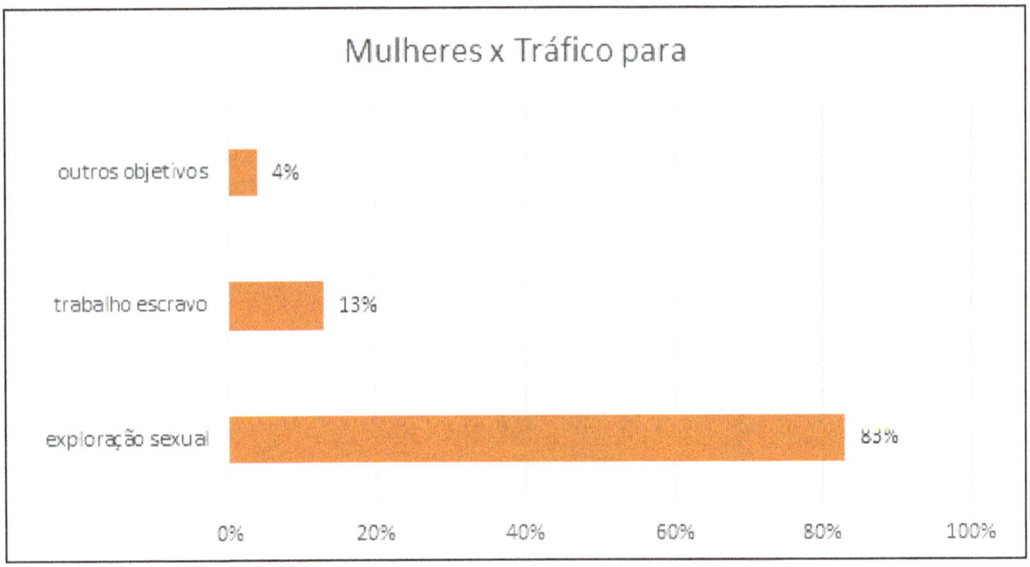

Fonte: *Site* da UNODC – 2020.

e) Cadastro de empregadores que tenham submetido trabalhadores a condições análogas à de escravo – "LISTA SUJA". O gráfico abaixo demonstra que o número de trabalho escravo na zona rural superou o urbano, a partir de 2017 em diante.

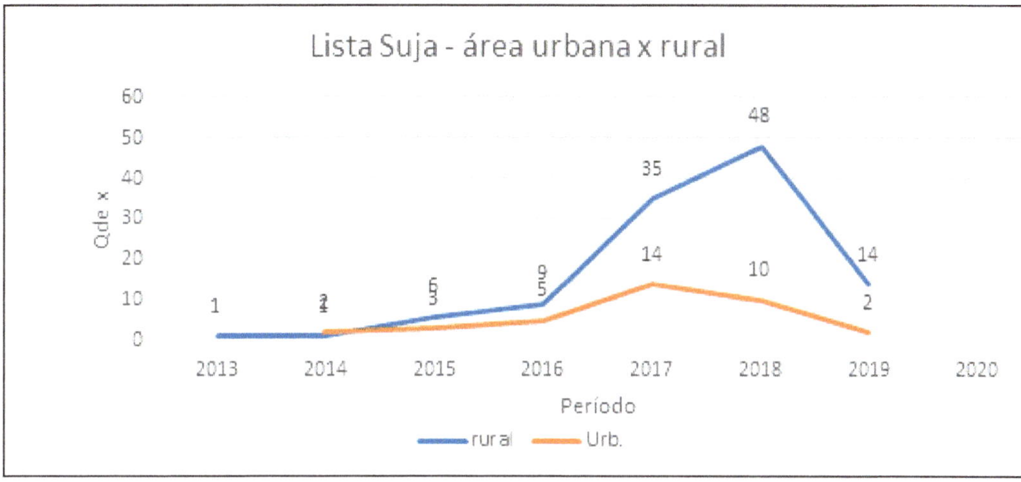

Fonte: *Site* do SIT – Portaria Interministerial MTPS/MMIRDH n. 4 de 11.05.2016.

f) Número na lista suja x Estados x período: observa-se que Minas Gerais (38), Pará (20) e Bahia (10) são os Estados com a maior presença no cadastro de empregadores.

	SP	MG	RJ	SC	PA	AL	MA	PI	ES	RS	DF	MS	MT	BA	PB	GO	TO	CE	RR	AP	RO	RN
2013					1								1									
2014		1	1																			
2015		5	3	1																		
2016		2	3		1		2							5			1					
2017	3	6	1		7		2	2		2		2	6	3		3	3	5	1	1	1	
2018	3	16		2	11	2	2	2	4		1		2	2		5	1	4	1			1
2019	1	8					3					2			1		1					
2020																						
Total:	**7**	**38**	**8**	**3**	**20**	**2**	**9**	**4**	**4**	**2**	**1**	**4**	**9**	**10**	**1**	**8**	**6**	**9**	**2**	**1**	**1**	**1**

Fonte: *Site* do SIT – Portaria Interministerial MTPS/MMIRDH n. 4 de 11.05.2016.

Alguns *sites* abaixo para pesquisa complementar:

<https://sit.trabalho.gov.br/radar/>

<https://sit.trabalho.gov.br/portal/images/CADASTRO_DE_EMPREGADORES/CADASTRO_DE_EMPREGADORES.pdf>

<https://www.ilo.org/brasilia/temas/trabalho-escravo/lang--pt/index.htm>

<https://www.unodc.org/lpo-brazil/pt/trafico-de-pessoas/index.html>

<http://www.ungift.org/>

Capítulo 7

Análise da Eficácia da ACPT na Erradicação do Trabalho Escravo no Brasil

Necessário se faz destacar a conceituação jurídica da terminologia Eficácia, segundo ensinamento de *De Plácido e Silva*, como sendo "derivado do latim *efficacia*, de *efficax* (que tem propriedade, que chega ao fim), compreende-se como a força ou poder que possa ter um ato ou um fato, para produzir os desejados efeitos".

> "A 'eficácia jurídica', deste modo, advém da força jurídica ou dos efeitos legais atribuídos ao ato jurídico, em virtude da qual deve ser o mesmo cumprido ou respeitado, segundo as determinações que nele se contêm."

Destarte, nosso ordenamento jurídico lançou como um dos instrumentos de defesa dos interesses metaindividuais, no âmbito trabalhista, a Lei de Ação Civil Pública — Lei n. 7.347/85 e devidas alterações (item 4.0), sendo possível postular, a teor de seu art. 3º, o cumprimento de uma obrigação de fazer ou não fazer (caráter preventivo), ou de cominação de multa (em dinheiro); podendo ser aplicado *astreinte* (pena pecuniária), por dia de atraso, em valor fixo, enquanto não for executada a obrigação. Sendo sua sentença em caráter condenatório.

Para tanto, avaliar a sua eficácia no caso em tela, ou seja, a sua efetiva aplicação para erradicar o trabalho escravo no Brasil, há de se basear em pareceres de procuradores do Trabalho e decisões dos Tribunais, haja vista a dimensão de nosso país e diferentes culturas.

Destaque às palavras do Procurador do Trabalho Raimundo Simão de Melo, que, ao comentar acerca do ajuizamento da ACP, disse que somente serão propostas as respectivas ações quando *não* se conseguir a erradicação do trabalho escravo pela fiscalização, por intermédio de força-tarefa a cargo do Ministério Público do Trabalho e Emprego, com a presença do Ministério Público do Trabalho e da Polícia Federal, ou por meio de Termos de Ajustamento de Conduta tomado pelo *Parquet* trabalhista.

Ora, não se faz necessário elucidar outro autor, uma vez que, conforme dito alhures, o ajuizamento da ACP será o último instrumento a ser utilizado pelos legitimados e fiscais da lei.

Primeiro, os fiscais, mediante denúncias de entidades não governamentais e governamentais, irão apurar os fatos, recolher provas, para encaminhar aos órgãos competentes MTE e MPT.

Segundo, será aberto o Inquérito Civil, para apurar os fatos e, caso seja possível, firmar-se o Termo de Ajuste de Conduta, que na maioria das vezes não é cumprido.

Há a apuração na esfera criminal, perante a Justiça Federal, em matéria de Crime contra a Organização do Trabalho; e na esfera trabalhista, em se tratando de direitos difusos dos trabalhadores encontrados em condições análogas de escravidão.

Note-se que, para garantir a liberdade dos indivíduos, a ação do grupo móvel e do MPT é imprescindível, não havendo tempo suficiente para aguardar eventual liminar, em virtude de a pessoa estar privada do direito de ir e vir, sem qualquer condição humana de sobrevivência, mercê da sorte e do descaso dos empreendedores, fazendeiros e seres, considerados por si sós, superiores aos demais, há de ser rápida a atuação dos procuradores e fiscais do trabalho.

Em terceiro e último, a propositura da Ação Civil Pública Trabalhista em face ao desrespeito à dignidade humana (trabalho escravo), dando ensejo a vários pedidos (item 4.9 e item 4.9.1), dentre eles o de maior repercussão na atualidade e de maior incidência nas jurisprudências, o pedido de Dano Moral. Lembrando que o dano moral é aquele valor da sociedade que foi violentado (direitos sociais), o direito à vida, à liberdade, ao trabalho, de ir e vir, consagrados pela nossa Carta Magna.

Salientamos que, conforme preconiza a Procuradora do Trabalho da 22ª Região, doutora Evanna Soares:

> "Como se disse, não se erradica trabalho escravo somente com sentenças judiciais. São necessárias inúmeras providências para tal desiderato, onde se acham inseridas as intervenções judiciais. Tais providências estão compiladas no 'Plano Nacional para a Erradicação do Trabalho Escravo', lançado em março de 2003, que reserva papéis para diversos órgãos governamentais e não governamentais, abrangendo ações gerais, melhorias nas estruturas administrativas do grupo de fiscalização móvel do Ministério do Trabalho e Emprego, da ação policial (notadamente Polícia Federal e Polícia Rodoviária Federal), dos Ministérios Públicos Federal e do Trabalho, bem assim ações específicas de promoção da cidadania e combate à impunidade e de conscientização, capacitação e sensibilização para erradicação do trabalho escravo, prevendo-se, ainda, alterações legislativas, para implementação a curto e médio prazo, conforme a natureza da medida."

Podemos observar que as áreas de maior incidência da propositura de ACP são as de regiões com maior incidência do foco em questão, tais como Pará, Maranhão, Mato Grosso e Bahia, mas não em volumes abusivos.

No estudo realizado pelo Juiz Federal Flávio Dino de Castro e Costa, argumenta: "A quantidade de processos judiciais versando sobre o tema é, proporcionalmente aos que tramitam, estatisticamente irrelevante".

E, segundo informações do MPT (*Estatísticas da Atuação do MPT no Combate ao Trabalho Escravo no Brasil*),

> "Segundo levantamento feito até o mês de dezembro de 2004, o Ministério Público do Trabalho participou de 71 operações de fiscalização com o Grupo Móvel de Combate ao Trabalho Escravo, em 267 propriedades rurais, que

resultaram na libertação de 2.745 trabalhadores mantidos em regime de escravidão. Possui 548 Procedimentos Administrativos em andamento e outros 374 foram arquivados. Firmou 167 Termos de Compromisso de Ajustamento de Conduta e impetrou 22 Ações de Execução de Título Extrajudicial (TCAC). Ingressou com 111 Ações Civis Públicas, 24 Ações Civis Coletivas, quatro Ações Cautelares, quatro Reclamações Trabalhistas. Das operações realizadas com a participação do MPT, 22 ocorreram no Mato Grosso do Sul e 12 no Pará. O Pará também é recordista em ACPs (47) e ACCs (11) e no número de procedimentos em andamento, somando 226. Em seguida estão o Mato Grosso, com 99; Bahia, com 44; Rondônia, com 33; São Paulo e Maranhão, com 24; Goiás, com 17; Campinas/SP, com 11 e o Rio de Janeiro, com sete. A recordista em TCACs firmados é a região de Mato Grosso, com 47. Logo a seguir estão Minas Gerais, com 19; Piauí, com 18; São Paulo, com 16; Rio de Janeiro e Pará, com 11. Das 4 Reclamações Trabalhistas, duas são originárias de Goiás, uma de Brasília/Tocantins e outra do Pará. Apenas em uma das 24 Regionais não foram registrados procedimentos ou ações relacionados ao tema: Rio Grande do Norte."

7.1. Eficácia ou não da ACPT no combate ao trabalho escravo contemporâneo?

Conforme informações prestadas pela OIT e pelo MPT, pode-se verificar que o ajuizamento da ACPT em face dos direitos metaindividuais, com o escopo de erradicar o trabalho escravo no Brasil, é eficaz na medida de seu ajuizamento, onde o *Parquet* concede a tutela aos trabalhadores, o direito à liberdade, o direito de ir e vir, a dignidade humana, dentre outros direitos.

A não propositura de ACP é resultado da atuação preventiva dos auditores fiscais do trabalho e do próprio Ministério Público do Trabalho, ajustando termos de conduta.

Mister salientar a dificuldade em obter as provas; muitos dos fiscais do trabalho são abordados e mortos no caminho em que se dirigiam para a oitiva testemunhal, *in loco*. A eficácia da ACPT está atrelada à sua propositura, que muitas vezes não acontece.

A importância da propositura da ACPT foi destaque no evento realizado no TRT da 2ª Região, Trabalho Escravo Contemporâneo: Contextos e Desafios ao Enfrentamento, em 19.05.2014, nas palavras da ilustre Desembargadora Ivani Contini Bramante. Alegou sobre a eficácia das ações civis públicas com dano moral coletivo, pelo "efeito educativo" que trazem, uma vez que "mexe no bolso do empresário", palavras estas corroboradas na exposição do Procurador do Ministério Público do Trabalho Ronaldo dos Santos.(222)

7.2. A conscientização como forma de combater a escravidão

Uma das ferramentas eficazes para coibir a prática de trabalho análogo à escravidão é a conscientização da sociedade como um todo, ou seja, desde aquele latifundiário até o

(222) Evento realizado no TRT-02: promoveu a discussão sobre trabalho escravo contemporâneo, *site* do TRT-02, disponível em: <https://ww2.trt2.jus.br/noticias//noticias/noticia/news/evento-realizado-no-trt-2-promoveu-a-discussao--sobre-o-trabalho-escravo-contemporaneo/?tx_news_pi1%5Bcontroller%5D=News&tx_news_pi1%5Baction%5D=detail&cHash=d8f8d68bd8a7dbc5dec750a0a053f531>. Acesso em: 9 jul. 2014.

trabalhador braçal, e, ainda, englobando os entes das três esferas — Municipal, Estadual e Federal — operadores do direito (juízes, procuradores, advogados) e consumidores, haja vista que muitas das impunidades são reflexos da falta de penalidades impostas aos escravistas em virtude da ausência de normas pesadas aos infratores.

Mister salientar que no mundo capitalista, onde o lucro é a finalidade principal e o ser humano é utilizado como instrumento de trabalho, há de se preverem penalidades voltadas ao confisco do patrimônio do infrator, estas já previstas na PEC n. 438/2001, aprovada como EC n. 81/2014 (item 2.10.1), em que a propriedade do escravocrata será expropriada, faltando apenas a sua regulamentação.

A morosidade na aprovação da PEC só demonstrou a falta de consciência do legislador com relação ao terror que circula nos latifúndios nacionais, uma vez que o Brasil é formado por inúmeras fazendas, muitas delas sobreviventes de incentivos fiscais cujo proprietário é o mandante de ocupação de cargo político ou função pública.

Temos a consciência de que o trabalho é a fonte de renda de cada ser humano, e é ela que gera a força motriz para o crescimento de toda a economia, tanto nacional como internacional; portanto devemos ampliar os programas governamentais e não governamentais, como os já executados conforme rol abaixo elucidado pelo Frade dominicano Xavier Plassat:

> a) o programa Escravo Nem Pensar (ENP), proposto desde 2005 pela Repórter Brasil — uma ONG paulista que reúne jornalistas comprometidos com as causas sociais, que almeja a multiplicação de atores que assumam iniciativas de prevenção nos municípios mais afetados. O programa propõe uma capacitação de uma semana a professores voluntários, do ensino fundamental e médio, deixando aos seus critérios a introdução do tema do combate ao trabalho escravo na sala de aula e no currículo educativo. Mesma proposta vem sendo oferecida a lideranças de movimentos sociais, sindicatos, associações, pastorais, tanto neste programa quanto em vários outros, desenvolvidos pelas demais entidades, integrantes da rede de combate ao trabalho escravo. Em dois anos, associando parceiros locais da CPT e CDH, o programa ENP já atingiu mais de 15 municípios: Axixá e Araguaiana (TO), Breu Branco e Xinguara (PA), Balsas, Bom Jesus das Selvas, Riachão e Açailândia (MA), São Raimundo, Uruçuí, Corrente, Barras, Esperantina e Santa Luzia (PI). Outros tantos municípios receberam oficinas, audiências públicas, jornadas de informação e seminários promovidos pelos agentes locais da Campanha, às vezes com a colaboração de agentes do poder público (MPT, juízes, MTb, INCRA);
>
> b) a constituição de comissões municipais de combate ao trabalho escravo em vários municípios do interior do Piauí, como resultado de um processo de articulação iniciado há três anos, incluindo diagnósticos, pesquisa, realização de encontros de trabalhadores migrantes, nucleação desses trabalhadores. O processo, associando CPT, Pastoral do Migrante, FETAGR-PI, DRT, produziu outros importantes avanços, chegando à adoção pelo governo estadual de um plano de combate ao aliciamento e ao trabalho escravo, elaborado a partir das propostas do fórum estadual. Com

características e motivações bem diferenciadas, também apresentaram planos de combate a uma chaga que, por muitos anos, fingiam nem ver os governos do Maranhão (foi em 2004, mas ficou só no papel) e do Mato Grosso (este último, após o lamentável "incidente de Nova Lacerda");

c) a realização, em forma itinerante, de encontros de sensibilização e capacitação, assumida pelo FOREM — Fórum Maranhense de Combate ao Trabalho Escravo —, com a decisiva participação do Centro de Defesa da Vida e dos Direitos Humanos (CDVDH) de Açailândia e da DRT-MA. Seminários foram realizados em Balsas, Açailândia, Bacaral, Caxias, Chapadinha, Codó, Pinheiro e Presidente Dutra com o objetivo de alertar os trabalhadores para não caírem nas armadilhas da escravidão contemporânea, informar maneiras de denunciar e capacitar núcleos locais constituídos para atender as vítimas;

d) valendo-se de expressões artísticas variadas — capoeira, teatro, música —, múltiplas ações educativas foram propostas para públicos jovens e adultos de bairros entre os mais pauperizados das periferias de Açailândia (MA), Araguaína (TO) ou Tucuruí (PA), além de programas de alfabetização cidadã, ou ainda das animações temáticas realizadas a bordo do trem e nas estações ferroviárias da CVRD (Companhia Vale do Rio Doce), entre São Luís do Maranhão e Parauapebas (PA), atingindo milhares de trabalhadores do Maranhão, Piauí ou Pará, a caminho da sonhada fronteira agrícola;

e) outra iniciativa proveitosa é a mobilização de trabalhadores rurais identificados a partir de operações de resgate do Grupo Móvel ou de denúncias locais, e naturais de um mesmo município ou região, como já ocorreu no interior do Piauí ou do Tocantins, para iniciar um trabalho de sensibilização, educação aos direitos básicos, discussão de alternativas, propostas de organização local, implementação de projetos valorizando suas aptidões. Desta maneira, um grupo de Ananás, TO, acabou construindo o núcleo local da Comissão de Direitos Humanos, sediada em Araguaína; e um grupo de Açailândia explora, com auxílio do CDVDH, uma tecnologia "revolucionária" de produção de carvão vegetal, ecológica e cidadã;

f) desde 1988, as equipes da Campanha da CPT divulgam uma cartilha em forma de sanfoninha, do tamanho de um cartão telefônico, destinada aos próprios trabalhadores em risco de aliciamento ou que já entraram "em cana", presos na fazenda ou na carvoaria que os escravizava. Nela, uma breve história em quadrinhos ajuda o trabalhador, com ou sem leitura, a identificar sua própria situação (como um deles confessou certa vez: "eu me achei"), desde a contratação fraudulenta na pensão até a promiscuidade do barraco e a roubaria na cantina do "gato", passando pelas armas que amedrontam e a dívida que acorrenta, terminando pela saída do túnel por meio de um resgate exitoso. "Isso é crime, denuncie!" Esse singelo apelo inscrito no final dos quadrinhos desperta a vontade de resistir à opressão quando esta já havia se "naturalizado" na cabeça de muitos, libertando da sujeição moral incutida pelos modernos carrascos — uma mensagem de esperança que está hoje na mão de meio milhão de trabalhadores rurais brasileiros já alcançados por essa sanfoninha. No verso da historinha, o trabalhador encontra, ainda, uma lista de telefones por meio dos quais ele pode fazer sua denúncia e alguns recados para garantir seus mínimos direitos. "De olho aberto para não virar escravo: garanta seus direitos." Entregue de mão em mão, numa corrente solidária e protagonista, assim é o destino dessa sanfoninha, que já salvou milhares do desespero;

g) em Goiás, na Bahia, no Rio de Janeiro, cortadores de cana entram em greve e recebem apoio solidário de movimentos sociais do campo e da cidade, dando força às suas "campanhas", exigindo preços menos lesivos no corte da cana, dando visibilidade ao sofrimento que lhes é imposto no canavial, obrigando até a mídia a não mais se esquecer dos eternos olvidados. Simultaneamente, redes de vigilância e de alerta se estabelecem desde o interior do Maranhão até Ribeirão Preto ou Araraquara (SP), num itinerário no qual centenas de ônibus clandestinos continuam a traficar mão de obra barata. Polícia Rodoviária Federal, sindicatos de trabalhadores, Delegacia Regional do Trabalho, militantes de direitos humanos, jornalistas, agentes pastorais, todos de mãos dadas para cobrar a inalienável dignidade;

h) pressionadas pelo crescente rumor espalhado nos mercados nacionais e internacionais, a partir da denúncia insistente dos movimentos sociais e das ONGs, empresas brasileiras passaram a se antecipar à possível retaliação comercial por parte de uma freguesia mundial sempre mais bem informada dos desastres cometidos contra a natureza e contra a vida humana, em nome da ganância sem freio. Articulado pelo programa brasileiro da OIT contra o trabalho escravo e embasado no levantamento da cadeia produtiva das propriedades, incluídas na lista suja, um pacto nacional das empresas foi proposto pelo Instituto Ethos e já recebeu apoio de mais de 80 delas. Pouco antes, siderurgistas do Maranhão e do Pará, assustados pelas péssimas repercussões comerciais, resultando dos flagrantes efetuados nas sedes dos seus fornecedores de carvão, hipoteticamente terceirizados, entraram em acordo e criaram um instrumento para autodisciplinar sua cadeia produtiva — o Instituto Carvão Cidadão que, sem tratar o problema principal (a falsa terceirização), tenta amenizar os problemas encontrados. Recentemente, eco desses rumores, o presidente francês Jacques Chirac, propôs o julgamento em cortes nacionais de qualquer multinacional envolvida em práticas escravistas, em qualquer lugar do planeta;

i) em São Paulo, a Repórter Brasil, uma ONG integrante da CONATRAE, que literalmente adotou a causa do combate ao trabalho escravo, tem multiplicado, desde 2001, iniciativas de grande valia. Além das ações de campo, já mencionadas (Escravo nem Pensar) e de substancial contribuição nas pesquisas relacionadas com o tema, ofereceu a jornalistas farta documentação e orientação sobre o tema, disponibilizando no seu *site* um excelente acervo de documentos, referências legais, estatísticas, a Lista Suja (apresentada em várias línguas) e notícias, diariamente atualizadas, além de reportagens exclusivas. Por último, criou uma Agência de Notícias *copy left* que já se tornou a fonte mais bem documentada sobre a questão do trabalho escravo e assuntos correlatos: tráfico de pessoas, superexploração do trabalho, danos provocados por monoculturas, violência no campo. Os eixos de atuação da ONG são o jornalismo social, a educação e comunicação e o combate à escravidão. A Repórter Brasil resume assim seu objetivo: "fomentar a reflexão e ação sobre as diversas situações de injustiça que se fazem presentes em nossa sociedade, tanto nos casos de flagrante desrespeito aos direitos humanos, como nas condições sociais e estruturais subumanas de vida. Nesse ponto, toma uma clara e inequívoca opção pelos empobrecidos e marginalizados, no que se refere à realidade política, econômica, social, cultural e ambiental do país".

Com essas ferramentas, pode-se proporcionar maior conscientização de seus direitos aos trabalhadores, mas não podemos esquecer a prioridade no tocante à política da reforma agrária, instrumento hábil para gerar oportunidades a todos os brasileiros rurais.

Em entrevista durante o evento do "Prêmio Trabalho Escravo 2006" (5.12.2006), promovido pela Associação Nacional dos Procuradores do Trabalho (ANPT), pela Organização Internacional do Trabalho (OIT), pela Associação Nacional dos Magistrados da Justiça do Trabalho (Anamatra), pela Associação dos Juízes Federais do Brasil (AJUFE) e pela Associação Nacional dos Procuradores da República (ANPR), o respeitável frei Xavier (que recebeu o prêmio em nome da Comissão Pastoral da Terra) alegou que falta no Governo Federal uma "consciência unificada" do problema.

Não poderíamos deixar de citar a frase do atual Papa Francisco, enviada à 103ª Sessão da OIT:

"O Trabalho realizado por escravos é um horror."

> (...)
>
> "Chegou o momento de reunirmos forças e trabalharmos juntos para libertar as vítimas desse tráfico e para desarraigar esse crime que diz respeito a todos, das famílias a toda comunidade mundial."
>
> (...)
>
> "O notável número de homens e mulheres obrigados a buscar trabalho fora de sua pátria é fonte de preocupação, um crime contra toda a humanidade."
>
> (...)
>
> "Apesar de sua esperança em um futuro melhor — continua a mensagem —, com frequência encontram incompreensão e exclusão, sem falar de quando sua experiência é a de tragédias e desastres. Tendo enfrentado tantos sacrifícios, estes homens e estas mulheres não conseguem, muitas vezes, encontrar um trabalho decente e se tornam vítimas de uma determinada 'globalização da indiferença'."
>
> (...)
>
> "Sua situação os expõe a subsequentes perigos, como o horror do tráfico de seres humanos, o trabalho forçado e sua redução em escravidão."
>
> (...)

"Não é possível continuar assim! O tráfico de seres humanos é um açoite, um crime contra toda a humanidade, insiste. Chegou o momento de reunirmos forças e de trabalharmos juntos para libertar as vítimas desse tráfico e para desarraigar esse crime que diz respeito a todos, das famílias a toda comunidade mundial."

(...)

"O desemprego está tragicamente expandindo as fronteiras da pobreza. Comprometendo-nos para que se aumentem as oportunidades de trabalho, afirmamos a convicção de que somente 'no trabalho livre, criativo, participativo e solidário, o ser humano expressa e aumenta a dignidade da própria vida', afirma, citando a exortação apostólica *Evangelii Gaudium.*"

(...)

"O trabalho humano é parte da criação e dá continuidade ao trabalho criativo de Deus", enfatiza. Também recorda que "esta verdade nos leva a considerar que o trabalho é mais um dom que um dever", pois "o trabalho não é meramente uma mercadoria, mas, sim, possui a própria dignidade e valor".(223)

E ainda relatar o tema da campanha da fraternidade de 2014, cujo objetivo principal é "identificar as práticas de tráfico humano em suas várias formas e denunciá-las como violação da dignidade e da liberdade humanas, mobilizando cristãos e pessoas de boa vontade para erradicar este mal com vista ao resgate da vida dos filhos e filhas de Deus", e como objetivos específicos:

• Identificar as causas e modalidades do tráfico humano e os rostos sofridos por esta exploração;

• Celebrar o mistério da morte e ressurreição de Jesus Cristo, sensibilizando para a solidariedade e o cuidado às vítimas dessas práticas;

• Suscitar, à luz da Palavra de Deus, a conversão que conduza ao empenho transformador desta realidade aviltante da pessoa humana;

• Denunciar as estruturas e situações causadoras do tráfico humano;

• Promover ações de prevenção e de resgate da cidadania dos atingidos;

• Reivindicar, aos poderes públicos, políticas e meios para a reinserção das pessoas atingidas pelo tráfico humano na vida familiar, eclesial e social;

Respeitando a crença de cada um de nós, podemos perceber a preocupação de uma das maiores organizações religiosas, no tocante à prevenção e erradicação do trabalho escravo, que fomenta o tráfico de pessoas, cujo lucro das empresas escravocratas é estimado em US$ 150 bilhões ao ano, valor este informado pela OIT, na cerimônia realizada no TST, em 20.5.2014. Segundo as palavras de Laís Abramo, diretora do escritório da OIT no Brasil, "o trabalho forçado é um dos crimes mais lucrativos do mundo. Ele não

(223) Disponível no *site* da CPT, em: 30 maio 2014. Acesso em: 20 jun. 2014.

ocorre somente em países em desenvolvimento, em países pobres, hoje a atividade faz parte da dinâmica de empresas modernas".[224]

Destaque à atuação da Comissão da OAB da Seção de São Paulo na elaboração da primeira cartilha de enfrentamento ao trabalho análogo ao de escravo[225], lançada em 2017, sob a presidência da Dra. Luciana Barcellos Slosbergas, a qual tive a honra em fazer parte como membro efetivo, no triênio 2015/2018, sendo utilizado o critério de perguntas e respostas, ao todo 50 questões, disponível *on-line* no *site* da OAB/SP.

Ao 5º Seminário Internacional do Programa Trabalho Seguro, realizado no TST, em outubro/2019, sobre violências no trabalho: enfrentamento e superação, com a Conferência Magna de abertura do ilustre ganhador do Prêmio Nobel da Paz de 2014, o indiano Kailash Satyarthi, com o tema: "Da violência à cultura da paz nos ambientes do trabalho", ativista em favor da erradicação do trabalho infantil, em todas as suas formas, dentre elas, o trabalho escravo infantil. Uma sociedade que respeita as suas crianças é uma sociedade que pensa no futuro e na proteção de toda a coletividade.

E alguns projetos e eventos de outras instituições, ocorridos em 2020 e 2021:

a) Evento da Asbrad em parceria com o MPT — "liberdade no ar", abordando 20 questões para entender o tráfico de pessoas no Brasil com a participação de vários atores do enfrentamento ao tráfico de pessoas e de combate ao trabalho escravo no Brasil, dentre eles: Dr.ª Andrea da Rocha Carvalho Gondin (Procuradora do Trabalho), Dr. Ricardo Rezende Figueira (Professor e Coordenador do Grupo de Pesquisa Trabalho Escravo Contemporâneo do Núcleo de Políticas Públicas em Direitos Humanos da Universidade Federal do Rio de Janeiro), Graziella Rocha (Asbrad), Dalila Figueiredo (Presidente da Asbrad), Dr. Luís Antônio Camargo de Melo (Subprocurador-Geral do Trabalho aposentado), Dr. Thiago Muniz Cavalcante (Procurador do Trabalho), Dr.ª Cristiane Maria Sbalqueiro Lopes (Procuradora do Trabalho). Os temas abordados foram: 1. história de lutas; 2. crise, reforma trabalhista e pandemia; 3. trabalho doméstico; 4. racismo estrutural; 5. violência baseada em gênero; 6. exploração sexual de crianças e adolescentes; 7. "mulas" do narcotráfico; 8. tráfico de pessoas no futebol; 9. questões relacionadas ao meio ambiente; 10. crime cibernético; 11. adoção ilegal; 12. pesquisa e geração de informações; 13. direitos laborais de profissionais do sexo; 14. tendências globais, xenofobia e criminalização da migração; 15. a fé como mecanismo de controle e exploração; 16. emergência humanitária; 17. rede nacional de enfrentamento ao tráfico de pessoas; 18. incidência política além das redes sociais; 19. análise comportamental – treinamento do olhar para a prevenção ao crime e 20. resiliência e superação dos limites internos para profissionais que atuam no enfrentamento ao tráfico de pessoas.[226]

(224) *Site* do TST, em: 21 de maio de 2014. Acesso em: 25 maio 2014.

(225) Disponível em: <https://www.oabsp.org.br/comissoes2010/gestoes-anteriores/erradicacao-trabalho-escravo/cartilhas/Cartilha%20da%20Comissao%20Especial%20de%20Erradicacao%20do%20Trabalho%20Analogo%20ao%20de%20Escravo.pdf>.

(226) Websérie realizada entre os dias 1º a 30 de julho de 2020, canal no *Youtube*: <www.asbrad.org.br/liberdadenoar>.

b) Curso gratuito da polícia federal do Brasil, "curso de enfrentamento ao tráfico de pessoas no Brasil, plano da ação educacional a distância" (EAD), com conteúdo excepcional, e trata dentre as modalidades de tráfico de pessoas, o trabalho escravo, de forma pormenorizada. No *site*, a seguir: <https://anpcidada.pf.gov.br>.

c) A comemoração dos 20 anos do Protocolo de Palermo, realizada pelo SINAIT[(227)], que teve a presença dos auditores-fiscais do trabalho – Carlos Silva, Renato Bignami, Vera Jatobá; Dalila Figueiredo (Presidente da ASBRAD), – Martin Hahn e Thaís Faria (OIT no Brasil); Dr. Luis Antonio Colussi (ANAMATRA); Dr.ª Lidiane Machado e Silva (ANMPT); Dr.ª Glícia Salmeron (OAB); Carlos Bezerra Júnior (Deputado Estadual de SP); Deputado Federal Claudio Putz e o Senador Paulo Paim; Ricardo Rezende Figueira (Professor da UFRJ); Leonardo Sakamoto (Repórter Brasil) dentre outros.

d) Lançamento da Cartilha do Combate ao Trabalho Análogo do de Escravo, em 12.08.2020; elaborada pela Comissão de Combate ao Trabalho Forçado da OAB-PA — COTRAF. Essa comissão de caráter temporário da OAB/PA, formada por 17 membros, tendo como presidente o Dr. Felipe Jacob Chaves e vice-presidente Dr.ª Larissa Sales. Tem por objetivo ampliar o conhecimento à sociedade sobre as violações de direitos humanos que caracterizam a forma contemporânea de trabalho escravo. Disponível no *site* da OAB/PA.[(228)] Cita a prevenção, a assistência às vítimas e a repressão como formas de coibir o trabalho escravo contemporâneo e elenca os direitos do trabalhador resgatado. Informa os canais para denúncias.

e) Ciclo de debates[(229)] — entre a escravidão e a busca pela dignidade do trabalho: os limites do capital, realizado pelo Grupo de Pesquisa Trabalho e Direitos Humanos — NUTSS (ESS/UFF) em parceria com o Grupo de Pesquisa Mundo do Trabalho e Metamorfose — GMPT (IFCH/UNICAMP), em especial as palestras dos dias 14/09 – Dignidade do/no trabalho: Gabriela Delgado (UNB) e Luciana Conforti (TRT 6); 05/10 – Plataformas digitais e aplicativos: a escravidão digital: Giorgio Pirina (Universidade de Bologna), Ricardo Festi (UNB) e Iuri Tonelo (UNICAMP); 19/10 – Trabalho escravo contemporâneo: história e denúncia: Ricardo Rezende (UFRJ), Xavier Plassat (CTP) e Flávia Moura (UFMA); 26/10 – Escravidão contemporânea em todos os espaços: Angela Teberga (UFT), Júlia de Paula (UFF) e Valter Zanin (Universidade de Padova); 09/11 – Superexploração da força de trabalho e escravidão contemporânea: avanço do conservadorismo: Adrián Sotero Valencia (UNAM), Marcela Soares (NUTSS/UFF) e Ana Cristina Oliveira (NUTSS/UFF); 16/11 – O papel da universidade no combate ao trabalho escravo: Livia Miraglia (UFMG), Valena Jacob (UFPA) e Fernando Vieira (UFF); 23/11 – Desafios da inspeção do trabalho frente às metamorfoses no trabalho: Dercylete Lisboa Loureiro (Auditora-Fiscal do Trabalho), Tiago Muniz Cavalcanti (MPT) e Vitor Filgueiras (UFBA);

(227) Webnário realizado em 30 jul. 2020.

(228) Disponível em: <http://www.oabpa.org.br/index.php/component/phocadownload/file/533-cartilha-de-combate-ao-trabalho-analogo-ao-de-escravo-da-oab-pa>.

(229) Disponível em: <https://www.mundodotrabalho.ifch.unicamp.br/sites/www.mundodotrabalho.ifch.unicamp.br/files/logo_-_gpmt.png>.

30/11 – A atuação dos Comitês Estaduais de Enfrentamento ao Tráfico de Pessoas e Erradicação do Trabalho Escravo: Ludmila Paiva (CEPT/COETRAE-SP), Ebenézer Oliveira (COMTRAE-SP) e Admar Fontes Júnior (COETRAE-BA).

f) A Secretaria de Direitos Humanos juntamente com a ONU, em parceria com a Clínica de Trabalho Escravo e Tráfico de Pessoas (CTETP) da Faculdade de Direito da Universidade de Minas Gerais (UFMG) e Centro de Estudos de Criminalidade e Segurança Pública (CRISP), realizaram uma pesquisa de mapeamento de 1.474 sentenças penais e 432 ações civis públicas relativas ao trabalho análogo à escravidão na Justiça Federal e na Justiça do Trabalho, em junho de 2020, segue link oficial divulgado no *site*: <https://bibliotecadigital.mdh.gov.br/jspui/handle/192/1924>.

g) I Jornada IPÊ. Sistema IPÊ. Para denúncia do trabalho escravo. Ao acessá-lo, a pessoa irá preencher um formulário que será encaminhado ao Ministério da Economia. Os dados dos denunciantes serão mantidos em sigiloso. *Site* de acesso: <https://ipe.sit.trabalho.gov.br/>.

h) Evento da SINAIT – Semana Nacional de Combate ao Trabalho Escravo. Foram apresentadas as experiências regionais dos auditores do trabalho no Estado do Paraná, com a participação dos auditores fiscais do trabalho, Luize Surkamp, autora do livro: "Erva-mate. Erva que escraviza"; Maurício Pavesi, citou a nova Portaria n.396/2021 da não aplicação da dupla visita quando for constatado trabalho escravo, e das autuações, especificamente de trabalho escravo doméstico; Fábio Ubirajara, relembrou a Chacina Unaí, em 27.01.2021.

i) Programa Conexão Legislativa, realizado de forma virtual pela Rede Alesp, sobre o Combate ao Trabalho Escravo, com a participação da desembargadora do TRT2, Dra. Ivani Contini Bramante, vídeo disponível no youtube em 05.02.2021, de forma suscinta conseguiu explicar o que é trabalho escravo contemporâneo, a atuação dos auditores fiscais do trabalho, do Poder Judiciário, caracterização, normas internacionais e nacional, formas de combate, tráfico de pessoas, projetos sociais, a importância do compliance ou programa de integridade, bolsa família, seguro-desemprego dentre outros. E ainda, citou o Disque 100 para denúncias de trabalho escravo e tráfico de pessoas. Site do Ministério da Mulher, da Família e dos Direitos Humanos do Governo Federal. Disponível em: <http://www.disque100.gov.br>.

j) Lançamento virtual do livro digital – "Migrantes e Refugiados: uma aproximação baseada na Centralização do Trabalho e na Justiça Social", no youtube TVMPT, em 24.02.2021, com a colaboração de 40 autores, organizado pelas Procuradoras do Trabalho, Dra. Cristiane Maria Sbalqueiro Lopes e Priscila Moreto de Paula. Destaque especial ao artigo "Atuação da Missão Paz nas políticas de inclusão pelo trabalho e proteção social do migrante" de autoria do Padre Paolo. Uma vez que o migrante ingressa no mercado de trabalho sabedor dos seus direitos, estará preparado à não sujeição ao trabalho análogo à de escravo. Trabalho este desenvolvido no núcleo Eixo Trabalho, dentro da Missão Paz.

Nítida a preocupação do fomento ao não esquecimento do combate ao trabalho análogo à de escravo, por tratar-se de uma chaga social ainda presente em nossa sociedade, em todo o planeta. A conscientização ainda é a ferramenta mais eficaz para a erradicação do trabalho escravo contemporâneo.

7.3. Agenda 2030 da ONU — meta 8 — trabalho decente

A ONU traçou 17 metas de desenvolvimento sustentável para transformar o nosso mundo, conhecida por "Agenda 2030", dentre elas, a meta 8, sobre trabalho decente e crescimento econômico, ou seja, "promover uma economia inclusiva e sustentável, emprego e trabalho decente para todos". Segundo o Secretário-Geral da ONU, Ban Ki-moon, "a agenda de desenvolvimento mais inclusiva de que o mundo já viu".

Argumenta que:

— Cerca de 2,2 bilhões de pessoas vivem abaixo da linha da pobreza de US$ 2.00 e que a erradicação da pobreza só é possível por meio de empregos estáveis e bem remunerados.

— 470 milhões de empregos são necessários mundialmente para novos operadores no mercado de trabalho entre 2016 e 2030.

Preocupada em fomentar empregos decentes para retirar a população da pobreza, ou seja, erradicar a pobreza, uma das causas da escravidão contemporânea, elencada no item 1.3.2 desta obra. A pessoa em vulnerabilidade se sujeita a qualquer trabalho e/ou serviço, hipossuficiente na sua conduta, ao se deparar com ofertas de emprego. Difícil conscientizá-la de que aquela oferta lhe será prejudicial, caindo no engodo do trabalho escravo.

Dois quadros do *site* da ONU, meta 08 — *Decente Work and Econimic Growth.*

8 DECENT WORK AND ECONOMIC GROWTH

8 Trabalho Decente e Crescimento Econômico

Até 2030:

http://www.un.org/sustainabledevelopment/economic-growth/

Trabalho Decente e Agenda 2030 para um desenvolvimento sustentável.

Depois de vários anos de intensas negociações e diálogos reunindo não só governos, a sociedade civil mas também milhões de pessoas comuns em todo o mundo, os países membros das Nações Unidas concordam por unanimidade sobre o que o Secretário-Geral da ONU, Ban Ki-moon, descreveu como "a agenda de desenvolvimento mais inclusiva de que o mundo já viu".

A Agenda 2030 abrange as 03 dimensões da sustentabilidade – econômica, social e ambiental. Tem 17 objetivos de Desenvolvimento Sustentável que se basearão no progresso alcançado nos objetivos do desenvolvimento do milênio. Foi formalmente adotado pelos líderes mundiais reunidos em uma cúpula especial da ONU em Setembro de 2015 em Nova York.

A Agenda 2030 p/ o desenvolvimento sustentável coloca as pessoas e o planeta em seu centro e dá à comunidade internacional o ímpeto de que precisa para trabalhar em conjunto p/ enfrentar os formidáveis desafios enfrentados pela humanidade, incluindo aqueles no mundo do trabalho.

8 DECENT WORK AND ECONOMIC GROWTH

8 Trabalho Decente e Crescimento Econômico

Meta 8: Promover uma economia inclusiva e sustentável, emprego e trabalho decente para todos.

Cerca de metade da população do mundo ainda vive com o equivalente a US$2.00 por dia. E em muitos lugares, ter um emprego não garante a capacidade de escapar da pobreza. Esse progresso lento e desigual exige que repensemos e retole nossas políticas econômicas e sociais voltadas para **erradicar a pobreza**.

Uma falta continua de oportunidades de trabalho decente, investimentos insuficientes e subconsumo levam a uma erosão do contrato social básico subjacente a um grande desafio para quase todas as economias bem além de 2015.

O crescimento econômico sustentável exigirá que as sociedades criem as condições que permitem as pessoas de terem empregos de qualidade que estimulem a economia sem prejudicar o meio ambiente. Oportunidades de emprego e condições de trabalho decente também sao necessárias para toda a população em idade ativa.

Conclusão

Com a elaboração da presente dissertação, após a análise dos fatos históricos do Brasil, desde o seu descobrimento até os dias atuais, adentrando nas esferas social, econômica e cultural de nossa colonização, fica nítida a presença da cultura escravocrata.

Não podemos deixar de observar a dimensão da problemática brasileira, levando em consideração a extensão do território nacional, e, ainda, por ser um país com alto nível de desigualdade socioeconômica.

Sob o prisma jurídico, como já dito no item 3.1.1 escravizar é violar direitos fundamentais e difusos da sociedade, infringindo o princípio constitucional — a proteção à dignidade humana —, e, ainda, "Escravizar um indivíduo equivale à escravização de toda a nação", conforme as palavras de Ronaldo Lima dos Santos, ou seja, a sua proibição é um direito de toda a sociedade.

E, sob a ótica da função social do trabalho, é aquele o maior bem do ser humano, porque dele depende a sua existência, sua sobrevivência, a garantia de ser digno, a satisfação das suas necessidades. Pode-se verificar o desacato a essa função com a presença do trabalho escravo. Portanto, escravizar o ser humano é ignorar todos os preceitos legais, é reduzi-lo a *res* (coisa), desrespeitar nosso ordenamento jurídico.

Na vertente deste trabalho, pôde-se verificar que existem várias ferramentas de erradicação do trabalho escravo, tanto na esfera administrativa (Plano Nacional de Erradicação do Trabalho Escravo e Plano do MDA/INCRA) como na esfera judicial/extrajudicial (Ação Civil Pública, Inquérito Civil e Termo de Ajuste de Conduta).

É oportuno esclarecer que o combate a esse malefício da sociedade está diretamente ligado ao desenvolvimento econômico e cultural (consciência), sendo, ainda, correto afirmar que os grandes grupos empresariais são os mais envolvidos nesta chaga nacional, os maiores escravocratas, ou seja, os exploradores de trabalhadores nessas condições.

Destaque à Proposta da Emenda Constitucional n. 438 (PEC n. 438), aprovada como Emenda Constitucional n. 81/2014 (item 2.10.1), que altera o art. 243 da CF/88, determinando a expropriação de terras de fazendeiros que explorem a mão de obra escrava, sendo esta ferramenta eficaz na erradicação do trabalho escravo no país.

Com relação à atuação do Ministério Público do Trabalho, o seu exercício no combate ao trabalho escravo está direcionado com a abertura de Inquérito Civil, com a utilização do Termo de Ajuste de Conduta e, por fim, com a propositura da Ação Civil Pública que, segundo análise efetuada sob as doutrinas e os pareceres de procuradores do trabalho, é a menos utilizada, em virtude da eficiência dos Termos de Ajuste de Conduta, firmados com os escravocratas contemporâneos, no âmbito do Inquérito Civil.

Há de se destacar a importância da atuação conjunta da Polícia Federal, Polícia Rodoviária Federal, Polícia Ambiental Federal, do Ministério Público Federal, da Defensoria Pública da União, da Secretaria do Trabalho (Ministério da Economia), da Subsecretaria de Inspeção do Trabalho (SIT), do INCRA, do Congresso Nacional (duas casas, Senado Federal e Câmara dos Deputados), do Poder Executivo (Presidência da República), de ONGs, da Comissão Pastoral da Terra, da Organização Internacional do Trabalho (OIT) na vertente da erradicação do trabalho escravo, haja vista que a população brasileira é desconhecedora de seus plenos direitos, por causa do alto índice de analfabetos no país.

Por fim, devemos encerrar, aduzindo que a ferramenta judicial da Ação Civil Pública Trabalhista contra o trabalho escravo no Brasil é eficaz na medida de sua propositura, ou seja, não é ela, isoladamente, capaz de coibir tal prática ilegal, e sim mediante o arcabouço de todo o complexo de normas constitucionais e infraconstitucionais, passando a ser a mais eficaz na conscientização da classe trabalhadora acerca de seus direitos e maior na aplicação de penalidade aos infratores desta chaga nacional. E, também, mediante o traçar de políticas públicas visando a melhor qualificação dos trabalhadores, proporcionando--lhes oportunidades de trabalho decente, assegurando-lhes os direitos fundamentais e laborais mínimos. É o que preconiza a Agenda 2030 da ONU, meta 8 – trabalho decente, "promover uma economia inclusiva e sustentável, emprego e trabalho decente para todos".

Lembramos que, até o ano de 2003, se teve notícia de apenas uma sentença criminal. Nos demais anos, tivemos notícias de várias sentenças criminais, mas com pouca relevância nas estatísticas de nossos tribunais, presente ainda a impunidade em nosso país.

Bibliografia

ALVES, Hélio Gustavo; DALLEGRAVE NETO, José Affonso; SILVA JUNIOR, Leone Pereira da; MORAIS, Océlio de Jesus Carneiro; CASTILHO, Paulo Cesar Baria de (Coords.). *Direito do trabalho e previdenciário comparado — Brasil x Portugal*. Juruá: Curitiba, 2019.

ALVES, Hélio Gustavo (Coord.). *Temas atuais de relações previdenciárias e trabalhistas*. São Paulo: LTr, 2017.

AROUCA, José Carlos. *O sindicato em um mundo globalizado*. São Paulo: LTr, 2003.

BELTRAN, Ari Possidônio. *Direito do trabalho e direitos fundamentais*. São Paulo: LTr, 2002.

BEZERRA LEITE, Carlos Henrique. *Ministério Público do Trabalho:* doutrina, jurisprudência e prática. 3. ed. São Paulo: LTr, 2006.

______. *Ação Civil Pública na perspectiva dos direitos humanos*. 2. ed. São Paulo: LTr, 2008.

BRIÃO, Andréa Antunes. *Magistratura e MPT:* 117 temas inusitados para concursos. São Paulo: LTr, 2016.

BRITO FILHO, José Claudio Monteiro de. *Trabalho Escravo:* caracterização jurídica. 2. ed. São Paulo: LTr, 2017.

BUENO, Eduardo. *Brasil:* uma história. A incrível saga de um país. 2. ed. São Paulo: Ática, 2003.

CALVO, Adriana. *Manual de direito do trabalho*. 4. ed. São Paulo: Saraiva, 2019.

CANSTATT, Oscar. *Brasil:* terra e gente (1871). Eduardo de Lima e Castro [trad.]. Brasília: Senado Federal, Conselho Editorial, 2002.

CARRION, Valentin. *Comentários à Consolidação das Leis do Trabalho*. 28. ed. São Paulo: Saraiva, 2003.

______. *Comentários à Consolidação das Leis do Trabalho*. 31. ed. São Paulo: Saraiva, 2006.

CARVALHO, Vera Lúcia Marinzeck de. *Escravo Bernardino:* pelo espírito Antônio Carlos. São Paulo: Lúmen Editorial, 2005.

CASSAR, Vólia Bonfim. *CLT comparada e atualizada:* com a reforma trabalhista. 2. ed. São Paulo: Método, 2018.

CAVALCANTI, Thiago Muniz. *Neoabolicionismo & Direitos fundamentais*. São Paulo: LTr, 2016.

______; KLUGE, Cesar Henrique (Orgs.). *MPT — Preparando-se para concurso de Procurador do Trabalho*. 2. ed. São Paulo: EDIPRO, 2013.

CLAUS, Ben-Hur Silveira. *Substituição processual trabalhista:* uma substituição processual trabalhista. São Paulo: LTr, 2003.

DELGADO, Mauricio Godinho. *Curso de direito do trabalho:* obra revista e atualizada conforme a lei da reforma trabalhista e inovações e jurisprudências posteriores. 18. ed. São Paulo: LTr, 2019.

DUQUE-ESTRADA, Osório. *A abolição.* Brasília: Senado Federal, Conselho Editorial, 2005, v. 39.

FAVA, Marcos Neves. *Ação civil pública trabalhista:* teoria geral. São Paulo: LTr, 2005.

FERRARI, Irany; NASCIMENTO, Amauri Mascaro; MARTINS FILHO, Ives Gandra da Silva. *História do trabalho, do direito do trabalho e da justiça do trabalho.* 2. ed. São Paulo: LTr, 2002.

FIGUEIRA, Ricardo Rezende. Por que o trabalho escravo? *Estud. Av.,* v. 14, n. 38, p. 31-50, jan./abr. 2000.

FIORILLO, Celso Antonio Pacheco. *Princípios do processo ambiental.* São Paulo: Saraiva, 2004.

______. *Curso de direito ambiental brasileiro.* 3. ed. São Paulo: Saraiva, 2002.

FREITAS JÚNIOR, Antonio Rodrigues de; TORRES, Daniel Bertolucci; BOUCINHAS FILHO, José Cavalcanti (Orgs.). *Migração, trabalho e direitos humanos.* São Paulo: LTr, 2017.

FREYRE, Gilberto. *Casa-Grande & Senzala:* formação da família brasileira sob o regime da economia patriarcal. 50. ed. São Paulo: Global, 2005.

GOMES, Rafael de Araújo *et al. A responsabilidade social das instituições financeiras e a garantia dos direitos humanos.* Belo Horizonte: Fórum, 2018.

GONDIM, Andrea da Rocha Carvalho. *Trabalho em condição análoga à de escravo no meio urbano:* análise das teorias da responsabilidade aplicáveis à cadeia produtiva na indústria têxtil. Dissertação de Mestrado. São Paulo: USP — Faculdade de Direito, 2019.

GRAHAM, Sandra Lauderdale. *Caetana diz não:* histórias de mulheres da sociedade escravista brasileira. Pedro Maia Soares [trad.]. São Paulo: Cia. das Letras, 2005.

KLUGE, Cesar Henrique; CAVALCANTI, Tiago Muniz. (Coord.). *MPT – Preparando-se para concurso de Procurador do Trabalho.* 2. ed. São Paulo: EDIPRO, 2013.

MARTINS, Sergio Pinto. *Convenções da OIT.* São Paulo: Atlas, 2009.

MARZAGÃO JÚNIOR, Laerte I. *Tráfico de pessoas.* São Paulo: Quartier Latin, 2010.

MAZZILLI, Hugo Nigro. *A defesa dos interesses difusos em juízo.* 10. ed. São Paulo: Saraiva, 1998.

MELO, Raimundo Simão de. *Ação civil pública na justiça do trabalho.* 2. ed. São Paulo: LTr, 2004.

MELO, Sandro Nahmias. *Meio ambiente do trabalho:* direito fundamental. São Paulo: LTr, 2001.

MILARÉ, Édis (Coord.). *A ação civil pública após 20 anos:* efetividade e desafios. São Paulo: Revista dos Tribunais, 2005.

MOURA, Clóvis. *Dicionário da escravidão negra no Brasil*. São Paulo: Editora da Universidade de São Paulo, 2004.

NABUCO, Joaquim. *Campanha abolicionista no Recife (eleições de 1884)*. v. 59. Brasília: Senado Federal, Conselho Editorial, 2005.

______. *O abolicionismo*. v. 7. Brasília: Senado Federal, Conselho Editorial, 2003.

NERY JUNIOR, Nelson; ANDRADE NERY, Rosa Maria de. *Código de Processo Civil comentado e legislação processual civil extravagante em vigor*. 5. ed. São Paulo: Revista dos Tribunais, 2001.

NUNES, Luiz Antonio Rizzatto. *Manual da monografia jurídica*. 4. ed. São Paulo: Saraiva, 2002.

OLIVEIRA, Francisco Antonio de. *Ação civil pública:* enfoques trabalhistas: doutrina — jurisprudência — legislação. 2. ed. São Paulo: Revista dos Tribunais, 2003.

PAIXÃO, Cristiano; MUNIZ, Thiago Muniz (Orgs.). *Combate ao trabalho escravo:* conquistas, estratégias e desafios. São Paulo: LTr, 2017.

PEREGALLI, Henrique. *Escravidão no Brasil*. 4. ed. São Paulo: Global, 2001.

PINSKY, Jaime. *A escravidão no Brasil*. 18. ed. São Paulo: Contexto, 2001.

PRADO, Erlan José Peixoto do. *Jornada do trabalho:* histórias do Ministério Público do Trabalho. Brasília: Ministério Público do Trabalho, 2015.

ROCHA, Ibraim. *Ação civil pública e o processo do trabalho*. 2. ed. São Paulo: LTr, 2001.

SANTOS, Ronaldo Lima dos. *Sindicatos e ações coletivas:* acesso à justiça, jurisdição coletiva e tutela dos interesses difusos, coletivos e individuais homogêneos. São Paulo: LTr, 2003.

SANTOS, Ronaldo Lima dos. *Sindicatos e ações coletivas:* acesso à justiça, jurisdição coletiva e tutela dos interesses difusos, coletivos e individuais homogêneos. 5. ed. São Paulo: LTr, 2019.

SENTO-SÉ, Jairo Lins de Albuquerque. *Trabalho escravo no Brasil na atualidade*. São Paulo: LTr, 2000.

SILVA, De Plácido e. *Vocabulário jurídico*. 18. ed. Rio de Janeiro: Forense, 2001.

SILVA NETO, Manoel Jorge e. *Proteção constitucional dos interesses trabalhistas:* difusos, coletivos e individuais homogêneos. São Paulo: LTr 2001.

SOARES, Flaviana Rampazzo. *Responsabilidade civil por dano existencial*. Porto Alegre: Livraria do advogado, 2009.

VELLOSO, Gabriel; FAVA, Marcos Neves. *Trabalho escravo contemporâneo:* o desafio de superar a negação. Colaboradores, São Paulo: LTr, 2006.

VON ADAMOVICH, Eduardo Henrique Raymundo. *Sistema da ação civil pública no processo do trabalho*. São Paulo: LTr, 2005.

Revistas:

REVISTA DO MINISTÉRIO PÚBLICO DO TRABALHO. [Ministério Público da União]. Brasília: Procuradoria Geral do Trabalho, ano XI, n. 21, mar. 2001.

REVISTA DO MINISTÉRIO PÚBLICO DO TRABALHO. *Edição Especial. Trabalho Escravo.* [Ministério Público da União]. Brasília: Procuradoria Geral do Trabalho, ano XIII, n. 26, set. 2003.

REVISTA LTr. *Legislação do Trabalho.* Publicação Mensal de Legislação, Doutrina e Jurisprudência. São Paulo: LTr, ano 70, n. 3, mar. 2006.

Sites pesquisados:

www.oit.com.br

www.ilo.org

https://cidh.oas.org/

www.planalto.gov.br

www.mpt.gov.br

http://www.anpt.org.br/

https://escoladaanpt.org.br/

http://www.mpf.mp.br/

www.gov.br/trabalho/pt-br

www.defensoria.mg.def.br

www.saude.gov.br/component/tags/tag/oms

http://www.incra.gov.br/

http://funai.gov.br/

www.gov.br/pf/pt-br

www.cptnacional.org.br

www.tst.gov.br

www.justica.gov. br

portal.mj.gov.br

www12.senado.gov.br

www2.camara.leg.br

www.lex.com.br

wwww.escravoatual.com.br

www.redebrasilatual.com.br

http://www.sobratt.org.br/

http://reporterbrasil.org.br/agencia

blog do Sakamoto: blogsfera.uol.com.br

http://www.ihu.unisinos.br

http://www.asbrad.org.br/

http://www.missaopaz.com.br/

www.pucrs.br

www.pucsp.br

www.trtsp.jus.br

www.trt15.jus.br

www.trt1.jus.br

www.trt.3.jus.br

www.trt4.jus.br

www.trt5.jus.br

www.trt6.jus.br

www.trt.7.jus.br

www.trt8.jus.br

www.trt9.jus.br

www.trt10.jus.br

www.trt11.jus.br

www.trt12.jus.br

www.trt13.jus.br

www.trt14.jus.br

www.trt16.jus.br

www.trtes.jus.br

www.trt18.jus.br

www.trt19.jus.br

www.trt20.jus.br

www.trt21.jus.br

www.trt22.jus.br

www.trt23.jus.br

www.trt24.jus.br

Anexos

Tabela MTE — 2005, 2006, 2007 e quadro comparativo 2003 a 2014

Anexo I – Resultados da Fiscalização do Trabalho (janeiro a dezembro de 2005)

Empresas/Locais fiscalizados 375.097

Trabalhadores alcançados 27.650.699

Trabalhadores registrados sob ação fiscal 746.272

Trabalhadores aprendizes contratados sob ação fiscal 29.605

Trabalhadores adolescentes (não aprendizes) de 16 a 18 anos, registrados sob ação fiscal 4.101

Crianças de 0-16 anos (excluídas as aprendizes) encontradas trabalhando 7.748

Empresas autuadas 59.756

Autos de infração lavrados 107.064

TREF[(230)] 88,77%

Resultados das operações de fiscalização móvel SIT/DRT

Operações 83

Fazendas fiscalizadas 187

Trabalhadores libertados 4.273

Pagamento de indenizações (R$) 7.554.809,51

Fonte: SFIT/DEFIT/SIT/MTE

Anexo II – Resultados da Fiscalização do Trabalho (janeiro a dezembro de 2006)

Empresas/Locais fiscalizados 357.319

Trabalhadores alcançados 30.681.772

Trabalhadores registrados sob ação fiscal 670.035

Trabalhadores aprendizes contratados sob ação fiscal — de 14 a 24 anos. 44.049

Trabalhadores adolescentes (não aprendizes) de 16 a 18 anos, registrados sob ação fiscal 2.831

---

(230) TREF — Taxa de Regularização em Estabelecimentos Fiscalizados — Relação percentual entre números de itens da legislação trabalhista irregulares na ação fiscal/números de itens da legislação trabalhista encontrados em situação irregular.

Crianças de 0-16 anos (excluídas as aprendizes) encontradas trabalhando (setor formal e informal) 12.458

Empresas autuadas 61.809

Autos de infração lavrados 115.085

TREF((231)*) 86,46%

Resultados das operações de fiscalização móvel SIT/DRT

Operações 103

Fazendas fiscalizadas 199

Trabalhadores libertados 3.308

Pagamento de indenizações (R$) 6.136.944,00

Fonte: SFIT/DEFIT/SIT/MTE; relatórios dos Grupos Móveis de Fiscalização do Trabalho Escravo e relatórios das Delegacias Regionais do Trabalho sobre a retirada de crianças/adolescentes do trabalho.

Anexo III – Resultados da Fiscalização do Trabalho (janeiro a dezembro de 2007)

Empresas/Locais fiscalizados 357.788

Trabalhadores alcançados 32.178.333

Trabalhadores registrados sob ação fiscal 746.245

Trabalhadores aprendizes contratados sob ação fiscal (14 a 24 anos) 52.676

Trabalhadores adolescentes (não aprendizes) de 16 a 18 anos, registrados sob ação fiscal 2.784

Crianças de 0-16 anos (excluídas as aprendizes) encontradas trabalhando 7.999

Empresas autuadas 60.677

Autos de infração lavrados 113.387

TREF(232)(*) 86,03%

Resultados das operações de fiscalização móvel SIT/DRT

Operações 114

Fazendas fiscalizadas 203

Trabalhadores libertados 5.963

Pagamento de indenizações (R$) 9.878.840,98

Fonte: SFIT/DEFIT/SIT/MTE e relatórios dos Grupos Móveis de Fiscalização do Trabalho para Erradicação do Trabalho Escravo.

---

(231) TREF — Taxa de Regularização em Estabelecimentos Fiscalizados — Relação percentual entre números de itens da legislação trabalhista irregulares na ação fiscal/números de itens da legislação trabalhista encontrados em situação irregular. Atualização em 16.1.2007.

(232) TREF — Taxa de Regularização em Estabelecimentos Fiscalizados — Relação percentual entre números de itens da legislação trabalhista irregulares na ação fiscal/números de itens da legislação trabalhista encontrados em situação irregular. Dados atualizados em 24.1.2008.

Anexo IV – Quadro comparativo da fiscalização do trabalho (2003 a 2014)

QUADRO COMPARATIVO DA FISCALIZAÇÃO DO TRABALHO
2003 a 2014

ANO	TOTAL DE AFT (I)	EMPRESAS FISCALIZADAS	TRABALHADORES ALCANÇADOS	EMPRESAS AUTUADAS	AUTOS DE INFRAÇÃO LAVRADOS	TREF %	TRABALHADORES REGISTRADOS SOB AÇÃO FISCAL				CRIANÇAS/ADOLESCENTES ENCONTRADOS EM SITUAÇÃO DE TRABALHO E AFASTADOS PELA FISCALIZAÇÃO (III)	RECOLHIMENTO DO FGTS			RESULTADOS DAS OPERAÇÕES DE FISCALIZAÇÃO MÓVEL PARA ERRADICAÇÃO DO TRABALHO ESCRAVO			
							Geral (II)	Rural	Pessoas com Deficiência	Aprendizes		Notificações Lavradas	Valor Notificado (R$ mil)	Valor Recolhido Sob Ação Fiscal (R$ mil)	Operações	Estabelecimentos Fiscalizados	Trabalhadores Resgatados	Pagamentos de Indenizações aos Trabalhadores (R$)
2003	2.837	285.241	22.257.503	58.589	103.308	83,62	534.125	103.545	ND	18.146	11.897	14.403	614.343,89	183.595,49	67	188	5.223	6.085.918,49
2004	2.927	302.905	24.453.179	56.086	100.413	87,13	708.957	173.581	ND	25.215	4.040	13.404	604.988,33	223.978,72	72	275	2.887	4.905.613,13
2005	2.935	375.097	27.650.699	59.756	107.064	88,77	746.272	115.560	12.786	29.605	7.748	15.481	519.231,92	303.655,71	83	187	4.273	7.554.809,51
2006	2.872	357.319	30.681.772	61.809	115.085	86,46	670.035	110.164	19.978	44.049	12.458	15.544	692.260,43	271.819,92	103	199	3.308	6.136.944,00
2007	3.172	357.788	32.178.333	60.677	113.387	86,03	746.245	138.023	22.314	52.676	7.999	15.696	813.355,22	319.616,35	114	203	5.963	9.878.840,98
2008	3.112	299.013	30.958.946	55.644	108.722	83,53	668.857	112.536	25.844	55.637	5.767	13.165	924.660,52	316.191,85	158	301	5.016	9.011.762,84
2009	2.949	282.377	34.007.719	57.678	113.362	81,42	588.680	98.431	26.449	68.926	4.894	13.880	1.082.029,68	392.362,46	156	350	3.769	5.908.897,07
2010	3.061	255.503	30.883.740	57.258	108.253	77,77	515.376	78.218	28.752	87.823	5.617	11.745	843.352,35	335.949,64	142	310	2.628	8.786.424,89
2011	3.042	269.253	34.235.552	68.566	135.741	74,10	480.423	60.965	34.395	118.164	10.362	16.146	1.272.842,35	329.104,25	164	331	2.428	5.985.771,62
2012	2.875	269.025	35.506.836	67.960	143.025	71,83	419.183	48.448	35.420	140.900	6.363	15.875	1.355.037,19	309.012,41	120	226	2.354	8.020.050,69
2013	2.719	275.139	38.852.952	66.231	155.941	67,50	375.459	22.541	40.897	160.256	7.432	16.001	2.038.823,35	332.293,17	162	264	1.658	7.228.132,59
2014 (IV)		121.442	16.860.537	34.981	82.555	64,44	150.149	5.763	18.183	82.937	2.245	7.547	1.266.677,88	144.876,89	52	100	306	1.385.141,25(VI)
TOTAL		**3.450.102**	**358.527.768**	**705.235**	**1.386.856**	**81,20 (V)**	**6.603.761**	**1.067.775**	**265.018**	**884.334**	**86.822**	**168.887**	**12.027.603**	**3.462.457**	**1.393**	**2.934**	**39.813**	**80.888.307,06**

(I) Até 2013, a referência é o número de auditores fiscais do trabalho em exercício no mês de dezembro.

(II) Inclui os números das três colunas seguintes.

(III) Para dados detalhados, a partir de 2008, consultar o Sistema de Informações sobre o Trabalho Infantil - SITI, no endereço eletrônico: http://siti.mte.gov.br . As crianças/adolescentes afastados são encaminhados para o Ministério do Desenvolvimento Social e Combate à Fome - MDS, a fim de inserção em programa de transferência de renda.

(IV) Todos os dados de 2014 atualizados até o mês de Junho.

(V) Trata-se da TREF do período de 2003 a 2013 e não da soma ou média dos anos desse período.

TREF - Taxa de Regularização em Estabelecimentos Fiscalizados = Relação percentual entre nº de itens da legislação trabalhista irregulares regularizados na ação fiscal / nº de itens da legislação trabalhista encontrados em situação irregular

A TREF é o indicador do Programa Trabalho Legal (PPA 2000-2003) e Rede de Proteção ao Trabalho (PPA 2004-2007, 2008-2011 e 2012-2015).

(VI) Dados do trabalho escravo referentes ao mês de Janeiro atualizados com relatórios recebidos até 15.07.2014.

Fonte: Sistema Federal de Inspeção do Trabalho - SFIT/SIT/MTE e Relatórios específicos de fiscalização para erradicação do trabalho infantil e para erradicação do trabalho escravo.

Anexo V – Protocolo da 103ª Conferência da OIT, publicado em 11.6.2014

(Texto original: inglês. Trad. Andréa I. Lotto em 17.7.2014)

Text of the Protocol to the Forced Labour Convention, 1930

The General Conference of the International Labour Organization,

Having been convened at Geneva by the Governing Body of the International Labour Office, and having met in its 103rd Session on 28 May 2014, and

Recognizing that the prohibition of forced or compulsory labour forms part of the body of fundamental rights, and that forced or compulsory labour violates the human rights and dignity of millions of women and men, girls and boys, contributes to the perpetuation of poverty and stands in the way of the achievement of decent work for all, and

Recognizing the vital role played by the Forced Labour Convention, 1930 (No. 29), hereinafter referred to as "the Convention", and the Abolition of Forced Labour Convention, 1957 (No. 105), in combating all forms of forced or compulsory labour, but that gaps in their implementation call for additional measures, and

Recalling that the definition of forced or compulsory labour under Article 2 of the Convention covers forced or compulsory labour in all its forms and manifestations and is applicable to all human beings without distinction, and

Emphasizing the urgency of eliminating forced and compulsory labour in all its forms and manifestations, and

Recalling the obligation of Members that have ratified the Convention to make forced or compulsory labour punishable as a penal offence, and to ensure that the penalties imposed by law are really adequate and are strictly enforced, and

Noting that the transitional period provided for in the Convention has expired, and the provisions of Article 1, paragraphs 2 and 3, and Articles 3 to 24 are no longer applicable, and

Recognizing that the context and forms of forced or compulsory labour have changed and trafficking in persons for the purposes of forced or compulsory labour, which may involve sexual exploitation, is the subject of growing international concern and requires urgent action for its effective elimination, and

Noting that there is an increased number of workers who are in forced or compulsory labour in the private economy, that certain sectors of the economy are particularly vulnerable, and that certain groups of workers have a higher risk of becoming victims of forced or compulsory labour, especially migrants, and

Noting that the effective and sustained suppression of forced or compulsory labour contributes to ensuring fair competition among employers as well as protection for workers, and

Recalling the relevant international labour standards, including, in particular, the Freedom of Association and Protection of the Right to Organise Convention, 1948 (N. 87), the Right to Organise and Collective Bargaining Convention, 1949 (N. 98), the Equal Remuneration Convention, 1951 (N. 100), the Discrimination (Employment and Occupation) Convention, 1958 (N. 111), the Minimum Age Convention, 1973 (N. 138), the Worst Forms of Child Labour Convention, 1999 (N. 182), the Migration for Employment Convention (Revised), 1949 (N. 97), the Migrant Workers (Supplementary Provisions) Convention, 1975 (N. 143), the Domestic Workers Convention, 2011 (N. 189), the Private Employment Agencies Convention, 1997 (N. 181), the Labour Inspection Convention, 1947 (N. 81), the Labour Inspection (Agriculture) Convention, 1969 (N. 129), as well as the ILO Declaration on Fundamental Principles and Rights at Work (1998), and the ILO Declaration on Social Justice for a Fair Globalization (2008), and

Noting other relevant international instruments, in particular the Universal Declaration of Human Rights (1948), the International Covenant on Civil and Political Rights (1966), the International Covenant on Economic, Social and Cultural Rights (1966), the Slavery Convention (1926), the Supplementary Convention on the Abolition of Slavery, the Slave Trade, and Institutions and Practices Similar to Slavery (1956), the United Nations Convention against Transnational Organized Crime (2000), the Protocol to Prevent, Suppress and Punish Trafficking in Persons, especially Women and Children (2000), the Protocol against the Smuggling of Migrants by Land, Sea and Air (2000), the International Convention on the Protection of the Rights of All Migrant Workers and Members of Their Families (1990), the Convention against Torture and Other Cruel, Inhuman or Degrading Treatment or Punishment (1984), the Convention on the Elimination of All Forms of Discrimination against Women (1979), and the Convention on the Rights of Persons with Disabilities (2006), and

Having decided upon the adoption of certain proposals to address gaps in implementation of the Convention, and reaffirmed that measures of prevention, protection, and remedies, such as compensation and rehabilitation, are necessary to achieve the effective and sustained suppression of forced or compulsory labour, pursuant to the fourth item on the agenda of the session, and

Having determined that these proposals shall take the form of a Protocol to the Convention; adopts this eleventh day of June two thousand and fourteen the following Protocol, which may be cited as the Protocol of 2014 to the Forced Labour Convention, 1930.

Article 1

1. In giving effect to its obligations under the Convention to suppress forced or compulsory labour, each Member shall take effective measures to prevent and eliminate its use, to provide to victims protection and access to appropriate and effective remedies, such as compensation, and to sanction the perpetrators of forced or compulsory labour.

2. Each Member shall develop a national policy and plan of action for the effective and sustained suppression of forced or compulsory labour in consultation with employers' and workers' organizations, which shall involve systematic action by the competent authorities

and, as appropriate, in coordination with employers' and workers' organizations, as well as with other groups concerned.

3. The definition of forced or compulsory labour contained in the Convention is reaffirmed, and therefore the measures referred to in this Protocol shall include specific action against trafficking in persons for the purposes of forced or compulsory labour.

Article 2

The measures to be taken for the prevention of forced or compulsory labour shall include:

(a) educating and informing people, especially those considered to be particularly vulnerable, in order to prevent their becoming victims of forced or compulsory labour;

(b) educating and informing employers, in order to prevent their becoming involved in forced or compulsory labour practices;

(c) undertaking efforts to ensure that:

(i) the coverage and enforcement of legislation relevant to the prevention of forced or compulsory labour, including labour law as appropriate, apply to all workers and all sectors of the economy; and

(ii) labour inspection services and other services responsible for the implementation of this legislation are strengthened;

(d) protecting persons, particularly migrant workers, from possible abusive and fraudulent practices during the recruitment and placement process;

(e) supporting due diligence by both the public and private sectors to prevent and respond to risks of forced or compulsory labour; and

(f) addressing the root causes and factors that heighten the risks of forced or compulsory labour.

Article 3

Each Member shall take effective measures for the identification, release, protection, recovery and rehabilitation of all victims of forced or compulsory labour, as well as the provision of other forms of assistance and support.

Article 4

1. Each Member shall ensure that all victims of forced or compulsory labour, irrespective of their presence or legal status in the national territory, have access to appropriate and effective remedies, such as compensation.

2. Each Member shall, in accordance with the basic principles of its legal system, take the necessary measures to ensure that competent authorities are entitled not to prosecute or impose penalties on victims of forced or compulsory labour for their involvement in

unlawful activities which they have been compelled to commit as a direct consequence of being subjected to forced or compulsory labour.

Article 5

Members shall cooperate with each other to ensure the prevention and elimination of all forms of forced or compulsory labour.

Article 6

The measures taken to apply the provisions of this Protocol and of the Convention shall be determined by national laws or regulations or by the competent authority, after consultation with the organizations of employers and workers concerned.

Article 7

The transitional provisions of Article 1, paragraphs 2 and 3, and Articles 3 to 24 of the Convention shall be deleted.

Article 8

1. A Member may ratify this Protocol at the same time as or at any time after its ratification of the Convention, by communicating its formal ratification to the Director-General of the International Labour Office for registration.

2. The Protocol shall come into force twelve months after the date on which ratifications of two Members have been registered by the Director- General. Thereafter, this Protocol shall come into force for a Member twelve months after the date on which its ratification is registered and the Convention shall be binding on the Member concerned with the addition of Articles 1 to 7 of this Protocol.

Article 9

1. A Member which has ratified this Protocol may denounce it whenever the Convention is open to denunciation in accordance with its Article 30, by an act communicated to the Director General of the International Labour Office for registration.

2. Denunciation of the Convention in accordance with its Articles 30 or 32 shall *ipso jure* involve the denunciation of this Protocol.

3. Any denunciation in accordance with paragraphs 1 or 2 of this Article shall not take effect until one year after the date on which it is registered.

Article 10

1. The Director-General of the International Labour Office shall notify all Members of the International Labour Organization of the registration of all ratifications, declarations and denunciations communicated by the Members of the Organization.

2. When notifying the Members of the Organization of the registration of the second ratification, the Director-General shall draw the attention of the Members of the Organization to the date upon which the Protocol shall come into force.

Article 11

The Director-General of the International Labour Office shall communicate to the Secretary-General of the United Nations, for registration in accordance with article 102 of the Charter of the United Nations, full particulars of all ratifications, declarations and denunciations registered by the Director-General.

Article 12

The English and French versions of the text of this Protocol are equally authoritative.

All Conference in-session documents are printed in limited numbers to minimize the environmental impact of the ILOs activities and contribute to climate neutrality. Delegates and observers are kindly requested to bring their copies to meetings and to avoid asking for additional ones. All ILC documents are available on the Internet at www.ilo.org.

N. 9ª — Wednesday, 11 June 2014.

TEXTO DO PROTOCOLO PARA A CONVENÇÃO DO TRABALHO FORÇADO, 1930.

A Conferência Geral da Organização Internacional do Trabalho,

Convocada em Genebra pelo Conselho de Administração da Repartição Internacional do Trabalho e reunida em sua 103ª Sessão em 28 de maio de 2014,

Reconhecendo que a proibição do trabalho forçado ou obrigatório faz parte do conjunto de direitos fundamentais, e que o trabalho forçado ou obrigatório viola os direitos humanos e a dignidade de milhões de mulheres e homens, meninas e meninos, e contribui para a perpetuação da pobreza, e permanece no caminho da realização de um trabalho digno para todos, e

Reconhecendo o papel fundamental desempenhado pela Convenção de Trabalho Forçado, 1930 (n. 29), a seguir denominada "a Convenção", e da Abolição da Convenção sobre o Trabalho Forçado, 1957 (n. 105), no combate a todas as formas de trabalho forçado ou obrigatório, mas as lacunas da implementação pedem por medidas adicionais, e

Lembrando que a definição de trabalho forçado ou obrigatório nos termos do Artigo 2º da Convenção abrange o trabalho forçado ou obrigatório em todas as suas formas e manifestações, e é aplicável a todos os seres humanos, sem distinção, e

Enfatizando a urgência de eliminação do trabalho forçado ou obrigatório em todas as suas formas e manifestações, e

Lembrando a obrigação dos Membros que ratificaram a Convenção para fazer o trabalho forçado ou obrigatório punível como infracção penal, e para assegurar que as sanções impostas pela lei são realmente adequadas e rigorosamente aplicadas, e

Notando que o período de transição previsto na Convenção expirou, e as disposições do Artigo 1º, parágrafos 2 e 3, e dos Artigos 3º a 24 não são mais aplicáveis, e

Reconhecendo que o contexto e as formas de trabalho forçado ou obrigatório mudaram, e o tráfico de pessoas para fins de trabalho forçado ou obrigatório, que pode envolver a exploração sexual, é o tema de crescente preocupação internacional e exige uma ação urgente para sua exclusão efetiva, e

Observando que há um aumento do número de trabalhadores no setor da economia privada que estão em trabalho forçado ou compulsório, e alguns setores da economia são particularmente vulneráveis, e que certos grupos de trabalhadores têm um risco maior de serem vítimas de trabalho forçado ou obrigatório, especialmente os migrantes, e

Observando que a supressão efetiva e sustentada do trabalho forçado ou obrigatório contribui para garantir uma concorrência leal entre os empregadores, bem como proteção para os trabalhadores, e

Recordando as principais normas internacionais do trabalho, incluindo, em particular, a Convenção da Liberdade Sindical e da Proteção do Direito Sindical, 1948 (n. 87); a Convenção do Direito de Sindicalização e de Negociação Coletiva, 1949 (n. 98); a Convenção da Igualdade de Remuneração, 1951 (n. 100); a Convenção da Discriminação (Emprego e Profissão), 1958 (n. 111); a Convenção da Idade Mínima, 1973 (n. 138); a Convenção das Piores Formas de Trabalho Infantil, 1999 (n. 182); a Convenção dos Trabalhadores Migrantes (Revisada), 1949 (n. 97); a Convenção dos Trabalhadores Migrantes (disposições complementares), 1975 (n. 143); a Convenção dos Trabalhadores Domésticos, 2011 (n. 189); a Convenção das Agências de Emprego Privado, 1997 (n. 181); a Convenção de Inspeção do Trabalho, 1947 (n. 81); a Convenção da Inspeção do Trabalho (Agricultura), 1969 (n. 129); bem como a Declaração da OIT sobre os Princípios e Direitos Fundamentais no Trabalho (1998), e a Declaração da OIT sobre a Justiça Social para uma Globalização Justa (2008), e

Observando outros instrumentos internacionais relevantes, em especial, a Declaração Universal dos Direitos Humanos (1948), o Pacto Internacional sobre Direitos Civis e Políticos (1966), o Pacto Internacional sobre Direitos Econômicos, Sociais e Culturais (1966), a Convenção sobre a Escravatura (1926), a Convenção Suplementar da Abolição da Escravatura, do Tráfico de Escravos e das Instituições e Práticas Análogas à Escravatura (1956), a Convenção das Nações Unidas contra o Crime Organizado Transnacional (2000), o Protocolo para Prevenir, Suprimir e Punir o Tráfico de Pessoas, especialmente Mulheres e Crianças (2000), o Protocolo contra o Contrabando de Migrantes por Terra, Mar e Ar (2000), a Convenção Internacional da Proteção dos Direitos de Todos os Trabalhadores Migrantes e dos Membros das suas Famílias (1990), a Convenção contra a Tortura e Outros Tratamentos Cruéis, Desumanos ou Degradantes de Tratamento ou Punição (1984), a Convenção da Eliminação de Todas as Formas de Discriminação contra as Mulheres (1979), e a Convenção dos Direitos das Pessoas com Deficiência (2006), e

Ao ter decidido adotar diversas propostas para preencher as lacunas na implementação da Convenção, e reafirmado que as medidas de prevenção, de proteção, e reparação, tais como a compensação e reabilitação, são necessárias para atingir a eliminação eficaz e sustentável do trabalho forçado ou obrigatório, de acordo com o quarto ponto da ordem do dia da sessão; e

Após ter decidido que essas propostas deveriam assumir a forma de um Protocolo para a Convenção; adotamos no dia 11 de junho de 2014 o seguinte protocolo, que poderá ser citado como o Protocolo de 2014, para a Convenção do Trabalho Forçado de 1930.

Artigo 1º

1. Ao dar cumprimento às suas obrigações nos termos da Convenção para suprimir o trabalho forçado ou obrigatório, cada Estado-Membro deve tomar medidas eficazes para prevenir e eliminar o seu uso, prover a proteção de vítimas e do acesso a soluções adequados e eficazes, assim como a compensação, e sancionar os autores de trabalho forçado ou obrigatório.

2. Cada Membro deve elaborar uma política nacional e um plano de ação para a abolição efetiva e sustentada do trabalho forçado ou obrigatório, em consulta com organizações de empregadores e de trabalhadores, o que implica uma ação sistemática por parte das autoridades competentes e, quando apropriado, em coordenação das organizações de empregadores e de trabalhadores, bem como com outros grupos interessados.

3. A definição de trabalho forçado ou obrigatório contida na Convenção é reiterada e, portanto, as medidas previstas no presente protocolo devem incluir medidas específicas contra o tráfico de pessoas para fins de trabalho forçado ou obrigatório.

Artigo 2º

As medidas a serem tomadas para a prevenção do trabalho forçado ou obrigatório devem incluir:

(a) educar e informar as pessoas, especialmente aqueles considerados particularmente vulneráveis, a fim de evitar que se tornem as próprias vítimas de trabalho forçado ou obrigatório;

(b) educar e informar os empregadores, a fim de evitar que se tornem vítimas de se envolverem em práticas de próprias trabalho forçado ou obrigatório;

(c) realizar esforços para assegurar que:

(i) a cobertura e aplicação da legislação relevante para a prevençao de trabalho forçado ou obrigatório, incluindo o direito do trabalho conforme o caso, aplicam-se a todos os trabalhadores e todos os setores da economia; e

(ii) serviços de inspeção do trabalho e outros serviços responsáveis pela aplicação desta legislação são fortalecidos;

(d) proteger as pessoas, particularmente os trabalhadores migrantes, de eventuais práticas abusivas e fraudulentas durante o processo de recrutamento e colocação;

(e) apoiar a devida diligência por ambos os setores, público e privado, para prevenir e responder aos riscos de trabalho forçado ou obrigatório; e

(f) abordar as causas e fatores que aumentam os riscos de trabalho forçado ou obrigatório.

Artigo 3º

Cada Membro poderá tomar medidas eficazes de identificação, liberação, proteção, recuperação e reabilitação de todas as vítimas de trabalho forçado ou obrigatório, bem como a prestação de outras formas de assistência e apoio.

Artigo 4º

1. Cada Membro deve assegurar que todas as vítimas de trabalho forçado ou obrigatório, independentemente da sua presença ou status legal no território nacional, ter acesso as soluções adequados e eficazes, tal como a compensação.

2. Cada Membro, de acordo com os princípios básicos de seu sistema jurídico, devem tomar as medidas necessárias para garantir que as autoridades competentes tenham o direito de não processar ou impor sanções as vítimas de trabalho forçado ou obrigatório para o seu envolvimento em atividades ilegais, nos quais são obrigados a praticarem como uma consequência direta de serem submetidos ao trabalho forçado ou obrigatório.

Artigo 5º

Os membros devem cooperar entre si para assegurar a prevenção e eliminação de todas as formas de trabalho forçado ou obrigatório.

Artigo 6º

As medidas tomadas para solicitar as disposições do presente Protocolo e da Convenção devem ser determinado por leis ou regulamentos nacionais, ou pela autoridade competente, após consulta às organizações de empregadores e de trabalhadores interessadas.

Artigo 7º

As disposições transitórias do Artigo 1º, parágrafos 2 e 3, e dos Artigos 3º ao 24º da Convenção deverá ser excluído.

Artigo 8º

1. O Membro poderá ratificar o presente Protocolo, ao mesmo tempo ou em qualquer momento após a ratificação da Convenção, comunicando a sua ratificação formal ao diretor-geral da Repartição Internacional do Trabalho, para registro.

2. O Protocolo entrará em vigor doze meses após a data em que as ratificações de dois Membros terem sido registradas pelo diretor-geral. Depois disso, o presente Protocolo entrará em vigor para um Membro, doze meses após a data em que sua ratificação é registrado e a Convenção for vinculada aos Estados em causa, com a adição dos Artigos 1º ao 7º do presente Protocolo.

Artigo 9º

1. O Membro que tenha ratificado o presente Protocolo poderá denunciá-lo sempre que a Convenção estiver aberta à denúncia, de acordo com o seu Artigo 30º, por um ato comunicado ao diretor-geral da Repartição Internacional do Trabalho, para registro.

2. A denúncia da Convenção, de acordo com os Artigos 30º ou 32º, *ipso jure,* implica na denúncia do presente Protocolo.

3. Qualquer denúncia conforme os parágrafos 1 ou 2 do presente artigo não terá efeito até um ano depois da data em que tenha sido registrada.

Artigo 10º

1. O diretor-geral da Repartição Internacional do Trabalho notificará todos os Membros da Organização Internacional do Trabalho sobre o registro de todas as ratificações, declarações e denúncias comunicadas pelos Membros da Organização.

2. Ao notificar os Membros da Organização do registro da segunda ratificação, o Diretor-Geral chamará a atenção dos Membros da Organização para a data em que o Protocolo entrará em vigor.

Artigo 11º

O diretor-geral da Repartição Internacional do Trabalho comunicará ao Secretário-Geral das Nações Unidas, para registro, nos termos do Artigo 102º da Carta das Nações Unidas, informações completas sobre todas as ratificações, declarações e denúncias registradas pelo Diretor-Geral.

Artigo 12º

As versões em inglês e francês do texto do presente Protocolo são igualmente autênticas.

Todos os documentos da Conferência em sessão são impressos em número limitado para minimizar o impacto ambiental das atividades da OIT e contribuir para a neutralidade climática. Os delegados e observadores são convidados a trazerem suas cópias para as reuniões evitando pedidos adicionais. Todos os documentos ILC estão disponíveis na Internet em www.ilo.org.

N. 9ª – quarta-feira, 11 de junho de 2014.

ANEXO VI – Exercícios de provas de concurso do MPT

Através de análise de provas aplicadas pelo Ministério Público do Trabalho, pode-se extrair as questões abaixo. Cita-se o número do exame, a fase, a matéria do edital, o número do exercício da prova e o seu gabarito ao final do exercício, dando ênfase ao tema da presente obra.

EXAME n. XIV **1ª Fase, ponto do edital: Direitos Humanos** **Questão n. 14**

Sobre o sistema de promoção e proteção dos direitos humanos, assinale a alternativa INCORRETA:

( ) a) apesar de a Declaração Universal de Direitos Humanos da ONU prever em seu texto direitos civis e políticos ao lado dos direitos sociais, econômicos e culturais, foram aprovados dois pactos internacionais distintos, o que acabou criando embaraços para os defensores da indivisibilidade dos direitos humanos, especialmente num contexto de guerra fria;

( ) b) a Declaração Universal de Direitos Humanos de 1948 da ONU não constitui, sob o ponto de vista formal, instrumento jurídico vinculante, em termos gerais, embora, no aspecto material, venha sendo utilizada como importante elemento de interpretação dos tratados e convenções internacionais e como fonte de inspiração para a aprovação e interpretação das normas internas dos Estados;

( ) c) a separação dos direitos civis e políticos, de um lado, e dos direitos sociais, econômicos e culturais, de outro, levou a doutrina a abandonar a tese da interdependência entre essas duas categorias de direitos;

( ) d) o Pacto de Direitos Civis e Políticos da ONU consagra alguns valores alusivos à dignidade da pessoa do trabalhador como a proibição de escravidão, de servidão e de trabalhos forçados, além de garantir o direito de fundar sindicatos.

( ) e) não respondida

Gabarito: letra "c".

EXAME n. XIV **1ª Fase, ponto do edital: Direitos Humanos** **Questão n. 15**

Quanto ao sistema interamericano de proteção dos direitos humanos, analise as assertivas abaixo:

I – No âmbito da Organização dos Estados Americanos, ao contrário do que ocorre no da ONU, só há um Pacto de Direitos Humanos, que trata dos Direitos Civis e Políticos, o Pacto de São José da Costa Rica, não havendo um pacto de direitos sociais, econômicos e culturais. *(Correção: está errada a palavra "não", ou seja, há um único Pacto que trata dos Direitos Civis e Políticos e Direitos Sociais, econômicos e culturais).

II – O Pacto de São José da Costa Rica restringe a prisão civil por dívidas ao devedor de alimentos. *(Correção: art. 7)

III – O Pacto de São José da Costa Rica proíbe todo tipo de trabalho forçado ou obrigatório, inclusive ao presidiário. *(Correção: está errada a palavra "inclusive", ou seja, o Pacto de São José da Costa Rica proíbe todo tipo de trabalho forçado ou obrigatório, **salvo** ao presidiário). *(art. 6º, item 3, "a").

IV – O Pacto de São José da Costa Rica consagra o duplo grau de jurisdição ao garantir o direito de recorrer de sentença a Juiz ou tribunal. *(Art. 8, item 2, "h")

Assinale a alternativa CORRETA:

( ) a) apenas os itens III e IV são corretos;

( ) b) apenas os itens I e II são corretos;

( ) c) apenas os itens I e IV são corretos;

( ) d) apenas os itens II e IV são corretos;

( ) e) não respondida.

Gabarito: letra "d".

EXAME n. XIV

1ª Fase, ponto do edital: Direito Individual do Trabalho

Questão n. 24

Trabalhadores foram atraídos por falsas promessas para laborarem em outro estado da federação. Durante o período (alguns por 5 meses, outros por 14 meses) em que permaneceram no local da prestação de serviços, cerceados da liberdade de ir e vir, os trabalhadores operaram em condições degradantes, sem pagamento dos salários. Diante desses fatos, podemos afirmar que:

I – trata-se de hipótese de rescisão indireta e, por essa razão, o empregado resgatado com mais de um ano de serviço deverá receber, a título de verbas rescisórias, salários de todo o período; aviso prévio; gratificações natalinas; férias vencidas e proporcionais, acrescidas do terço constitucional; FGTS de todo o período, acrescido da indenização de 40%;

II – por caracterizar justa causa cometida pelo empregador, o empregado libertado com menos de um ano de serviço terá direito apenas a receber, a título de verbas rescisórias, salários de todo o período; aviso prévio; 13º salário proporcional; FGTS de todo o período, acrescido da indenização de 40%; * (Correção: falta o pagamento das férias proporcionais)

III – alguns trabalhadores afirmaram que, no ato da contratação, consentiram com o deslocamento até o local da prestação de serviços. Para esses, não estão presentes os elementos caracterizadores do trabalho em condição análoga à de escravo; * (Correção: mesmo com o consentimento até o local da prestação de serviços, indefere o ato de vontade para tipificar o trabalho escravo)

IV – o trabalhador identificado como submetido a regime de trabalho em condições análogas à de escravo, em decorrência de ação de fiscalização do grupo móvel, será dessa situação resgatado e terá direito a seis parcelas de Seguro-Desemprego no valor de um salário mínimo cada. * (Correção: terá direito apenas a três parcelas do Seguro-Desemprego; fundamento legal: Lei n. 10.608/2002)

Assinale a alternativa CORRETA:

( ) a) apenas uma das assertivas está correta;

( ) b) apenas duas das assertivas estão corretas;

( ) c) apenas três das assertivas estão corretas;

( ) d) todas as assertivas estão corretas;

( ) e) não respondida.

Gabarito: letra "a". Apenas o item "I" está correto.

EXAME n. XIV

1ª Fase, ponto do edital: Direito Penal

Questão n. 95

Com relação ao crime de redução à condição análoga a de escravo, assinale a alternativa CORRETA:

I – O bem jurídico tutelado é a liberdade individual.

II – Trata-se de um crime instantâneo de efeitos permanentes, cuja consumação ocorre em determinado instante, mas seus efeitos são irreversíveis.

III – O consentimento do ofendido é irrelevante.

IV – a pena é acrescida de metade, se o crime é cometido: contra criança ou adolescente ou maior de 60 (sessenta) anos; por motivo de preconceito de raça, cor, etnia, religião ou origem. (Art. 149, § 2º, CP).

( ) a) apenas uma das assertivas está correta;

( ) b) apenas duas das assertivas estão corretas;

( ) c) apenas três das assertivas estão corretas;

( ) d) todas as assertivas estão corretas;

( ) e) não respondida.

Gabarito: letra "b". Apenas os itens I e III estão corretos.

EXAME n. XIV

2ª Fase

Questão n. 5

Em se considerando que o trabalho prestado por pessoas reduzidas à condição análoga à de escravo é gênero, disserte sobre as suas espécies, enfocando, inclusive, normas internacionais aplicáveis à hipótese.

RESPOSTA: (espelho da prova)

1) Trabalho prestado por pessoas reduzidas à condição análoga à de escravo — conceito legal e doutrinário — a posição da jurisprudência nacional;

2) Classificação e espécies;

3) Trabalho forçado e trabalho degradante;

4) Tutela à liberdade e à dignidade do trabalhador — breve dissertação sobre ambos os princípios e suas repercussões;

5) Os fundamentos da legislação aplicável à espécie;

6) A evolução legal da matéria;

7) Trabalho escravo contemporâneo — formas;

8) Normas Internacionais — Declaração da Organização Internacional do Trabalho — OIT — sobre os Princípios e Direitos Fundamentais — Convenção n. 29 da OIT — Convenção n. 105 da OIT;

9) Breve análise jurídica das Convenções ns. 29 e 105 da OIT;

10) A aplicação das Convenções ns. 29 e 105 da OIT no Brasil — importância, hipóteses de incidência;

11) A interpretação das Convenções ns. 29 e 105;

12) O trabalho forçado ou obrigatório — conceito, hipóteses e exceções;

13) Respeito à centralidade temática da pergunta; encadeamento de ideias; utilização correta da língua pátria; e desenvolvimento analítico.

EXAME n. XIV

3ª Fase

A Procuradoria Regional do Trabalho da 15ª Região — Campinas/SP — recebeu denúncia anônima, por escrito, contra a Cooperativa Campinense dos Trabalhadores em Calçados, que estaria fornecendo mão de obra para a empresa Pisante de Ouro, fabricante de calçados, com sede em São Paulo/SP. A denúncia foi protocolada e autuada como Representação e distribuída a um Procurador do Trabalho que, ao despachar, em apreciação prévia, remeteu-a à Procuradoria Regional do Trabalho da 2ª Região/SP, para a adoção das providências necessárias, considerando que os fatos objeto da denúncia dizem respeito a trabalho prestado na sede (e único estabelecimento) da empresa. Na PRT/2ª Região, distribuída a Representação a um Procurador do Trabalho, este determinou a instauração do Inquérito Civil Público n. X/2007.

1. Na denúncia, foram relatados os seguintes fatos:

1.1. A empresa Pisante de Ouro, fabricante de calçados, com sede na Avenida Camarões, 12, São Paulo, SP, mantém em seus quadros 96 (noventa e seis) empregados, sendo 66 (sessenta e seis) empregados brasileiros registrados, dentre estes, 60 (sessenta) laborando na produção de calçados e 6 (seis) laborando no setor administrativo; e 30 (trinta) trabalhadores estrangeiros laborando na produção, estes últimos sem qualquer registro, trazidos da Bolívia sob promessa de bons salários e habitação.

1.2. Chegando ao Brasil, os trabalhadores bolivianos são alojados em quartos coletivos localizados nos fundos do estabelecimento e recebem do proprietário da empresa Pisante de Ouro alimentação, cujos valores são descontados dos seus salários. Seus passaportes são retidos pelo empregador. Os trabalhadores são submetidos a longas jornadas de trabalho e impedidos de sair do local onde estão alojados, em face da sua condição de permanência irregular no país. A única saída autorizada refere-se a um encontro entre bolivianos na praça do bairro onde está localizada a empresa.

1.3. A empresa Pisante de Ouro mantém 3 (três) contratos com entidades que lhe prestam serviços (instrumentos juntados aos autos), a saber:

a) um contrato firmado com a empresa Servcouros — Serviços, com sede na Rua dos Remédios, 240, Jundiaí, município sob a jurisdição do TRT da 15ª Região, para prestação de serviço de corte do material que compõe a parte superior dos calçados, realizado na própria sede da empresa contratada, com uso da mão de obra de 25 (vinte e cinco) empregados, todos registrados e sem notícia de descumprimento dos direitos trabalhistas;

b) um contrato firmado com a empresa Embalatudo — Embalagens Ltda., com sede na Praça Tiradentes, s/n., São Paulo/SP, prevendo o fornecimento das caixas de papelão personalizadas, para embalagem dos calçados; esta empresa possui 20 (vinte) empregados, todos registrados, sem notícia de descumprimento de direitos trabalhistas; e

c) um contrato firmado com a Cooperativa Campinense dos Trabalhadores em Calçados, com sede à Rua Estácio de Sá, 200, Campinas, SP, com objetivo único de fabricação dos cadarços e confecção dos solados de borracha; este trabalho é desenvolvido pelos 24 (vinte e quatro) associados da cooperativa.

1.4. Os trabalhadores da empresa Pisante de Ouro laboram em um galpão na sua sede, com pequenas janelas venezianas, em um local com temperatura elevada, de segunda a sábado, recebendo salários conforme as horas trabalhadas, existindo vários trabalhadores percebendo salário inferior ao piso salarial profissional mensal. A referida empresa desconta dos salários de todos os empregados R$ 40,00 (quarenta reais), semestralmente, pela substituição dos uniformes, ocorrida em janeiro e julho de cada ano, além de R$ 10,00 (dez reais) mensais por sucos oferecidos durante o expediente.

1.5. A empresa Pisante de Ouro adota as seguintes condutas:

a) a filmagem do local em que se desenvolve a produção dos calçados; impõe que os empregados somente se afastem do seu posto de trabalho uma vez por turno, por um período máximo de 2 (dois) minutos por vez, para ir ao banheiro;

b) revista as mensagens eletrônicas dos empregados do setor administrativo, efetuadas no local de trabalho;

c) paga o FGTS diretamente aos trabalhadores, sem prévio recolhimento, em face de acordo coletivo de trabalho firmado com o sindicato da categoria profissional;

d) dispensa imediatamente o trabalhador que retorna do gozo do benefício acidentário, mediante o pagamento, em espécie, de indenização correspondente a todo o período da estabilidade respectiva, computando o tempo de serviço inclusive para o efeito das verbas rescisórias adimplidas; e

e) exige que os trabalhadores que não cumprem a meta semanal da produção trabalhem no domingo seguinte, compensando-o, porém, com o pagamento em dobro pelo dia de repouso trabalhado.

1.6. No ato da admissão, a empresa Pisante de Ouro exige que o empregado apresente os seguintes documentos, além dos previstos em lei: a) declaração pessoal de que não possui ação trabalhista em curso ou arquivada; b) carta de fiança; e c) recibos, assinados em branco, de quitação das férias e do 13º salário.

INSTRUÇÃO DO INQUÉRITO CIVIL PÚBLICO

2. Em audiência realizada na sede da Procuradoria, foram tomados alguns depoimentos, a seguir transcritos:

2.1. Depoimento do presidente do Sindicato da Categoria Profissional, senhor José da Silva: "que em relação à empresa Pisante de Ouro, sabe que esta não recolhe o FGTS de seus empregados, mas que efetua o pagamento direto aos trabalhadores, na forma do Acordo Coletivo de Trabalho firmado com o Sindicato (cópia apresentada em audiência); que este acordo foi autorizado por todos os empregados da empresa, que o consideram mais vantajoso; que a empresa investigada somente paga os salários dos empregados após o dia 10 (dez) de cada mês; que a empresa realmente desconta, mensalmente, R$ 10,00 (dez reais) dos salários dos empregados, a título de despesas com sucos fornecidos durante o expediente, e R$ 40,00 (quarenta reais) pelo fardamento/uniforme fornecido a cada semestre; que não existe na Convenção Coletiva de Trabalho, conforme cópia anexada, o Piso Salarial Profissional Horário, mas apenas o Piso Salarial Profissional Mensal, no valor de R$ 400,00 (quatrocentos reais), para a categoria dos empregados da empresa investigada; que não existe Acordo Coletivo prevendo o pagamento de salário por hora; que aproveita a oportunidade para denunciar que a empresa não cumpre a cláusula 13ª da Convenção Coletiva da categoria, que prevê o preenchimento de uma cota de, pelo menos, 15% (quinze por cento) de empregados da raça negra; que, em regra, o processo produtivo do calçado fabricado pela empresa investigada é composto das etapas de corte (operação em que são formadas as partes superiores do calçado, denominadas de 'cabedal'), do processo de lixamento do solado e do bico com a aplicação da cola e limpeza com solvente, da confecção do solado de borracha, e da montagem do calçado".

2.2. Depoimento do proprietário da empresa Pisante de Ouro, senhor Hugo Morales, nos seguintes termos: "que o depoente é boliviano e reside no Brasil há mais de 35 (trinta e cinco) anos, estando no país em situação totalmente regular, como faz prova a documentação juntada; que o depoente é o único proprietário da empresa Pisante de Ouro; que confirma a utilização da mão de obra dos 30 (trinta) bolivianos em sua empresa, todos conterrâneos e amigos, a quem ajuda por uma questão de solidariedade; que fornece a estes trabalhadores moradia e alimentação, mediante desconto salarial, pois sem esta colaboração eles não conseguiriam locar imóveis para residir e nem conseguiriam crédito para comprar mantimentos; que, de fato, mantém os contratos com as empresas Servcouros e Embalatudo, e com a Cooperativa, eis que os seus objetos não dizem respeito a prestação de serviços, mas apenas ao fornecimento de matéria-prima, tais como os cadarços, os cabedais, os solados de borracha e as caixas prontas para embalagem; que se tratam de típicos contratos de compra e venda, de natureza Civil; que todas as etapas da montagem e fabricação dos calçados são realizadas pelos empregados do depoente; que remunera os empregados com base no salário por hora; que entende possível esta forma de remuneração, pois é observado, como base de cálculo, o piso profissional de R$ 400,00 (quatrocentos reais), previsto na Convenção Coletiva de Trabalho da categoria; que esta forma de remuneração, por hora, está registrada nas Carteiras de Trabalho dos empregados; que a previsão na carteira profissional do empregado de que o seu salário é horário torna legal o referido pagamento; que foram os empregados que pediram o uniforme para economizarem suas roupas; que os sucos oferecidos também são descontados, pois não é uma obrigação da empresa; que os salários dos seus empregados são pagos no dia 10 (dez) de cada mês, porque apenas no dia 5 (cinco) de cada mês é que recebe as faturas das vendas dos calçados; que não tem dinheiro para pagar antes desse dia pois não possui capital de giro para tanto; que, se não fizer assim, a empresa terá que fechar e será bem pior o desemprego para tanta gente; que limitou o número de vezes para os empregados irem ao banheiro porque estava havendo um abuso muito grande e, segundo seu advogado, essa limitação é legal em função de seu poder diretivo como empregador; que entende como razoável o número de duas vezes para que o empregado vá ao banheiro durante o expediente até mesmo porque existem empregados que sequer se utilizam dessa possibilidade; que a empresa exige apenas os documentos previstos em lei para a admissão dos empregados; que a área de trabalho do galpão é filmada por uma questão de segurança de todos, inclusive dos empregados, pois o local onde está situado o estabelecimento é bastante perigoso, havendo muitos assaltos na região; que, segundo seu advogado, não é errado fazer com que os empregados que não atinjam a meta de produção semanal fiquem trabalhando na empresa nos domingos, já que a remuneração destes dias é paga de forma dobrada; que esta é uma forma de premiar quem trabalha de forma correta; que a empresa monitora as mensagens eletrônicas dos empregados do setor administrativo, por se tratarem de atos praticados no curso da jornada de trabalho, com o uso de computadores de propriedade da firma, fornecidos exclusivamente como instrumentos de trabalho, não podendo ser utilizados para finalidades diversas; que a empresa prefere pagar o período da estabilidade do acidentado do que mantê-lo em seus quadros; que a empresa cumpre adequadamente a cota de empregados negros prevista na negociação coletiva, pois se considerarmos os negros pela perspectiva do genótipo, praticamente todas as pessoas no Brasil podem ser consideradas negras; que, por outro lado, mesmo se assim não o fosse, a empresa entende que esta cláusula é inconstitucional porque promove a discriminação em relação à população branca e que todos são iguais perante a lei.

2.3. Foram tomados, ainda, os depoimentos dos proprietários das empresas Servcouros e Embalatudo, e do presidente da Cooperativa, nos seguintes termos:

2.3.1. o proprietário da empresa Servcouros, Prício Prisco, afirmou "que mantém contrato exclusivo com a empresa Pisante de Ouro e que isso se deve ao fato de não possuir estrutura física e de pessoal suficientes para atender a outras empresas; que todo o serviço é desenvolvido em seu próprio estabelecimento, sob a sua direção, sem nenhuma participação da empresa Pisante de Ouro; que apenas fornece à empresa Pisante de Ouro os 'cabedais' (partes superiores dos calçados) cortados conforme os modelos encomendados, o que constitui objeto de um típico contrato de fornecimento de material; que essa forma de trabalhar já se encontra presente em vários segmentos da sociedade como uma forma moderna de administração, como é o caso do setor automobilístico; que a atividade de corte efetuada por sua empresa exige uma qualificação específica da atividade, não fazendo parte do processo produtivo de fabricação dos calçados";

2.3.2. o proprietário da empresa Embalatudo, Uaxinton Cleidermã, afirmou "que a sua empresa dedica-se exclusivamente à fabricação e ao fornecimento de embalagens em geral, tais como as caixas para embalagem de calçados fornecidas à empresa Pisante de Ouro; que fornece embalagens para várias empresas";

2.3.3. o presidente da cooperativa, Roberto Carlos Reis, confirmou "que a cooperativa foi fundada há mais de sete anos; que possui mais de 100 (cem) associados registrados, mas que apenas 24 (vinte e quatro) estão atualmente disponíveis para trabalhar; que os cooperados prestam serviços na sede própria da Cooperativa, em Campinas; que a Cooperativa mantém contrato apenas com a empresa Pisante de Ouro, desde que foi fundada, pois nunca teve mais do que 20 (vinte) a 25 (vinte e cinco) associados trabalhando permanentemente; que os cooperados laboram 44 horas semanais, de segunda a sábado; que a Cooperativa paga aos associados as sobras líquidas do exercício, conforme documentação acostada; que possui todos os livros exigidos por lei; que é um dos sócios fundadores da Cooperativa".

2.4. Nessa mesma audiência, foram ainda juntados os seguintes documentos: 1) contratos sociais e respectivos aditivos das empresas Pisante de Ouro, Servcouros e Embalatudo; 2) ato constitutivo e estatuto da cooperativa e respectivos aditivos; 3) atas das

Assembleias Gerais realizadas pela cooperativa; 4) contratos firmados entre a Cooperativa e profissionais de diversas áreas para a prestação de assistência social aos cooperados; e 5) comprovantes da existência do Fundo de Reserva e do Fundo de Assistência Técnica, Educacional e Social.

3. Requisitada fiscalização ao Ministério do Trabalho e Emprego, os relatórios de Inspeção Fiscal apontaram o seguinte:

3.1. Condições verificadas na empresa Pisante de Ouro

3.1.1. Condições gerais

a) os trabalhadores bolivianos estão efetivamente submetidos às condições descritas na denúncia;

b) foram apreendidas, na empresa, cópias de declarações de inexistência de ação trabalhista em curso ou arquivada, de carta de fiança e de vários recibos, assinados em branco, de quitação das férias e do 13º salário;

c) segundo relato de alguns trabalhadores que pediram para não ser identificados, a empresa exige na admissão que o empregado não possua qualquer inscrição no SERASA;

d) os descontos efetuados nos salários dos empregados, segundo relato dos próprios trabalhadores, são determinados pela empresa;

e) há trabalhadores que laboram 4 (quatro), 6 (seis) e 8 (oito) horas diárias, percebendo por mês, respectivamente, R$ 200,00 (duzentos reais), R$ 300,00 (trezentos reais) e R$ 400,00 (quatrocentos reais);

f) os trabalhadores bolivianos trabalham 12 (doze) horas diárias, recebendo R$ 340,00 (trezentos e quarenta reais) mensais, valor do qual são descontados R$ 140,00 (cento e quarenta reais) a título de moradia e alimentação;

g) não é observada a cláusula 13ª da Convenção Coletiva, que prevê a cota de 15% (quinze por cento) de empregados negros;

h) as filmagens efetuadas no galpão não atingem trabalhador específico, mas o ambiente em geral;

i) a empresa realiza, em suas dependências, as etapas produtivas de lixamento do solado e do bico com a aplicação da cola e limpeza com solvente e de montagem do calçado;

j) além dos fatos denunciados, foi constatado que a empresa não possui pessoas com deficiência em seus quadros;

3.1.2. condições verificadas na empresa Pisante de Ouro quanto ao meio ambiente de trabalho:

a) ruído excessivo do maquinário, acima dos níveis de pressão sonora permitidos;

b) altas temperaturas no ambiente do trabalho, decorrente da emissão de calor produzido por algumas máquinas, como as matrizes de prensagem a quente, que chegam a uma temperatura de 130°C; e

c) contato com produtos químicos de alta toxidade, tais como hexano (encontrado nas colas e solventes) e acetona.

3.1.2.1. Em razão das condições ambientais encontradas, a empresa foi notificada pelo auditor-fiscal do Trabalho a promover as seguintes medidas:

a) intervenções necessárias para reduzir o ruído no ambiente de trabalho aos níveis legalmente exigidos e adoção dos respectivos registros, relatórios e exames audiométricos nos trabalhadores;

b) instalar e utilizar sistema de captação e exaustão de ar na área de produção de calçado, principalmente nos pontos de aplicação de cola/solvente, de aplicação de vapor, de manuseamento dos produtos químicos, e demais áreas afetadas, com vistas à dispersão dos gases tóxicos e ao controle da temperatura ambiental;

c) implantar e manter atualizada a composição do SESMT (Serviço Especializado em Segurança e Medicina do Trabalho); e

d) fornecer os Equipamentos de Proteção Individual (EPI) adequados e exigir o seu uso pelos trabalhadores.

3.1.2.1.1. Ultrapassado o prazo concedido pela Fiscalização do Trabalho no Termo de Notificação, nenhuma medida corretiva foi adotada pela empresa.

3.2. Condições verificadas na empresa Servcouros:

a) os trabalhadores laboram na sede da empresa, em Jundiaí/SP, apenas na atividade do corte para formação do "cabedal" (parte superior do calçado);

b) a técnica e as exigências da atividade do corte são disciplinadas pela empresa Pisante de Ouro;

c) todo o material a ser cortado é fornecido pela empresa Pisante de Ouro;

d) todo o material cortado retorna para a empresa Pisante de Ouro; e

e) todas as ordens dos empregados são dadas pelo proprietário da empresa.

3.3. Condições verificadas na empresa Embalatudo:

a) os trabalhadores laboram na sede da empresa, em São Paulo/SP, apenas na atividade de fabricação de embalagens em geral, inclusive as de calçados;

b) existem contratos de prestação de serviços firmados com outras empresas para o fornecimento de embalagens; e

c) todas as ordens aos empregados são dadas pelo proprietário da própria empresa.

3.4. Condições verificadas na Cooperativa Campinense dos Trabalhadores em Calçados:

a) a cooperativa é formalmente constituída;

b) a cooperativa fabrica e fornece os cadarços e os solados de borracha, exclusivamente, à empresa Pisante de Ouro;

c) o trabalho é feito mediante as especificações técnicas estabelecidas pela empresa Pisante de Ouro, conforme o lote da encomenda;

d) os cooperados aderem voluntariamente à cooperativa;

e) constam atas de assembleias gerais com assinatura de cooperado;

f) os associados ativos (em serviço) não podem faltar ao trabalho e comprometem-se a cumprir a jornada integral; g) os cooperados recebem *pro labore* fixo no valor de R$ 510,00 (quinhentos e dez reais) mensais, exclusivamente.

4. Em nova audiência, ouvido o proprietário da empresa Pisante de Ouro, foi dito que:

"não é obrigado a contar em seus quadros com empregados com deficiência, pois não possui a quantidade exigida por lei para incidência da cota mínima; que, além disso, não contrata empregados com deficiência porque não possui ambiente adequado para tanto, em face da temperatura e do ruído elevados, o que justifica, inclusive, o pagamento do respectivo adicional de insalubridade, conforme comprovam os recibos juntados aos autos; que, além do mais, não pode manter em seus quadros pessoas com dificuldades de locomoção, pois o banheiro dos empregados localiza-se no 2º andar e o prédio é muito simples, não dispondo de elevador, até mesmo porque as escadas são bastante largas".

6. O Procurador do Trabalho propôs a celebração de Termo de Compromisso de Ajustamento de Conduta à(s) entidade(s) cujo comportamento reputou contrário ao ordenamento jurídico, mas não obteve êxito.

De acordo com todo o exposto, adote uma única medida judicial, de natureza não penal, cabível na espécie, para a defesa dos direitos violados ou passíveis de violação, em cumprimento às atribuições do Ministério Público do Trabalho, considerando que você é um(a) procurador(a) do Trabalho lotado(a) na Procuradoria Regional do Trabalho vinculada ao órgão da Justiça do Trabalho competente para o julgamento da questão.

EXAME n. XIV

3ª Fase

ESPELHO DO GABARITO

1) Medida judicial cabível — Ação Civil Pública.

2) Endereçamento da ação civil pública ao juízo competente — A ação pode ser ajuizada:

2.1) Em uma das Varas do Trabalho do TRT de São Paulo/SP/2ª Região — local da prestação de serviços na empresa Pisante de Ouro (local do dano: art. 2º da Lei n. 7.347/1985); ou

2.2) Em uma das Varas do Trabalho do TRT de Campinas/SP/15ª Região (local da prestação de serviços na COOPERATIVA e na empresa SERVCOUROS-SERVIÇOS — local do dano: art. 2º da Lei n. 7.347/1985); ou

2.3) Em uma das Varas do Trabalho de Brasília/DF/10ª Região (dano de âmbito suprarregional; OJ n. 130 da SDI-II do TST). Redação alterada em 14.9.2012, *in verbis:*

"AÇÃO CIVIL PÚBLICA. COMPETÊNCIA. LOCAL DO DANO. LEI N. 7.347/1985, ART. 2º. CÓDIGO DE DEFESA DO CONSUMIDOR, ART. 93 (redação alterada na sessão do Tribunal Pleno realizada em 14.9.2012 – Res. n. 186/2012, DEJT divulgado em 25.9.2012).

A competência para a Ação Civil Pública fixa-se pela extensão do dano.

II – Em caso de dano de abrangência regional, que atinja cidades sujeitas à jurisdição de mais de uma Vara do Trabalho, a competência será de qualquer das Varas das localidades atingidas, ainda que vinculadas a Tribunais Regionais do Trabalho distintos.

III – Em caso de **dano de abrangência suprarregional ou nacional, há competência concorrente para a Ação Civil Pública das Varas do Trabalho das sedes dos Tribunais Regionais do Trabalho**. (** correto)

IV – Estará prevento o juízo que a primeira ação houver sido distribuída".

3) Polo passivo mínimo da demanda — A ação deve ser ajuizada contra as empresas PISANTE DE OURO e SERVCOUROS SERVIÇOS e contra a COOPERATIVA CAMPINENSE DOS TRABALHADORES EM CALÇADOS.

4) Causas de pedir:

4.1. A empresa PISANTE DE OURO submete os trabalhadores bolivianos à condição análoga à de escravo. Abordar:

a) trabalho escravo/degradante;

b) restrição salarial: descontos salariais indevidos;

c) contratação ilegal dos trabalhadores bolivianos: trabalho proibido (art. 359 da CLT); imediata cessação do trabalho sem anotação de CTPS (em face da clandestinidade); pagamento do valor correspondente às verbas trabalhistas decorrentes do trabalho prestado; devolução dos passaportes retidos e custeamento das despesas de transporte e acomodação para o retorno ao país de origem (Bolívia).

4.2) A terceirização ilícita praticada pela SERVCOUROS SERVIÇOS e pela COOPERATIVA CAMPINENSE DOS TRABALHADORES EM CALÇADOS, em benefício da empresa tomadora PISANTE DE OURO. Abordar, no mínimo:

a) a empresa SERVCOUROS SERVIÇOS desenvolve atividade-fim da tomadora PISANTE DE OURO (corte do material que compõe a parte superior dos calçados, atividade essencial ao processo produtivo), na forma da Súmula n. 331 do TST, ensejando o reconhecimento da relação de emprego entre a tomadora e os 25 trabalhadores intermediados através da prestadora (subordinação técnica e estrutural à empresa PISANTE DE OURO);

b) a atividade desenvolvida pela COOPERATIVA CAMPINENSE DOS TRABALHADORES EM CALÇADOS (exclusivamente a confecção dos cadarços e dos solados de borracha dos sapatos produzidos pela PISANTE DE OURO, sob as suas especificações técnicas) constitui atividade-fim da tomadora, na forma da Súmula n. 331 do TST;

c) apesar da regularidade formal, o modo de funcionamento da COOPERATIVA CAMPINENSE DOS TRABALHADORES EM CALÇADOS denota a prestação de trabalho por seus associados de forma pessoal (não podem faltar ao trabalho), subordinada (subordinação jurídica aos diretores da cooperativa e subordinação técnica e estrutural à empresa PISANTE DE OURO) e remunerada (*pro labore* fixo e desproporcional à totalidade dos direitos trabalhistas devidos em caso de relação de emprego), ausente a autonomia indispensável à configuração do trabalho cooperativo na forma da Lei n. 5.764/1971 c/c art. 442, parágrafo único da CLT;

d) a ilicitude da terceirização praticada por meio da COOPERATIVA e a ausência de autonomia dos seus associados enseja o reconhecimento da relação de emprego entre os 24 associados e a empresa tomadora PISANTE DE OURO. OBS.: Não abordar o contrato firmado com a empresa EMBALATUDO, vez que o fornecimento de embalagens, da forma como praticada, não constitui intermediação de atividade-fim, mas mero fornecimento de material.

4.3) Meio ambiente de trabalho na empresa PISANTE DE OURO: identificar as condições inadequadas do meio ambiente de trabalho na empresa PISANTE DE OURO:

a) quanto ao ruído excessivo do maquinário e às altas temperaturas no ambiente do trabalho e;

b) quanto à inadequação do ambiente de trabalho para receber pessoas com deficiência, sendo devida a adoção de medidas que viabilizem a acessibilidade destes trabalhadores.

4.4) Proibição de que o trabalhador se afaste mais de duas vezes ao dia do posto de trabalho para ir ao banheiro. Assédio moral praticado pela empresa PISANTE DE OURO: conceituação e fundamentação legal do assédio moral.

4.5) Pagamento direto do FGTS, em substituição ao seu recolhimento, na empresa PISANTE DE OURO: ilegalidade da conduta empresarial; ilegalidade da cláusula de acordo coletivo de trabalho que prevê o pagamento direto do FGTS ao trabalhador, em substituição ao depósito legal. OBS.: é facultativo o ajuizamento da ação civil pública também em face do sindicato profissional, com o objetivo de obter tutela inibitória da celebração de idêntica cláusula ilegal em seus futuros instrumentos normativos.

4.6) Dispensa imediata do trabalhador que retorna do benefício acidentário, com o integral pagamento de indenização correspondente pela empresa PISANTE DE OURO: ilegalidade da conduta.

4.7) Exigência do trabalho aos domingos, pela empresa Pisante de Ouro, para o empregado que na semana anterior não atingiu a meta de produção: ilegalidade da conduta.

4.8) Filmagem do local de trabalho, no setor de produção da empresa PISANTE DE OURO: ponderação entre o direito à saúde (*stress* psicológico)/intimidade do trabalhador e o direito de proteção à propriedade (segurança patrimonial). Filmagem geral do ambiente: correta a omissão do candidato em abordar o tema na ação, caso se convença da inexistência de violação à intimidade e à saúde do trabalhador. Excepcionalmente, caso se convença da ilegalidade da conduta patronal, deverá oferecer fortes razões do seu convencimento.

4.9) Revista das mensagens eletrônicas dos empregados do setor administrativo, na empresa PISANTE DE OURO: ponderação entre os princípios da proteção da propriedade privada e da proteção à intimidade do trabalhador. Monitoramento indiscriminado de e-mails dos empregados, com invasão da intimidade de correspondência do trabalhador, sem uma causa específica que o justifique: conduta ilícita.

4.10) Descontos efetuados nos salários dos empregados da PISANTE DE OURO para pagamento de uniformes e de sucos: ilicitude dos descontos salariais; cessação da prática *ad futurum*, em defesa de direito coletivo dos trabalhadores; devolução dos valores irregularmente descontados, em defesa de direitos individuais homogêneos.

4.11) Salário pago por hora, em valor nominal inferior ao Piso Profissional da categoria. Empresa PISANTE DE OURO: não havendo, no caso concreto, disposição convencional em sentido diverso, o Piso Profissional de R$ 400,00 (quatrocentos reais) corresponde à remuneração mínima devida em contrapartida à jornada normal de trabalho, que corresponde a 8 horas diárias e 44 horas semanais; garantia da irredutibilidade salarial. Conduta ilícita.

4.12) Pagamento de salário após o quinto dia útil do mês subsequente ao vencido. Empresa PISANTE DE OURO: ilegalidade da conduta. Princípios da proteção e da intangibilidade salarial; inalienabilidade do risco empresarial; caráter forfetário do salário.

4.13) Cotas previstas no art. 93 da Lei n. 8.213/91 para emprego de pessoas com deficiência. Empresa PISANTE DE OURO: excluídos os trabalhadores bolivianos, em situação de trabalho proibido, a empresa PISANTE DE OURO mantém 110 empregados (66 empregados espontaneamente registrados, 24 trabalhadores ilegalmente intermediados por meio da Cooperativa e 20 trabalhadores ilegalmente intermediados por meio da SERVCOUROS SERVIÇOS — item 4.2); cota de 2% de empregados com deficiência, na forma do art. 93 da Lei n. 8.213/1991. O candidato deve pleitear a contratação desta cota de empregados.

4.14) Cota prevista em convenção coletiva para os trabalhadores negros. Empresa PISANTE DE OURO: ação afirmativa — possibilidade de sua previsão em instrumentos coletivos — não só o Poder Público, mas também a iniciativa privada, deve fomentar (função social do contrato de trabalho); objetivos fundamentais da República Federativa do Brasil em construir uma sociedade livre, justa e solidária, em reduzir as desigualdades sociais e em promover o bem de todos; o primado do trabalho como base da ordem social; reconhecimento dos acordos e convenções coletivas. Pleitear o cumprimento da cota prevista no instrumento negocial.

4.15) Empresa PISANTE DE OURO. Documentos assinados em branco, exigência de declarações de inexistência de ação trabalhista em curso ou arquivada firmadas pelos trabalhadores, exigência de carta de fiança e de nada-consta no SERASA: ilegalidade das condutas. Princípios da dignidade da pessoa humana, do valor social do trabalho, da legalidade, do direito de ação e da inafastabilidade da jurisdição.

5) Dano moral coletivo. Empresa PISANTE DE OURO: analisar a ocorrência de dano moral coletivo e formular pedido de indenização (direito coletivo) com base nos princípios da razoabilidade e da proporcionalidade.

6) Medidas de urgência. Liminar e antecipação de tutela: pleitear, justificadamente, tutela de urgência para a satisfação imediata das obrigações de fazer e não fazer.

7) Pedidos finais: Pleitear, pelo menos, em conformidade com a fundamentação:

7.1) Em face da empresa PISANTE DE OURO: a cessação de todas as condutas reputadas ilícitas; o reconhecimento das relações de emprego com os trabalhadores ilicitamente terceirizados; o cumprimento de todos os direitos coletivos e individuais homogêneos violados e o pagamento de indenização por dano moral coletivo, em valor a ser pleiteado com base na razoabilidade e na proporcionalidade.

7.2) Em face da empresa SERVCOUROS SERVIÇOS: a cessação da conduta ilícita consistente na intermediação de mão de obra em atividade-fim de outras empresas;

7.3) Em face da COOPERATIVA: a cessação da conduta ilícita consistente (1) no uso de mão de obra de seus associados, de forma subordinada, para prestação de serviços a terceiros, e (2) na intermediação de mão de obra em atividade-fim de outras empresas.

7.4) A imposição de *astreintes* em face do descumprimento das obrigações, em valor fixado com base na razoabilidade e na proporcionalidade.

EXAME n. XVII

1ª Fase

Matéria do edital: Direito Individual do Trabalho,

Questão n. 34

Leia e analise os itens abaixo:

I – Nos termos da Convenção n. 29 da Organização Internacional do Trabalho, o trabalho forçado ou compulsório é o trabalho ou serviço exigido de um indivíduo sob ameaça de alguma sanção e para o qual não se ofereceu voluntariamente.

II – No trabalho executado em área rural, as empresas devem disponibilizar nas frentes de trabalho instalações sanitárias fixas ou móveis, compostas de vasos sanitários e lavatórios, proporcionalmente ao respectivo número de trabalhadores.

III – Quando houver permanência de trabalhadores no estabelecimento empresarial, por períodos entre as jornadas de trabalho, é obrigatória a construção de alojamentos individuais, que devem ser mantidos em condições adequadas de conservação, asseio e higiene.

IV – Quando não admitem o trabalho escravo ou afirmam ignorar sua existência, os proprietários dos imóveis em que é flagrado o trabalho escravo não podem ser responsabilizados pelos direitos trabalhistas dos trabalhadores em ação civil pública movida pelo Ministério Público do Trabalho, embora tenham se beneficiado do trabalho por eles prestado.

Marque a alternativa CORRETA

( ) (a) todas as assertivas estão incorretas;

( ) (b) apenas as assertivas I e IV estão corretas;

( ) (c) apenas as assertivas I, II e III estão corretas;

( ) (d) apenas as assertivas I e II estão corretas;

( ) (e) não respondida.

Gabarito: letra "d".

EXAME n. XVII

1ª Fase

Matéria do edital: Direito Internacional e Comunitário

Questão n. 99

Em relação à Organização Internacional do Trabalho (OIT), a suas normas e seus princípios, assinale a alternativa INCORRETA:

( ) (a) Após a elaboração de uma convenção pela Conferência Internacional do Trabalho, será dado a todos os Estados-Membros conhecimento daquela para fins de ratificação, sendo que o não assentimento a uma convenção pela autoridade ou por autoridades competentes do Estado-Membro o isenta das respectivas obrigações, salvo a de informar ao diretor-geral da Repartição Internacional do Trabalho, nas épocas que o Conselho de Administração julgar convenientes, sobre a sua legislação e prática observada relativamente ao assunto de que trata a convenção.

( ) (b) São princípios e direitos fundamentais do trabalho previstos na Declaração da Organização Internacional do Trabalho (OIT) de 1998 a liberdade sindical e o reconhecimento efetivo do direito de negociação coletiva; a proteção ao meio ambiente do trabalho para a preservação da segurança e da saúde dos trabalhadores; a eliminação de todas as formas de trabalho forçado ou obrigatório; a abolição efetiva do trabalho infantil; a eliminação da discriminação em matéria de emprego e ocupação.

( ) (c) A convenção não ratificada por um Estado-Membro não o obriga à tomada das medidas necessárias para efetivar as disposições da referida convenção; no entanto, em virtude da fundamentalidade de determinados direitos, como a eliminação de todas as formas de trabalho forçado ou obrigatório e a abolição efetiva do trabalho infantil, todos os Membros, independentemente de ratificação, devem respeitá-los, promovê-los e torná-los realidade, pelo simples fato de pertencer à Organização Internacional do Trabalho (OIT). ("IUS COGENS")

( ) (d) a Convenção n. 182 da Organização Internacional do Trabalho (OIT) inclui entre as piores formas de trabalho infantil o trabalho que, por sua natureza ou pelas condições em que é realizado, é suscetível de prejudicar a saúde, a segurança ou a moral das crianças.

( ) (e) não respondida.

Gabarito: letra "b".

EXAME n. XVII

2ª Fase (PROVA – SUBJETIVA)

Questão n. 1

M., com 18 anos de idade, deslumbrada com proposta de emprego, despediu-se de sua irmã na rodoviária da cidade de Nascente, com destino à Capital do respectivo Estado, a bordo de um ônibus simples, sem ar-condicionado, cuja passagem fora paga por um suposto "amigo", que lhe arrumara um emprego como garçonete num restaurante da cidade de destino. Após várias horas de viagem, M. chega ao seu destino. Deslumbrada com as luzes ofuscantes e os altos edifícios, mal sabia qual direção tomar, quando se aproximou e apresentou-se o rapaz que havia sido indicado por seu "amigo", o qual a conduziu em seu veículo para o local de trabalho. Cansada da longa viagem, M. inicialmente não estranhou o local escuro e a estreita porta do "restaurante", onde havia um letreiro de neon estampado "Bataclan". Adentrou a um ambiente escuro, no qual observou a presença de vários homens ao redor de mesas ou sentados em sofás, aos abraços, beijos e conversas com garotas vestidas em trajes minúsculos. Imediatamente M. foi levada a um aposento no piso superior para vestir os trajes que lhe foram fornecidos por uma senhora. M. passou a noite inteira divertindo o público masculino daquele local. O vocábulo "garçonete" adquiria um novo significado naquele ambiente. Passou a ter o sentido de servir-se de corpo e alma ao rapaz indicado por seu "amigo", o aliciador que lhe prometera o emprego de garçonete, dono do "restaurante", que mantinha cativas M. e outras meninas após os shows e os "serviços" prestados a uma infinidade de homens que frequentavam o "Bataclan" à procura de diversão (texto adaptado da obra MARZAGÃO JUNIOR, Laerte I. (Coord.). *Tráfico de pessoas*. São Paulo: Quartier Latin, 2010).

> "Na ordem contemporânea, o comércio de pessoas constitui uma das práticas mais rentáveis do mundo, juntamente com o tráfico de armas e de drogas, chegando a movimentar US$ 12 bilhões por ano." (Flávia Piovesan)

Analise o tráfico de pessoas à luz da atuação do Ministério Público do Trabalho, da legislação pátria e das normas internacionais, considerando a sua conceituação, características, espécies, principais vítimas e finalidades, métodos de combate e prevenção.

EXAME n. XVII

2ª PROVA – SUBJETIVA

Questão n. 1

ESPELHO DE CORREÇÃO

Características: Multidimensionalidade. 1) possui finalidade de exploração em sentido amplo (econômica, material, obtenção de qualquer benefício ou vantagem); 2) Pluralidade de condutas: agenciamento (negociação, contratação, ajustamento); recrutamento (atrair, aliciar); compra (aquisição da pessoa traficada); transporte (ato de levar de um local para outro, utilizando um meio de deslocamento ou locomoção); transferência; 3) Diversidade de métodos: ameaça à pessoa ou à sua família; coação física, moral ou material; rapto; fraude; engano; abuso ou desvio de autoridade; aproveitamento da situação de vulnerabilidade; entrega ou aceitação de pagamentos ou benefícios para obter o consentimento de uma pessoa que tenha autoridade sobre outra para fins de exploração; embaraçamento; 4) Irrelevância do consentimento da vítima; 5) presunção de utilização de meios ilícitos contra crianças.

Espécies: Tráfico interno de pessoas e tráfico transnacional (ou internacional) de pessoas.

Principais vítimas: incapazes; social ou individualmente vulneráveis; privados de resistência.

Finalidades: a) exploração da prostituição de outrem (prostituição feminina ou masculina, de crianças e adolescentes e de adultos); b) diversas formas de exploração sexual; c) servidão sexual; d) casamento forçado; e) trabalho ou serviços forçados; f) escravatura ou práticas similares à escravatura; g) servidão; h) remoção de órgãos; i) adoção ilegal; j) tráfico de drogas; k) submissão a pesquisas ou procedimentos médicos ou farmacológicos, na condição de cobaia humana; l) inserção em grupos armados, grupos de guerrilheiros, exércitos/grupos de resistência.

Métodos de combate e prevenção. Pressupõem uma atuação interinstitucional em virtude da diversidade de vítimas, condutas e finalidades que caracterizam toda a rede do tráfico de pessoas, que vai além das clássicas atuações de combate às práticas de redução de pessoa à condição análoga à de escravo, a partir de:

1) Atuação institucional do MPT, nas áreas de sua competência: a) judicial (repressiva e inibitória): ações civis públicas inibitórias; ações civis públicas para compensação dos danos sociais; ações coletivas para salvaguarda de interesses individuais homogêneos dos trabalhadores; atuação conjunta com os demais ramos do Ministério Público para criminalização e alcance de toda a cadeia do tráfico, desde o aliciamento até a exploração final; b) extrajudicial (repressiva e inibitória): termo de compromisso de ajustamento de conduta; expedições de notificações recomendatórias; audiências públicas; atuação conjunta com os demais ramos do Ministério Público, setores de segurança pública, magistratura, entidades públicas e privadas, participação em fóruns.

2) Atuação interinstitucional em coordenação e cooperação com outros entes públicos e privados, que possibilite uma série de medidas preventivas e repressivas, entre as quais se destacam: a) colaboração na implementação de medidas preventivas nas políticas públicas, de maneira integrada e intersetorial, nas áreas de saúde, educação, trabalho, segurança, justiça, turismo, assistência social, desenvolvimento rural, esportes, comunicação, cultura, direitos humanos, dentre outras; b) articulação com os diversos ramos do Ministério Público dos Estados e da União, da Magistratura e do sistema de justiça e segurança pública; c) articulação com organizações não governamentais, nacionais e internacionais; d) apoio e/ou realização de campanhas socioeducativas e de conscientização nos âmbitos internacional, nacional, regional e local, considerando as diferentes realidades e linguagens; e) integração com políticas e ações de repressão e responsabilização dos autores de crimes diretos e correlatos; f) cassação de licença de localização ou funcionamento; g) colaboração na proteção e assistência jurídica, social e de saúde às vítimas diretas e indiretas; h) colaboração e promoção da assistência consular às vítimas diretas e indiretas; i) colaborar para um efetivo acolhimento e abrigo provisório das vítimas; j) colaborar para a reinserção social com a garantia de acesso à educação, cultura, formação profissional e ao trabalho das vítimas; k) colaborar para a reinserção familiar e comunitária de crianças e adolescentes vítimas; l) proteção da intimidade e da identidade das vítimas; m) desenvolvimento de ação coordenada e integrada em conformidade com o levantamento, o mapeamento e a atualização dos dados pertinentes ao tráfico de pessoas, interno e internacional; n) participação em programas e projetos de orientação aos empregadores e entidades sindicais sobre aspectos ligados ao recrutamento e deslocamento de trabalhadores de uma localidade para outra, etc.

EXAME n. XIX
1ª Fase
Matéria do edital: Direitos Humanos
Questão n. 18

Considerando-se o Sistema Internacional de Proteção aos Direitos Humanos e o Estatuto do Tribunal Penal Internacional, é CORRETO afirmar que:

(a) O indivíduo singularmente considerado não é sujeito internacional de direitos humanos, uma vez que não é destinatário direto de direitos, obrigações e deveres na esfera internacional. *(Correção: é sujeito internacional)

(b) O Tribunal Penal Internacional é uma instituição permanente, com jurisdição universal sobre Estados, nações, pessoas, coletividades, organizações estatais e não estatais e demais autores ou vítimas de atentados contra os direitos humanos em relação aos crimes graves que prescreve o seu respectivo estatuto.

(c) A escravidão, a agressão sexual, a escravatura sexual, a prostituição forçada e o crime de apartheid são expressamente previstos como crimes contra a humanidade no referido Estatuto.

(d) O Tribunal Penal Internacional possui ampla competência *ratione materiae* (em razão da matéria) para os crimes que afetam a comunidade internacional em seu conjunto.

(e) Não respondida.

Gabarito: letra "C"

EXAME n. XIX

1ª Fase

Matéria do edital: Direito Processual do Trabalho

Questão n. 48

Em relação à ação civil pública trabalhista, conforme o CDC e a jurisprudência dominante do TST, analise as proposições abaixo:

I – A Vara do Trabalho de Brasília tem competência concorrente para a solução de demandas sobre danos de âmbito suprarregional, somente nas hipóteses em que o dano alcance a área de sua jurisdição.

II – O sindicato tem ampla legitimidade ativa para postular a tutela inibitória relativa a direitos difusos e coletivos, mesmo aqueles desvinculados de interesses da categoria que representa. *(Correção: vinculados)

III – Os pedidos relativos a interesses difusos julgados improcedentes, por ausência de prova, produzem coisa julgada material com efeito *erga omnes*. *(Correção: produz coisa julgada formal)

IV – É possível a cumulação objetiva de pedidos de indenização por danos morais individuais e coletivos.

Assinale a alternativa CORRETA:

(a) As assertivas II e III estão incorretas;

(b) As assertivas I e IV estão incorretas;

(c) As assertivas I e III estão incorretas;

(d) As assertivas II e IV estão incorretas;

(e) Não respondida.

Gabarito: letra "A"

Questão n. 55

Assinale a alternativa INCORRETA:

(a) No caso de conciliação celebrada em ação civil pública, o acordo homologado pela Vara do Trabalho só pode ser impugnado por ação anulatória.

(b) Na Justiça do Trabalho, nos termos do art. 893, § 1º, da CLT, as decisões interlocutórias não ensejam recurso imediato, salvo nas hipóteses de decisão: a) de Tribunal Regional do Trabalho contrária à Súmula ou Orientação Jurisprudencial do Tribunal Superior do Trabalho; b) suscetível de impugnação mediante recurso para o mesmo Tribunal; c) que acolhe exceção de incompetência territorial, com a remessa dos autos para Tribunal Regional distinto daquele a que se vincula o juízo excepcionado, consoante o disposto no art. 799, § 2º, da CLT. 28

(c) O recurso adesivo é compatível com o processo do trabalho e cabível, no prazo de 8 (oito) dias, nas hipóteses de interposição de recurso ordinário, de agravo de petição, de revista e de embargos, sendo desnecessário que a matéria nele veiculada esteja relacionada com a do recurso interposto pela parte contrária.

(d) O fato de o juízo primeiro de admissibilidade do recurso de revista entendê-lo cabível apenas quanto a parte das matérias veiculadas não impede a apreciação integral pela Turma do TST, sendo imprópria a interposição de agravo de instrumento, no que concerne as matérias em relação às quais não foi dado seguimento.

(e) Não respondida.

Gabarito: letra "A"

Questão n. 56

Consoante o disposto expressamente no Código de Defesa do Consumidor, assinale a alternativa INCORRETA:

(a) Em caso de concurso de créditos decorrentes de condenação pecuniária em ação para a tutela de interesses difusos e coletivos, e de indenizações pelos prejuízos individualmente resultantes do mesmo evento danoso, estas terão preferência de pagamento em relação às primeiras.

(b) Na tutela dos interesses difusos, coletivos e individuais homogêneos aplica-se o instituto da coisa julgada *secundum eventum probationis* (conforme a sorte das provas), de forma que qualquer legitimado poderá intentar outra ação, com idêntico fundamento, valendo-se de nova prova.

(c) A legislação brasileira inspirou-se no instituto da fluid recovery (reparação fluida) da jurisprudência norte-americana para destinar ao Fundo criado pela Lei n. 7.347/85, o produto da indenização devida em ação coletiva aos lesados individuais, quando decorrido o prazo de um ano sem habilitação de interessados em número compatível com a gravidade do dano reconhecido na ação coletiva para tutela de direitos individuais homogêneos.

(d) Denomina-se transporte *in utilibus* (em utilidade) da coisa julgada a autorização prevista no CDC para que os efeitos da coisa julgada resultante de decisão proferida em ação civil pública, quando procedente o pedido (*secundum eventum litis*), beneficiem as vítimas e seus sucessores, que poderão proceder à liquidação e à execução da decisão.

(e) não respondida.

Gabarito: letra "B"

EXAME n. XIX
1ª Fase
Matéria do edital: Direito Processual Civil
Questão n. 83

Em relação às ações coletivas, considere as assertivas abaixo:

I – Consoante jurisprudência uniforme do STJ, na hipótese de reconhecimento da continência entre ações civis públicas propostas na Justiça Estadual e na Justiça Federal, ambas as demandas devem ser reunidas nesta última (Justiça Federal).

II – A Lei n. 7.347/85 constitui um marco em matéria de tutela de interesses transindividuais, introduzindo no ordenamento jurídico brasileiro institutos típicos das demandas coletivas, como a coisa julgada *secundum eventum probationis* (segundo a sorte das provas).

III – A Lei n. 12.016/2009 previu expressamente o mandado de segurança coletivo, como instrumento de proteção dos interesses difusos, coletivos e individuais homogêneos, em consonância com o art. 5º, LXX, da Constituição da República, que elencou o *mandamus* coletivo no rol de remédios constitucionais.

Assinale a alternativa CORRETA:

(a) apenas a assertiva I está correta;

(b) apenas as assertivas I e II estão corretas;

(c) apenas as assertivas II e III estão corretas;

(d) apenas a assertiva II está correta;

(e) não respondida.

Gabarito: letra "A"

EXAME n. XX
1ª Fase
Matéria do edital: Direito Processual do Trabalho
Questão n. 57

Sobre a ação civil pública no processo do trabalho, analise as alternativas abaixo:

I – A lei de regência da ação civil pública somente prevê a possibilidade de pedidos envolvendo o cumprimento da chamada tutela específica.

II – O Código de Defesa do Consumidor conceitua expressamente os direitos difusos, coletivos em sentido estrito, individuais homogêneos e individuais heterogêneos, todos considerados espécies do gênero direitos coletivos em sentido lato.

III – O Pleno do Tribunal Superior do Trabalho decidiu pela possibilidade de levantamento imediato pelo credor do valor decorrente de multa (*astreinte*) por descumprimento de obrigação de fazer, imposta em sentença proferida em ação civil pública, ainda que não transitada em julgado.

IV – Há expressa previsão na lei de regência da ação civil pública que, em caso de desistência infundada ou abandono da ação por associação legitimada, o Ministério Público ou outro legitimado assumirá a titularidade ativa.

Assinale a alternativa CORRETA:

(A) Todas as assertivas estão incorretas.

(B) Apenas a assertiva IV está correta.

(C) Apenas as assertivas I e II estão corretas.

(D) Apenas as assertivas III e IV estão corretas.

(E) Não respondida.

Gabarito: letra “B”

EXAME n. XX
1ª Fase
Matéria do edital: Direito Penal
Questão n. 94

Assinale a opção INCORRETA:

(A) A pena relativa ao crime de redução a condição análoga à de escravo é aumentada se o crime é cometido por motivo de religião.

(B) O delito de sequestro e cárcere privado é considerado crime de natureza permanente, consumando-se com a privação da liberdade da vítima, impedida de ir e vir.

(C) O Código Penal prevê, para o delito de sequestro e cárcere privado, como circunstância de aumento de pena, a de que o crime tenha sido praticado com fins de remover órgãos, tecidos ou partes do corpo da vítima.

(D) O tipo penal do crime de frustração de direito assegurado por lei trabalhista consiste em norma penal em branco e não prevê modalidade culposa.

(E) Não respondida

Gabarito: letra “C”

EXAME n. XXI

1ª Fase

Matéria do edital: Direitos Humanos

Questão n. 18

Assinale a alternativa INCORRETA:

(A) De acordo com a Convenção da ONU sobre os Direitos das Pessoas com Deficiência, "adaptação razoável" significa a modificação necessária e adequada e os ajustes que não acarretem ônus desproporcional ou indevido, quando necessários em cada caso, a fim de assegurar que as pessoas com deficiência possam desfrutar ou exercitar, em igualdade de oportunidades com as demais pessoas, todos os Direitos Humanos e liberdades fundamentais.

(B) De acordo com a Convenção da ONU sobre os Direitos das Pessoas com Deficiência, os Estados Partes deverão assegurar que as crianças com deficiência tenham o direito de expressar livremente sua opinião sobre todos os assuntos que lhes disserem respeito, tenham a sua opinião devidamente valorizada de acordo com sua idade e maturidade, em igualdade de oportunidades com as demais crianças, e recebam atendimento adequado à sua deficiência e idade, para que possam realizar tal direito.

(C) Segundo a Convenção Americana sobre Direitos Humanos, não constituem trabalhos forçados ou obrigatórios aqueles normalmente exigidos de pessoa reclusa em cumprimento de sentença ou resolução formal expedida pela autoridade judiciária competente. Tais trabalhos ou serviços devem ser executados sob a fiscalização de organizações sociais.

(D) A Corte Interamericana de Direitos Humanos, no caso Trabalhadores da Fazenda Brasil Verde *vs.* Brasil, concluiu que o Estado brasileiro não é responsável pelas violações aos direitos à personalidade jurídica, à vida e à liberdade pessoal, às garantias e à proteção judiciais, contemplados nos arts. 3, 4, 5, 7, 8 e 25 da Convenção Americana de Direitos Humanos, em relação aos arts. 1.1 e 19 do mesmo instrumento, em prejuízo de qualquer trabalhador envolvido no caso concreto.

(E) Não respondida

Gabarito: Anulada.

EXAME n. XXI

1ª Fase

Matéria do edital: Direito Individual do Trabalho

Questão n. 30

Assinale a alternativa INCORRETA:

(A) A Convenção n. 29 da Organização Internacional do Trabalho (OIT) definiu trabalho forçado e impôs a todo País-membro que a ratificasse a obrigação de abolir a utilização do trabalho forçado, em todas as suas formas, não o admitindo para nenhum fim ou sob nenhum pretexto.

(B) O Supremo Tribunal Federal já entendeu que a caracterização do trabalho escravo contemporâneo é mais sutil do que a escravidão do século XIX, não sendo necessária a coação física da liberdade de ir e vir, bastando que a vítima seja submetida a trabalhos forçados ou à jornada exaustiva ou a condições degradantes de trabalho, condutas alternativamente previstas no tipo penal.

(C) Para a Organização das Nações Unidas (ONU), o trabalho escravo contemporâneo é passível de ocorrer fora do contexto da relação de trabalho clássica, vale dizer, em relações jurídicas diversas da relação de emprego em que ocorram graves violações de Direitos Humanos, como na escravidão para fins sexuais, no tráfico de seres humanos, no comércio de órgãos e no tráfico e exploração sexual de crianças.

(D) O trabalho degradante, para fins de caracterização do trabalho análogo ao de escravo, é passível de ocorrer quando comprovado que os trabalhadores são mantidos em alojamento precário, sem acesso a água potável, sem local adequado para as refeições, sem banheiro, sem equipamentos de proteção individual, com transporte em veículos precários, com submissão à jornada de trabalho exaustiva e sem transporte para retorno aos locais de contratação, em razão da violação à dignidade da pessoa humana.

(E) Não respondida.

Gabarito: letra "A"

EXAME n. XXI

1ª Fase

Matéria do edital: Direito Processual do Trabalho

Questão n. 53

Assinale a alternativa CORRETA:

(A) A Lei n. 7.347/1985 foi o primeiro instrumento de defesa dos interesses difusos no Brasil, sendo destinada, originariamente, apenas à tutela do meio ambiente; do consumidor; dos bens e direitos de valor artístico, estético, histórico, turístico e paisagístico; e de outros direitos difusos.

(B) Segundo o Código de Defesa do Consumidor, aprovado pela Lei n. 8.078/1990, interesses ou direitos difusos são os transindividuais, de natureza indivisível, de que sejam titulares pessoas indeterminadas e ligadas por circunstâncias de fato, o que leva à conclusão de que não há interesses ou direitos difusos passíveis de tutela no campo do direito do trabalho, pois na seara trabalhista já se sabe de antemão quem são os sujeitos da relação de emprego.

(C) Conforme precedentes do Supremo Tribunal Federal, o Ministério Público do Trabalho possui legitimidade para tutelar os direitos ou interesses individuais homogêneos através da ação civil pública.

(D) Conforme disposto na Lei n. 7.347/1985, todos os legitimados para a ação civil pública poderão tomar dos interessados compromisso de ajustamento de sua conduta às exigências legais, mediante cominações, que terá eficácia de título executivo extrajudicial, mas apenas o Ministério Público tem a atribuição de instaurar inquérito civil, sob a sua presidência.

(E) Não respondida.

Gabarito: letra "C"

Questão n. 54

Analise as assertivas abaixo:

I – As provas colhidas no inquérito civil pelo órgão do Ministério Público do Trabalho têm valor probatório relativo, uma vez que são produzidas sem a observância do contraditório, dada a natureza inquisitorial do mencionado procedimento, mas só devem ser afastadas pela Justiça do Trabalho quando há contraprova de hierarquia superior, vale dizer, por provas colhidas sob a vigilância do contraditório.

II – A figura do inquérito civil foi introduzida em nosso ordenamento jurídico-positivo pela Lei n. 7.347/1985, alcançando *status* constitucional com a promulgação da Constituição de 1988, ao ser elencado como uma das funções institucionais do Ministério Público, de modo que o exercício das atribuições inerentes às funções institucionais do Ministério Público do Trabalho, mormente a propositura da ação civil pública, passa pela prévia e necessária instauração de inquérito civil.

III – O inquérito civil poderá ser instaurado a partir de requerimento ou representação formulada por qualquer pessoa ou comunicação de outro órgão do Ministério Público, ou qualquer autoridade, desde que forneça, por qualquer meio legalmente permitido, informações sobre o fato e seu provável autor, bem como a qualificação mínima que permita sua identificação e localização, não se permitindo sua instauração em razão de manifestação anônima.

IV – Se o órgão do Ministério Público do Trabalho, esgotadas todas as diligências, se convencer da inexistência de fundamento para a propositura da ação civil pública, promoverá o arquivamento do inquérito civil, fundamentadamente, na própria unidade de lotação, submetendo os autos ao órgão revisor competente apenas na hipótese de recurso dos interessados.

Assinale a alternativa CORRETA:

(A) Apenas a assertiva II está correta.

(B) Apenas as assertivas III e IV estão corretas.

(C) Apenas a assertiva I está correta.

(D) Apenas a assertiva IV está incorreta.

(E) Não respondida

Gabarito: letra "C"

Questão n. 55

Analise as assertivas abaixo:

I – Embora o compromisso de ajustamento de conduta tenha sido inserido no ordenamento jurídico-positivo pela redação original da Lei n. 7.347/1985, sua execução na Justiça do Trabalho só foi expressamente prevista pela Lei n. 9.958/2000, que alterou a redação do art. 876 da Consolidação das Leis do Trabalho, dispondo sobre o cabimento da ação de execução de títulos executivos extrajudiciais na Justiça Obreira, como os termos de ajuste de conduta firmados perante o Ministério Público do Trabalho e os termos de conciliação firmados perante as Comissões de Conciliação Prévia.

II – Na ação civil pública proposta pelo Ministério Público do Trabalho para defesa de interesses ou direitos coletivos em sentido estrito, a sentença fará coisa julgada *erga omnes*, exceto se o pedido for julgado improcedente por insuficiência de provas, hipótese em que qualquer legitimado, inclusive o sindicato da categoria, poderá intentar outra ação, com idêntico fundamento, valendo-se de nova prova.

III – Na ação civil pública para tutela do meio ambiente do trabalho proposta pelo Ministério Público do Trabalho, o Juiz não poderá cominar multa diária para a hipótese de descumprimento das obrigações de fazer e não fazer deferidas na sentença sem requerimento do autor, sob pena de incorrer em julgamento *ultra petita*.

IV – Não sendo o titular dos direitos concretizados no compromisso de ajustamento de conduta, não pode o órgão do Ministério Público do Trabalho fazer concessões que impliquem renúncia aos direitos ou interesses difusos, coletivos e individuais homogêneos, cingindo-se a negociação à interpretação do direito para o caso concreto e à especificação das obrigações adequadas e necessárias, em especial o modo, tempo e lugar de cumprimento, bem como à mitigação, à compensação e à indenização dos danos que não possam ser recuperados.

Assinale a alternativa CORRETA:

(A) Apenas a assertiva IV está correta.

(B) Apenas as assertivas I e IV estão corretas.

(C) Apenas a assertiva III está correta.

(D) Apenas as assertivas II e III estão corretas.

(E) Não respondida.

Gabarito: letra "A"

EXAME n. XXI

1ª Fase

Matéria do edital: Direito Processual Civil

Questão n. 79

Com relação à ação civil pública, analise as assertivas abaixo:

I – Conforme já decidiu o Supremo Tribunal Federal (STF), a ação civil pública pode ser utilizada para obrigar o ente público a implementar/efetivar determinada política pública, visando assegurar direito de cidadania, de forma difusa, ou para determinado grupo social.

II – Conforme a jurisprudência sumulada do STF, a ação civil pública não pode ser utilizada para obrigar o ente público a implementar/efetivar determinada política pública, visando assegurar direito de cidadania, de forma difusa ou para determinado grupo social, pois o chefe do Poder Executivo, eleito democraticamente, é quem deve definir quais serão as políticas públicas prioritárias.

III – Conforme jurisprudência sumulada do STF, a ação civil pública não pode ser utilizada para obrigar o ente público a implementar/efetivar determinada política pública para assegurar o direito à educação ou o direito à proteção integral da criança e do adolescente, em razão do princípio da reserva do possível.

Assinale a alternativa CORRETA:

(A) Apenas a assertiva I está correta.

(B) Apenas a assertiva II está correta.

(C) Apenas a assertiva III está correta.

(D) Todas as assertivas estão incorretas.

(E) Não respondida.

Gabarito: letra "A"

EXAME n. XXI

1ª Fase

Matéria do edital: Direito Administrativo

Questão n. 92

O Município de Fribourg firmou Termo de Ajuste de Conduta (TAC) com o Ministério Público do Trabalho (MPT) com o fim de prever maiores medidas de fiscalização e controle em face das pessoas jurídicas que, com ele, firmarem contrato administrativo de prestação de serviço que envolva utilização intensiva de mão de obra (terceirização de serviços). Com base na Lei n. 8.666/1993, assinale a alternativa INCORRETA:

(A) Cumprido inicialmente o TAC, constitui motivo para rescisão do contrato, pela administração pública, o desatendimento, pela pessoa jurídica contratada, das determinações regulares da autoridade designada, pelo próprio município, para acompanhar e fiscalizar a sua execução, assim como as de seus superiores.

(B) A execução do contrato deverá ser acompanhada e fiscalizada por um representante da administração municipal especialmente designado, não sendo permitida a contratação de terceiros para assisti-lo e subsidiá-lo de informações pertinentes a essa atribuição.

(C) Havendo prova do descumprimento, pela empresa terceirizada, de dispositivos previstos no termo de referência do município, no que se referem aos direitos sociais dos trabalhadores terceirizados, o membro do MPT poderá, observados os demais requisitos legais e sem prejuízo de outras medidas, recomendar ao ente público a rescisão do negócio jurídico, eis que constitui motivo para tal o não cumprimento e/ou o cumprimento irregular de cláusulas contratuais, especificações, projetos ou prazos.

(D) Para a melhor fiscalização trabalhista do contrato administrativo, o representante da administração pública anotará, em registro próprio, todas as ocorrências relacionadas com a execução do negócio jurídico, independentemente de esse detalhamento da diligência constar do TAC, uma vez que há expressa previsão legal.

(E) Não respondida.

Gabarito: letra "B"

EXAME n. XXI

1ª Fase

Matéria do edital: Direito Penal

Questão n. 95

Assinale a alternativa INCORRETA.

(A) O art. 149 do Código Penal tipifica, na seção dos crimes contra a liberdade pessoal, a conduta de reduzir alguém à condição análoga à de escravo, incluindo o exercício do trabalho forçado, em condições degradantes, em jornada exaustiva ou com restrição, por qualquer meio, da locomoção, em razão de dívida contraída com o empregador ou preposto.

(B) A pena relativa ao crime de redução a condição análoga à de escravo é aumentada se o crime é cometido contra criança ou adolescente.

(C) O crime de falso testemunho ou falsa perícia é crime próprio cometido por testemunha, intérprete, contador ou perito em processo judicial, administrativo, inquérito policial ou juízo arbitral.

(D) Comete falsificação de documento particular, previsto no art. 298 do Código Penal, aquele que insere ou faz inserir declaração falsa ou diversa da que deveria ter sido escrita na CTPS do empregado ou em documento que deva produzir efeito perante a Previdência Social.

(E) Não respondida.

Gabarito: letra "D"

ANEXO VII – Exercícios de provas de concurso da Magistratura do Trabalho

Através de análise de provas aplicadas pela Magistratura do Trabalho, pode-se extrair as questões abaixo. Cita-se o número do exame, a fase, a matéria do edital, o número do exercício da prova e o seu gabarito ao final do exercício, dando ênfase ao tema da presente obra.

TRT – 1ª Região (RJ) – 2013 **Fase: Primeira Prova Escrita – Prova dissertativa.** **Questão: 2 (1,5 ponto)**

No dia 3 de janeiro de 2014, a fiscalização do grupo móvel comandado pelo Ministério do Trabalho e Emprego libertou 20 trabalhadores mantidos em condições degradantes pela empresa Corte e Costura Ltda., que produzia roupas exclusivamente para a grife Linda de Morrer S.A., tendo sido detectadas as seguintes infrações: emprego de haitianos e bolivianos em situação irregular, trazidos para a cidade pelo primo do gerente da Corte e Costura Ltda., dentre os quais alguns adolescentes, todos laborando sem registro em CTPS, sem férias, nem 13º salário, e com salários fixados entre R$ 300,00 e R$ 700,00 por mês. Os salários não eram pagos integralmente havia mais de quatro meses. Trabalhavam diariamente entre 7 e 22 horas, com dois intervalos de 30 minutos cada, durante seis dias na semana. Os estrangeiros não estavam de posse de seus documentos, retidos pelo gerente, e não tinham autorização para trabalho no país. Todos residiam em casa anexa à confecção, de propriedade do gerente da Corte e Costura, com condições precárias de higiene e de moradia. A mesma empresa fornecia alimentação (café matinal, almoço e jantar), cujo valor era integralmente descontado dos salários.

Ciente dos fatos, todos comprovados, o Ministério Público do Trabalho a juíza ação civil pública requerendo a declaração do vínculo de emprego de todos os trabalhadores com a empresa Corte e Costura Ltda. e a condenação solidária da Linda de Morrer S.A., com o pagamento dos salários retidos, de diferenças salariais, das férias, décimos terceiros salários, além da rescisão indireta e de seus consectários, incluindo o FGTS com 40%. Postula dano moral destinado a cada trabalhador atingido, em valor a ser arbitrado pelo juízo. Requer, ainda, indenização por dano social, apurada em valores não inferiores a R$ 500.000,00 (quinhentos mil reais) por trabalhador, a ser revertida para o Comitê Nacional de Proteção dos Imigrantes, entidade não governamental e sem fins lucrativos, ou sucessivamente, para o FAT — Fundo de Amparo ao Trabalhador.

A reclamada Linda de Morrer S.A., presente na audiência, se defende alegando ser uma respeitada marca de roupas femininas, atuando há muito tempo no mercado, e que desconhecia totalmente o local da prestação laboral e as condições de trabalho, pois tinha mera relação comercial com a primeira ré, formalizada por contrato de facção, que junta aos autos. Comprova, ainda, que possui contratos da mesma natureza com outras empresas de corte e costura.

A primeira reclamada, Corte e Costura Ltda., foi revel. Responda o candidato de forma fundamentada:

a) A descrição dos fatos caracteriza trabalho escravo?

b) É possível a responsabilização da empresa Linda de Morrer S.A. e a sua condenação solidária nas pretensões vindicadas? E a subsidiária?

c) O pedido de dano moral deve prosperar? E com relação ao dano social, qual a destinação e os critérios a serem utilizados para sua fixação?

TRT – 1ª Região (RJ) – 2011
Fase: Primeira Prova Escrita – Prova dissertativa.
Questão: 6 (valor: 1 ponto)

Relativamente ao exercício das ações civis públicas e ações civis coletivas na Justiça do Trabalho, algumas correntes podem ser observadas em relação à legitimação do Ministério Público do Trabalho ou dos sindicatos, conforme a natureza do interesse defendido. Entre outras, uma delas sustenta que, com base na Constituição e na legislação infraconstitucional, a legitimação do sindicato se restringe à defesa dos interesses individuais homogêneos e coletivos categoriais.

Outra corrente sustenta, por seu turno, que, com base na Constituição, a legitimação do Ministério Público do Trabalho estaria restrita aos interesses difusos e coletivos. Há ainda quem afirme que, com base na Lei Orgânica do Ministério Público da União, a legitimação do *parquet* está restrita à defesa dos interesses difusos e homogêneos indisponíveis.

INDAGA-SE:

a) A legitimação do sindicato e do Ministério Público do Trabalho é restrita conforme o interesse tutelado ou é ampla e concorrente?

b) Explicando a controvérsia a respeito do tema, a legitimação do sindicato e do "*parquet*" trabalhista para as ações civis públicas e ações civis coletivas é autônoma ou é extraordinária?

c) Na hipótese de exercício concomitante de ações individuais, ocorre litispendência?

TRT – 3ª Região (MG) – 2013
Fase: prova objetiva (1ª Fase)
Questão: 49 (Direito Penal)

NÃO é correto afirmar no que concerne ao crime de aliciamento de trabalhadores de um local para outro do território nacional:

a) Configura-se o crime e incorre nas penas previstas aquele que recrutar trabalhadores fora da localidade de execução do trabalho, dentro do território nacional, mediante cobrança de qualquer quantia do trabalhador.

b) A pena prevista para o crime de aliciar trabalhadores, com o fim de levá-los de uma para outra localidade do território nacional, é de detenção de um a três anos, e multa.

c) Configura-se o crime e incorre nas penas previstas aquele que recrutar trabalhadores fora da localidade de execução do trabalho, dentro do território nacional e não assegurar condições do seu retorno ao local de origem.

d) A pena é aumentada de um sexto a um terço se a vítima é analfabeta, gestante ou portadora de deficiência física ou mental.

e) A pena é aumentada de um sexto a um terço se a vítima é menor de dezoito anos, idosa, indígena.

Gabarito: letra "d".

TRT – 3ª Região (MG) – 2011
Fase: prova objetiva (1ª fase)
Questão n. 46 (Direito Penal)

Leia as afirmativas abaixo e, em seguida, assinale a alternativa correta:

I – São crimes contra a liberdade pessoal: o constrangimento ilegal, a ameaça, o sequestro e cárcere privado e também a redução de alguém a condição análoga à de escravo.

II – O crime de reduzir alguém à condição análoga à de escravo tem pena de 2 (dois) a 8 (oito) anos, e multa, além da pena correspondente à violência. A pena é aumentada de dois terços, se cometida contra criança e adolescente.

III – O crime de reduzir alguém à condição análoga à de escravo foi introduzido no Código Penal em 2004.

IV – A apropriação indébita só é possível em coisa alheia móvel da qual a pessoa tem a posse ou a detenção.

V – São crimes contra o patrimônio: furto, roubo, extorsão, alteração de limites, usurpação, dano, introdução ou abandono de animais em propriedade alheia, apropriação indébita e estelionato.

a) Estão corretas somente as proposições I e V.

b) Estão corretas todas as proposições.

c) Estão corretas somente as proposições I, IV e V.

d) Estão corretas somente as proposições I, II e III.

e) Estão corretas somente as proposições III, IV e V.

Gabarito: letra "c".

TRT – 3ª Região (MG) – 2011 **Fase: prova objetiva (1ª fase)** **Questão n. 65 (Direito Processual do Trabalho)**

Leia as afirmativas abaixo e assinale a alternativa correta:

I – O Ministério Público do Trabalho — MPT — pode atuar como órgão agente, ou como "*custos legis*" (fiscal da lei); pode atuar judicialmente e extrajudicialmente. Dentre as ações utilizadas pelo MPT, a serem exercidas junto aos órgãos da Justiça do Trabalho, estão: ação civil pública, ação civil coletiva, ação rescisória, ação anulatória de acordo coletivo de trabalho ou convenção coletiva de trabalho, dissídio coletivo em caso de greve em atividades essenciais, com possibilidade de lesão ao interesse público, e mandado de injunção, quando a competência for da Justiça do Trabalho.

II – Compete ao Ministério Público do Trabalho — MPT — propor as ações necessárias à defesa dos direitos e interesses dos menores, incapazes e índios, decorrentes das relações de trabalho.

III – O Colégio de Procuradores do Trabalho é presidido pelo Procurador-Geral da República e é integrado por todos os membros da carreira em atividade do Ministério Público do Trabalho.

IV – O inquérito civil é o procedimento extrajudicial de colheita de provas, sendo essencial e imprescindível ao ajuizamento da ação civil pública pelo Ministério Público do Trabalho.

V – As quotas em prol das pessoas com deficiência no âmbito da empregabilidade (art. 93, da Lei n. 8.213-91) podem ser consideradas ações afirmativas trabalhistas, cuja implementação deve ser exigida pelo Ministério Público do Trabalho como direitos trabalhistas metaindividuais.

a) Somente as afirmativas I, II e III estão corretas.

b) Somente as afirmativas I, II e V estão corretas.

c) Somente as afirmativas II, III e IV estão corretas.

d) Somente as afirmativas II, III e V estão corretas.

e) Todas as afirmativas estão corretas.

Gabarito: letra "b".

TRT – 3ª Região (MG) – 2011
Fase: prova objetiva (1ª Fase)
Questão n. 94 (Direito Internacional e Comunitário)

Compreendem-se dentre as piores formas de trabalho infantil, nos termos da Convenção n. 182 da OIT, exceto:

a) a sujeição por dívida, a servidão, o recrutamento forçado ou obrigatório de crianças para serem utilizadas em conflitos armados.

b) a retenção de documentos ou objetos pessoais da criança, com o fim de retê-la no local de trabalho.

c) a utilização, a demanda e a oferta de criança para fins de prostituição, produção de pornografia ou atuações pornográficas.

d) a utilização, o recrutamento e a oferta de criança para atividades ilícitas, particularmente para a produção e o tráfico de entorpecentes conforme definidos nos tratados internacionais pertinentes.

e) os trabalhos que, por sua natureza ou pelas circunstâncias em que são executados, são suscetíveis de prejudicar a saúde, a segurança e a moral da criança.

Gabarito: letra "b".

TRT – 3ª Região (MG) – 2011
Fase: PROVA ORAL
Ponto do Edital: Direito Internacional e Comunitário

Normas internacionais de proteção da criança e do adolescente contra a exploração econômica: Convenção sobre os Direitos da Criança da Organização das Nações Unidas; Pacto dos Direitos Econômicos, Sociais e Culturais da ONU; Convenção n. 138 e Recomendação n. 146, de 1973, sobre a idade mínima para a admissão no emprego da Organização Internacional do Trabalho; Convenção n. 182 e Recomendação n. 190 sobre as piores formas de trabalho infantil, da Organização Internacional do Trabalho.

TRT – 5ª Região (BA) – 2013
Fase: PRIMEIRA ETAPA: PROVA OBJETIVA SELETIVA
Questão n. 39

No que diz respeito à ACP, assinale a opção correta.

(a) A ACP não poderá ser eliminada por meio de lei infraconstitucional.

(b) A ACP surgiu no Brasil com a CF.

(c) Compete ao MP do Trabalho promover ACP no âmbito da Justiça do Trabalho, para a defesa dos interesses individuais e coletivos.

(d) O cabimento da ACP, no processo do trabalho, ocorre quando vulnerados os direitos sociais previstos na CF, nas leis complementares e também nas leis ordinárias.

(e) A legitimação *ad causam* para o ajuizamento da ACP está restrita ao MP, órgão que deve representar os direitos trabalhistas no MP do Trabalho.

Gabarito: letra "XXX".

TRT – 5ª Região (BA) – 2013
Fase: PRIMEIRA ETAPA: PROVA OBJETIVA SELETIVA
Questão n. 81

No que se refere às convenções e às recomendações da OIT que tratam da proteção à criança e ao adolescente, assinale a opção correta.

(a) A Convenção n. 138 da OIT não reconhece aos países-membros a possibilidade de elevação progressiva da idade mínima de admissão no emprego ou trabalho.

(b) A Recomendação n. 138 da OIT estipula, expressamente, a diversidade de idades mínimas para o trabalho por setores da atividade econômica.

(c) A Recomendação n. 190 da OIT prevê, como forma de garantir a proibição e a eliminação das piores formas de trabalho infantil, a revogação temporária ou definitiva do alvará de funcionamento de empresas.

(d) A Convenção n. 182 da OIT prevê somente a instituição e a aplicação de sanções penais nos países-membros como forma de assegurar a aplicação e o cumprimento efetivos do combate às piores formas de trabalho infantil.

(e) Para os efeitos de aplicação da Convenção n. 182 da OIT, criança é toda pessoa menor de doze anos de idade.

Gabarito: letra "XXX".

TRT – 6ª Região (PE) – 2013
Fase: PROVA ORAL
Ponto do edital: DIREITO PROCESSUAL DO TRABALHO

Ação civil pública. Ação civil coletiva. Legitimados, substituição processual, condenação genérica e liquidação. Coisa julgada e litispendência.

TRT – 9ª Região (PR) – 2008 (EXAME XXI)
Fase: PROVA ORAL
Ponto do edital: DIREITO PROCESSUAL DO TRABALHO

20) Ação civil pública. Ação civil coletiva. Legitimados, substituição processual, condenação genérica e liquidação. Coisa julgada e litispendência.

TRT – 19ª Região (AL) – 2011
Fase: PROVA OBJETIVA (1ª)
QUESTÃO N. 46 (DIREITO PENAL)

São crimes contra a organização do trabalho:

I – Atentado contra a segurança de serviço de utilidade pública.

II – Redução da pessoa à condição análoga à de escravo.

III – Aliciamento para o fim de emigração.

IV – Atentado contra a liberdade de trabalho.

V – Invasão de estabelecimento industrial, comercial ou agrícola. Sabotagem.

a) Todas as proposições estão corretas.

b) Somente a proposição I está incorreta.

c) Somente as proposições II, IV e V estão corretas.

d) Somente as proposições III, IV e V estão corretas.

e) Somente as proposições II, III e IV estão corretas.

Gabarito: letra "d".

TRT – 19ª Região (AL) – 2011
Fase: PROVA OBJETIVA (1ª)
QUESTÃO N. 47 (DIREITO PENAL)

Considerando o crime de redução a condição análoga à de escravo, é incorreto afirmar:

a) Configura o tipo penal o ato de restringir, por qualquer meio, a locomoção do trabalhador em razão de dívida contraída com o empregador ou preposto.

b) Se o crime é praticado por motivo de preconceito de raça, cor, etnia, religião ou origem há o acréscimo de 1/3 na pena.

c) A pena prevista para este crime é reclusão, de dois a oito anos, e multa, além da pena correspondente à violência.

d) Configura o tipo penal submeter alguém a trabalhos forçados ou a jornada exaustiva ou sujeitá-lo a condições degradantes de trabalho.

e) Aquele que cerceia o uso de qualquer meio de transporte por parte do trabalhador, com o fim de retê-lo no local de trabalho, incorre nas mesmas penas do tipo penal em análise (redução à condição análoga à de escravo).

Gabarito: letra "b".

TRT – 19ª Região (AL) – 2011
Fase: PROVA OBJETIVA (1ª)
QUESTÃO N. 53 (DIREITO PROCESSUAL DO TRABALHO)

De acordo com a Lei n. 7.347/1985, possuem legitimidade para propor a ação civil pública:

I – O Ministério Público, a União, os Estados, o Distrito Federal e os Municípios.

II – As autarquias e a empresa pública.

III – A associação que, alternativamente: *(correção: concomitantemente)

(i) esteja constituída há pelo menos 1 (um) ano nos termos da lei civil;

(ii) inclua, entre suas finalidades institucionais, a proteção ao meio ambiente, ao consumidor, à ordem econômica, à livre concorrência ou ao patrimônio artístico, estético, histórico, turístico e paisagístico. *(Alteração pela Lei n. 12.966/2014: nova redação "inclua, entre suas finalidades institucionais, a proteção ao meio ambiente, ao consumidor, à ordem econômica, à livre concorrência, aos direitos de grupos raciais, étnicos ou religiosos ou ao patrimônio artístico, estético, histórico, turístico e paisagístico)".

IV – A Defensoria Pública.

V – A fundação, sociedade de economia mista ou organizações da sociedade civil de interesse público.

*(correção: autarquia, empresa pública, fundação ou sociedade de economia mista).

a) Todas as proposições estão corretas.

b) Somente a proposição V está incorreta.

c) Somente as proposições II, IV e V estão corretas.

d) Somente as proposições I, II e IV estão corretas.

e) Somente as proposições I e III estão corretas.

Gabarito: letra "d".

TRT – 20ª Região (SE) – 2012
Fase: PROVA DISCURSIVA (2ª Fase)

4) Sobre a ação civil pública, indaga-se:

a) Em que consiste e qual sua relação com os chamados direitos difusos, coletivos e individuais homogêneos?

b) Qual o entendimento predominante no Supremo Tribunal Federal sobre a abrangência dos direitos coletivos e sua possibilidade de defesa por intermédio da ação civil pública?

c) Quais os seus legitimados ativos e como se enquadrariam do ponto de vista da legitimidade ordinária, extraordinária e autônoma?

d) Em que dependem as referidas ações do inquérito civil e em que consiste este instrumento?

e) O que se entende por condenação genérica e qual a sua admissibilidade no âmbito das ações civis públicas ou coletivas?

ANEXO VIII – Resolução n. 179, CNMP

Resolução n. 179, de 26.07.2017, que regulamentou o § 6º do art. 5º da Lei n. 7.347/1985, disciplinando, no âmbito do Ministério Público, a tomada do compromisso de ajustamento de conduta (TAC)

Art. 1º O compromisso de ajustamento de conduta é instrumento de garantia dos direitos e interesses difusos e coletivos, individuais homogêneos e outros direitos de cuja defesa está incumbido o Ministério Público, com natureza de negócio jurídico que tem por finalidade a adequação da conduta às exigências legais e constitucionais, com eficácia de título executivo extrajudicial a partir da celebração.

§ 1º Não sendo o titular dos direitos concretizados no compromisso de ajustamento de conduta, não pode o órgão do Ministério Público fazer concessões que impliquem renúncia aos direitos ou interesses difusos, coletivos e individuais homogêneos, cingindo-se a negociação à interpretação do direito para o caso concreto, à especificação das obrigações adequadas e necessárias, em especial o modo, tempo e lugar de cumprimento, bem como à mitigação, à compensação e à indenização dos danos que não possam ser recuperados.

§ 2º É cabível o compromisso de ajustamento de conduta nas hipóteses configuradoras de improbidade administrativa, sem prejuízo do ressarcimento ao erário e da aplicação de uma ou algumas das sanções previstas em lei, de acordo com a conduta ou o ato praticado.

§ 3º A celebração do compromisso de ajustamento de conduta com o Ministério Público não afasta, necessariamente, a eventual responsabilidade administrativa ou penal pelo mesmo fato, nem importa, automaticamente, no reconhecimento de responsabilidade para outros fins que não os estabelecidos expressamente no compromisso.

§ 4º Caberá ao órgão do Ministério Público com atribuição para a celebração do compromisso de ajustamento de conduta decidir quanto à necessidade, conveniência e oportunidade de reuniões ou audiências públicas com a participação dos titulares dos direitos, entidades que os representem ou demais interessados.

Art. 2º No exercício de suas atribuições, poderá o órgão do Ministério Público tomar compromisso de ajustamento de conduta para a adoção de medidas provisórias ou definitivas, parciais ou totais. Parágrafo único. Na hipótese de adoção de medida provisória ou parcial, a investigação deverá continuar em relação aos demais aspectos da questão, ressalvada situação excepcional que enseje arquivamento fundamentado.

Art. 3º O compromisso de ajustamento de conduta será tomado em qualquer fase da investigação, nos autos de inquérito civil ou procedimento correlato, ou no curso da ação judicial, devendo conter obrigações certas, líquidas e exigíveis, salvo peculiaridades do caso concreto, e ser assinado pelo órgão do Ministério Público e pelo compromissário.

§ 1º Quando o compromissário for pessoa física, o compromisso de ajustamento de conduta poderá ser firmado por procurador com poderes especiais outorgados por instrumento de mandato, público ou particular, sendo que neste último caso com reconhecimento de firma.

§ 2º Quando o compromissário for pessoa jurídica, o compromisso de ajustamento de conduta deverá ser firmado por quem tiver por lei, regulamento, disposição estatutária ou contratual, poderes de representação extrajudicial daquela, ou por procurador com poderes especiais outorgados pelo representante.

§ 3º Tratando-se de empresa pertencente a grupo econômico, deverá assinar o representante legal da pessoa jurídica controladora à qual esteja vinculada, sendo admissível a representação por procurador com poderes especiais outorgados pelo representante.

§ 4º Na fase de negociação e assinatura do compromisso de ajustamento de conduta, poderão os compromissários ser acompanhados ou representados por seus advogados, devendo-se juntar aos autos instrumento de mandato.

§ 5º É facultado ao órgão do Ministério Público colher assinatura, como testemunhas, das pessoas que tenham acompanhado a negociação ou de terceiros interessados.

§ 6º Poderá o compromisso de ajustamento de conduta ser firmado em conjunto por órgãos de ramos diversos do Ministério Público ou por este e outros órgãos públicos legitimados, bem como contar com a participação de associação civil, entes ou grupos representativos ou terceiros interessados.

Art. 4º O compromisso de ajustamento de conduta deverá prever multa diária ou outras espécies de cominação para o caso de descumprimento das obrigações nos prazos assumidos, admitindo-se, em casos excepcionais e devidamente fundamentados, a previsão de que esta cominação seja fixada judicialmente, se necessária à execução do compromisso.

Art. 5º As indenizações pecuniárias referentes a danos a direitos ou interesses difusos e coletivos, quando não for possível a reconstituição específica do bem lesado, e as liquidações de multas deverão ser destinadas a fundos federais, estaduais e municipais que tenham o mesmo escopo do fundo previsto no art. 13 da Lei n. 7.347/1985.

§ 1º Nas hipóteses do caput, também é admissível a destinação dos referidos recursos a projetos de prevenção ou reparação de danos de bens jurídicos da mesma natureza, ao apoio a entidades cuja finalidade institucional inclua a proteção aos direitos ou interesses difusos, a depósito em contas judiciais ou, ainda, poderão receber destinação específica que tenha a mesma finalidade dos fundos previstos em lei ou esteja em conformidade com a natureza e a dimensão do dano.

§ 2º Os valores referentes às medidas compensatórias decorrentes de danos irreversíveis aos direitos ou interesses difusos deverão ser, preferencialmente, revertidos em proveito da região ou pessoas impactadas.

Art. 6º Atentando às peculiaridades do respectivo ramo do Ministério Público, cada Conselho Superior disciplinará os mecanismos de fiscalização do cumprimento do compromisso de ajustamento de conduta tomado pelos órgãos de execução e a revisão pelo Órgão Superior do arquivamento do inquérito civil ou do procedimento no qual foi tomado o compromisso, observadas as regras gerais desta resolução.

§ 1º Os mecanismos de fiscalização referidos no *caput* não se aplicam ao compromisso de ajustamento de conduta levado à homologação do Poder Judiciário.

§ 2º A regulamentação do Conselho Superior deve compreender, no mínimo, a exigência de ciência formal do conteúdo integral do compromisso de ajustamento de conduta ao Órgão Superior em prazo não superior a três dias da promoção de arquivamento do inquérito civil ou procedimento correlato em que foi celebrado.

Art. 7º O Órgão Superior de que trata o art. 6º dará publicidade ao extrato do compromisso de ajustamento de conduta em Diário Oficial próprio ou não, no *site* da instituição, ou por qualquer outro meio eficiente e acessível, conforme as peculiaridades de cada ramo do Ministério Público, no prazo máximo de quinze dias, a qual deverá conter: I – a indicação do inquérito civil ou procedimento em que tomado o compromisso; II – a indicação do órgão de execução; III – a área de tutela dos direitos ou interesses difusos, coletivos e individuais homogêneos em que foi firmado o compromisso de ajustamento de conduta e sua abrangência territorial, quando for o caso; IV – a indicação das partes compromissárias, seus CPF ou CNPJ, e o endereço de domicílio ou sede; V – o objeto específico do compromisso de ajustamento de conduta; VI – indicação do endereço eletrônico em que se possa acessar o inteiro teor do compromisso de ajustamento de conduta ou local em que seja possível obter cópia impressa integral.

§ 1º Ressalvadas situações excepcionais devidamente justificadas, a publicação no site da Instituição disponibilizará acesso ao inteiro teor do compromisso de ajustamento de conduta ou indicará o banco de dados público em que pode ser acessado.

§ 2º A disciplina deste artigo não impede a divulgação imediata do compromisso de ajustamento de conduta celebrado nem o fornecimento de cópias aos interessados, consoante os critérios de oportunidade, conveniência e efetividade formulados pelo membro do Ministério Público.

Art. 8º No mesmo prazo mencionado no artigo anterior, o Órgão Superior providenciará o encaminhamento ao Conselho Nacional do Ministério Público de cópia eletrônica do inteiro teor do compromisso de ajustamento de conduta para alimentação do Portal de Direitos Coletivos, conforme disposto na Resolução Conjunta CNJ/CNMP n. 2, de 21 de junho de 2011, que institui os cadastros nacionais de informações de ações coletivas, inquéritos e termos de ajustamento de conduta.

Art. 9º O órgão do Ministério Público que tomou o compromisso de ajustamento de conduta deverá diligenciar para fiscalizar o seu efetivo cumprimento, valendo-se, sempre que necessário e possível, de técnicos especializados. Parágrafo único. Poderão ser previstas no próprio compromisso de ajustamento de conduta obrigações consubstanciadas na periódica prestação de informações sobre a execução do acordo pelo compromissário.

Art. 10. As diligências de fiscalização mencionadas no artigo anterior serão providenciadas nos próprios autos em que celebrado o compromisso de ajustamento de conduta, quando realizadas antes do respectivo arquivamento, ou em procedimento administrativo de acompanhamento especificamente instaurado para tal fim.

Art. 11. Descumprido o compromisso de ajustamento de conduta, integral ou parcialmente, deverá o órgão de execução do Ministério Público com atribuição para fiscalizar o seu cumprimento promover, no prazo máximo de sessenta dias, ou assim que possível, nos casos de urgência, a execução judicial do respectivo título executivo extrajudicial com relação às cláusulas em que se constatar a mora ou inadimplência.

Parágrafo único. O prazo de que trata este artigo poderá ser excedido se o compromissário, instado pelo órgão do Ministério Público, justificar satisfatoriamente o descumprimento ou reafirmar sua disposição para o cumprimento, casos em que ficará a critério do órgão ministerial decidir pelo imediato ajuizamento da execução, por sua repactuação ou pelo acompanhamento das providências adotadas pelo compromissário até o efetivo cumprimento do compromisso de ajustamento de conduta, sem prejuízo da possibilidade de execução da multa, quando cabível e necessário.

Art. 12. O Ministério Público tem legitimidade para executar compromisso de ajustamento de conduta firmado por outro órgão público, no caso de sua omissão frente ao descumprimento das obrigações assumidas, sem prejuízo da adoção de outras providências de natureza civil ou criminal que se mostrarem pertinentes, inclusive em face da inércia do órgão público compromitente.

Art. 13. Cada ramo do Ministério Público adequara seus atos normativos que tratem sobre o compromisso de ajustamento de conduta aos termos da presente Resolução no prazo de cento e oitenta dias, a contar de sua entrada em vigor.

Art. 14. As Escolas do Ministério Público ou seus Centros de Estudos promoverão cursos de aperfeiçoamento sobre técnicas de negociação e mediação voltados para a qualificação de Membros e servidores com vistas ao aperfeiçoamento da teoria e prática do compromisso de ajustamento de conduta.

Art. 15. Esta Resolução entra em vigor na data de sua publicação.

Brasília-DF, 26 de julho de 2017.

RODRIGO JANOT MONTEIRO DE BARROS

Presidente do Conselho Nacional do Ministério Público.

ANEXO IX – Portaria n. 1.066, de 23 de setembro de 2019 (DOU de 24.09.2019 – Seção 1)

Aprova a nova redação da Norma Regulamentadora n. 24 – Condições de Higiene e Conforto nos Locais de Trabalho.

O SECRETÁRIO ESPECIAL DE PREVIDÊNCIA E TRABALHO, no uso das atribuições que lhe conferem o inciso V do art. 71 do Anexo I do Decreto n. 9.745, de 08 de abril de 2019, e os arts. 155 e 200 da Consolidação das Leis do Trabalho — CLT, aprovada pelo Decreto-Lei n. 5.452, de 1º de maio de 1943, resolve:

Art. 1º A Norma Regulamentadora n. 24 (NR-24) – Condições de Higiene e Conforto nos Locais de Trabalho, aprovada pela Portaria MTb n. 3.214, de 08 de junho de 1978, passa a vigorar com a redação constante do Anexo desta Portaria.

Art. 2º Determinar, conforme previsto na Portaria SIT n. 787, de 27 de novembro de 2018, que a Norma Regulamentadora n. 24 e seus Anexos serão interpretados conforme o disposto na tabela abaixo:

Regulamento	Tipificação
NR-24	NR Especial
Anexo I	Tipo 2
Anexo II	Tipo 2
Anexo III	Tipo 2

Art. 3º Revogar a Portaria SSST n. 13, de 17 de setembro de 1993.

Art. 4º Esta Portaria entra em vigor na data de sua publicação.

ROGÉRIO SIMONETTI MARINHO

ANEXO

NORMA REGULAMENTADORA N. 24 – CONDIÇÕES DE HIGIENE E CONFORTO NOS LOCAIS DE TRABALHO

Sumário

Anexo I: Condições Sanitárias e de Conforto Aplicáveis a Trabalhadores em *"Shopping Center"*

Anexo II: Condições Sanitárias e de Conforto Aplicáveis a Trabalhadores em Trabalho Externo de Prestação de Serviços

Anexo III: Condições Sanitárias e de Conforto Aplicáveis a Trabalhadores em Transporte Público Rodoviário Coletivo Urbano de Passageiros em Atividade Externa

24.1 Objetivo e campo de aplicação

24.1.1 Esta norma estabelece as condições mínimas de higiene e de conforto a serem observadas pelas organizações, devendo o dimensionamento de todas as instalações regulamentadas por esta NR ter como base o número de trabalhadores usuários do turno com maior contingente.

24.1.1.1 Para efeitos desta NR, trabalhadores usuários, doravante denominados trabalhador, é o conjunto de todos os trabalhadores no estabelecimento que efetivamente utilizem de forma habitual as instalações regulamentadas nesta NR.

24.2 Instalações sanitárias

24.2.1 Todo estabelecimento deve ser dotado de instalação sanitária constituída por bacia sanitária sifonada, dotada de assento com tampo, e por lavatório.

24.2.1.1 As instalações sanitárias masculinas devem ser dotadas de mictório, exceto quando essencialmente de uso individual, observando-se que:

a) os estabelecimentos construídos até 23.09.2019 devem possuir mictórios dimensionados de acordo com o previsto na NR-24, com redação dada pela Portaria MTb n. 3.214/1978.

b) os estabelecimentos construídos a partir de 24.09.2019 devem possuir mictórios na proporção de uma unidade para cada 20 (vinte) trabalhadores ou fração, até 100 (cem) trabalhadores, e de uma unidade para cada 50 (cinquenta) trabalhadores ou fração, no que exceder.

24.2.2 Deve ser atendida a proporção mínima de uma instalação sanitária para cada grupo de 20 (vinte) trabalhadores ou fração, separadas por sexo.

24.2.2.1 Será exigido um lavatório para cada 10 (dez) trabalhadores nas atividades com exposição e manuseio de material infectante, substâncias tóxicas, irritantes, aerodispersóides ou que provoquem a deposição de poeiras, que impregnem a pele e roupas do trabalhador.

24.2.2.2 Em estabelecimentos com funções comerciais, administrativas ou similares, com até 10 (dez) trabalhadores, poderá ser disponibilizada apenas uma instalação sanitária individual de uso comum entre os sexos desde que garantidas condições de privacidade.

24.2.3 As instalações sanitárias devem:

a) ser mantidas em condição de conservação, limpeza e higiene;

b) ter piso e parede revestidos por material impermeável e lavável;

c) peças sanitárias íntegras;

d) possuir recipientes para descarte de papéis usados;

e) ser ventiladas para o exterior ou com sistema de exaustão forçada;

f) dispor de água canalizada e esgoto ligados à rede geral ou a outro sistema que não gere risco à saúde e que atenda à regulamentação local; e

g) comunicar-se com os locais de trabalho por meio de passagens com piso e cobertura, quando se situarem fora do corpo do estabelecimento.

24.3 Componentes sanitários

Bacias sanitárias

24.3.1 Os compartimentos destinados as bacias sanitárias devem:

a) ser individuais;

b) ter divisórias com altura que mantenham seu interior indevassável com vão inferior que facilite a limpeza e a ventilação;

c) ser dotados de portas independentes, providas de fecho que impeçam o devassamento;

d) possuir papel higiênico com suporte e recipiente para descarte de papéis higiênicos usados, quando não for permitido descarte na própria bacia sanitária, devendo o recipiente possuir tampa quando for destinado às mulheres; e

e) possuir dimensões de acordo com o código de obras local ou, na ausência desse, deve haver área livre de pelo menos 0,60m (sessenta centímetros) de diâmetro entre a borda frontal da bacia sanitária e a porta fechada.

Mictórios

24.3.2 Poderá ser disponibilizado mictório tipo individual ou calha coletiva, com anteparo.

24.3.2.1 No mictório do tipo calha coletiva, cada segmento de, no mínimo, 0,60m (sessenta centímetros), corresponderá a uma unidade para fins de dimensionamento da calha.

24.3.2.2 No mictório do tipo calha coletiva, quando inexistir anteparo, cada segmento de, no mínimo, 0,80m (oitenta centímetros), corresponderá a uma unidade para fins de dimensionamento da calha.

24.3.2.3 Os mictórios devem ser construídos com material impermeável e mantidos em condições de limpeza e higiene.

Lavatórios

24.3.3 O lavatório poderá ser tipo individual, calha ou de tampo coletivo com várias cubas, possuindo torneiras, sendo que cada segmento de 0,60m (sessenta centímetros) corresponde a uma unidade para fins de dimensionamento do lavatório.

24.3.4 O lavatório deve ser provido de material ou dispositivo para a limpeza, enxugo ou secagem das mãos, proibindo-se o uso de toalhas coletivas.

Chuveiros

24.3.5 Será exigido, para cada grupo de trabalhadores ou fração, 1 (um) chuveiro para cada:

a) 10 (dez) trabalhadores, nas atividades laborais em que haja exposição e manuseio de material infectante, substâncias tóxicas, irritantes ou aerodispersóides, que impregnem a pele e roupas do trabalhador;

b) 20 (vinte) trabalhadores, nas atividades laborais em que haja contato com substâncias que provoquem deposição de poeiras que impregnem a pele e as roupas do trabalhador, ou que exijam esforço físico ou submetidas a condições ambientais de calor intenso.

24.3.5.1 Nas atividades em que há exigência de chuveiros, estes devem fazer parte ou estar anexos aos vestiários.

24.3.6 Os compartimentos destinados aos chuveiros devem:

a) ser individuais e mantidos em condição de conservação, limpeza e higiene;

b) ter portas de acesso que impeçam o devassamento;

c) dispor de chuveiro de água quente e fria;

d) ter piso e paredes revestidos de material impermeável e lavável;

e) dispor de suporte para sabonete e para toalha; e

f) possuir dimensões de acordo com o código de obras local ou, na ausência desse, no mínimo 0,80m (oitenta centímetros) por 0,80m (oitenta centímetros).

24.4 Vestiários

24.4.1 Todos os estabelecimentos devem ser dotados de vestiários quando:

a) a atividade exija a utilização de vestimentas de trabalho ou que seja imposto o uso de uniforme cuja troca deva ser feita no próprio local de trabalho; ou

b) a atividade exija que o estabelecimento disponibilize chuveiro.

24.4.2 Os vestiários devem ser dimensionados em função do número de trabalhadores que necessitam utilizá-los, até o limite de 750 (setecentos e cinquenta) trabalhadores, conforme o seguinte cálculo: área mínima do vestiário por trabalhador = 1,5 – (n. de trabalhadores / 1000).

24.4.2.1 Em estabelecimentos com mais de 750 (setecentos e cinquenta) trabalhadores, os vestiários devem ser dimensionados com área de, no mínimo, 0,75m^2 (setenta e cinco decímetros quadrados) por trabalhador.

24.4.3 Os vestiários devem:

a) ser mantidos em condição de conservação, limpeza e higiene;

b) ter piso e parede revestidos por material impermeável e lavável;

c) ser ventilados para o exterior ou com sistema de exaustão forçada;

d) ter assentos em material lavável e impermeável em número compatível com o de trabalhadores; e

e) dispor de armários individuais simples e/ou duplos com sistema de trancamento.

Armários

24.4.4 É admitido o uso rotativo de armários simples entre usuários, exceto nos casos em que estes sejam utilizados para a guarda de Equipamentos de Proteção Individual – EPI e de vestimentas expostas a material infectante, substâncias tóxicas, irritantes ou que provoquem sujidade.

24.4.5 Nas atividades laborais em que haja exposição e manuseio de material infectante, substâncias tóxicas, irritantes ou aerodispersóides, bem como naquelas em que haja contato com substâncias que provoquem deposição de poeiras que impregnem a pele e as roupas do trabalhador devem ser fornecidos armários de compartimentos duplos ou dois armários simples.

24.4.5.1 Ficam dispensadas de disponibilizar 2 (dois) armários simples ou armário duplo as organizações que promovam a higienização diária de vestimentas ou que forneçam vestimentas descartáveis, assegurada a disponibilização de 1 (um) armário simples para guarda de roupas comuns de uso pessoal do trabalhador.

24.4.6 Os armários simples devem ter tamanho suficiente para que o trabalhador guarde suas roupas e acessórios de uso pessoal, não sendo admitidas dimensões inferiores a: 0,40m (quarenta centímetros) de altura, 0,30m (trinta centímetros) de largura e 0,40m (quarenta centímetros) de profundidade.

24.4.6.1 Nos armários de compartimentos duplos, não são admitidas dimensões inferiores a:

a) 0,80m (oitenta centímetros) de altura por 0,30m (trinta centímetros) de largura e 0,40m (quarenta centímetros) de profundidade, com separação ou prateleira, de modo que um compartimento, com a altura de 0,40m (quarenta centímetros), se destine a abrigar a roupa de uso comum e o outro compartimento, com altura de 0,40m (quarenta centímetros) a guardar a roupa de trabalho; ou

b) 0,80m (oitenta centímetros) de altura por 0,50m (cinquenta centímetros) de largura e 0,40m (quarenta centímetros) de profundidade, com divisão no sentido vertical, de forma que os compartimentos, com largura de 0,25m (vinte e cinco centímetros), estabeleçam, rigorosamente, o isolamento das roupas de uso comum e de trabalho.

24.4.7 As empresas que oferecerem serviços de guarda-volume para a guarda de roupas e acessórios pessoais dos trabalhadores estão dispensadas de fornecer armários.

24.4.8 Nas empresas desobrigadas de manter vestiário, deve ser garantido o fornecimento de escaninho, gaveta com tranca ou similar que permita a guarda individual de pertences pessoais dos trabalhadores ou serviço de guarda-volume.

24.5 Locais para refeições

24.5.1 Os empregadores devem oferecer aos seus trabalhadores locais em condições de conforto e higiene para tomada das refeições por ocasião dos intervalos concedidos durante a jornada de trabalho.

24.5.1.1 É permitida a divisão dos trabalhadores do turno, em grupos para a tomada de refeições, a fim de organizar o fluxo para o conforto dos usuários do refeitório, garantido o intervalo para alimentação e repouso.

24.5.2 Os locais para tomada de refeições para atender até 30 (trinta) trabalhadores, observado o subitem 24.5.1.1, devem:

a) ser destinados ou adaptados a este fim;

b) ser arejados e apresentar boas condições de conservação, limpeza e higiene; e

c) possuir assentos e mesas, balcões ou similares suficientes para todos os usuários atendidos.

24.5.2.1 A empresa deve garantir, nas proximidades do local para refeições:

a) meios para conservação e aquecimento das refeições;

b) local e material para lavagem de utensílios usados na refeição; e

c) água potável.

24.5.3 Os locais destinados às refeições para atender mais de 30 (trinta) trabalhadores, conforme subitem 24.5.1.1, devem:

a) ser destinados a este fim e fora da área de trabalho;

b) ter pisos revestidos de material lavável e impermeável;

c) ter paredes pintadas ou revestidas com material lavável e impermeável;

d) possuir espaços para circulação;

e) ser ventilados para o exterior ou com sistema de exaustão forçada, salvo em ambientes climatizados artificialmente;

f) possuir lavatórios instalados nas proximidades ou no próprio local, atendendo aos requisitos do subitem 24.3.4;

g) possuir assentos e mesas com superfícies ou coberturas laváveis ou descartáveis, em número correspondente aos usuários atendidos;

h) ter água potável disponível;

i) possuir condições de conservação, limpeza e higiene;

j) dispor de meios para aquecimento das refeições; e

k) possuir recipientes com tampa para descarte de restos alimentares e descartáveis.

24.5.4 Ficam dispensados das exigências do item 24.5 desta NR:

a) estabelecimentos comerciais bancários e atividades afins que interromperem suas atividades por 2 (duas) horas, no período destinado às refeições;

b) estabelecimentos industriais localizados em cidades do interior, quando a empresa mantiver vila operária ou residirem, seus trabalhadores, nas proximidades, permitindo refeições nas próprias residências.

c) os estabelecimentos que oferecerem vale-refeição, desde que seja disponibilizado condições para conservação e aquecimento da comida, bem como local para a tomada das refeições pelos trabalhadores que trazem refeição de casa.

24.6 Cozinhas

24.6.1 Quando as empresas possuírem cozinhas, estas devem:

a) ficar anexas aos locais para refeições e com ligação para os mesmos;

b) possuir pisos e paredes revestidos com material impermeável e lavável;

c) dispor de aberturas para ventilação protegidas com telas ou ventilação exautora;

d) possuir lavatório para uso dos trabalhadores do serviço de alimentação, dispondo de material ou dispositivo para a limpeza, enxugo ou secagem das mãos, proibindo-se o uso de toalhas coletivas;

e) ter condições para acondicionamento e disposição do lixo de acordo com as normas locais de controle de resíduos sólidos; e

f) dispor de sanitário próprio para uso exclusivo dos trabalhadores que manipulam gêneros alimentícios, separados por sexo.

24.6.2 Em câmaras frigoríficas devem ser instalados dispositivos para abertura da porta pelo lado interno, garantida a possibilidade de abertura mesmo que trancada pelo exterior.

24.6.3 Os recipientes de armazenagem de gás liquefeito de petróleo (GLP) devem ser instalados em área externa ventilada, observadas as normas técnicas brasileiras pertinentes.

24.7 Alojamento

24.7.1 Alojamento é o conjunto de espaços ou edificações, composto de dormitório, instalações sanitárias, refeitório, áreas de vivência e local para lavagem e secagem de roupas, sob responsabilidade do empregador, para hospedagem temporária de trabalhadores.

24.7.2 Os dormitórios dos alojamentos devem:

a) ser mantidos em condições de conservação, higiene e limpeza;

b) ser dotados de quartos;

c) dispor de instalações sanitárias, respeitada a proporção de 01 (uma) instalação sanitária com chuveiro para cada 10 (dez) trabalhadores hospedados ou fração; e

d) ser separados por sexo.

24.7.2.1. Caso as instalações sanitárias não sejam parte integrante dos dormitórios, devem estar localizadas a uma distância máxima de 50 m (cinquenta metros) dos mesmos, interligadas por passagens com piso lavável e cobertura.

24.7.3 Os quartos dos dormitórios devem:

a) possuir camas correspondente ao número de trabalhadores alojados no quarto, vedado o uso de 3 (três) ou mais camas na mesma vertical, e ter espaçamentos vertical e horizontal que permitam ao trabalhador movimentação com segurança;

b) possuir colchões certificados pelo INMETRO;

c) possuir colchões, lençóis, fronhas, cobertores e travesseiros limpos e higienizados, adequados às condições climáticas;

d) possuir ventilação natural, devendo esta ser utilizada conjuntamente com a ventilação artificial, levando em consideração as condições climáticas locais;

e) possuir capacidade máxima para 8 (oito) trabalhadores;

f) possuir armários;

g) ter, no mínimo, a relação de 3,00 m^2 (três metros quadrados) por cama simples ou 4,50 m^2 (quatro metros e cinquenta centímetros quadrados) por beliche, em ambos os casos incluídas a área de circulação e armário; e

h) possuir conforto acústico conforme NR-17.

24.7.3.1 As camas superiores dos beliches devem ter proteção lateral e escada fixas à estrutura.

24.7.3.2 Os armários dos quartos devem ser dotados de sistema de trancamento e com dimensões compatíveis para a guarda de roupas e pertences pessoais do trabalhador, e enxoval de cama.

24.7.4 Os trabalhadores alojados no mesmo quarto devem pertencer, preferencialmente, ao mesmo turno de trabalho.

24.7.5 Os locais para refeições devem ser compatíveis com os requisitos do item 24.5 desta NR, podendo ser parte integrante do alojamento ou estar localizados em ambientes externos.

24.7.5.1 Quando os locais para refeições não fizerem parte do alojamento, deverá ser garantido o transporte dos trabalhadores.

24.7.5.2 É vedado o preparo de qualquer tipo de alimento dentro dos quartos.

24.7.6 Os alojamentos devem dispor de locais e infraestrutura para lavagem e secagem de roupas pessoais dos alojados ou ser fornecido serviço de lavanderia.

24.7.7 Os pisos dos alojamentos devem ser impermeáveis e laváveis.

24.7.8 Deve ser garantida coleta de lixo diária, lavagem de roupa de cama, manutenção das instalações e renovação de vestuário de camas e colchões.

24.7.9 Nos alojamentos deverão ser obedecidas as seguintes instruções gerais de uso:

a) os sanitários deverão ser higienizados diariamente;

b) é vedada, nos quartos, a instalação e utilização de fogão, fogareiro ou similares;

c) ser garantido o controle de vetores conforme legislação local.

24.7.10 Os trabalhadores hospedados com suspeita de doença infectocontagiosa devem ser submetidos à avaliação médica que decidirá pelo afastamento ou permanência no alojamento.

24.8 Vestimenta de trabalho

24.8.1 Vestimenta de trabalho é toda peça ou conjunto de peças de vestuário, destinada a atender exigências de determinadas atividades ou condições de trabalho que impliquem contato com sujidade, agentes químicos, físicos ou biológicos ou para permitir que o trabalhador seja mais bem visualizado, não considerada como uniforme ou EPI.

24.8.2 O empregador deve fornecer gratuitamente as vestimentas de trabalho.

24.8.3 A vestimenta não substitui a necessidade do EPI, podendo seu uso ser conjugado.

24.8.4 Cabe ao empregador quanto às vestimentas de trabalho:

a) fornecer peças que sejam confeccionadas com material e em tamanho adequado, visando o conforto e a segurança necessária à atividade desenvolvida pelo trabalhador;

b) substituir as peças conforme sua vida útil ou sempre que danificadas;

c) fornecer em quantidade adequada ao uso, levando em consideração a necessidade de troca da vestimenta; e

d) responsabilizar-se pela higienização com periodicidade necessária nos casos em que a lavagem ofereça riscos de contaminação.

24.8.4.1 Nos casos em que seja inviável o fornecimento de vestimenta exclusiva para cada trabalhador, deverá ser assegurada a higienização prévia ao uso.

24.8.5 As peças de vestimentas de trabalho, quando usadas na cabeça ou face, não devem restringir o campo de visão do trabalhador.

24.9 Disposições gerais

24.9.1 Em todos os locais de trabalho deverá ser fornecida aos trabalhadores água potável, sendo proibido o uso de copos coletivos.

24.9.1.1 O fornecimento de água deve ser feito por meio de bebedouros na proporção de, no mínimo, 1 (um) para cada grupo de 50 (cinquenta) trabalhadores ou fração, ou outro sistema que ofereça as mesmas condições.

24.9.1.2 Quando não for possível obter água potável corrente, esta deverá ser fornecida em recipientes portáteis próprios e hermeticamente fechados.

24.9.2 Os locais de armazenamento de água potável devem passar periodicamente por limpeza, higienização e manutenção, em conformidade com a legislação local.

24.9.3 Deve ser realizada periodicamente análise de potabilidade da água dos reservatórios para verificar sua qualidade, em conformidade com a legislação.

24.9.4 A água não-potável para uso no local de trabalho ficará separada, devendo ser afixado aviso de advertência da sua não potabilidade.

24.9.5 Os locais de armazenamento de água, os poços e as fontes de água potável serão protegidos contra a contaminação.

24.9.6 Os locais de trabalho serão mantidos em estado de higiene compatível com o gênero de atividade.

24.9.6.1 O serviço de limpeza será realizado, sempre que possível, fora do horário de trabalho e por processo que reduza ao mínimo o levantamento de poeiras.

24.9.7 Todos os ambientes previstos nesta norma devem ser construídos de acordo com o código de obras local, devendo:

a) ter cobertura adequada e resistente, que proteja contra intempéries;

b) ter paredes construídas de material resistente;

c) ter pisos de material compatível com o uso e a circulação de pessoas;

d) possuir iluminação que proporcione segurança contra acidentes.

24.9.7.1 Na ausência de código de obra local, deve ser garantido pé direito mínimo de 2,50 m (dois metros e cinquenta centímetros), exceto nos quartos de dormitórios com beliche, cuja medida mínima será de 3,00 m (três metros).

24.9.7.2 As instalações elétricas devem ser protegidas para evitar choques elétricos.

24.9.8 Devem ser garantidas condições para que os trabalhadores possam interromper suas atividades para utilização das instalações sanitárias.

24.9.9 Em edificações com diversos estabelecimentos, todas as instalações previstas nesta NR podem ser atendidas coletivamente por grupo de empregadores ou pelo condomínio, mantendo-se o empregador como o responsável pela disponibilização das instalações.

24.9.9.1 O dimensionamento deve ser feito com base no maior número de trabalhadores por turno.

Anexo I da NR-24

Condições sanitárias e de conforto aplicáveis a trabalhadores em "*shopping center*"

1. Para efeito deste Anexo, considera-se "*Shopping Center*" o espaço planejado sob uma administração central sujeito a normas contratuais padronizadas, procurando assegurar convivência integrada, composto por estabelecimentos tais como: lojas de qualquer natureza e quiosques, lanchonetes, restaurantes, salas de cinema e estacionamento, destinados à exploração comercial e à prestação de serviços.

2. A administração central é responsável pela disponibilização das instalações sanitárias, vestiários e ambientes para refeições aos seus trabalhadores e aos trabalhadores dos estabelecimentos que não disponham de espaço construtivo para atender os dispositivos desta NR em seus estabelecimentos.

2.1 A administração central disponibilizará local para conservação, aquecimento da alimentação trazida pelos trabalhadores, bem como para tomada das refeições.

2.2 A administração central disponibilizará vestiário para troca de roupa dos trabalhadores usuários, dos quais são exigidos o uso de uniforme e vestimentas de trabalho, bem como para guarda de seus pertences.

3. Os estabelecimentos referidos no item 1 ficam dispensados dos itens relativos a instalações sanitárias, vestiários e locais para refeições, desde que os trabalhadores possam

utilizar as instalações sanitárias e a praça de alimentação do "*Shopping Center*" ou outro espaço destinado a estes fins, conforme o estabelecido nesta norma.

4. Aos trabalhadores de lanchonetes, restaurantes ou similares deverão ser disponibilizados vestiários e instalações sanitárias com chuveiros na proporção de um conjunto para cada grupo de 20 (vinte) trabalhadores ou fração, obedecendo ao horário do turno de maior contingente.

4.1 Aos trabalhadores de atividades com exposição a material infectante, substâncias tóxicas, irritantes ou que provoquem sujidade deverão ser disponibilizados vestiários e instalações sanitárias com chuveiros na proporção de um conjunto para cada grupo de 10 (dez) trabalhadores ou fração, obedecendo ao horário do turno de maior contingente.

Anexo II da NR-24

Condições sanitárias e de conforto aplicáveis a trabalhadores em trabalho externo de prestação de serviços

1. Para efeito deste Anexo, considera-se trabalho externo todo aquele realizado fora do estabelecimento do empregador cuja execução se dará no estabelecimento do cliente ou em logradouro público. Excetua-se deste anexo as atividades relacionadas à construção, leituristas, vendedores, entregadores, carteiros e similares, bem como o de atividade regulamentada pelo Anexo III desta norma.

2. Nas atividades desenvolvidas em estabelecimento do cliente, este será o responsável pelas garantias de conforto para satisfação das necessidades básicas de higiene e alimentação, conforme item 24.1 desta norma.

2.1 Sempre que o trabalho externo, móvel ou temporário, ocorrer preponderantemente em logradouro público, em frente de trabalho, deverá ser garantido pelo empregador:

a) instalações sanitárias compostas de bacia sanitária e lavatório para cada grupo de 20 (vinte) trabalhadores ou fração, podendo ser usados banheiros químicos dotados de mecanismo de descarga ou de isolamento dos dejetos, com respiro e ventilação, material para lavagem e enxugo das mãos, sendo proibido o uso de toalhas coletivas, garantida a higienização diária dos módulos;

b) local para refeição protegido contra intempéries e em condições de higiene, que atenda a todos os trabalhadores ou prover meio de custeio para alimentação em estabelecimentos comerciais; e

c) água fresca e potável acondicionada em recipientes térmicos em bom estado de conservação e em quantidade suficiente.

3. O uso de instalações sanitárias em trabalhos externos deve ser gratuito para o trabalhador.

4. Aos trabalhadores, em trabalho externo que levem suas próprias refeições, devem ser oferecidos dispositivos térmicos para conservação e aquecimento dos alimentos.

5. Em trabalhos externos o atendimento a este Anexo poderá ocorrer mediante convênio com estabelecimentos nas proximidades do local do trabalho, garantido o transporte de todos os trabalhadores até o referido local.

Anexo III da NR-24

Condições sanitárias e de conforto aplicáveis a trabalhadores em transporte público rodoviário coletivo urbano de passageiros em atividade externa

1. Para efeito deste Anexo, considera-se trabalho em transporte público coletivo rodoviário urbano de passageiros aquele desempenhado pelo pessoal de operação do transporte coletivo urbano e de caráter urbano por ônibus: os motoristas, cobradores e fiscais de campo — assim identificados como trabalhadores.

2. Este Anexo estabelece as condições mínimas aplicáveis às instalações sanitárias e locais para refeição a serem disponibilizados pelo empregador ao pessoal que realiza trabalho externo na operação do transporte público coletivo urbano e de caráter urbano.

3. Para efeito deste Anexo, são considerados pontos iniciais e finais de linhas de ônibus urbano e de caráter urbano os locais pré-determinados pelo poder público competente como pontos extremos das linhas, itinerários ou rotas de ônibus, situados em logradouros públicos, com área destinada ao estacionamento de veículos e instalações mínimas para controle operacional do serviço e acomodação do pessoal de operação nos intervalos entre viagens.

3.1 Em caso de terminais e estações de passageiros implantados pelo poder público, presumem-se cumpridos os dispositivos desta norma.

3.2 Recomenda-se aos órgãos gestores públicos responsáveis pelas redes de transporte público coletivo urbano e de caráter urbano que considerem as disposições deste Anexo no processo de definição dos locais para instalação dos pontos iniciais e finais das linhas que compõem as referidas redes.

4. Condições de Satisfação de Necessidades Fisiológicas, Alimentação e Hidratação.

4.1 Nos casos de linhas de transporte público coletivo de passageiros por ônibus que não possuem nenhum dos pontos iniciais e finais em edifício terminal, deverão ser garantidos pelo empregador, próximo a pelo menos um dos referidos pontos, instalações sanitárias, local para refeição e hidratação, em distância não superior a 250 m (duzentos e cinquenta metros) de deslocamento a pé.

4.1.1 As instalações sanitárias serão compostas de bacia sanitária e lavatório, respeitando a proporção de 1 (um) para cada grupo de 20 (vinte) trabalhadores ou fração, podendo ser dispensada a separação de instalação sanitária por sexo, para grupo de até 10 (dez) trabalhadores desde que sejam garantidas condições de privacidade e higiene.

4.1.2 As instalações sanitárias podem ser substituídas por unidades de banheiros químicos dotados de mecanismo de descarga ou de isolamento dos dejetos, com respiro e ventilação, material para lavagem e enxugo das mãos, sendo proibido o uso de toalhas coletivas, garantida a higienização diária dos módulos.

4.2 Os locais para refeição deverão ser protegidos contra intempéries, estar em boas condições e atender a todos os trabalhadores.

4.3 Água potável deve ser disponibilizada nos pontos inicial ou final e nos terminais por bebedouro ou equipamento similar que permita o enchimento de recipientes individuais ou o consumo no local, proibido o uso de copos coletivos.

4.3.1 As trocas de recipientes estarão sob a responsabilidade da empresa permissionária ou concessionária cujas recomposições se darão numa frequência que leve em consideração as condições climáticas e o número de trabalhadores, de tal modo a que haja sempre suprimento de água a qualquer momento da jornada de trabalho.

4.4 Para efeito de dimensionamento das instalações sanitárias e do local para refeição, deverá ser considerado o número máximo existente de trabalhadores presentes ao mesmo tempo, no referido ponto inicial ou final, de acordo com a programação horária oficial das linhas de ônibus.

4.5 O atendimento ao disposto nos itens 4.1, 4.2 e 4.3 poderá ocorrer mediante convênio ou parceria com estabelecimentos comerciais, industriais ou propriedades privadas.

4.6 O uso de instalações sanitárias em trabalhos externos de transporte público coletivo urbano rodoviário não deve ter custo para o trabalhador.

ANEXO X – Recurso Especial n. 1.843.150 – PA (2019/0306530-1) do Superior Tribunal de Justiça

RELATOR: MINISTRO NEFI CORDEIRO

RECORRENTE: MINISTÉRIO PÚBLICO FEDERAL

RECORRIDO: LUIZ EVALDO GLÓRIA

ADVOGADOS: RAPHAEL SAMPAIO VALE E OUTRO(S) – PA008891

THIAGO BATISTA GERHARDT – PA017028

TIBÉRIO CÉSAR SAMPAIO TEIXEIRA – PA016520

EMENTA: RECURSO ESPECIAL. REDUÇÃO À CONDIÇÃO ANÁLOGA À DE ESCRAVO. CONDENAÇÃO EM 1º GRAU. AFASTAMENTO PELO TRIBUNAL DE ORIGEM PORQUE NÃO CONFIGURADA RESTRIÇÃO À LIBERDADE DOS TRABALHADORES OU RETENÇÃO POR VIGILÂNCIA OU MEDIANTE APOSSAMENTO DE DOCUMENTOS PESSOAIS. CRIME DE AÇÃO MÚLTIPLA E CONTEÚDO VARIADO. SUBMISSÃO A CONDIÇÕES DE TRABALHO DEGRADANTES. DELITO CONFIGURADO. CONDENAÇÃO RESTABELECIDA. RECURSO PROVIDO.

1. Nos termos da jurisprudência desta Corte, o delito de submissão à condição análoga à de escravo se configura independentemente de restrição à liberdade dos trabalhadores ou retenção no local de trabalho por vigilância ou apossamento de seus documentos,

como crime de ação múltipla e conteúdo variado, bastando, a teor do art. 149 do CP, a demonstração de submissão a trabalhos forçados, a jornadas exaustivas ou a condições degradantes. Precedentes.

2. Devidamente fundamentada a condenação pela prática do referido delito em razão das condições degradantes de trabalho e de habitação a que as vítimas eram submetidas, consubstanciadas no não fornecimento de água potável, no não oferecimento, aos trabalhadores, de serviços de privada por meio de fossas adequadas ou outro processo similar, de habitação adequada, sendo-lhes fornecido alojamento em barracos cobertos de palha e lona, sustentados por frágeis caibros de madeira branca, no meio da mata, sem qualquer proteção lateral, com exposição a riscos, não há falar em absolvição.

3. Recurso especial provido para restabelecer a sentença condenatória, determinando que o Tribunal de origem prossiga no exame do recurso de apelação defensivo.

ACÓRDÃO

Vistos, relatados e discutidos os autos em que são partes as acima indicadas, acordam os Ministros da Sexta Turma do Superior Tribunal de Justiça, na conformidade dos votos e das notas taquigráficas a seguir, por unanimidade, dar provimento ao recurso especial, nos termos do voto do Sr. Ministro Relator. Os Srs. Ministros Antonio Saldanha Palheiro, Laurita Vaz, Sebastião Reis Júnior e Rogerio Schietti Cruz votaram com o Sr. Ministro Relator.

Brasília (DF), 26 de maio de 2020 (Data do Julgamento).

Superior Tribunal de Justiça

MINISTRO ANTONIO SALDANHA PALHEIRO
Presidente

MINISTRO NEFI CORDEIRO
Relator

ANEXO XI – PORTARIA SEPT/ME n. 396, de 11 de janeiro de 2021.

Publicado em: 13.01.2021 | Edição: 8 | Seção: 1 | Página: 22

Dispõe sobre as situações incompatíveis, por sua natureza, com a fiscalização orientadora das microempresas e empresas de pequeno porte. (Processo n. 19966.100560/2019-00)

O SECRETÁRIO ESPECIAL DE PREVIDÊNCIA E TRABALHO DO MINISTÉRIO DA ECONOMIA – Substituto, no uso das atribuições que lhe confere o art. 71, incisos I e II, alínea "*a*", do Anexo I do Decreto n. 9.745, de 08 de abril de 2019, e tendo em vista o disposto no § 3º do art. 55 da Lei Complementar n. 123, de 14 de dezembro de 2006 (Disponível em: <http://www.normaslegais.com.br/legislacao/lc123_2006.htm>), resolve:

Art. 1º Esta Portaria estabelece as situações que, por sua natureza, não sujeitam as microempresas e empresas de pequeno porte à fiscalização prioritariamente orientadora, prevista no art. 55 da Lei Complementar n. 123, de 14 de dezembro de 2006 (Disponível em: <http://www.normaslegais.com.br/legislacao/lc123_2006.htm>).

Art. 2º O benefício da dupla visita não será aplicado quando constatado trabalho em condições análogas às de escravo ou trabalho infantil, bem como para as infrações relacionadas a:

I – atraso no pagamento de salário;

II – acidente de trabalho, no que tange aos fatores diretamente relacionados ao evento, com consequência:

a) Significativa: lesão à integridade física e/ou à saúde, que implique em incapacidade temporária por prazo superior a 15 (quinze) dias;

b) Severa: que prejudique a integridade física e/ou a saúde, provocando lesão ou sequela permanentes; ou

c) Fatal.

III – risco grave e iminente à segurança e saúde do trabalhador, conforme irregularidades indicadas em Relatório Técnico, nos termos da Norma Regulamentadora NR-03, aprovada pela Portaria SEPRT n. 1.068, de 23 de setembro de 2019;

IV – descumprimento de embargo ou interdição.

Art. 3º Esta Portaria entra em vigor na data de sua publicação.

ADLER ANAXIMANDRO DE CRUZ E ALVES